AF536207

FUNKTIONELLE GEBRAUCHSKERAMIK

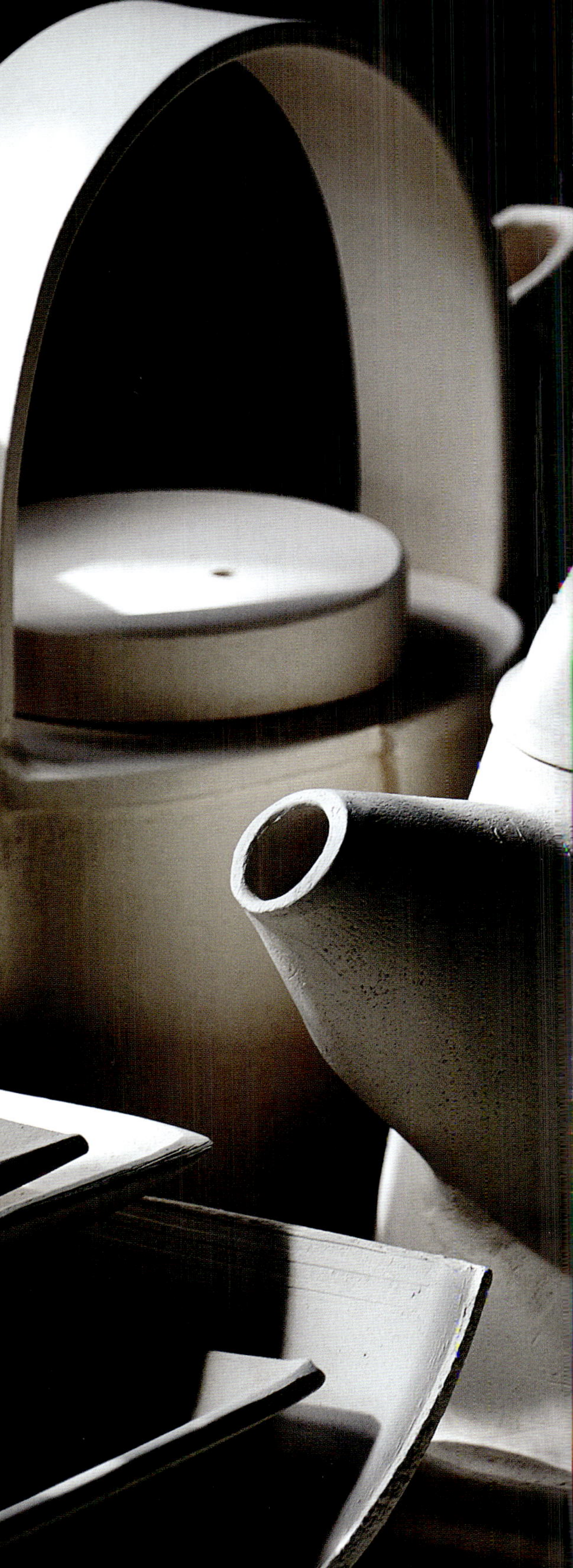

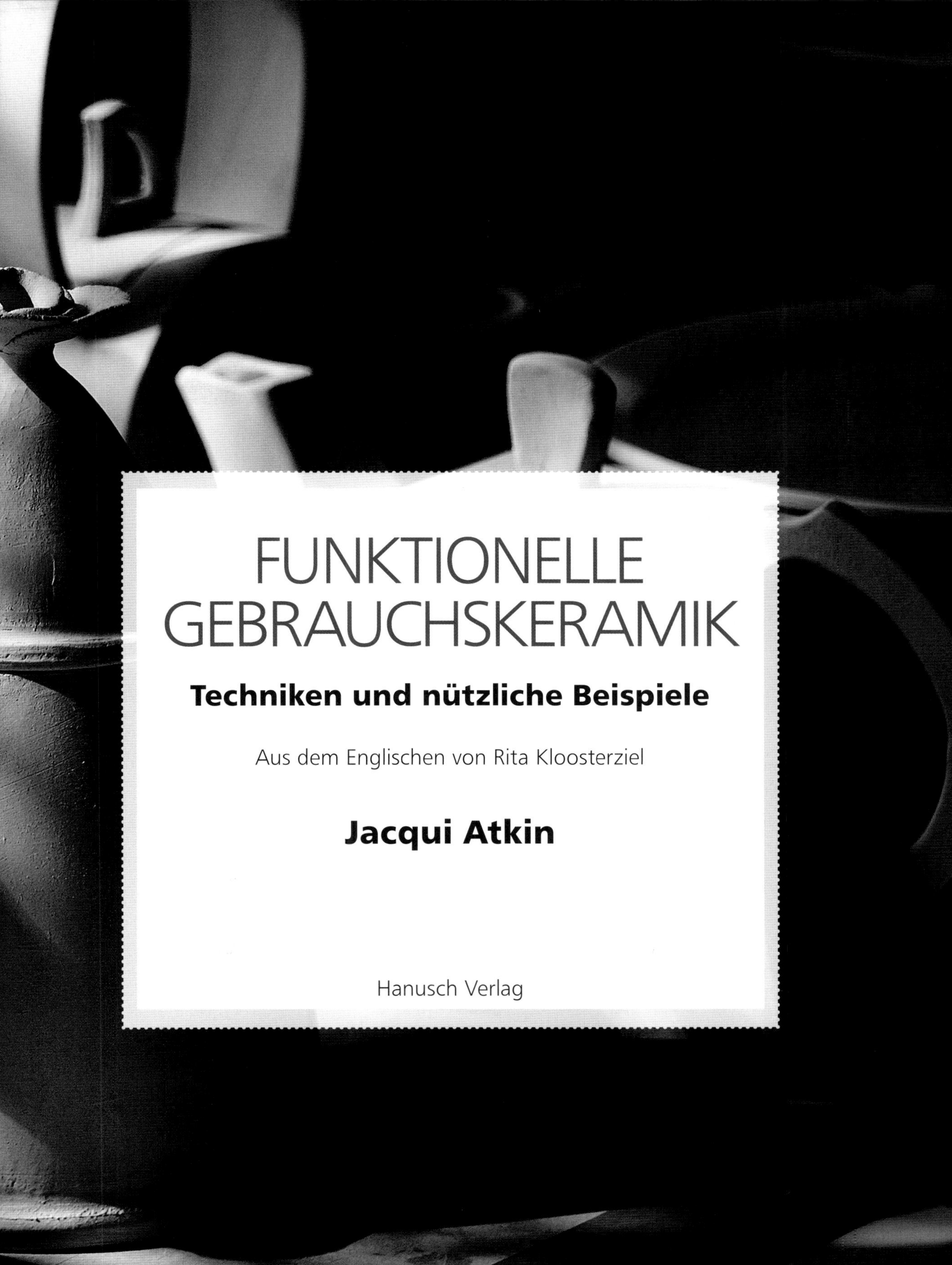

FUNKTIONELLE GEBRAUCHSKERAMIK

Techniken und nützliche Beispiele

Aus dem Englischen von Rita Kloosterziel

Jacqui Atkin

Hanusch Verlag

Titel der englischen Originalausgabe:
Making Pottery you can use.

Redaktion: Chelsea Edwards
Design: Karin Skånberg
Fotos: Phil Wilkins (Schritt-für-Schritt-Anleitungen),
Simon Pask (Stillleben)
Bildrecherche: Sarah Bell und Susanna Jayes
Gedrehte Probestücke: Kevin Millward
Schablonen: Kuo Kang Chen
Art Director: Caroline Guest
Creative Director: Moira Clinch
Herausgeber: Paul Carslake

Lektorat: Wolf Matthes
Satz: Martin Kring, Lahnstein
Druck: 1010 Printing International Limited,
China

Jacqui Atkin
Funktionelle Gebrauchskeramik.
Techniken und nützliche Beispiele.
Aus dem Englischen von Rita Kloosterziel
ISBN 978-3-936489-58-3

Zeppelinstraße 11
56075 Koblenz
Internet: www.hanusch-verlag.de
e-mail: info@hanusch-verlag.de

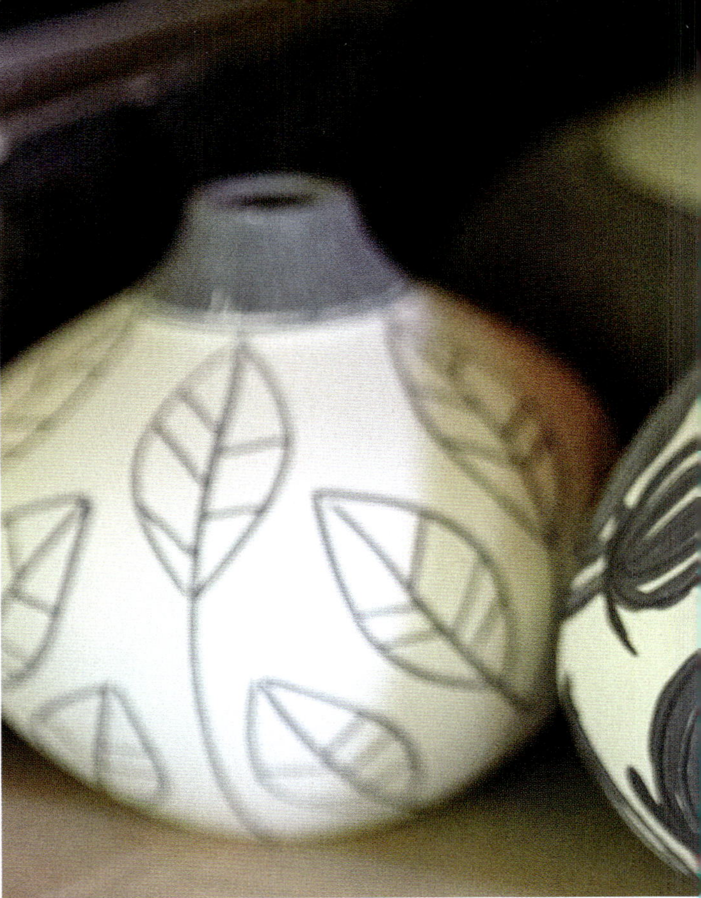

Inhalt

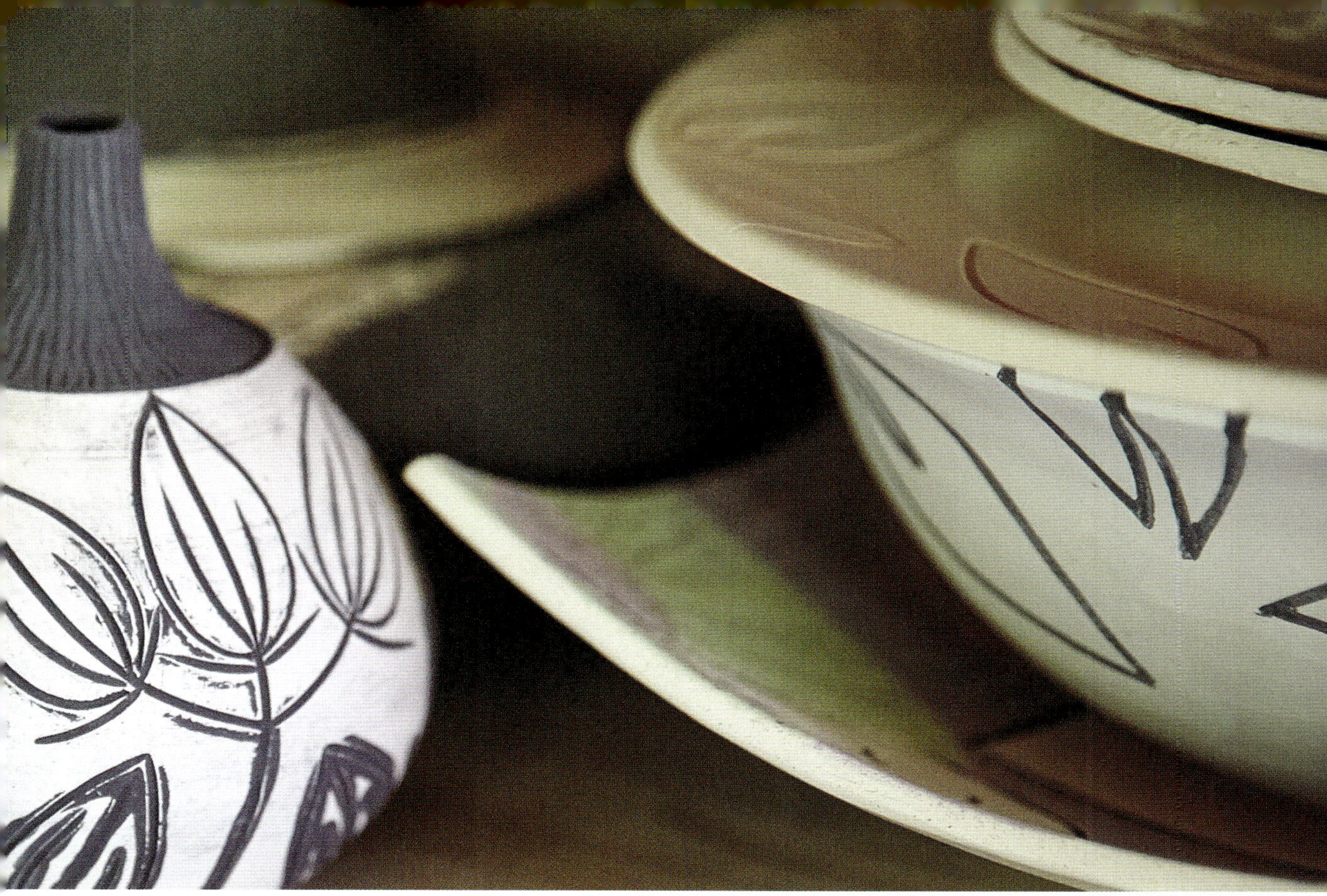

Kapitel 2:
TASSEN & BECHER

Kapitel 3:
KRÜGE & SAUCIEREN

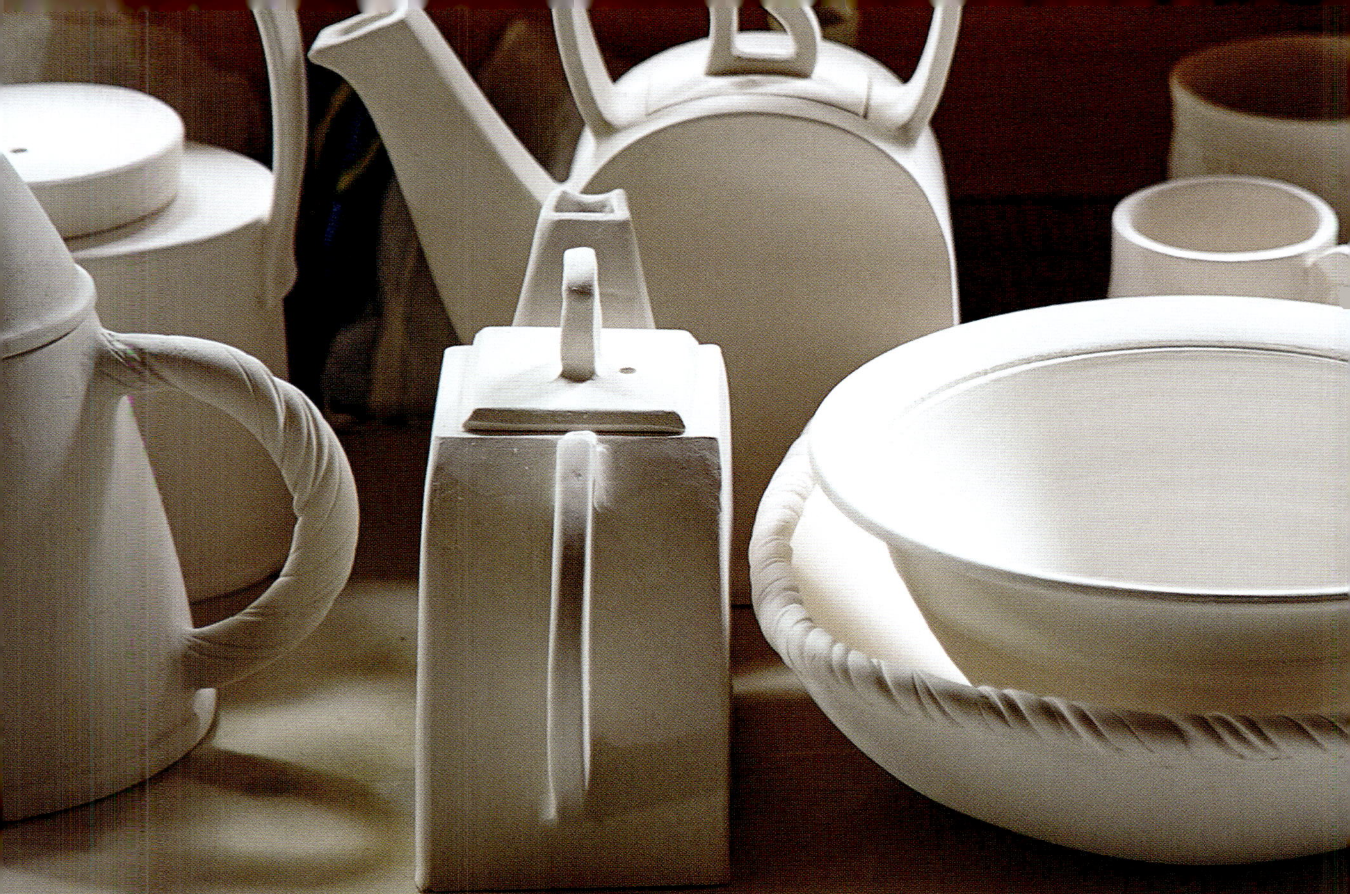

Kapitel 4:
TELLER & PLATTEN

Kapitel 5:
SCHÜSSELN & KOCHGESCHIRR

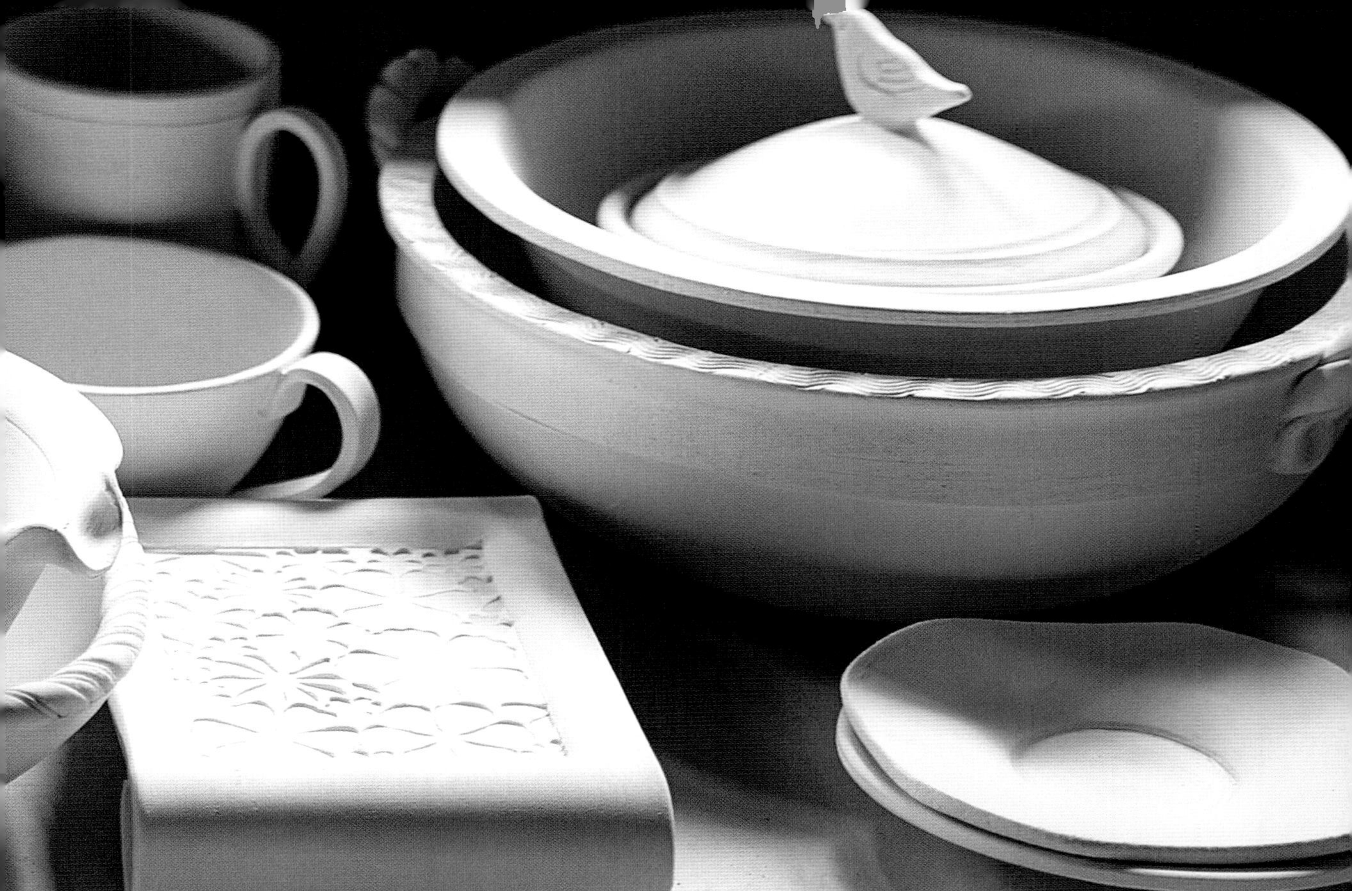

Kapitel 6:
TEEKANNEN

Kapitel 7:
HERSTELLUNGSTECHNIKEN

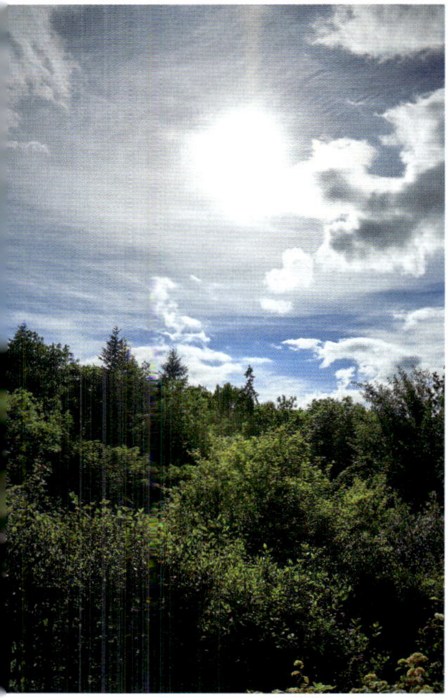

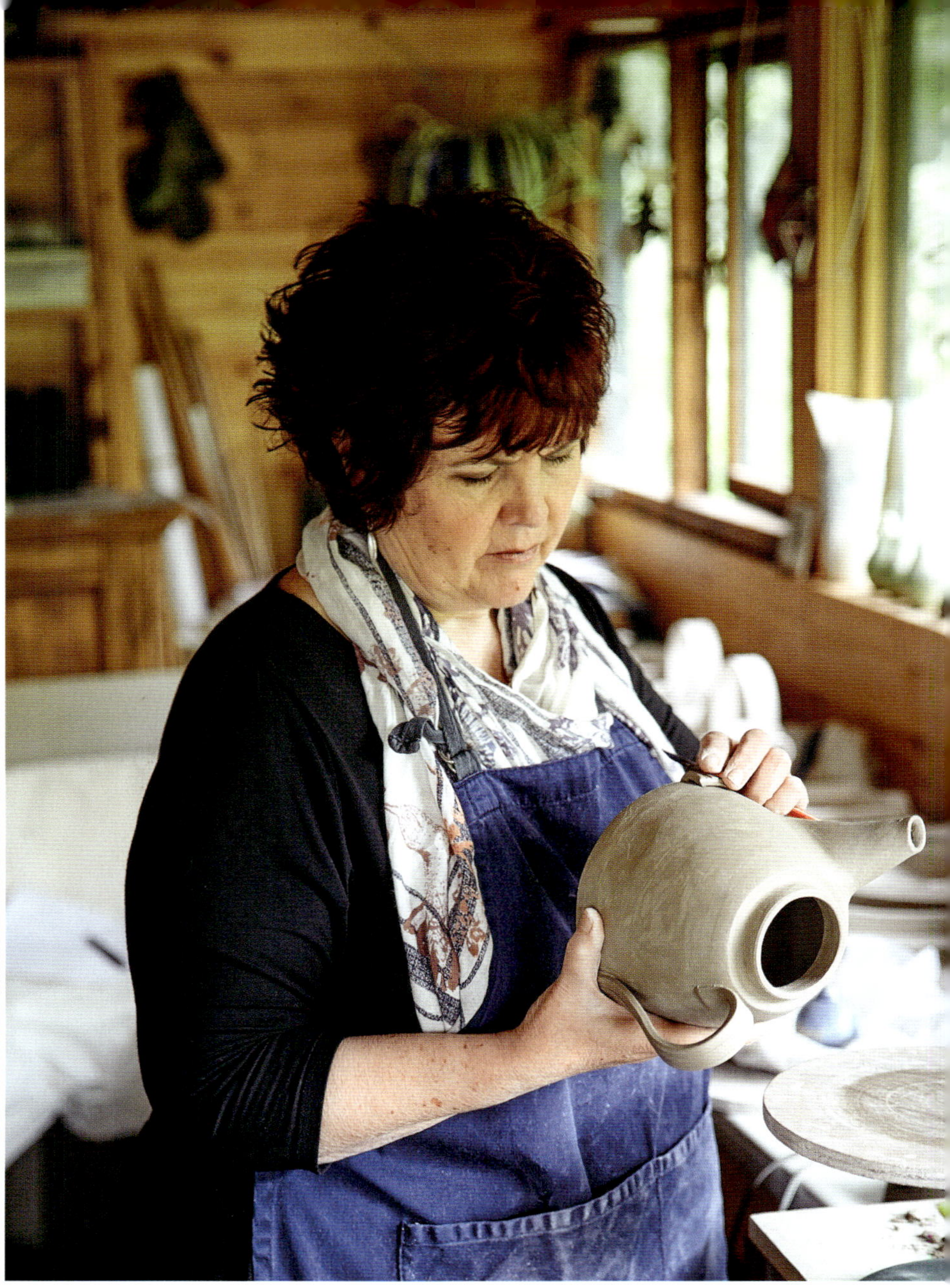

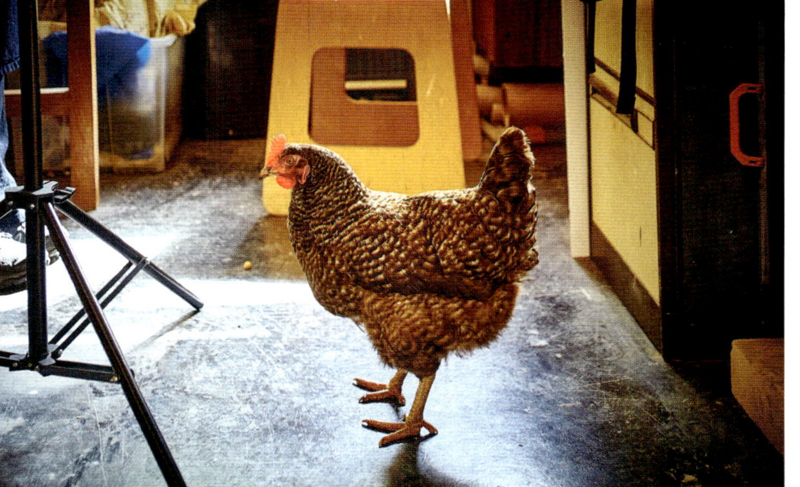

Im Uhrzeigersinn, von oben links: der Blick aus meiner Werkstatt; ich in meiner Werkstatt; eine der Hennen des Nachbarn kommt zu Besuch.

Für mich ist Ton nicht nur etwas, womit ich meinen Lebensunterhalt verdiene. Ich bin geradezu besessen von ihm. Tatsächlich sagen manche Freunde, ich sei bei meiner Arbeit wie „getrieben", und fragen mich, woher das kommt. Die Antwort ist kompliziert, denn eigentlich könnte man ja sagen, dass Künstler eben so sind – doch oft genug kommt diese Frage von Leuten, die selbst kreativ sind. Vielleicht hat es bei mir einfach mit der Erkenntnis zu tun, dass die Zeit so schnell vergeht und ich noch so viel zu lernen habe und fürchte, ich könnte etwas verpassen. Ich denke, wir sollten nie aufhören, uns Herausforderungen zu stellen, egal wie groß unser Erfahrungsschatz auch sein mag. Enthusiasmus und Neugier lassen mich immer weiter suchen und sind jetzt sogar noch präsenter als in meiner Anfangszeit als Keramikerin. Die Frage, woher ich meine Ideen nehme, lässt sich ganz einfach beantworten: Man muss sich nur umsehen, Anregungen gibt es überall.

Willkommen in meiner Welt

Ich liebe es, mit vertrautem Material neue Wege zu gehen, auch wenn ich mittlerweile seit zwanzig Jahren mit Ton arbeite. Bei meiner Ausbildung in Keramikdesign habe ich vor allem gelernt, die Dinge zu durchdenken, die ich machen will – einen Plan zu haben. Ich sehe keinen Sinn darin, Wissen für sich zu behalten. Als Lehrerin und Autorin möchte ich so viel wie möglich von dem weitergeben, was ich gelernt habe, um meine Schüler und Leser in ihrer Entwicklung zu unterstützen. Meine größte Hoffnung ist, dass diese Informationen ihnen als Ausgangspunkt für ihre eigenen einzigartigen Keramikarbeiten dienen und sie dieselbe Leidenschaft für Ton empfinden wie ich.

Über dieses Buch

In diesem Buch geht es um die Herstellung alltagstauglicher Keramik. Dabei stehen praktische Überlegungen im Mittelpunkt: Wie kann man einen Gegenstand so gestalten, dass er sich nicht nur sinnvoll nutzen lässt, sondern darüber hinaus angenehm zu handhaben ist und sich gegebenenfalls problemlos im Schrank stapeln lässt. Dabei beschränken wir uns auf die grundlegenden Herstellungsmethoden Drehen, Wulst- und Plattentechnik, bisweilen benutzen wir Formen und andere Hilfsmittel als Konstruktionshilfen, klammern aber bis auf ein paar Hinweise zu Glasuren die Dekoration der Oberflächen aus. Auch Techniken wie Gießen, Einformen und Überformen sind nicht berücksichtigt worden. Sie gelten als halbindustrielle Prozesse, die ein anderes Fertigkeitsniveau und außerdem eine teure Ausstattung oder viel Platz erfordern.

Alle Projekte in diesem Buch sind für Keramiker mit kleiner Werkstatt, einem Minimum an Werkzeugen und Ausstattung und soliden Grundkenntnissen ausgelegt. All die Informationen, die man braucht, um individuelle und einzigartige Keramik zu schaffen, sind hier gebündelt, das Buch soll jedoch lediglich als Ausgangspunkt dienen und kein ultimativer Leitfaden sein. Details der Oberflächengestaltung sind es, die Ihrer Arbeit den individuellen Stempel aufdrücken, abgesehen von den kleinen Eigenarten, die wir alle in unsere persönliche Interpretation einbringen.

Das Buch beginnt mit einem Überblick über Tonsorten und Brennöfen (**Kapitel 1: Bevor Sie anfangen**) und bietet zum Schluss einen kurzen Auffrischungskurs zu den wesentlichen Herstellungsmethoden (**Kapitel 7: Herstellungstechniken**). Daran schließen sich ein Werkzeugglossar, ein Glossar der wichtigsten Begriffe und einige nützliche Schablonen für Gefäße an.

Die **Kapitel 3 bis 6** behandeln unterschiedliche Arten von Gefäßen. Jedes Gefäß wird in den drei wichtigsten Herstellungstechniken vorgestellt: gedreht, in Wulst- und in Plattentechnik. Auf der nächsten Seite sehen Sie beispielhaft, wie die Kapitel aufgebaut sind.

Kapitel 3 bis 6

Überlegungen zum Design

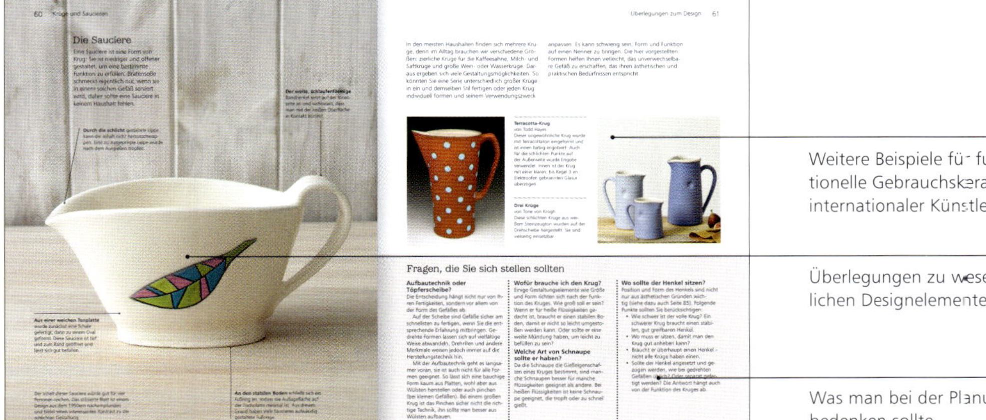

Ein Gefäß als Beispiel, das alle Attribute guter Keramik aufweist.

Weitere Beispiele für funktionelle Gebrauchskeramik internationaler Künstler.

Überlegungen zu wesentlichen Designelementen.

Was man bei der Planung bedenken sollte.

Varianten

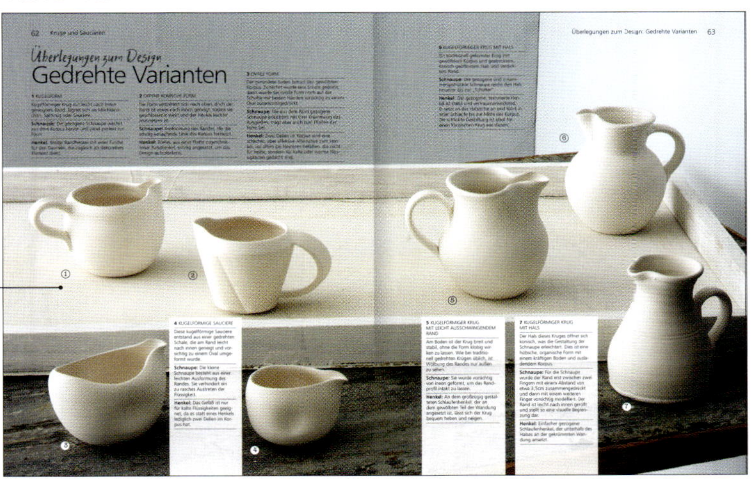

Für jeden Gefäßtyp und jede Herstellungsart werden mehrere Beispiele gezeigt, die Vergleiche ermöglichen und Überlegungen zu Form und Funktion anregen.

Die Funktionalität eines jeden Stückes sowie seine Gestaltungselemente werden analysiert.

Technik

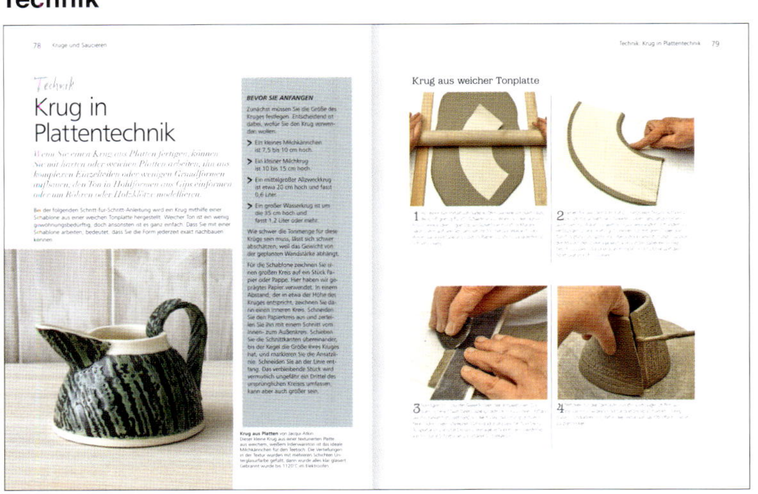

Schritt-für-Schritt-Anleitungen zeigen, wie Sie eines der Beispiele nacharbeiten können.

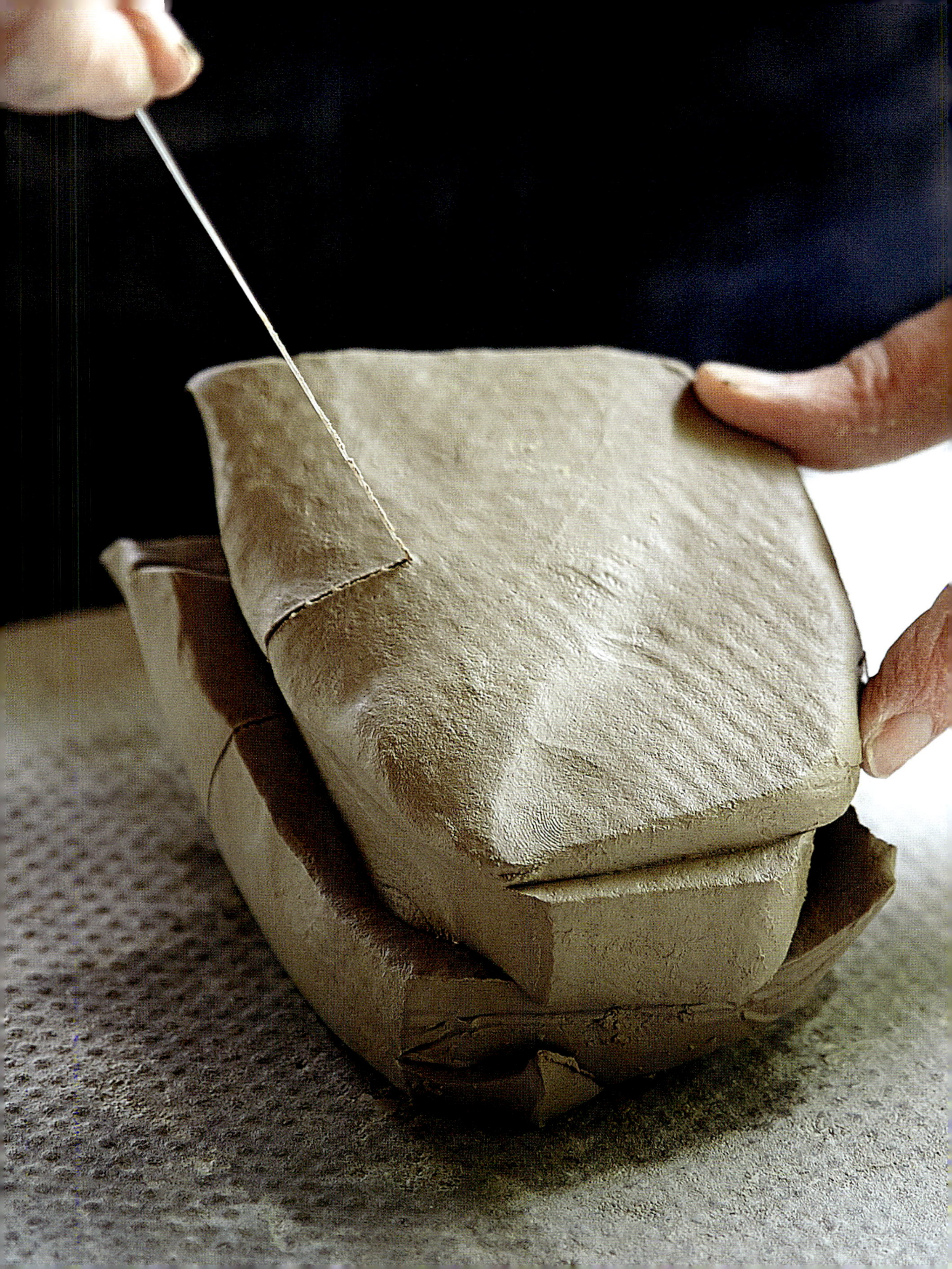

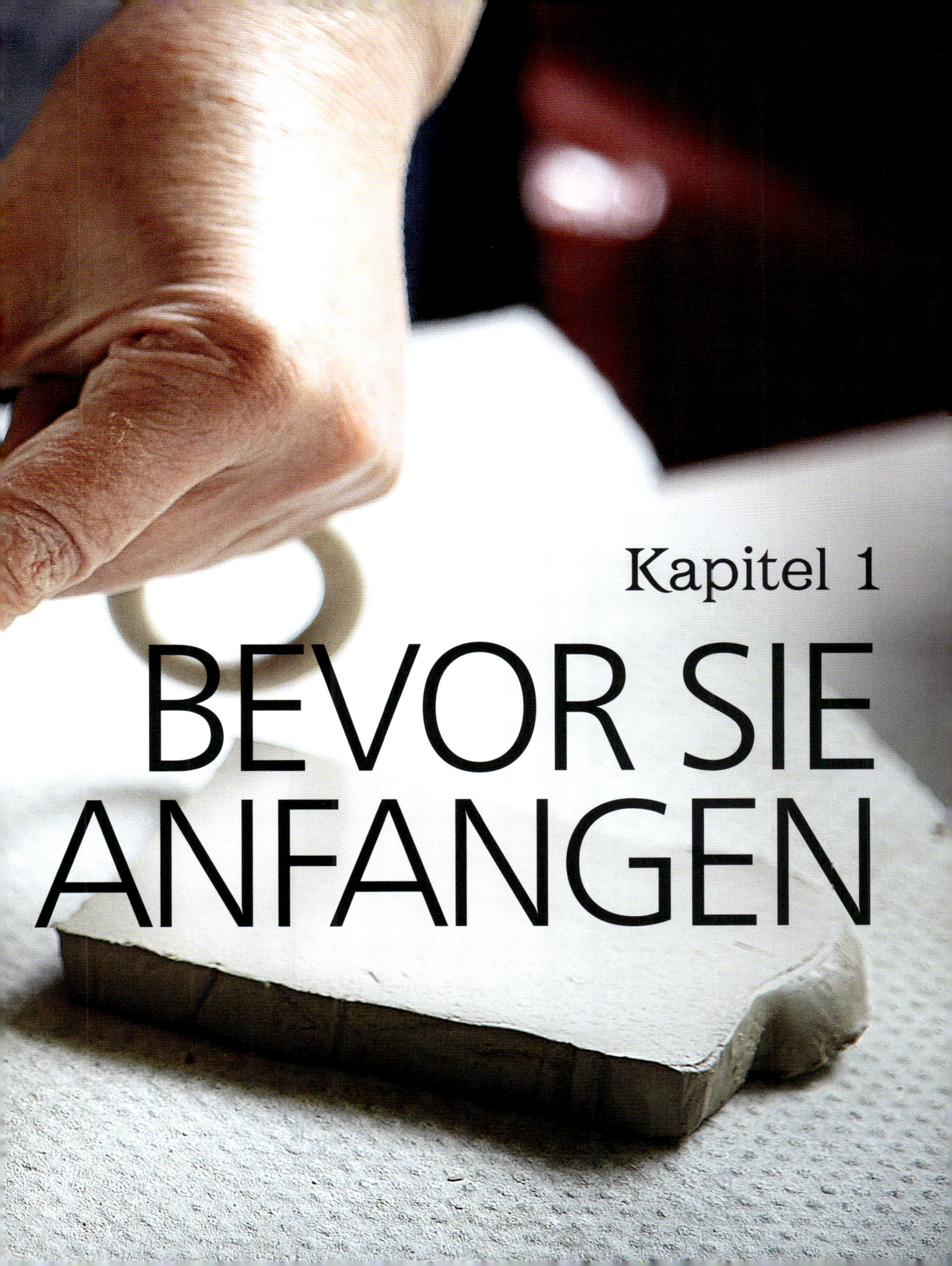

Kapitel 1

BEVOR SIE ANFANGEN

Gesundheit und Sicherheit

Das Töpfern gilt nicht als gefährliches Hobby; doch zu Ihrer eigenen Sicherheit sollten Sie ein paar Regeln einhalten.

Bei der Einrichtung Ihrer Werkstatt sollten Sie überlegen, wo Sie mit welchen Materialien hantieren und mit welchen Techniken arbeiten. In einer geräumigen Werkstatt gibt es für jeden Arbeitsschritt einen separaten Bereich, was die Gesundheits- und Sicherheitsfragen vereinfacht. Bei begrenztem Platz müssen Sie jeden Bereich mehrfach nutzen und dann bedarf der sichere Umgang mit Staub, giftigen Materialien, Wasser, Glasur und Ton sorgfältiger Planung. Organisieren Sie Ihren Arbeitstag und machen Sie zwischendurch immer wieder gründlich sauber. Räumen Sie die einzelnen Behälter und das Inventar zum Putzen regelmäßig beiseite.

Risikoanalyse

Wenn Sie mit gesundheitsgefährdenden Substanzen arbeiten, sollten Sie Ihre Arbeitsumgebung einer systematischen Risikoanalyse unterziehen. Wie Sie dabei am besten vorgehen, entnehmen Sie einem offiziellen Leitfaden.

Sehen Sie sich Ihren Arbeitsbereich und überlegen Sie, wer ihn nutzt. Ziehen Sie Faktoren wie die Gefahr von Stolperfallen, Stromschlägen, Bränden und Verbrennungen ebenso in Betracht wie umherfliegende Partikel, den Umgang mit gefährlichen Materialien und Regale, die unter ihrer Last zusammenbrechen könnten. Überlegen Sie, wie Sie Gerätschaften in bestimmten Bereichen einsetzen. Haben Sie in Ihrer Werkstatt ausreichend Stauraum und Lagermöglichkeiten? Können Sie Materialien und Behälter auf fahrbare Untersätze stellen, die Sie bei der täglichen Reinigung leicht wegschieben können? Gibt es auf den Laufwegen Hindernisse, über die man stolpern kann? Sind alle Materialien genau gekennzeichnet und wissen Sie über die Gefahren Bescheid, die bei ihrem Gebrauch entstehen können? Wie schätzen Sie das Unfallrisiko in Ihrer Werkstatt ein – niedrig, mittel oder hoch? Überlegen Sie gegebenenfalls, welche Verbesserungen nötig sind.

Halten Sie sich an die folgenden Regeln:

1. Arbeiten Sie nur in einem ausreichend belüfteten Raum mit wasserabweisenden, leicht zu reinigenden Arbeitsflächen und einem Wasseranschluss.

2. Essen, trinken und rauchen Sie nicht in der Werkstatt.

3. Wirbeln Sie keine Staubpartikel auf. Hier einige Tipps, wie Sie Staub vermeiden können:

• Wischen Sie verschütteten Schlicker und Pulver sofort auf. Formbarer Ton und Schlicker werden beim Trocknen zu Staubquellen. Verschüttete Flüssigkeiten auf dem Boden bergen zudem die Gefahr, dass Sie ausrutschen.

• Säubern Sie alle Werkzeuge und Geräte am Ende eines Arbeitstages.

• Reinigen Sie Boden und Arbeitsflächen mit einem Staubsauger mit Feinstaubfilter, nicht mit Handfeger oder Besen. Nach dem Absaugen feucht wischen.

4. Tragen Sie Handschuhe, wenn Sie mit Farbmitteln oder Oxiden hantieren.

5. Tragen Sie eine Atemschutzmaske, wenn Sie mit Pulvern arbeiten.

6. Legen Sie Schutzkleidung wie eine Schürze an, vermeiden Sie jedoch, sich die Hände daran abzuwischen. Getrocknete Tonreste blättern ab und stauben. Waschen Sie Schürzen und Kittel regelmäßig.

7. Wenn Sie getrocknete oder geschrühte Tonwaren schmirgeln oder versäubern, sollten Sie eine Atemschutzmaske und eine Schutzbrille tragen.

8. Vergewissern Sie sich, dass Sie gegen Tetanus geimpft sind. Ton kann Bakterien enthalten, die bei offenen Wunden Infektionen hervorrufen können.

9. Halten Sie einen Erste-Hilfe-Kasten griffbereit. Schnitt- und Kratzwunden sollten nicht mit keramischem Material in Berührung kommen.

Achtung!

Bei Aufbautechniken kann man den Ton mit bestimmten Farbmitteln und Materialien mischen, die seine Farbe oder Eigenschaften verändern. Bei den folgenden Zusätzen müssen Sie besonders vorsichtig sein:

Hochgiftig:

Blei, Kadmium, Antimon, Barium.

Vorsichtig zu handhaben:

Alle Farbmittel, vor allem Kupferoxid und -carbonat, Cobaltoxid und -carbonat, Chromoxid, Lithiumoxid, Zink, Strontium, Nickeloxid, Engoben und Glasurfarbstoffe, Borax, Bor, Borsäure, Quartz, Feuerstein, Feldspat, Kaolin, Ball Clay, Kreide und Dolomit.

Beim Umgang mit diesen Materialien ist Vorsicht geboten. Der Keramikfachhandel hält Sicherheitsdatenblätter für die entsprechenden Produkte bereit. Auf den jeweiligen Behältern sind Informationen aufgedruckt – unbedingt lesen!

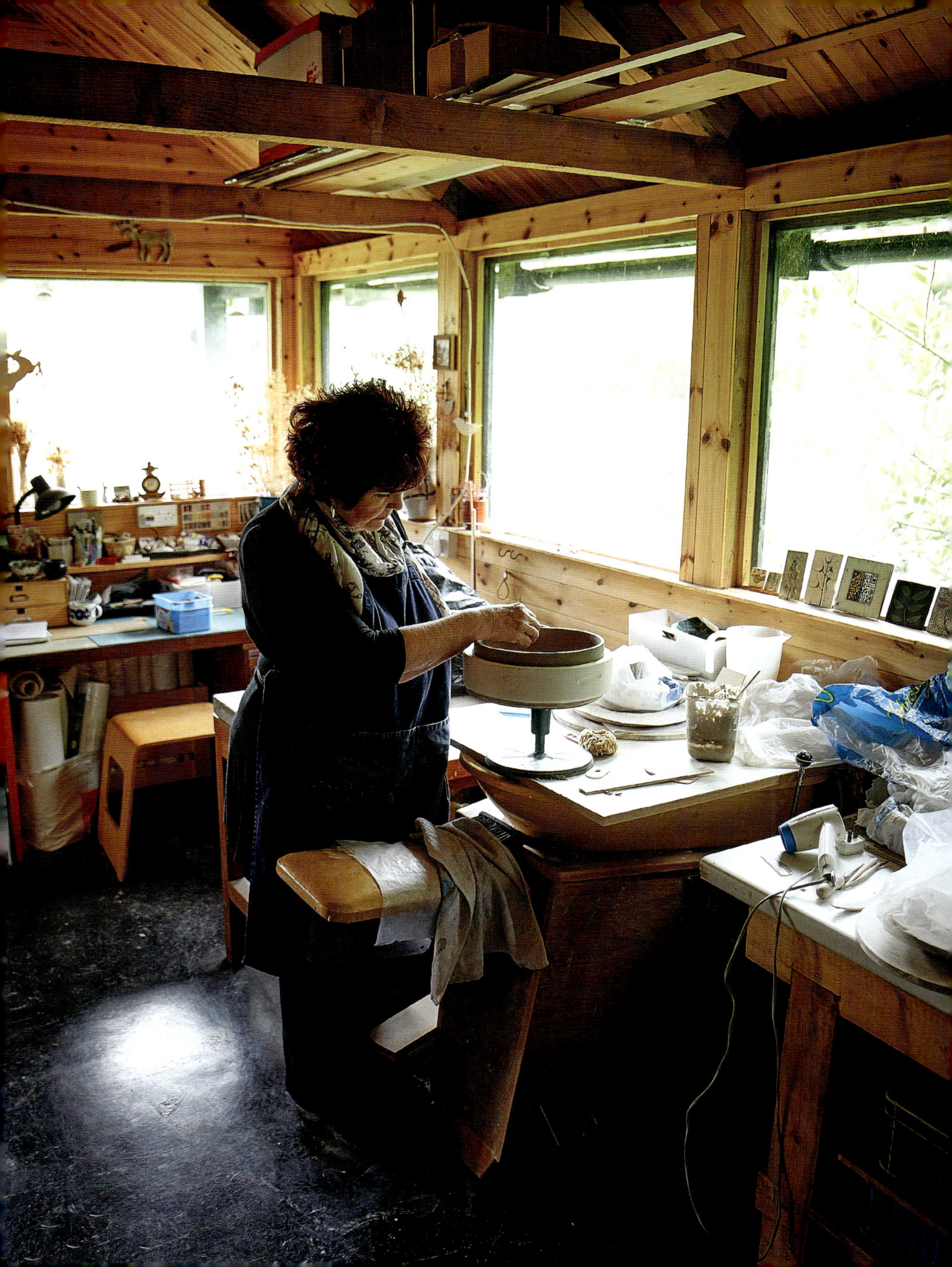

Ideen sammeln

Wie viele Kreative stehen auch Keramiker gelegentlich vor der Frage, woher sie ihre Ideen nehmen sollen. Irgendwann stellen wir fest, dass wir uns auf eingefahrenen Gleisen bewegen, und neue Anregungen brauchen. Wie lässt sich dieses Problem lösen?

Inspiration – aber woher?

Inspiration ist überall – alles in der Natur und in der von Menschenhand geschaffenen Welt hat Form, Farbe oder Textur. Wichtig ist, sehen zu lernen und festzuhalten, was uns gefällt.

Leicht zugängliche Quellen

Bücher, das Internet, kunsthandwerkliche Websites wie Etsy und Pinterest, Websites von Keramikverbänden, Galerien, Museen, Keramikmärkten und –studios.

Werke anderer Keramiker

Eine weitere Inspirationsquelle sind natürlich die Arbeiten anderer Keramiker. Das bedeutet nicht, dass Sie sie nachmachen sollen. Halten Sie fest, was Ihnen daran gefällt: Form, Farbe, Textur, das Zusammenspiel all dieser Faktoren, Details wie die Position von Henkel oder Tülle, die Schräge eines Randes, die Deckelpassung usw. Analysieren Sie Ihre Vorlieben und überlegen Sie, warum Ihnen was gefällt.

Bildersammlungen

Sammeln Sie Bilder – auf Ihrem Computer, dem Handy oder auf Papier – und legen Sie Ordner oder Dateien an, in denen Sie bestimmte Details festhalten, die Sie in Ihre eigene Arbeit integrieren möchten.

Dabei sollten Sie bedenken, dass man es in Museen und Galerien möglicherweise nicht gerne sieht, wenn Sie Fotos machen, und bevor Sie auf einem Markt oder einer Messe die Werke eines Künstlers fotografieren, sollten Sie immer um Erlaubnis bitten. Wahrscheinlich stellt man Ihnen die Frage, was Sie mit den Bildern vorhaben. Sagen Sie ehrlich, dass Sie Details festhalten wollen, die Ihnen gefallen, um Ihren eigenen Stil zu entwickeln. Oft bekommen Sie dann Tipps, auf die Sie selbst nicht gekommen wären. Keramiker sind großzügig, aber sie mögen es nicht, wenn man ihre Arbeiten kopiert, vor allem, wenn sie Jahre gebraucht haben, um ihre ganz persönliche Ausdrucksform zu finden. Daher sollten Sie betonen, dass das nicht Ihre Absicht ist.

Notizbuch

Ein handliches Notizbuch ist sehr nützlich, um unterwegs Details festzuhalten. Im Vergleich zu Handys gelten Notizbücher inzwischen als altmodisch, doch sie haben durchaus ihre Vorteile: Beim Zeichnen ist man gezwungen, genauer und länger hinzusehen, und „verankert" auf diese Weise eine Idee im Gehirn. Neben Zeichnungen können Sie darin natürlich auch Anmerkungen notieren oder Bilder einkleben.

Details aufzeichnen

Zeichnen Sie, was Ihnen gefällt. Dafür brauchen Sie kein besonderes Zeichentalent (außer Ihnen muss niemand diese Bilder zu Gesicht bekommen), doch Sie werden merken, dass Sie die Details beim Zeichnen immer wieder leicht verändern. Auf diese Weise werden Sie sich möglicher Probleme bewusst und können Fehler in der praktischen Arbeit vermeiden.

Skizzieren Sie auf ein und demselben Blatt Formen, die Ihnen gefallen, und variieren Sie die Details. Schreiben sie Anmerkungen dazu: Dinge, die Ihnen aufgefallen sind, Ideen für Alternativen, die Ihnen helfen, die Form eventuell weiterzuentwickeln. Lassen Sie Ihren Gedanken freien Lauf und halten Sie alles fest, was Ihnen einfällt. Sie werden staunen, wie sehr Sie damit die Entstehung eines persönlichen Stils fördern.

Ideen in Ton festhalten

Auf der Suche nach Ihrer eigenen Ausdrucksform müssen Sie Ihre Ideen irgendwann in Ton ausprobieren. Dies ist ein ganz wesentlicher Schritt, denn nicht alle Eventualitäten lassen sich auf dem Papier vorhersehen. Manchmal stellen sich Probleme erst während des Herstellungsprozesses heraus, es ist also eine gute Idee, diese Schwierigkeiten an einem Probestück aufzuspüren und zu beseitigen, bevor Sie sich ein größeres Projekt vornehmen.

Heben Sie diese Probestücke auf und notieren Sie alle Details dazu, z.B. das Gewicht des Tons, die Tonsorte, die Herstellungstechnik, die Brenntemperatur usw. Wenn das Ergebnis nicht so ist, wie Sie es sich vorgestellt haben, haben Sie alle nötigen Informationen zur Hand, um Änderungen vorzunehmen.

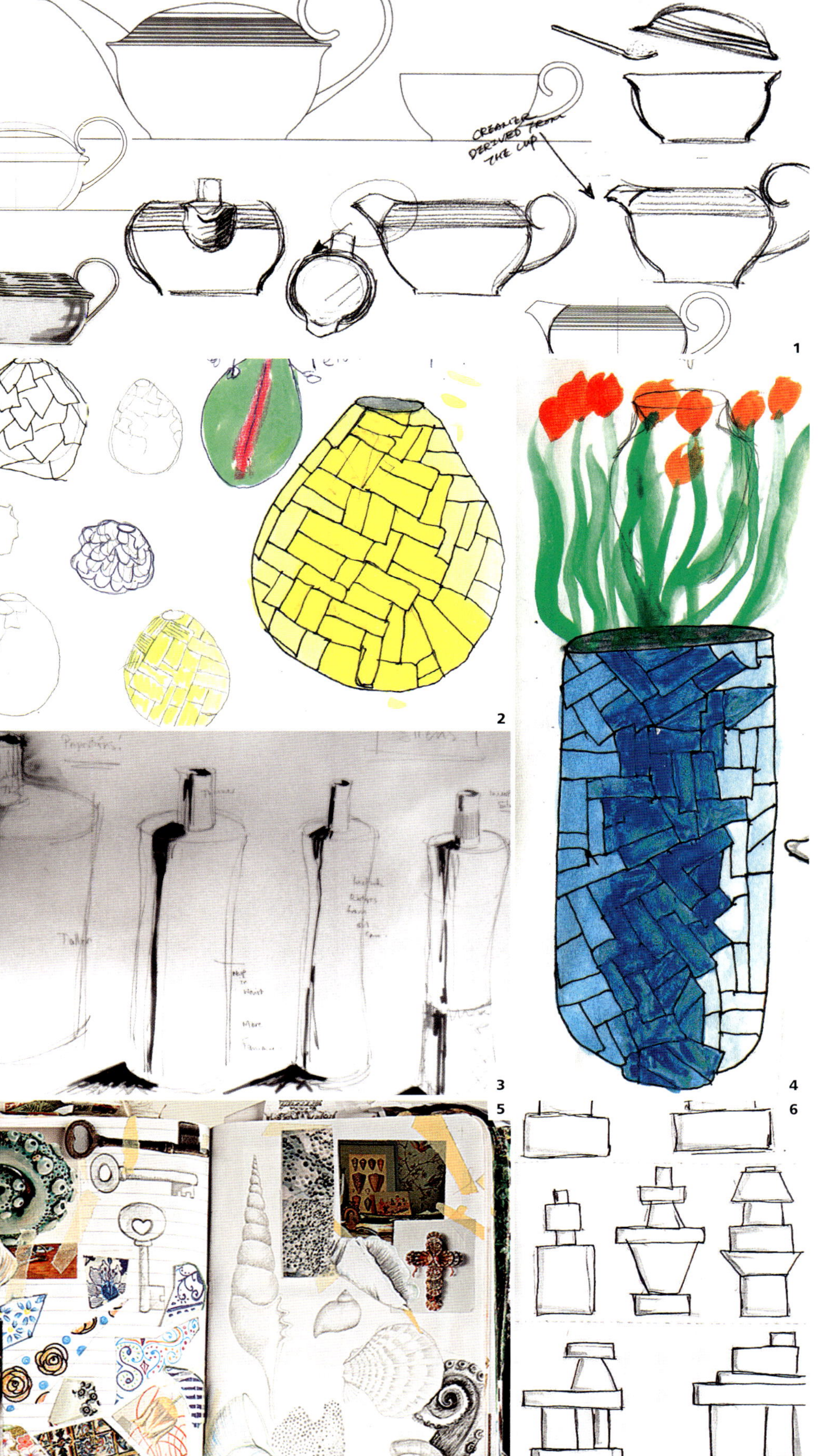

1. Eine Übersichtszeichnung ist eine gut durchdachte dreidimensionale Darstellung Ihres Projekts. Diese Zeichnung von Chia-Ying Lin, die zudem mit Anmerkungen versehen ist, zeigt sehr anschaulich, wie ein geplantes Gefäß funktioniert. Die Funktionalität der Form ist ebenso wichtig wie die einzelnen Gestaltungselemente und sollte bei den Planungen einbezogen werden.

2 & 4. Wenn die Inspiration unvermutet „zuschlägt", reichen Servietten, Kassenzettel und sogar die Rückseite von Fahrkarten für rasch hingeworfene Skizzen. Sie geben eine Idee in ihren wesentlichen Zügen wieder, wie diese kleinen Zeichnungen von Miranda Holms. Dabei geht es nicht um Genauigkeit, sondern nur darum, eine Idee vom Kopf auf Papier zu bringen und festzuhalten.

3. Bei dieser Form der Zeichnung entwickelt sich eine Idee nach und nach durch die Wiederholung. Ein und dieselbe Form oder Idee mehrmals zu zeichnen, wie Miche Follano es hier gemacht hat, führt dazu, dass sich eine Vorstellung in kleinen Schritten konkretisiert. Diese Technik ist vor allem hilfreich, wenn man Detail herausarbeiten will. Sie können auch Anmerkungen zu gestalterischen Alternativen hinzufügen, die Ihnen während des Herstellungsprozesses möglicherweise helfen, die Funktion zu verändern oder verbessern.

5. Vorläufige Studien aus dem Skizzenbuch von Claire Prenton.

6. Mit Zeichnungen wie denen von Ellen Horne erkunden Sie Größe, Größenverhältnisse und Umrisse eines Gefäßes, bevor Sie eine Maquette anfertigen. Wie Sie sehen, wurden die Linien auf der Suche nach dem richtigen Verlauf mehrmals gezeichnet. Mithilfe von Zeichnungen, Bildern aus Zeitschriften oder Handyfotos können Sie auch, wenn Sie unterwegs sind, Details festhalten, die Ihnen als besonders praktisch auffallen. Sammeln Sie Ideen, wo immer Sie können.

Der richtige Ton

Ton wird meist in drei Hauptgruppen eingeteilt: Irdenware-, Steinzeug- und Porzellanton. Sie unterscheiden sich in ihren Brenntemperaturen und in der Dichtigkeit und Festigkeit, die sich daraus ergeben.

Wenn Sie jedoch den Katalog eines Fachgeschäfts für Töpferbedarf durchblättern, finden Sie dort Tone mit sehr großem Brennbereich aufgelistet. Sie lassen sich bei Temperaturen für Irdenware (1100 – 1150 °C), bei mittleren Temperaturen (1180 – 1220 °C) oder bei Temperaturen für Steinzeug (1220–1300 °C) brennen. Wie treffen Sie also Ihre Wahl?

TON WÄHLEN

Die folgenden Fragen können Ihnen helfen, Ihre Wahl einzugrenzen.

Bei welcher Temperatur wollen Sie brennen?

Die Antwort richtet sich letztendlich nach den Temperaturen, die Sie mit Ihrem Ofen erreichen können. Sie sollten jedoch immer bedenken, das höhere Temperaturen unabhängig vom Brennstoff höhere Kosten bedeuten.

Strom oder Gas?

Wollen Sie oxidierend (Strom) oder reduzierend (Gas) brennen? Manche Tone sind besser für den Reduktionsbrand geeignet als andere. Hinweise dazu finden Sie in den Katalogen der Tonhersteller.

Welche Farbe?

Richten Sie sich bei der Farbe des Tons nach der geplanten Gestaltung der Oberfläche.

Rote Massen haben einen Einfluss auf die Glasurfarbe. Wenn Sie einen Kontrast zwischen Ton und Glasur anstreben, können Sie als Hintergrund einen leichten Engobenüberzug aufbringen.

Bei einem weißbrennenden Ton erübrigt sich der Hintergrund, die aufgetragenen Farben treten besonders leuchtend zutage.

Außerdem gibt es Tone mit Zusätzen, die ihm beim Brennen ein gefflecktes Aussehen geben. Diese Flecken reagieren mit der Glasur zu einer ungewöhnlichen farblichen Gestaltung. Hersteller empfehlen oft bestimmte Glasuren für diese Tone.

Welche Herstellungstechnik?

Unterschiedliche Modelliertechniken erfordern unterschiedliche Tonsorten.

Zum Drehen nehmen Sie einen glatten, plastischen Ton.

Bei Aufbautechniken empfiehlt sich ein schamottierter Ton, der weniger dazu neigt, sich zu verziehen und zu reißen. Allerdings sollten Sie bedenken, dass es bei solchen Tonen nicht möglich ist, die Oberfläche auf der Töpferscheibe zu glätten oder mit feinen Details zu versehen.

Angaben in Katalogen

Die meisten Kataloge enthalten Hinweise wie die folgenden, die Ihnen bei Ihrer Wahl helfen:

- Fein schamottiert zum Drehen.
- Für große Oberflächen und Gefäße geeignet.
- Platten- und Kachelmasse.
- Für größere Objekt in Aufbautechnik.
- Speziell für Skulpturen- und Aufbaukeramik oder als Kachelmasse geeignet.
- Für alle Töpfertechniken.

Stellen Sie sich vor, Sie möchten bei Irdenwaretemperaturen in einem elektrisch beheizten Ofen brennen und in Aufbautechnik einen weißen Korpus schaffen, der einen guten Hintergrund für Ihre farbigen Verzierungen bildet.

Von diesen Überlegungen ausgehend können Sie anhand der Angaben in den Katalogen die Tonmassen auflisten, die Ihren Bedürfnissen entsprechen. Meist gehören Abbildungen dazu, an denen Sie sich zusätzlich orientieren können.

TON KAUFEN UND LAGERN

Wenn Sie sich für eine bestimmte Tonmasse entschieden haben, müssen Sie sich überlegen, wieviel Sie davon kaufen. Die Menge hängt von Ihrer geplanten Produktion und von Ihrer Herstellungstechnik ab. An der Töpferscheibe verbraucht man normalerweise mehr Ton als mit Aufbautechniken, weil der Herstellungsprozess schneller ist. Dagegen können ein paar Batzen Ton bei Aufbautechniken eine ganze Weile vorhalten, vor allem, wenn man alle Tonreste wiederaufbereitet.

Ein wichtiger Faktor bei der eingekauften Tonmenge sind Ihre Lagerkapazitäten. Beim Kauf größerer Mengen gibt es normalerweise Rabatte. Widerstehen Sie der Versuchung, zuzuschlagen, wenn Sie einen Ton noch nicht getestet haben. Bitten Sie zunächst um eine Probe und testen Sie den Ton, um sich zu vergewissern, dass er Ihren Anforderungen entspricht. Und dann kaufen Sie die Menge, die Sie problemlos unterbringen können.

Bewahren Sie Ton in luftdicht verschlossenen Plastiktüten auf, damit er feucht bleibt. Lagern Sie ihn möglichst an einem dunklen, frostsicheren Ort.

Eine kleine Auswahl fertig gemischter Tonmassen mit einfachen transparenten und opaken Glasuren.
1 Gewöhnliche rote Irdenware.
2 Schamottierte rote Irdenware, zur Hälfte klar transparent glasiert.
3 Niedrig brennende weiße Masse, zur Hälfte klar transparent glasiert.
4 Sandfarbener Steinzeugton, ein Viertel klar transparent glasiert, ein Viertel weiß opak glasiert.
5 Glatter weißer Steinzeugton, zur Hälfte klar transparent glasiert.
6 Gewöhnlicher Porzellanton, zur Hälfte klar transparent glasiert.

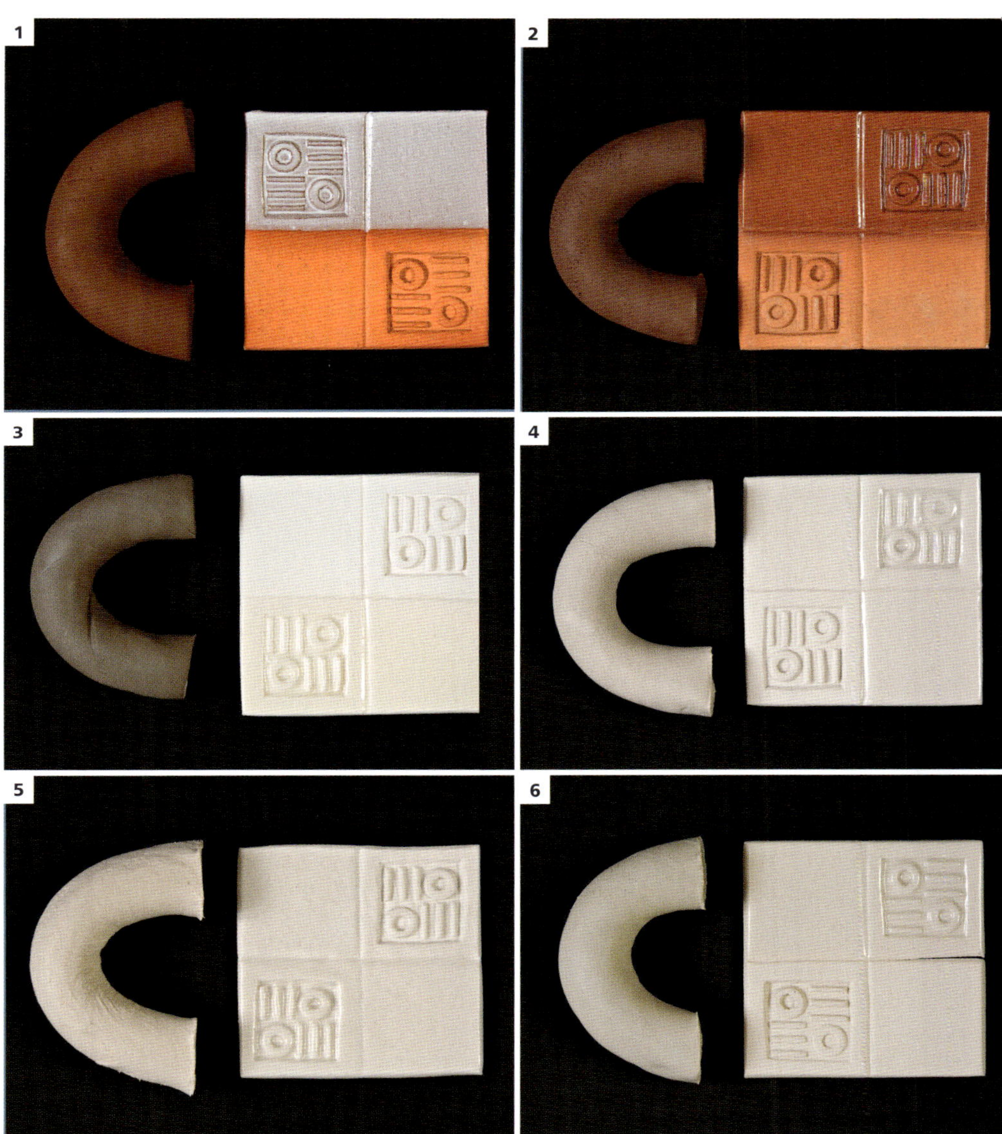

TON VORBEREITEN

Die meisten Keramiker schlagen oder kneten ihren Ton, bevor sie damit arbeiten. So stellen sie sicher, dass er keine Lufteinschlüsse enthält, die beim Brennen Blasen werfen, reißen oder gar explodieren können.

Den Ton schlagen

Diese Methode eignet sich vor allem für große Tonbatzen. Formen Sie einen keilförmigen Klumpen und zerteilen Sie ihn mit einem Schneidedraht in einem 45°-Winkel von unten nach oben **(1)**.

Heben Sie das obere Stück über den Kopf und lassen Sie es mit der flachen Seite auf den spitzen Grat des unteren Stücks fallen. Beim Aufprall wird die Luft im Ton ausgetrieben. Drehen Sie den gesamten Batzen um 90° und wiederholen Sie diese Schritte mindestens fünfmal, bis der Ton eine gleichmäßige Konsistenz aufweist **(2)**.

Widderkopftechnik

Bei dieser Knetmethode schieben Sie den Ton in einer Schaukelbewegung von sich weg und rollen ihn dann wieder zu sich heran. Gleichzeitig üben Sie an den Seiten Druck aus, sodass der Batzen seine kompakte Form beibehält. Diese Technik eignet sich für kleine bis mittlere Tonmengen.

Der rundliche Tonbatzen mit der Konsistenz von Knetmasse sollte so groß sein, dass zwischen Ihren Händen etwas Abstand ist. Stellen Sie sich so hin, dass Sie vor- und zurückschaukeln können, legen Sie die Hände von oben rechts und links auf den Ton und ziehen Sie sie nach vorn **(3)**.

Gleichzeitig üben Sie von den Seiten her Druck aus, damit der Batzen nicht aus der Form gerät. Im Schulterbereich sollte es sich so anfühlen, als würden Sie die Hände schräg nach oben drücken. Nun rollen Sie den Ton von sich weg, dann ziehen Sie ihn wieder zu sich hin. Wenn Sie nicht genug seitlichen Druck ausüben, verformt sich der Batzen schnell zu einer Rolle **(4)**.

Spiralkneten

Diese Methode hat Ähnlichkeit mit der Widderkopftechnik, allerdings üben Sie hier immer nur mit einer Hand Druck aus.

Achten Sie darauf, dass der Ton die Konsistenz von Fensterkitt hat, und formen ihn zu einem rundlichen Klumpen. Diese Methode eignet sich für größere Tonmengen, da Sie beim Heben, Drücken und Drehen immer nur einen kleinen Teil davon festhalten. Nach und nach zeigen sich spiralförmig angeordnete Tonschichten **(5)**.

Falls Sie den Ton zum Drehen verwenden wollen, sollte die Spirale nach oben zeigen, wenn Sie den Tonklumpen auf den Scheibenteller legen, damit zwischen Scheibenteller und Ton keine Luft eingeschlossen wird. Die Spirale ist ein nützlicher Orientierungspunkt beim Zentrieren des Tonklumpens **(6)**.

TON EINSUMPFEN

Dieser Vorgang sollte zu Ihren Routinearbeiten gehören, nicht zuletzt, weil er Ihnen hilft, das Material und seine unterschiedlichen Konsistenzen kennenzulernen.

Sammeln Sie knochentrockene, in kleine Brocken zerteilte Reste **(7)** derselben Tonsorte in einem ausreichend großen Behälter. Er muss mit einem Deckel verschließbar sein, damit keine Staubpartikel herumfliegen.

Bedecken Sie den Ton mit Wasser und geben Sie ihm einige Tage Zeit zum Einweichen. Diesen Prozess nennt man Einsumpfen. Ein paar Monate lang können Sie immer wieder aufs Neue weitere Tonreste und Wasser hinzufügen, bevor Sie das überschüssige Wasser abschöpfen. Der faulige Geruch, der dabei entsteht, ist allerdings ein Nachteil **(8)**!

Schöpfen Sie den Ton auf eine Gipsplatte und ziehen Sie Furchen in den Tonbrei, um die Oberfläche zu vergrößern. Auf diese Weise trocknet der Ton schneller. Prüfen Sie den Trockengrad regelmäßig. Trocknet der Ton zu stark, müssen Sie wieder von vorne beginnen. Sie können den weicheren Ton wegschieben, den festeren Ton darunter wegnehmen und dann den weichen Tonbrei wieder ausbreiten. Eine andere Möglichkeit ist es, den Tonbrei mit Plastikfolie abzudecken, über Nacht trocknen zu lassen und die Konsistenz am nächsten Tag zu prüfen **(9)**.

Wenn der untere Teil der Tonplatte trocken ist, sollte er sich leicht von der Platte lösen lassen. Je größer und schwerer die Lage aus Ton ist, desto stärker verdichtet sie sich. Wenn Sie den Ton einige Zeit aufbewahren wollen, sollten Sie ihn in einem weicheren Zustand von der Gipsplatte nehmen als normalerweise bei der Verarbeitung **(10)**.

Entfernen Sie Tonreste mit einer Gumminiere von der Gipsplatte. Achten Sie dabei darauf, dass die Oberfläche keine Kratzer bekommt, damit der Ton nicht durch Gipsteilchen verunreinigt wird. Zum Schluss wischen Sie die letzten Tonreste mit einem nassen Schwamm ab, bevor sie zu Staubpartikeln zerfallen.

TON WIEDERAUFBEREITEN

Bei der Verarbeitung sollte der Ton immer die optimale Konsistenz haben. Wenn er diesen Punkt überschritten hat, muss er wiederaufbereitet werden. Das Wunderbare an Ton ist, dass er nie unbrauchbar wird und sich ohne große Mühe recyclen lässt, selbst wenn er schon eine Weile in der Werkstatt herumgelegen hat.

Tipps:

- Warten Sie mit der Wiederaufbereitung nicht, bis sich große Mengen an Tonresten angesammelt haben und eine Riesenaufgabe daraus wird.
- Wenn Sie heißes Wasser zum Einsumpfen benutzen, weicht der Ton viel schneller auf.

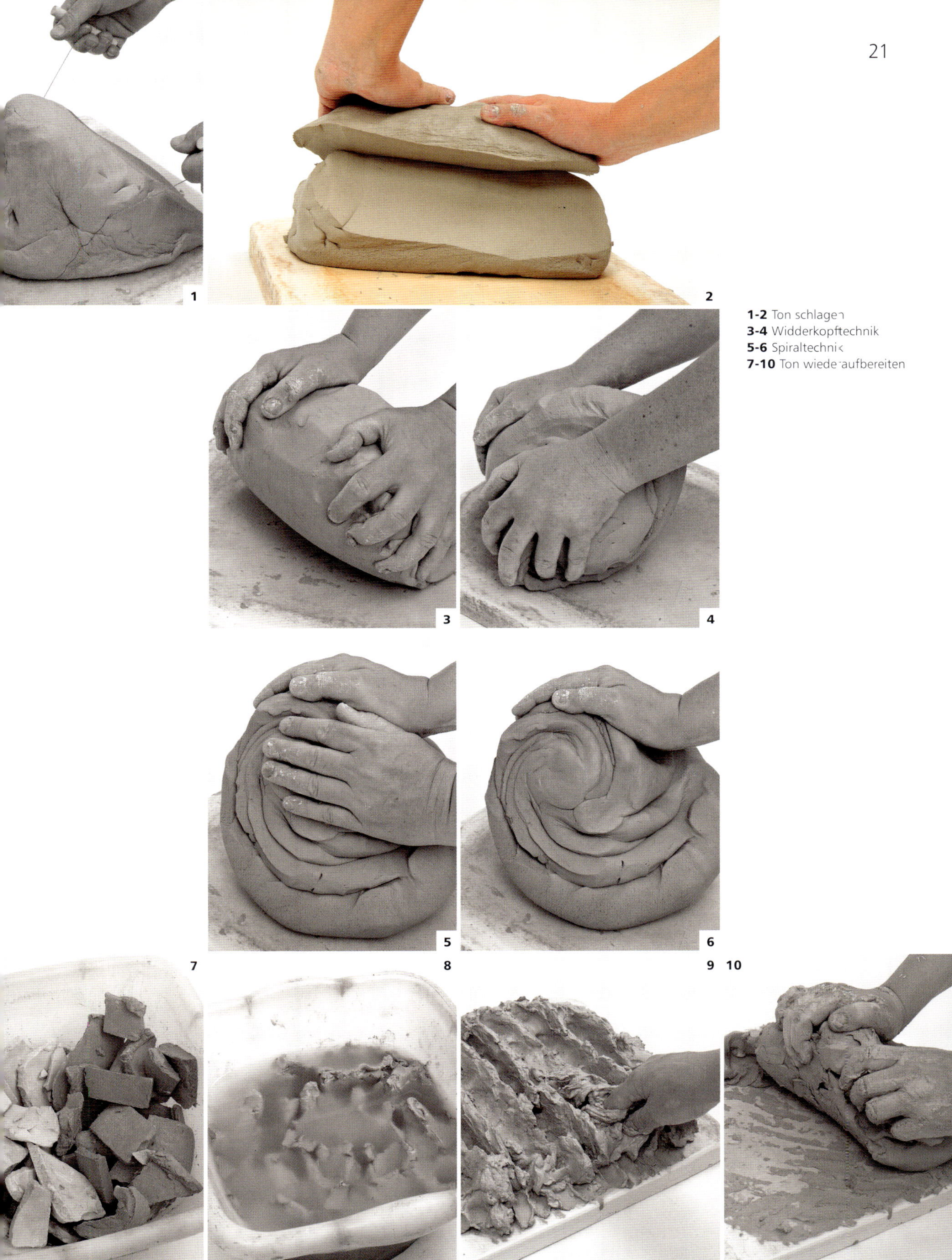

1-2 Ton schlagen
3-4 Widderkopftechnik
5-6 Spiraltechnik
7-10 Ton wieder aufbereiten

Brennen

Im Töpferofen wird normalerweise in zwei Etappen gebrannt. Die erste Etappe nennt man den Schrühbrand. Danach ist der Ton weiterhin porös, ist aber durch unumkehrbare chemische Veränderungen haltbar geworden, so dass man problemlos mit dem Werkstück hantieren und die Glasur auftragen kann. Als zweite Etappe folgt der Glasurbrand. Dabei schmilzt die Glasur auf und versiegelt den Scherben. Man kann den Glasurbrand auch ohne vorherigen Schrühbrand durchführen und die Glasur direkt auf die Grünware auftragen. Der Brennvorgang muss dabei entsprechend angepasst werden. Das Einbrandverfahren ist zwar schwierig zu handhaben, spart aber Energie und Kosten.

SCHRÜHBRAND

Beim Schrühbrand wird die Temperatur um 100 bis 150 °C pro Stunde bis 500 °C gesteigert. Bei dieser Temperatur wird die chemisch gebundene Feuchtigkeit aus den Tonmolekülen ausgetrieben. Danach kann bis zur Zieltemperatur schneller aufgeheizt werden. Meist erfolgt der Schrühbrand bei 960 bis 1000 °C.
Vor dem Brennen müssen die Werkstücke komplett durchtrocknen. Beim Schrühbrand können sich die Teile im Ofen berühren, stapeln Sie also ruhig, um den vorhandenen Platz optimal auszunutzen. Das Gewicht sollte dabei gleichmäßig verteilt sein – schwere Ware auf leichter kann zu Problemen führen. Außerdem sollten Sie den Boden eines Gefäßes nicht in der Öffnung eines anderen verkeilen. Der Ton schwindet beim Brennen und kann springen, wenn er dafür nicht genügend Raum hat.

GLASURBRAND

Oxidationsbrand

Beim Oxidationsbrand wird eine Glasur unter Zugabe von Sauerstoff aufgeschmolzen. Normalerweise geschieht dies in elektrisch betriebenen Brennöfen. Dieses Brennverfahren ist unkompliziert und lässt sich leicht steuern, es wird daher oft angewendet. Durch den vorhandenen Sauerstoff bleiben die in den Glasuren enthaltenen Oxide intakt und die typischen Farbveränderungen finden statt. So wird Kupferoxid z.B. grün.

Reduktionsbrand

Eine reduzierende Atmosphäre entsteht, wenn kohlenstoffhaltiges Material verbrennt, meist in gasgefeuerten Öfen. Die Reduktionsphase beginnt normalerweise bei Temperaturen zwischen 1000 und 1060 °C. Bei einer Temperatur von etwa 1280 °C wird die Sauerstoffzufuhr unterbrochen. Da der Kohlenstoffanteil im Brennmaterial größer ist als der Sauerstoffanteil in der Brennkammer, findet eine unvollständige Verbrennung statt und Kohlenstoff und Kohlenmonoxid bilden sich. Diese entziehen den Oxiden im Ton und in den Glasuren den Sauerstoff und ein „reduzierter" Effekt entsteht, der sich unmittelbar auf die Farben der Oxide auswirkt: Kupferoxid wird z.B. rot.

IRDENWARE

Schrühbrand

Erhöhen Sie die Temperatur um 100 °C pro Stunde, bis eine Temperatur von 600 °C erreicht ist. Dann geht es in 150 °C-Schritten pro Stunde bis zur Höchsttemperatur weiter. Niedrig brennende Tone werden bei höheren Temperaturen geschrüht, um später Rissebildung in der Glasur zu verhindern. Dabei ist der Ton immer noch porös genug, um glasiert zu werden. Da die Garbrandtemperatur einiger niedrigbrennender Tone variieren kann, sollten Sie sich im Fachhandel beraten lassen.

Glasurbrand

Die meisten Irdenwarenglasuren werden bei Temperaturen zwischen 1060 und 1140 °C gebrannt. Heizen Sie den Ofen langsam in 100 °C-Schritten pro Stunde bis auf 450 °C auf, danach gehen Sie auf die erforderliche Brenntemperatur. Bei Irdenwaretemperaturen bleiben die meisten Tone porös und werden erst durch eine Glasur wasserdicht. Dies ist eine wichtige Überlegung bei Gebrauchskeramik, bei der hygienische Aspekte eine Rolle spielen.

STEINGUT UND PORZELLAN

Glasurbrand

Heizen Sie den Ofen langsam in 100 °C-Schritten pro Stunde bis 450 °C auf und gehen Sie dann auf die Endtemperatur von 1200 bis 1300 °C.

Glasurbrand bei Steingut

Beim Glasurbrand darf das Brenngut nicht aneinanderstoßen oder die Ofenwände berühren, sonst backt es fest. Lassen Sie beim Beladen des Ofens etwa eine Handbreit Abstand zwischen den einzelnen Stücken, auch als Schutz vor Glasurspritzern. Eine Schicht, die zu gleichen Teilen aus China Clay und Aluminiumoxid besteht, schützt die Einbauplatten im Ofen vor ablaufender Glasur.

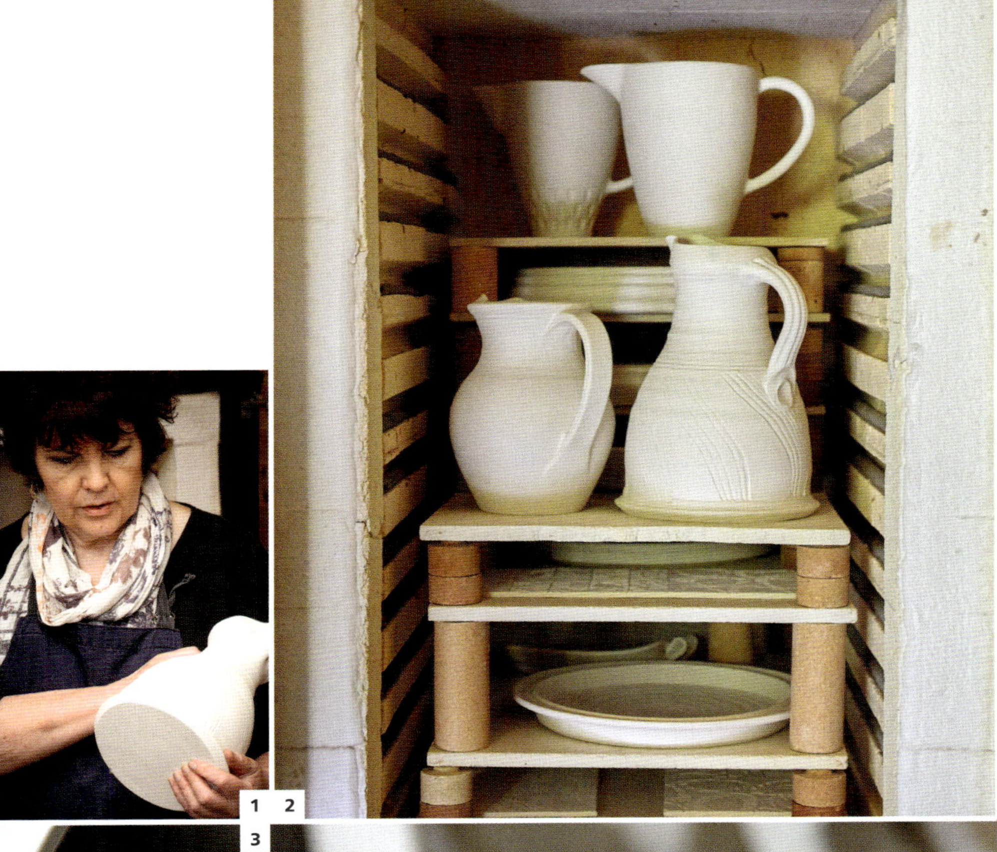

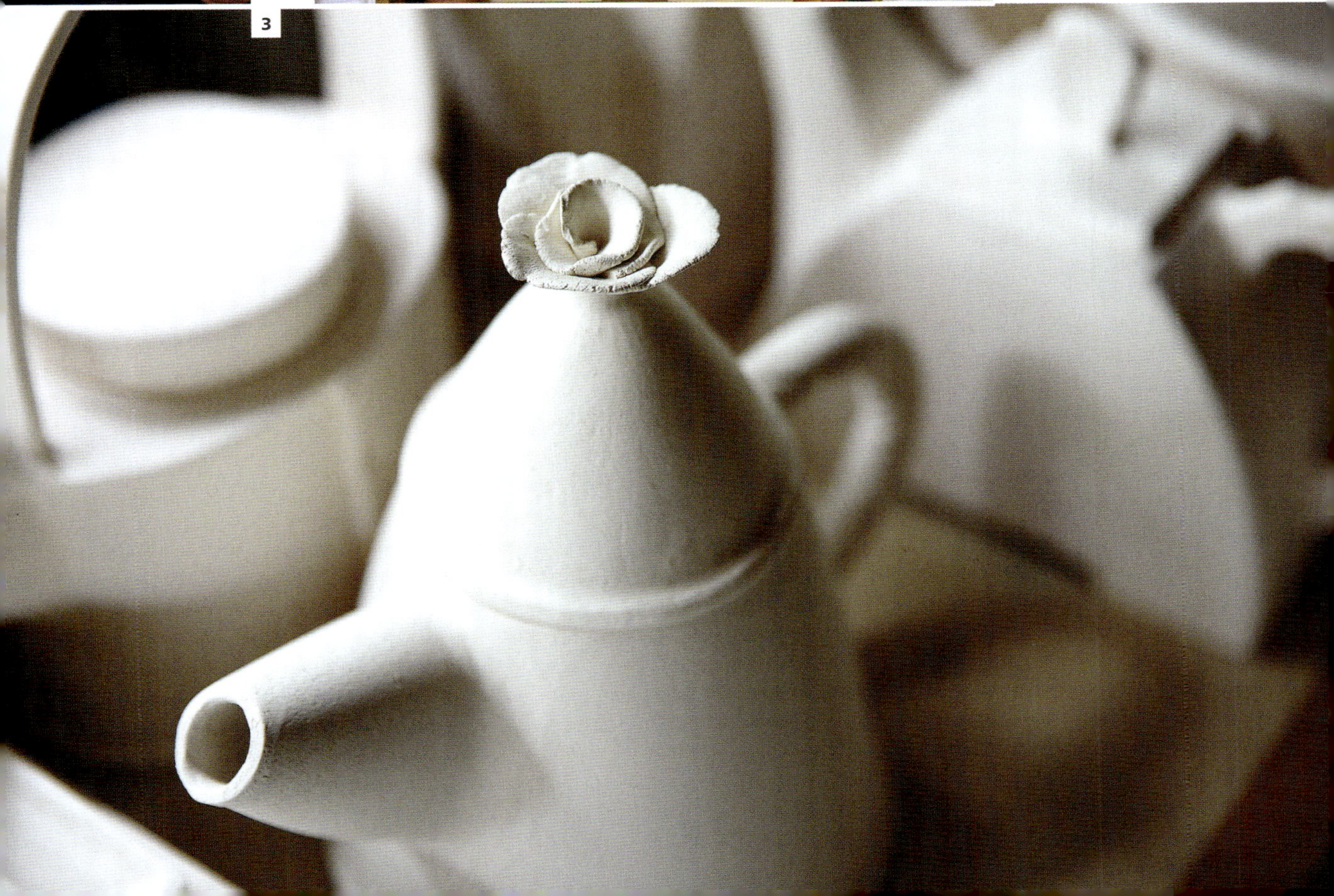

1 Ein Krug wird nach dem Schrühbrand untersucht.
2 Der teilweise gesetzte Schrühbrand.
3 Geschrühte Teekannen warten darauf, verziert und glasiert zu werden

Glasuren

Ob mit oder ohne Verzierungen – vor allem Küchengeschirr wird normalerweise glasiert, weil die Oberfläche glatt, nicht porös, hygienisch und lebensmittelecht sein muss. Ein paar Grundkenntnisse über die Funktionsweise und Zusammensetzung von Glasuren sind nötig, um sie erfolgreich einzusetzen.

Selbstgemacht oder fertig angemischt

Glasuren sind eine Wissenschaft für sich. Damit zu experimentieren ist aufregend, birgt jedoch auch die Gefahr von Enttäuschungen und ist zudem zeitintensiv.

Im Fachhandel gibt es eine riesige Bandbreite an lebensmittelsicheren, fertig gemischten, auf die unterschiedlichen Tonsorten abgestimmten Glasuren, flüssig und in Pulverform. Sie sind ein guter Ausgangspunkt, weil das Ergebnis garantiert ist. Wenn Sie experimentieren möchten, brennen Sie neben den handelsüblichen Glasuren ein paar Teststücke.

Wie Glasuren funktionieren

Vereinfacht ausgedrückt sind Glasuren Pulver, die mit Wasser vermischt sind und darin schweben. Beim Auftragen auf geschrühten Ton wird das Wasser aufgesogen und das Pulver bleibt auf der Oberfläche. Die meisten Glasuren bestehen aus drei wesentlichen Bestandteilen:

Silizium: das glasbildende Element.
Aluminiumoxid: Stabilisiert das flüssige Silizium.
Flussmittel: Bestimmt den Schmelzpunkt der Glasur. Silizium und Aluminiumoxid schmelzen bei höheren Temperaturen, als sie normalerweise im Brennofen herrschen. Der Zusatz von Flussmittel verringert den Schmelzpunkt der Glasur.

Das Mengenverhältnis der Zutaten lässt sich so anpassen, dass die Glasur bei einer bestimmten Temperatur schmilzt oder andere Eigenschaften der Glasur gesteuert werden.

Normalerweise listen Glasurrezepte Materialien in einem Verhältnis, das auf einen bestimmten Schmelzpunkt, eine bestimmte Oberflächenqualität und Farbe abzielt. Wenn Sie Ihre Glasuren selbst herstellen wollen, suchen Sie sich Rezepte für lebensmittelechte Glasuren.

GLASUREN MISCHEN

Wie man Glasuren mischt

Das Mischen ist ganz einfach, allerdings müssen alle Zutaten ganz genau abgemessen werden.

Suchen Sie sich ein passendes Glasurrezept und legen Sie alle aufgelisteten Materialien und Utensilien griffbereit zurecht. Sie brauchen zwei Plastikschüsseln, eine genaue Waage, ein feines Sieb, einen Pinsel und eine Gumminiere. Messen Sie die Zutaten mit der Waage nacheinander in einen ausreichend großen Behälter ab **(1)**.

Bedecken Sie die Zutaten mit Wasser und lassen Sie sie mindestens eine halbe Stunde einweichen. Bei der Wassermenge müssen Sie ein bisschen raten, fügen Sie es nach und nach becherweise hinzu. Mischen Sie alle Zutaten mit einem Stab und lassen Sie sie kurz einweichen **(2)**.

Gießen Sie die Glasur durch das Sieb und drücken Sie sie mit Pinsel und Gumminiere durch die Maschen. Dabei sollte möglichst das gesamte Material die Maschen passieren **(3)**.

Die Glasur sollte die Konsistenz von dicker Sahne haben, sonst fügen Sie noch etwas Wasser hinzu. Wenn die Mischung zu dünnflüssig ist, lassen Sie sie drei bis vier Stunden stehen, bis sich die Zutaten absetzen. Dann schöpfen Sie etwas Wasser ab und vermischen alles wieder **(4)**.

Gesundheit und Sicherheit

Beim Abwiegen und Mischen pulverförmiger Zutaten wird Staub aufgewirbelt, daher müssen Sie beim Mischen von Glasuren immer eine Atemschutzmaske tragen, auch wenn Sie eine Absauganlage haben. Tragen Sie Latexhandschuhe, da manche Zutaten ätzend sind oder die Haut reizen können. Wischen Sie Verschüttetes sofort auf und mischen Sie Ihre Glasuren nach Möglichkeit nicht in der Nähe von Dingen, die durch Staubpartikel verunreinigt werden könnten.

Glasuren aufbewahren

In sauberen Plastikeimern mit luftdicht verschließbarem Deckel lassen sich fertig angemischte Glasuren geraume Zeit aufbewahren.

GLASUREN AUFTRAGEN

Tauchen, Gießen, Aufstreichen und Sprühen sind die am weitesten verbreiteten Methoden des Glasurauftrags. Die Wahl der Methode hängt von vielen Faktoren ab, z.B. von der Größe des Gefäßes, wie man es halten kann und welche dekorativen Effekte geplant sind.

Tauchen

Beim Tauchen wird das Gefäß ein paar Sekunden lang in die Glasur gehalten. Oft wird es ein weiteres Mal ein oder

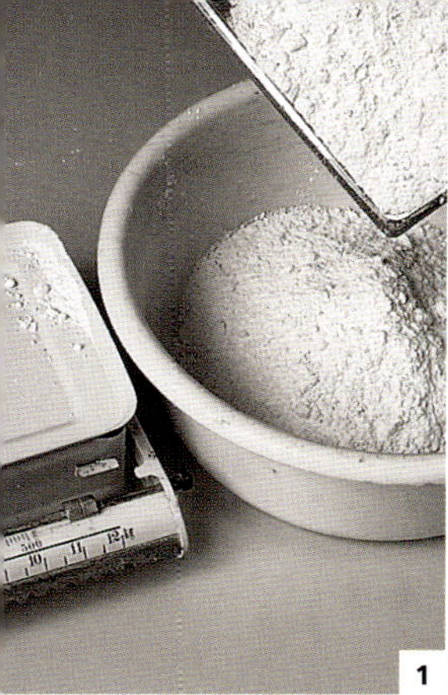

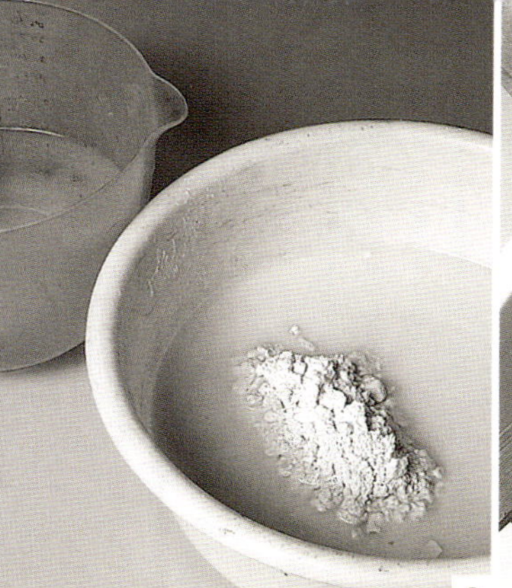

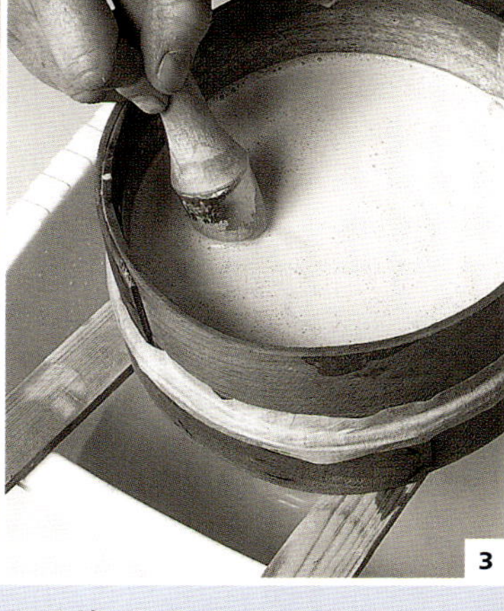

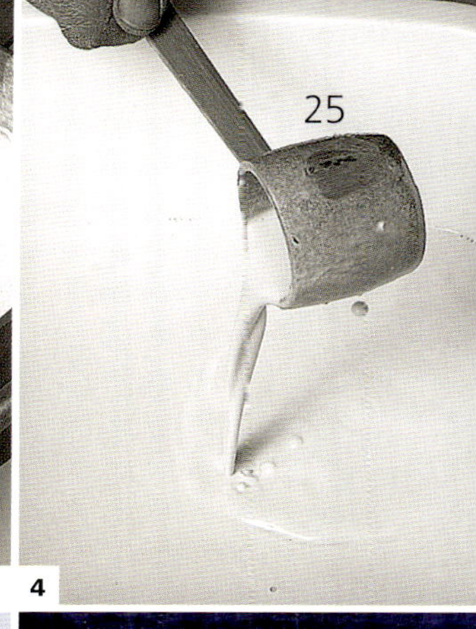

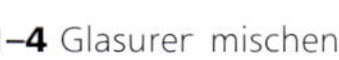

1–4 Glasuren mischen
5–7 Glasurproben

Prozent-/Gewichtsanteile pro 100

Wenn eine Glasurformel in Prozent- oder Gewichtanteilen pro 100 angegeben ist, messen Sie die Materialien einfach in den entsprechenden Mengen ab. Beispiel:

Zutat		**Mischung x 10**
A	35 Prozent/35 Gewichtsanteile	350 g
B	40 Prozent/40 Gewichtsanteile	400 g
C	25 Prozent/25 Gewichtsanteile	250 g

Wenn die Gewichtsanteile zusammen eine andere Zahl als 100 ergeben, multiplizieren Sie jeden Anteil mit demselben Faktor und erhöhen Sie jede Zutat um dieselbe Menge.

Anteile Zutaten = 86		**Mischung x 10**
A	12	120 g
B	21	210 g
C	53	530 g
Summe		860 g

Umrechnungsgleichung

Normalerweise ist es einfacher, in Anteilen pro 100 zu rechnen. Wenn die Zutaten nicht die Summe 100 ergeben, können Sie die folgende Umrechnungsgleichung anwenden:
Wert der jeweiligen bekannten Teile x 100 = Summe der unbekannten Teile
In unserem Beispiel besteht das ursprüngliche Rezept aus den folgenden Teilen:

Ursprüngliche Glasur		**Neues Rezept***
50	z.B.: 50 : 77 x 100 = 65	65
20		26
4		5
3		4
Summe 77		Summe 100

*Der Einfachheit halber sind die Zahlen auf- bzw. abgerundet.

Glasurezepte
In Glasurrezepten werden die Inhaltsstoffe in Gewicht, Prozent- oder Gewichtsanteilen angegeben. Oft, aber nicht immer, ergeben die Gewichtsanteile zusammen 100, durch den Zusatz eines Oxids oder eines anderen Farbmittels kann sich die Zahl aber auch auf 102 erhöhen.

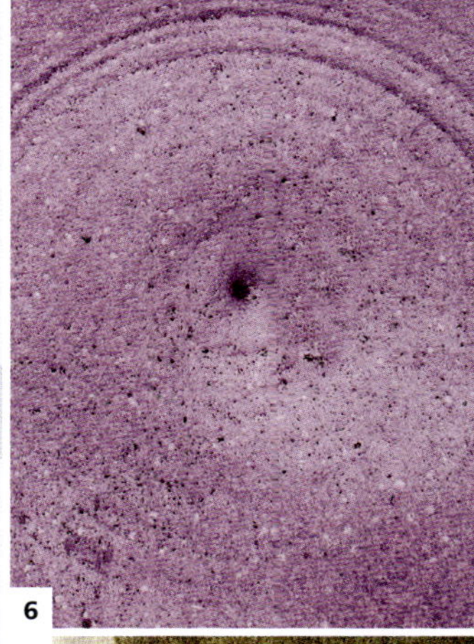

zwei Sekunden lang teilweise in eine kontrastierende Farbe getaucht. Bei größeren Stücken empfiehlt es sich, die Innenseite zuerst zu glasieren. Geben Sie Glasur in einen Krug und füllen Sie das Gefäß etwa zur Hälfte. Gießen Sie die Glasur nun wieder aus und schwenken Sie das Gefäß dabei, sodass eine gleichmäßige Beschichtung entsteht. Lassen Sie die Glasur trocknen, bevor Sie weitermachen **(1)**.

Stecken Sie, wenn möglich, die Hand in das Gefäß **(2)**. Vergewissern Sie sich, dass der Eimer genügend Glasur enthält, dann tauchen Sie das Gefäß bis zum Rand ein. Dabei darf die Glasur nicht ins Innere laufen **(3)**.

Alternativ können Sie das Gefäß beim Tauchen mit einer Glasurzange festhalten und es auf diese Weise gleichzeitig innen und außen glasieren **(7)**.

Gießen

Fassen Sie das Gefäß mit Daumen und Zeigefinger, halten Sie es über den Glasureimer und begießen Sie die Außenseite mit Glasur **(4)**. Fingerspuren lassen sich später beiarbeiten. Wenn das Stück zu groß für eine Hand ist, legen Sie es mit der Öffnung nach unten auf zwei über dem Eimer liegende Stöcke und begießen Sie es wie beschrieben.

Aufstreichen

Man kann einen geschrühten Scherben auch mit Glasur bemalen. Diese Technik ist etwas schwieriger zu handhaben, eröffnet aber vielfältige dekorative Möglichkeiten. Sie können jeden beliebigen Pinsel verwenden, breite, weiche Borstenpinsel sind jedoch besonders für Flächen geeignet.

Stellen Sie Ihr Werkstück auf eine drehbare Ränderscheibe. Nehmen Sie sich zuerst die Außenseite vor, um das Innere nicht zu beschädigen. Sie können den Boden mit Wachs abdecken, doch oft ist das nicht nötig **(5)**.

Wenn die Außenseite trocken ist, glasieren Sie die Innenseite. Tragen Sie die Glasur mit kurzen Pinselstrichen auf. Für die richtige Auftragsstärke und damit nach dem Brand keine Pinselspuren zu sehen sind, sind wahrscheinlich mehrere Schichten notwendig **(6)**.

Sprühen

Sprühfertige Glasur muss durch ein 120er Sieb gestrichen werden, sonst verstopft die Düse der Spritzpistole. Gesprüht wird grundsätzlich in einer separaten Spritzkabine mit Abluftsystem, das den Sicherheitsbestimmungen entspricht. Mit dieser Technik lassen sich feinste, gleichmäßige Glasuraufträge erzeugen, doch die notwendige Ausstattung ist teuer und nimmt viel Platz in Anspruch.

Malen mit dem Malhörnchen

Experimentieren Sie mit einem Malhörnchen oder einer einfachen Schöpfkelle. Diese Technik eignet sich vor allem für Aufglasurmuster.

Auftragen mit dem Schwamm

Mit einem Schwamm kann man Glasur auf größere Flächen auftragen oder Formen zum Bestempeln zuschneiden.

IRDENWARE GLASIEREN

Bei Irdenwareton ist der Scherben nach dem Brand weiterhin porös, daher muss das ganze Gefäß mit Glasur versiegelt werden. Vor allem für Essgeschirr ist eine solche Schicht aus hygienischen Gründen nötig.

Irdenware, die vollständig mit Glasur umgeben ist, muss auf Dreifüßen gebrannt werden, damit die Stücke nicht auf den Ofenplatten festbacken. Nach dem Brand lassen sich die Stützen abklopfen. Die kleinen spitzen Grate, die dabei übrigbleiben, müssen glattgeschmirgelt werden.

Glasuren im Brennbereich der Irdenware enthalten normalerweise Fritten, die dafür sorgen, dass giftige und lösliche Stoffe in der Glasur unschädlich gemacht werden. Es gibt jedoch auch Ausnahmen und generell sollte gefrittetes Blei mit Zusätzen von Kupfer- oder Chromoxid bei Gebrauchskeramik vermieden werden.

Achtung: Bleihaltige Glasuren sollten vor ihrer Verwendung auf Gebrauchskeramik immer getestet werden, ob sie Blei freisetzen. Unterschiede im Material oder in der Brenntechnik können sich auf die Sicherheit der Glasur auswirken.

STEINZEUG GLASIEREN

Wenn Sie Steinzeuggefäße brennen, beschichten Sie die Ofenplatte vorher mit Quarzsand, Trennmittel oder Tonerde, damit sie nicht an der Platte haften. Bevor Sie den Ofen einräumen, vergewissern Sie sich, dass der Boden der Ware völlig frei von Glasur ist, auch wenn Sie ihn vorher mit Wachs bestrichen haben.

Steinzeuggefäße dürfen nicht auf Stützen gebrannt werden, sondern müssen direkt auf der Ofenplatte stehen. Ohne feste Unterlage kann sich der Ton bei hohen Temperaturen verziehen und krümmen.

Im Brennbereich der Steinzeugtone verschmilzt die Glasur mit dem Ton. Die meisten Glasuren für diesen Brennbereich eignen sich auch für Porzellan, erzeugen jedoch eine andere Oberfläche. Da es viele unterschiedliche Steinzeugtone gibt, sollten Sie immer testen, wie Glasur und Ton bei Ihrer gewünschten Brenntechnik reagieren.

Bei Steinzeugtemperaturen sind die meisten Glasuren ungiftig, doch sollten Sie Glasuren grundsätzlich auf ihre Lebensmittelsicherheit testen lassen, bevor Sie sie auf Essgeschirr verwenden.

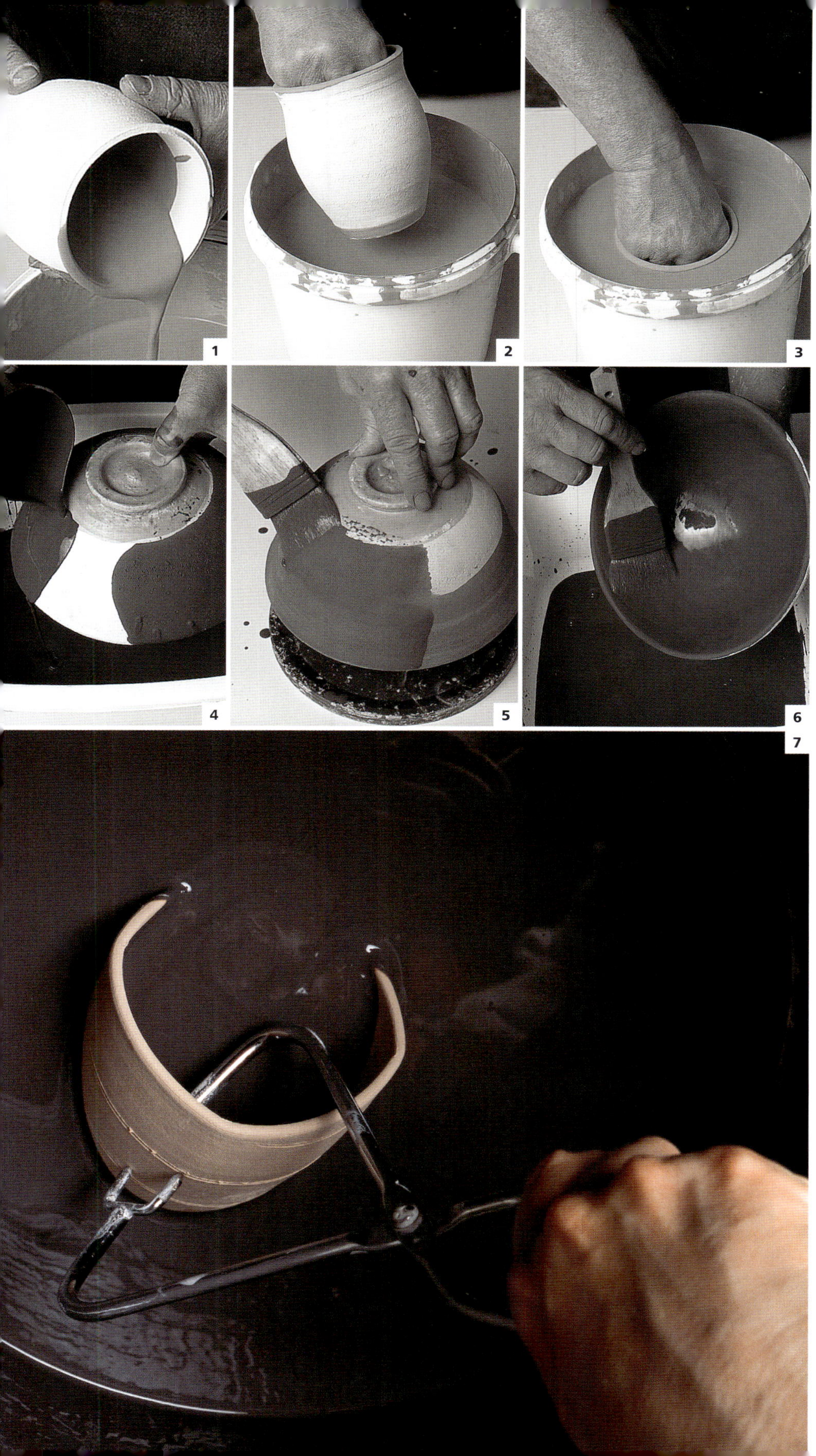

1

2

3

4

5

6

7

1–3 Tauchverfahren
4 Übergießen
5–6 Aufstreichen
7 Tauchen mit Glasurzange

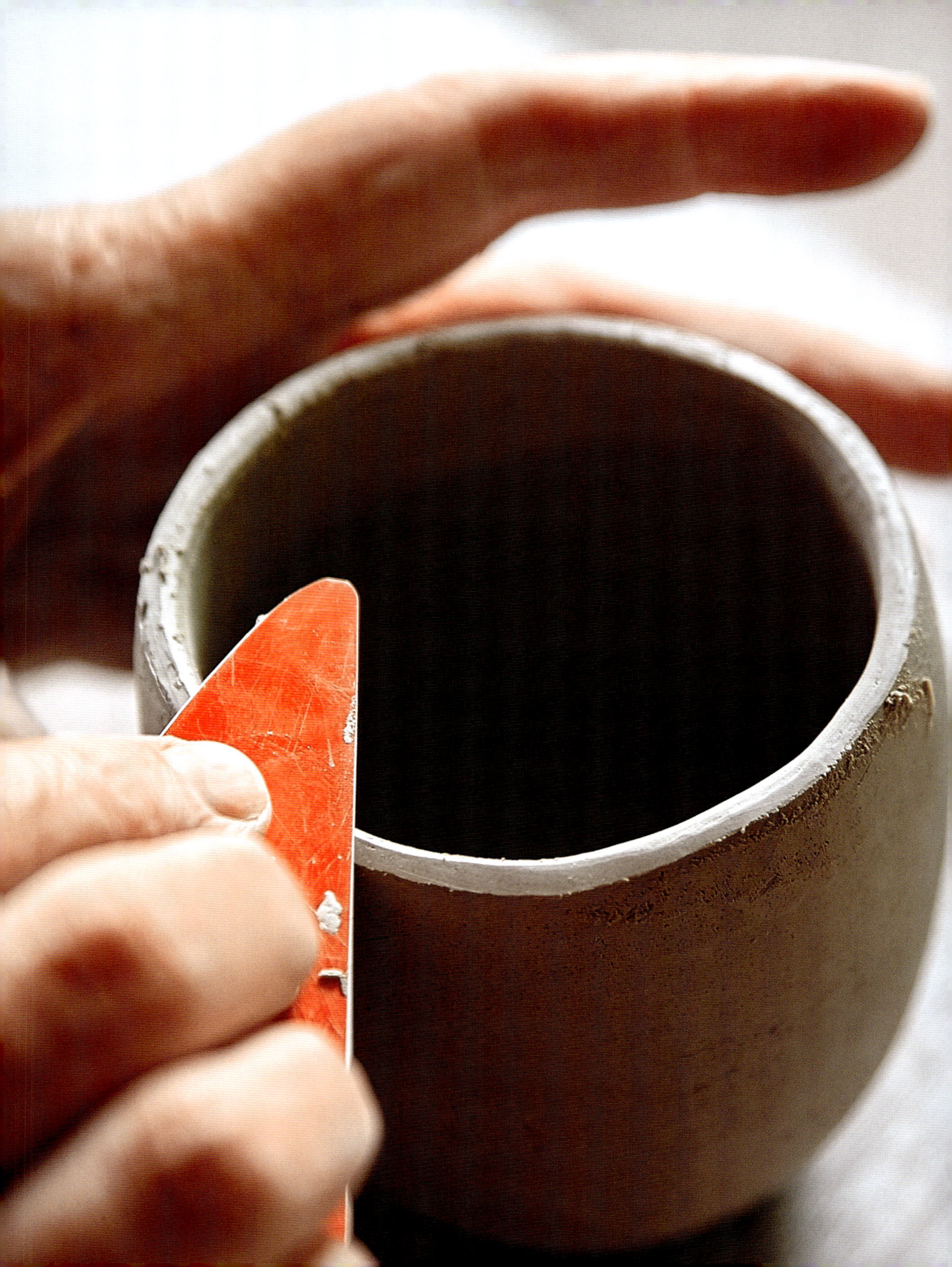

Kapitel 2

TASSEN & BECHER

Tassen und Becher

Überlegungen zum Design

Wir alle haben eine Lieblingstasse oder einen Lieblingsbecher, den wir allen anderen vorziehen. Doch was macht diese Tasse oder diesen Becher zu etwas Besonderem? Wenn wir die Gründe für unsere Vorliebe erkunden, gelangen wir zu wertvollen Erkenntnissen, die wir in unsere eigene Arbeit einfließen lassen können.

Die Tasse

Die traditionelle Teestunde verbinden wir nach wie vor mit hauchdünnen Sandwiches und köstlichen kleinen Kuchen – und mit zierlichen Teetassen und Untertassen. Ein Henkelbecher passt irgendwie nicht zu diesem Ambiente.

Die Tasse ist aus einer wunderbar dünnen Tonplatte gefertigt und belegt damit nicht nur das Geschick der Keramikerin, sondern auch, dass sich die Aufbautechnik ebenso für feine Geschirre eignet wie andere Fertigungsmethoden.

Der fingergroße Henkel ist mit einem bequemen Abstand zur Untertasse weit oben am Tassenkörper angesetzt, wo er gut zu fassen ist.

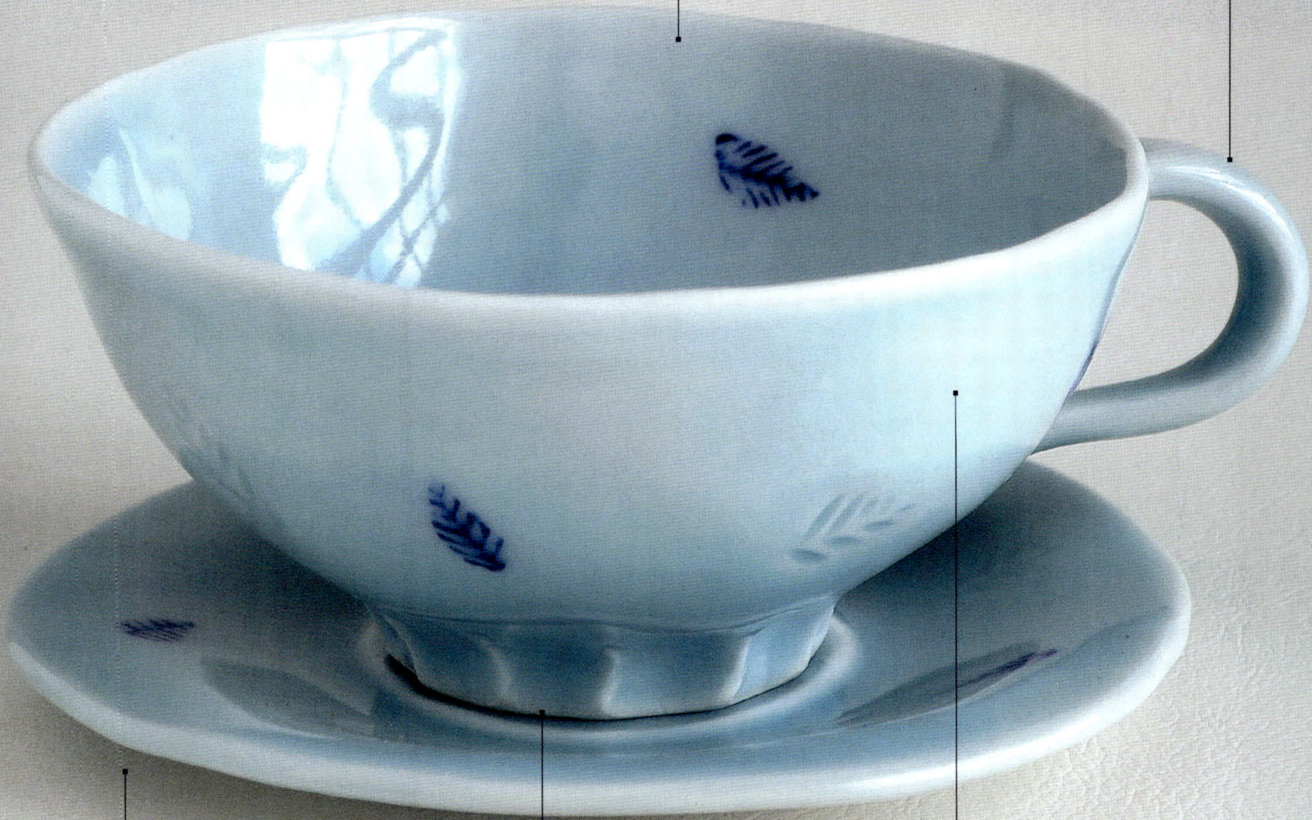

Die Untertasse, ebenfalls aus einer dünnen Tonplatte gefertigt, hat etwa denselben Durchmesser wie der Tassenrand. Sie ist groß genug, um sie in der Hand halten zu können, ohne sich die Finger an der Tasse zu verbrennen.

Der stilisierte Fußring erhebt die Tasse über die Untertasse und lässt beides leicht und luftig erscheinen. Durch die Höhe des Fußrings kann man einen Teelöffel bequem auf der Untertasse ablegen.

Der Tassenkörper ist offen und großzügig gestaltet. So kann der Tee schnell auf eine angenehme Trinktemperatur abkühlen.

Tasse und Untertasse in Plattentechnik
von Yasuharu Tajima-Simpson
Das schlichte Dekor und die zartblaue Seiji-Glasur unterstreichen die grazile Form der Tasse – perfekt für eine schöne Tasse Tee am Nachmittag.

Der Becher

Ein Becher sollte schön anzusehen und bequem zu handhaben sein. Außerdem sollte er zu den Getränken passen, die darin serviert werden. Ein Becher, der all diese Kriterien auf sich vereint, hat gute Chancen, zum Lieblingsbecher zu avancieren.

Wie dünn die Becherwand ist, zeigt sich vor allem am oberen Rand. Aus einem dickwandigen Becher zu trinken, ist nicht besonders angenehm, doch mit einem schmalen Rand ist das kein Problem.

Das akkurat ausgemessene und mit viel Geschick aufgetragene Dekor verleiht diesem Becher eine wundervolle Eleganz.

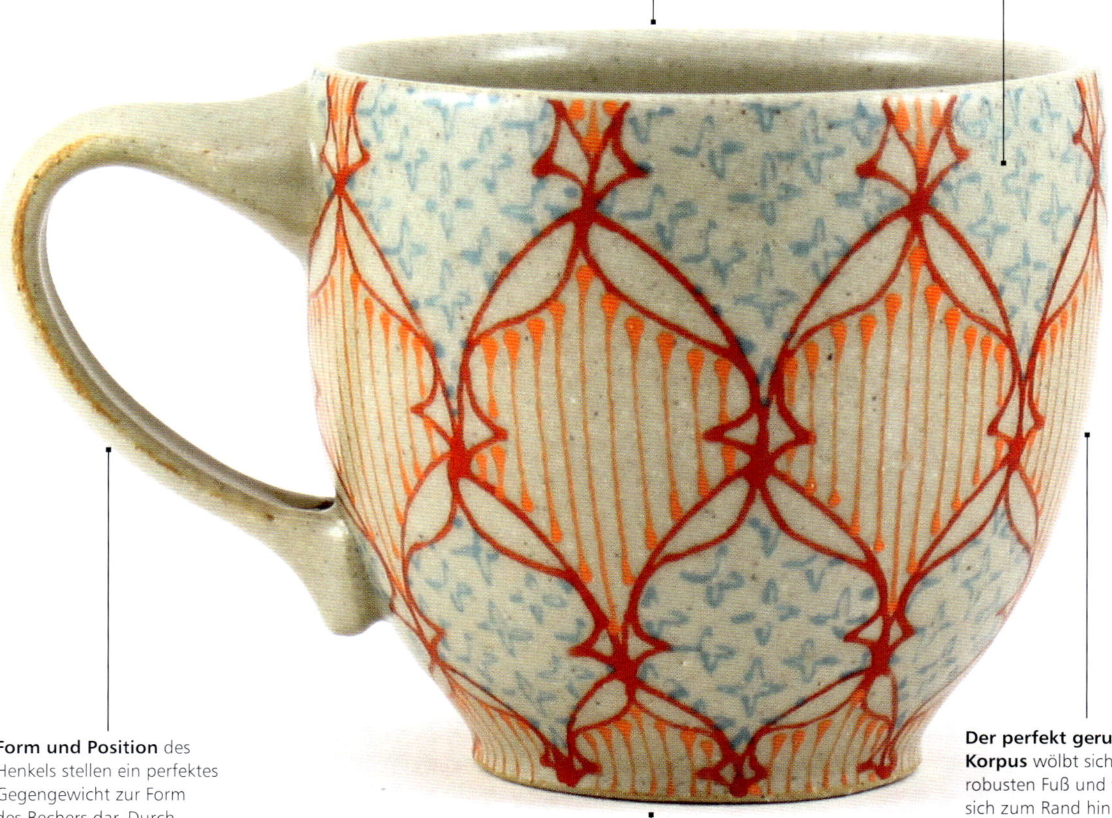

Form und Position des Henkels stellen ein perfektes Gegengewicht zur Form des Bechers dar. Durch seine Größe lässt er sich gut handhaben.

Der perfekt gerundete Korpus wölbt sich über dem robusten Fuß und verengt sich zum Rand hin ein wenig. Dadurch werden nicht nur die Getränke darin besser warmgehalten, sondern die Form wirkt auch abgerundet und ausgewogen.

Die Form vereint einen stabilen Fuß und einen perfekt ausbalancierten Korpus. Der Becher ist zugleich praktisch und ästhetisch ansprechend und verdeutlicht die Fertigkeiten der Keramikerin.

Gedrehter Steinzeugbecher
von Dawn Dishaw
Die ansprechende Gestaltung dieses Bechers zeigt sich in seiner Form und seiner Funktionalität. Man kann ihn bequem in einer Hand halten und mit der anderen umschließen. Das Dekor passt hervorragend zur Form und die klare Glasur hebt den weißen Untergrund sehr schön hervor.

Es gibt unzählige Tassen- und Becherformen. Wir alle haben einen Favoriten, oft genug, ohne recht zu wissen, was ihn so besonders macht. Es kann hilfreich sein, bei Familie und Freunden ein wenig zu recherchieren und eine Vorstellung zu entwickeln, was funktioniert, bevor Sie sich an die Arbeit machen.

Wenn Form und Größe feststehen, müssen Sie sich entscheiden, wie Sie Ihre Trinkgefäße fertigen wollen. Bei ein oder zwei Tassen oder Bechern für Ihren privaten Gebrauch ist diese Frage nicht so wichtig, wenn Sie jedoch eine ganze Serie planen, brauchen Sie eine effiziente Fertigungsmethode. Abgesehen von Schlickerguss, Überformen und Eindrehen, die in diesem Buch nicht berücksichtigt werden, können Sie auf der Töpferscheibe bei weitem am schnellsten arbeiten.

Mit den Aufbautechniken geht es ein wenig langsamer, doch mithilfe von Vorlagen, Abdruckformen und Konturschablonen können Sie eine Form akkurat wiederholen.

Linda Bloomfield Dieser ansprechend geformte Becher, mit Porzellanton auf der Scheibe gedreht, ist außen mit einer matten Satinglasur und innen mit einer transparent-farbigen Glasur versehen.

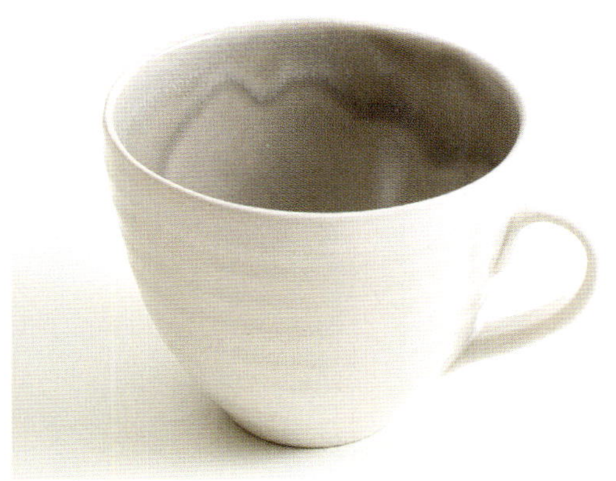

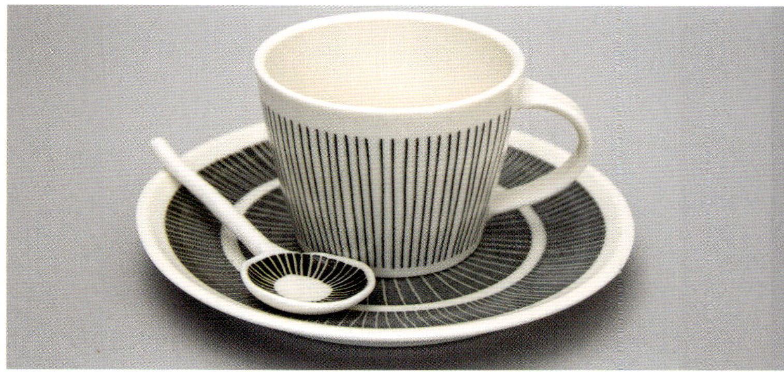

Tasse, Untertasse und Teelöffel von Vicky Hageman
Tasse und Untertasse sind aus Porzellanmasse gedreht, der Teelöffel ist handgeformt. Das Dekor aus einfarbigen Linien wurde auf der Untertasse in Sgraffitotechnik in schwarze Engobe gezogen, sodass der Ton darunter zum Vorschein kam. Die Tasse ist in Einlegetechnik verziert: Die Linien wurden direkt in den Ton geschnitten und dann mit Engobe gefüllt.

Fragen, die Sie sich stellen sollten

Was macht einen guten Becher aus?

Oft sind es Form und Größe, die einen Becher besonders ansprechend machen: die Art, wie er sich in der Hand anfühlt. Listen Sie die Dinge auf, die Sie an einem Becher mögen, und stellen Sie sich die folgenden Fragen:

Welche Größe für welche Getränke?

Tee schmeckt besonders gut, wenn er in zarten Tassen mit Untertassen serviert wird, doch wenn Sie große Mengen davon trinken, ist ein Becher sicher besser geeignet. Espresso wird meist in sehr kleinen Tassen gereicht, doch manchmal ist eine doppelte Größe angebracht. Vielleicht wollen Sie einfach eine gute Tasse für alle möglichen Getränke. Wie dem auch sei: Als Erstes müssen Sie die Größe festlegen.

Welcher Ton?

Feine Tone sind ideal für alles, was unmittelbar mit den Lippen in Kontakt kommt. Nehmen Sie keine grob schamottierten Massen, die sich rau und unangenehm anfühlen.

Weißbrennende Tone bilden den idealen Untergrund für farbige Oberflächendekore wie aufgemalte Muster oder Abziehbilder.

Höherbrennende Tone sind besonders für robuste, häufig benutzte Gefäße geeignet. Das schließt die Irdenware nicht aus.

Wahl der Technik

Zum Drehen nehmen Sie am besten feinkörnige Tone wie Steinzeug-, Irdenware- und Porzellanmassen, die keine Verletzungen verursachen.

Aufbautechnik

Aufbautechniken lassen sich mit manchen Tonsorten wie Porzellan schwieriger umsetzen, ansonsten sind aber alle plastischen Massen geeignet, solange Sie dünnwandige Gefäße damit herstellen können. Es gibt nichts Schlimmeres als eine dickwandige Tasse!

Überlegungen zum Design

Gedrehte Varianten

1 ZYLINDERVARIATION

Als einfacher Zylinder gedreht, nach oben hin leicht verbreitert.

Henkel: Der gezogene Henkel ist mittig angebracht und ermöglicht eine bequeme Handhabung.

Fuß: Der Boden ist flach, etwas breiter als der Korpus und am Rand mit dem Finger in regelmäßigen Abständen in einem hübschen Wellenmuster eingedrückt.

2 BAUCHIGE TASSE UND UNTERTASSE

Die Oberfläche dieser schalenförmigen Tasse ist vollkommen glatt und bietet sich für viele Dekorarten an. Die leichte Verengung am oberen Rand betont die rundliche Form.

Henkel: Der klassisch gestaltete, gezogene Henkel passt zur Form der Tasse.

Fuß: Üblicher gedrehter Fußring.

Untertasse: Die tiefe Untertasse fängt Verschüttetes problemlos auf.

3 OFFENER BECHER

Zwei Drittel dieses bauchigen Bechers weisen Riefen vom Drehen auf, das obere Drittel dagegen ist glatt. Das ist angenehmer beim Trinken.

Henkel: Ein einfacher gezogener Henkel in Schlaufenform ist hoch angesetzt und greift die Form des Korpus auf.

Fuß: Üblicher gedrehter Fußring.

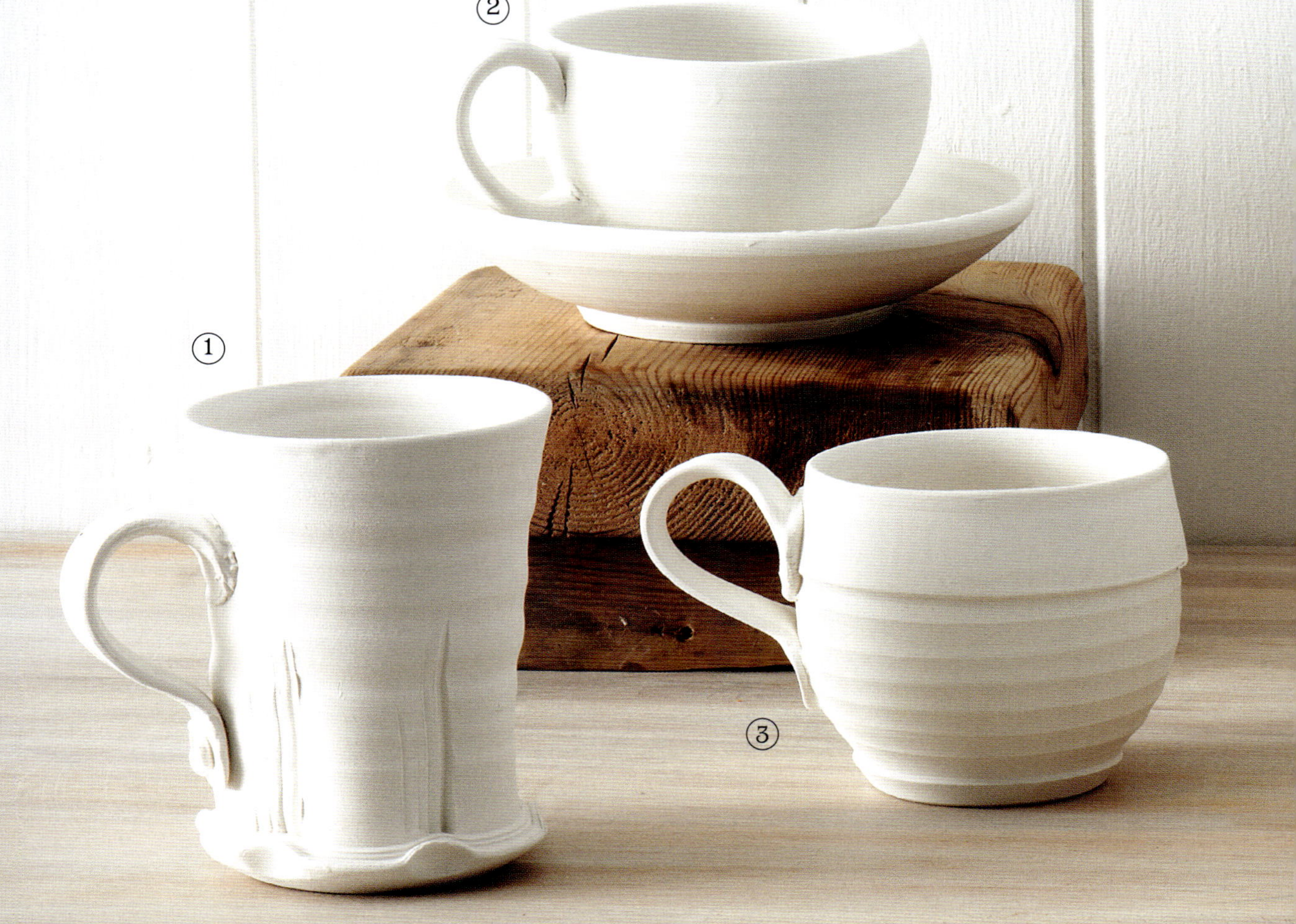

4 SCHLICHTER ZYLINDER

Diese weit verbreitete Form lässt sich leicht in großer Zahl herstellen.

Henkel: Dieser gezogene Henkel setzt an der Korpusmitte an und zeigt deutlich, dass etwas so Einfaches wie ein Henkel einer Form Charakter verleihen kann.

Fuß: Fehlt – flacher Boden.

5 KONISCHE TASSE UND UNTERTASSE

Eine traditionell geformte Tasse mit Drehrillen auf der Außenseite. Innen ist sie ganz glatt, aus praktischen Erwägungen.

Henkel: Der gezogene Henkel ist wie ein Ohr geformt und ergänzt den Korpus perfekt.

Fuß: Üblicher gedrehter Fußring.

Untertasse: Sie wird zusammen mit der Tasse gefertigt, um eine gute Passform zu erreichen. Sie ist tief mit breitem Rand, so kann man sie gut halten.

6 BECHER MIT RUNDUNG

Bei diesem Becher wölbt sich der Korpus über einem kleineren Fuß und verengt sich nach oben ein wenig. Bei dieser Form bleiben Getränke länger heiß.

Henkel: Ein kleiner, hoch angesetzter, schlaufenförmiger Henkel. So kann man den Becher gut greifen und die andere Hand darum legen.

Fuß: Üblicher gedrehter Fußring.

7 OFFENER KONISCHER BECHER

Abwandlung der einfachen Zylinderform. Der Becher weitet sich nach oben leicht und wirkt dadurch offen und großzügig.

Henkel: Ein gezogener und verdrehter Henkel, der so positioniert ist, dass man den Becher gut fassen und mit der anderen Hand umfangen kann.

Fuß: Der Fuß ist hochgezogen, um den unteren Teil des Bechers zu betonen.

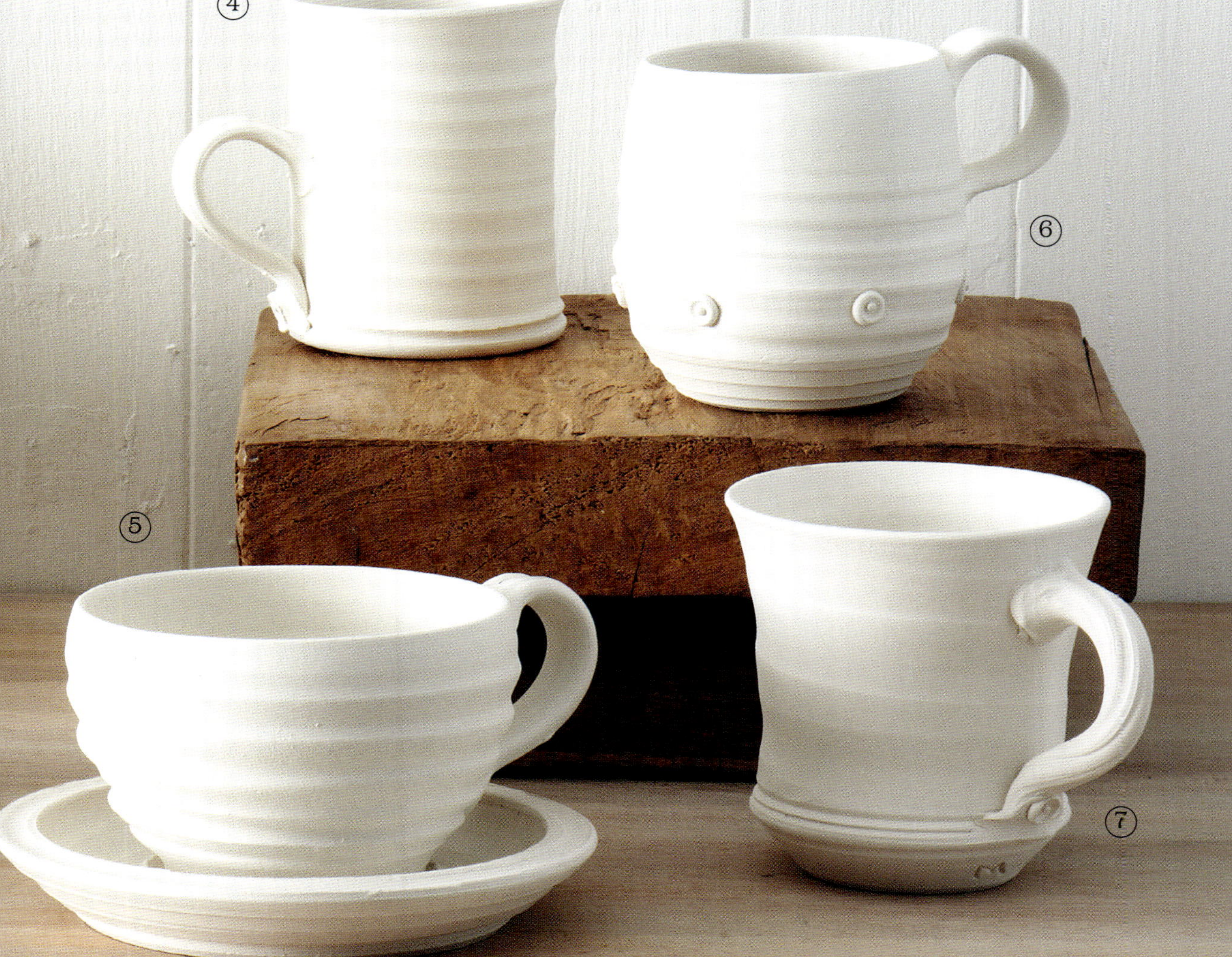

Technik

Gedrehte Tasse

Viele gedrehte Formen sind Abwandlungen des Zylinders, den man als Erstes zu drehen lernt, wenn man an der Töpferscheibe anfängt. Mit Bechern und Tassen kann man an kleinen Formen üben, bevor man sich an größeren Formen versucht.

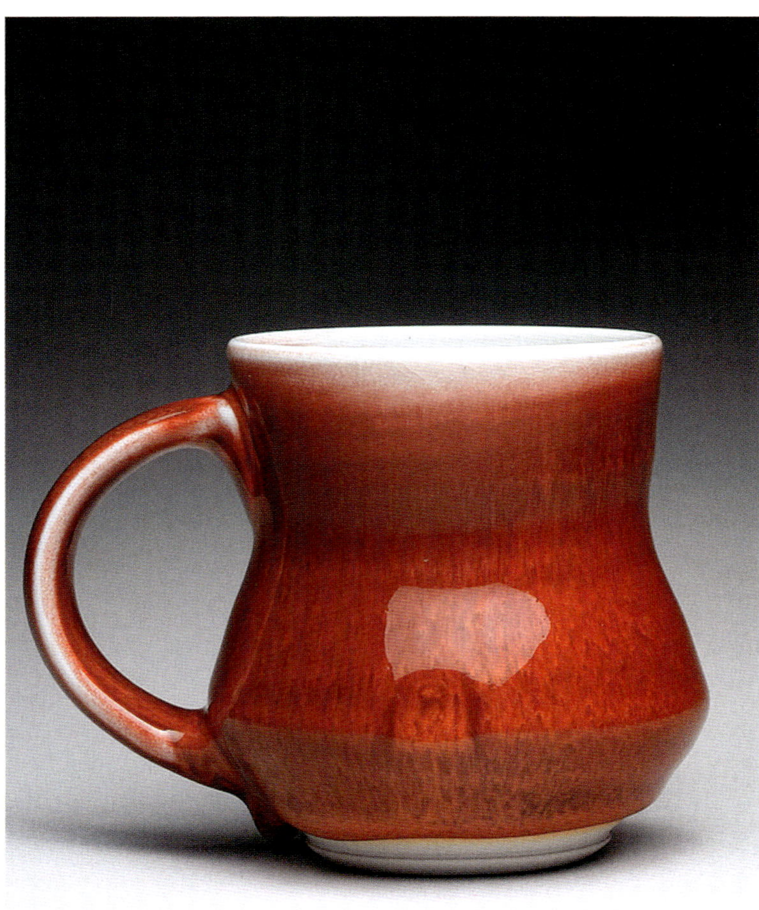

Gedrehter Porzellanbecher von Ray Morales
Dieser herrliche rote Becher ist aus Porzellanmasse frei gedreht und mit einer kupferroten Glasur bei reduzierender Atmosphäre bis Kegel 10 gebrannt. Besonders schön ist der Farbverlauf am Rand, wo der weiße Ton zum Vorschein kommt.

BEVOR SIE ANFANGEN

- Bereiten Sie den Ton vor und teilen Sie ihn in so viele gleichgroße Kugeln, wie Sie Tassen drehen wollen. Planen Sie ein paar zusätzliche Tassen ein – für alle Fälle.
- Bedecken Sie die Tonkugeln mit Plastikfolie, bis Sie anfangen wollen.
- Für eine 10 cm hohe und 9 cm breite Tasse brauchen Sie etwa 300 g Ton.
- Legen Sie Werkzeuge, Ton, Wasser, Handtuch usw. griffbereit an die Töpferscheibe.
- Nehmen Sie genug Wasser, um über den Ton zu gleiten, aber nicht so viel, dass der Scheibenkopf schwimmt. Saugen Sie überschüssiges Wasser mit einem Schwamm ab.

Technik: Gedrehte Tasse

Wenn Sie eine Tasse auf der Töpferscheibe drehen, fertigen Sie zunächst eine zylindrische Form mit gleichmäßig dicker Wandung. Die Wandstärke müssen Sie ständig im Auge behalten. Bevor Sie sich für die endgültige Tassenform entscheiden, müssen Sie überlegen, wo Sie den Henkel ansetzen wollen.

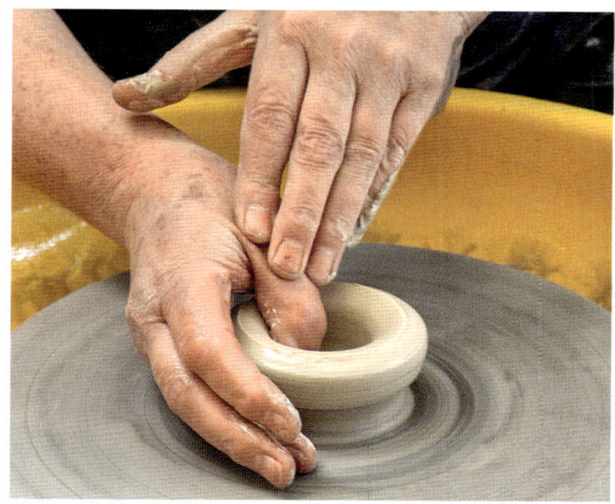

1 Zentrieren Sie die Tonkugel auf der Scheibe (siehe Seite 188). Mit den Fingern der rechten Hand stützen Sie die Wand von außen. Mit dem Daumen drücken Sie in die Mitte der Kugel, lassen aber genug Ton am Boden für den Fußring übrig. Wie auf dem Foto zu sehen ist, stützt und stabilisiert die linke Hand die rechte, während sich die Scheibe dreht und der Ton sich öffnet.

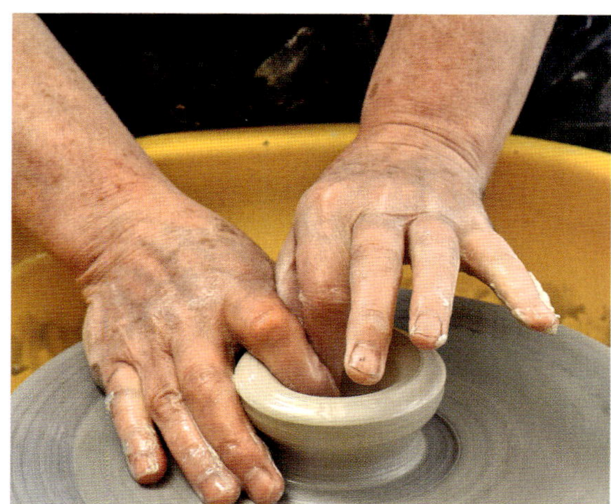

2 Während die anderen Finger weiterhin von außen stützen, stecken Sie den rechten Zeigefinger in die Mitte und halten damit den Rand auf gleicher Höhe. Mit Daumen und Zeigefinger der linken Hand zupfen Sie die Zylinderwand mit sanften Bewegungen nach oben.

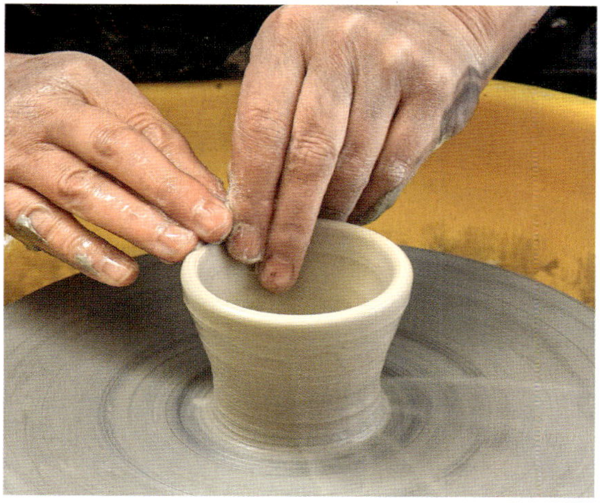

3 Mit Daumen und Fingern der linken Hand sorgen Sie dafür, dass die Tonwand gleichmäßig stark ist, während Sie mit den Fingern der rechten den Rand immer wieder herunterdrücken und begradigen.

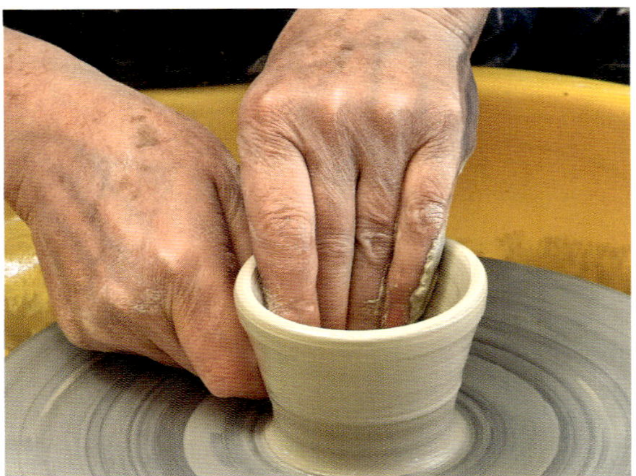

4 Die Finger der linken Hand stützen die Tassenwand von innen, der Daumen von außen. Schieben Sie den Daumen der rechten Hand unter den gekrümmten Zeigefinger und drücken Sie den Fingerknöchel sachte von außen gegen den Fuß der Tasse. Durch sanften Druck von innen wölben Sie nun die Wandmitte nach außen. Zum oberen Rand hin wird die Tasse wieder schmaler.

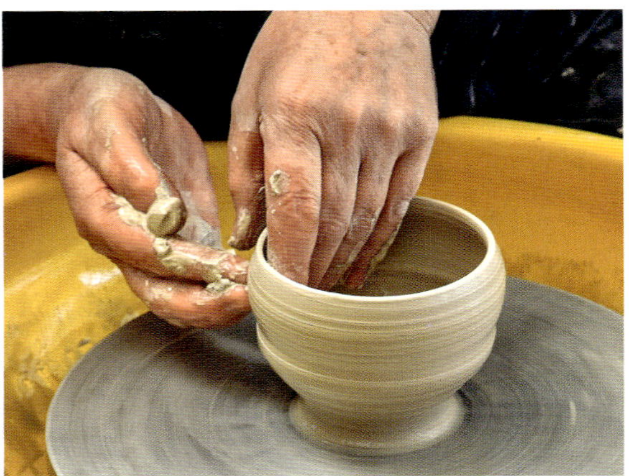

5 Arbeiten Sie nun die Form mit den Fingerspitzen der rechten Hand noch deutlicher heraus. Die Linke stützt die Tassenwand weiterhin von innen.

Den Fußring drehen

Ein Fußring erfüllt mehrere Funktionen: Er verhindert, dass die Tasse beim Brennen an der Ofenplatte haftet und liefert das genaue Maß für die entsprechende Vertiefung auf der Untertasse. Außerdem verringert er die Standfläche und sorgt für Abstand zum Untergrund, sodass auch eine Tasse mit heißem Kaffee die Tischplatte nicht beschädigt. Und dann lässt er die Tasse leichter und zierlicher aussehen und wirkt sich somit auf den Gesamteindruck aus.

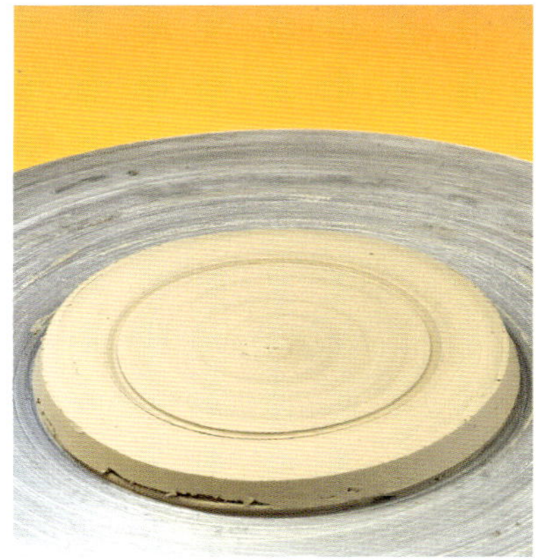

1 Drehen Sie eine flache Tonscheibe auf dem Scheibenkopf, die Sie mit einer Niere glätten. Dabei schieben Sie auch überschüssiges Wasser weg. Mit dem Rand der Niere ziehen Sie einen Kreis in den Ton, der etwa dem Durchmesser des oberen Tassenrandes entspricht.

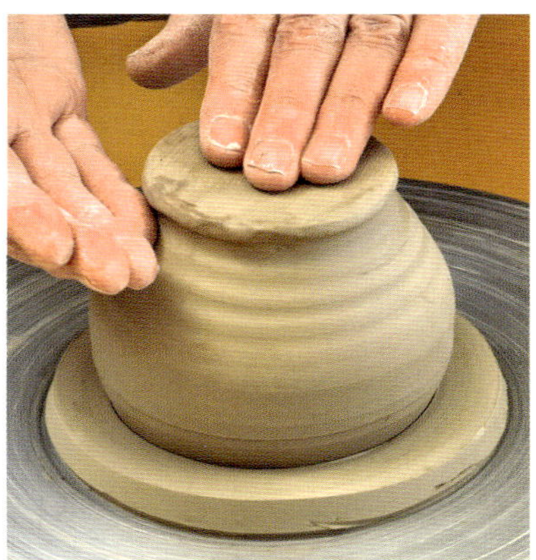

2 Stellen Sie die Tasse umgedreht in den Kreis. Mit einer Hand auf dem Boden der Tasse drehen Sie die Scheibe und halten den Blick links auf den Tassenrand gerichtet. Wenn Sie eine Unebenheit sehen, schlagen Sie auf der gegenüberliegenden Seite mit der anderen Hand gegen die Tasse, bis sie richtig zentriert ist.

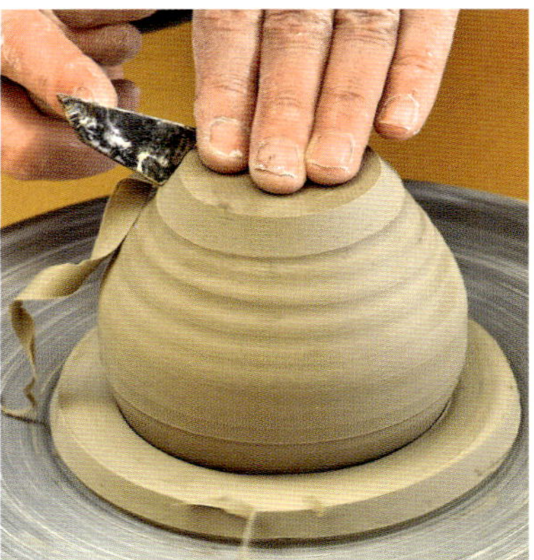

3 Drehen Sie die Scheibe bei mittlerer Geschwindigkeit und entfernen Sie mit einem Abdreheisen Ihrer Wahl den Ton am unteren Rand, bis das gewünschte Profil herausgearbeitet ist. Stabilisieren Sie die Tasse, indem Sie die andere Hand beim Drehen auf den Tassenboden legen.

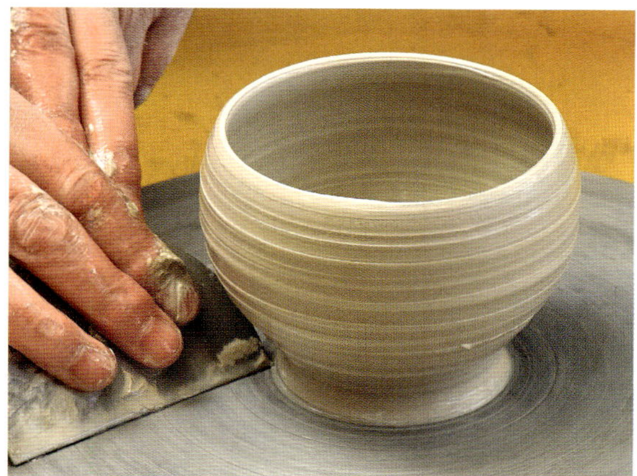

6 Entfernen Sie mit einer Niere oder einem anderen Werkzeug zu viel Ton vom unteren Rand der Tasse. Tupfen Sie alles Wasser im Inneren vorsichtig mit einem Schwamm auf. Trennen Sie die Tasse mit einem Draht vom Scheibenkopf und stellen Sie sie auf ein Brett. Fassen Sie sie am Boden an, damit sich die Tasse nicht verzieht.

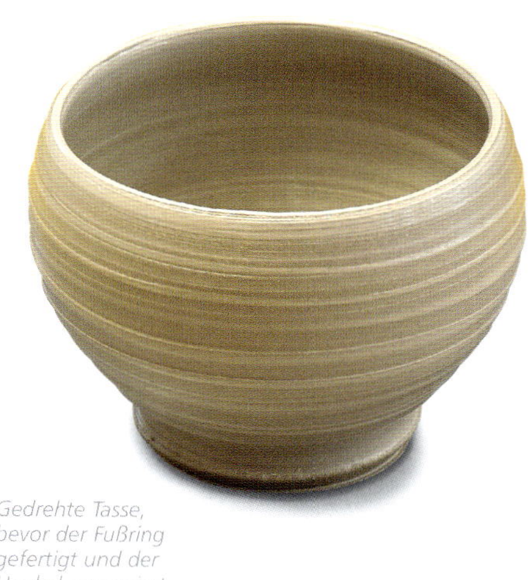

Gedrehte Tasse, bevor der Fußring gefertigt und der Henkel angarniert sind

BEVOR SIE ANFANGEN

- Lassen Sie die Gefäße lederhart werden, bevor Sie den Boden zum Fußring abdrehen, sonst fallen sie in sich zusammen.
- Abdreheisen gibt es in unterschiedlichen Formen und Größen. Für welches Sie sich entscheiden, hängt von vielen Faktoren ab. Sie funktionieren jedoch am besten, wenn sie regelmäßig geschärft werden.

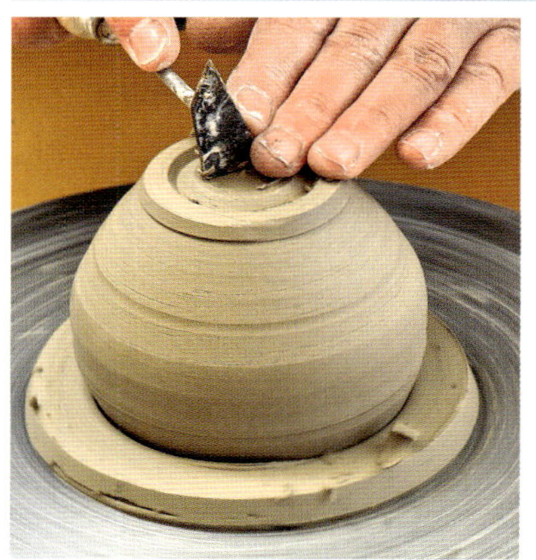

4 Wenn das Profil stimmt, ziehen Sie eine kreisförmige Rille in den Boden. Der Abstand zwischen Rand und Rille entspricht etwa der Breite des Fußrings. Drehen Sie den Ton vorsichtig von innen nach außen aus dem Kreis, bis der Fußring übrig bleibt. Schrägen Sie ihn innen und außen ein wenig an.

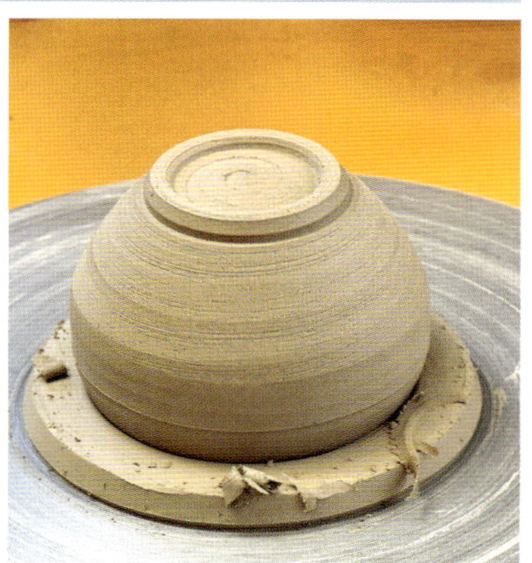

5 Wenn der Fußring fertig ist, bleibt in der Kreismitte ein kleiner Tonhügel übrig. Entfernen Sie ihn nach und nach mit dem Abdreheisen. Nehmen Sie die Tasse vom Scheibenkopf. Nun kann der Henkel angarniert werden.

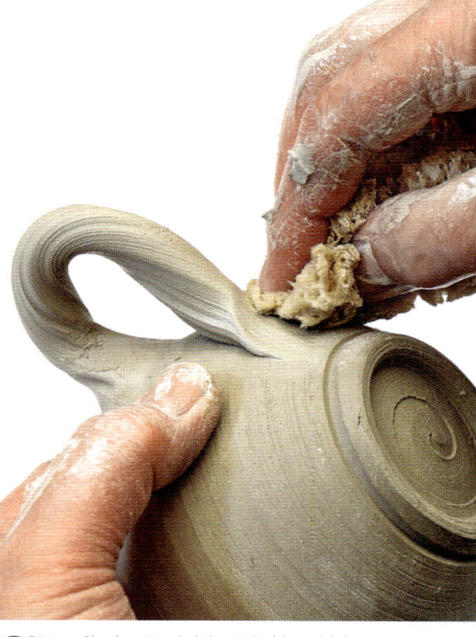

6 Fügen Sie den Henkel Ihrer Wahl an (siehe Seite 51). Die Anleitung dazu finden Sie auf den Seiten 52-55.

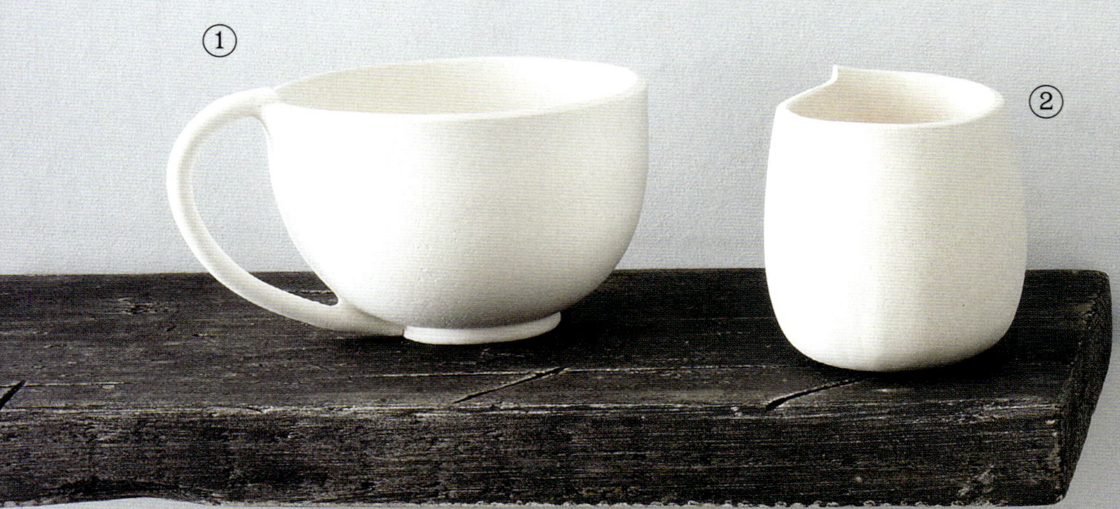

1 CAPPUCINOTASSE

Die untere Mulde ist aus einer weichen Platte, der Korpus dagegen aus abgeflachten Wülsten. Zu einer Tasse wie dieser passt eine Untertasse, die am besten zur gleichen Zeit gefertigt wird.

Henkel: Eine dünnerer runder, leicht abgeflachter Wulst wölbt sich vom oberen Rand bis zum Fuß der Tasse.

Fuß: Der Fuß besteht aus einer Tonscheibe, die von außen aussieht wie ein Fußring.

2 TEESCHALE

Schlichte Formen können oft besonders ansprechend wirken. Bei dieser Tasse wurde der untere Teil gepincht. Der Korpus besteht aus flachen Wülsten. Der ungewöhnlich geformte Rand verleiht der Form eine individuelle Note.

Henkel: Teeschalen sollen sich in die Wölbung der Handfläche schmiegen, daher brauchen sie keinen Henkel.

Fuß: Der gerundete Boden der Schale ist so breit, dass sie sicher steht.

3 GROSSER KEGELFÖRMIGER BECHER

Der Korpus des Bechers wurde eingeformt. Dabei bilden abgeflachte Wülste den unteren Teil, die Verzierung am oberen Rand besteht aus vertikal aneinandergefügten Wülsten. Auf der Innenseite sind die Übergänge verstrichen.

Henkel: Aus zwei gedrehten runden Wülsten.

Fuß: Eine Tonscheibe am Boden sieht aus wie ein Fußring. Sie sorgt für Standsicherheit.

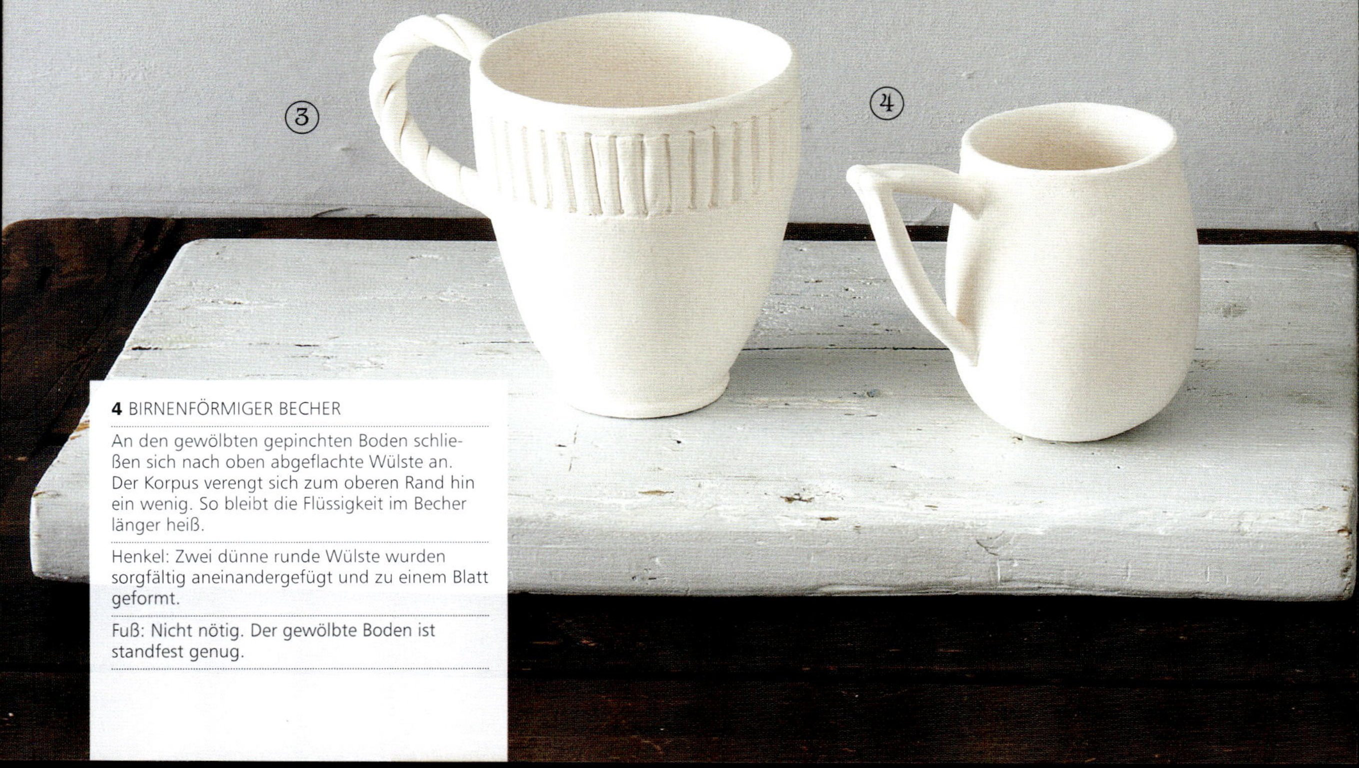

4 BIRNENFÖRMIGER BECHER

An den gewölbten gepinchten Boden schließen sich nach oben abgeflachte Wülste an. Der Korpus verengt sich zum oberen Rand hin ein wenig. So bleibt die Flüssigkeit im Becher länger heiß.

Henkel: Zwei dünne runde Wülste wurden sorgfältig aneinandergefügt und zu einem Blatt geformt.

Fuß: Nicht nötig. Der gewölbte Boden ist standfest genug.

Überlegungen zum Design

Varianten in Wulsttechnik

5 KÜRBISFÖRMIGE TASSE

Auf den gepinchten Boden bauen dickere, abgeflachte Wülste auf. Die Form entsteht später durch modellierte Einschnitte.

Henkel: Aus einem kurzen, runden Wulst. Das untere Drittel ist gespalten, die Enden sind zu Blättern geformt.

Fuß: Der Boden ist leicht eingekerbt, ohne Fuß stabil genug.

6 GROSSER BECHER MIT GERADEM KORPUS UND RUNDEM BODEN

Der Becher besteht aus einem gepinchten Boden und einem aus abgeflachten Wülsten aufgebauten Korpus.

Henkel: Ein abgeflachter Wulst bildet einen schmalen, zu einer 9 geformten Riemen.

Fuß: Drei am Boden befestigte Tonkugeln verleihen dem Becher Standfestigkeit.

7 TEESCHALE AUS WÜLSTEN

Ein Korpus aus dekorativ angeordneten dünnen Wülsten lässt sich am besten in einer Form aufbauen, weil man die Innenseite glattstreichen kann, ohne dass die Wandung sich verzieht.

Henkel: Fehlt.

Fuß: Fehlt, könnte aber als dekoratives Element hinzugefügt werden.

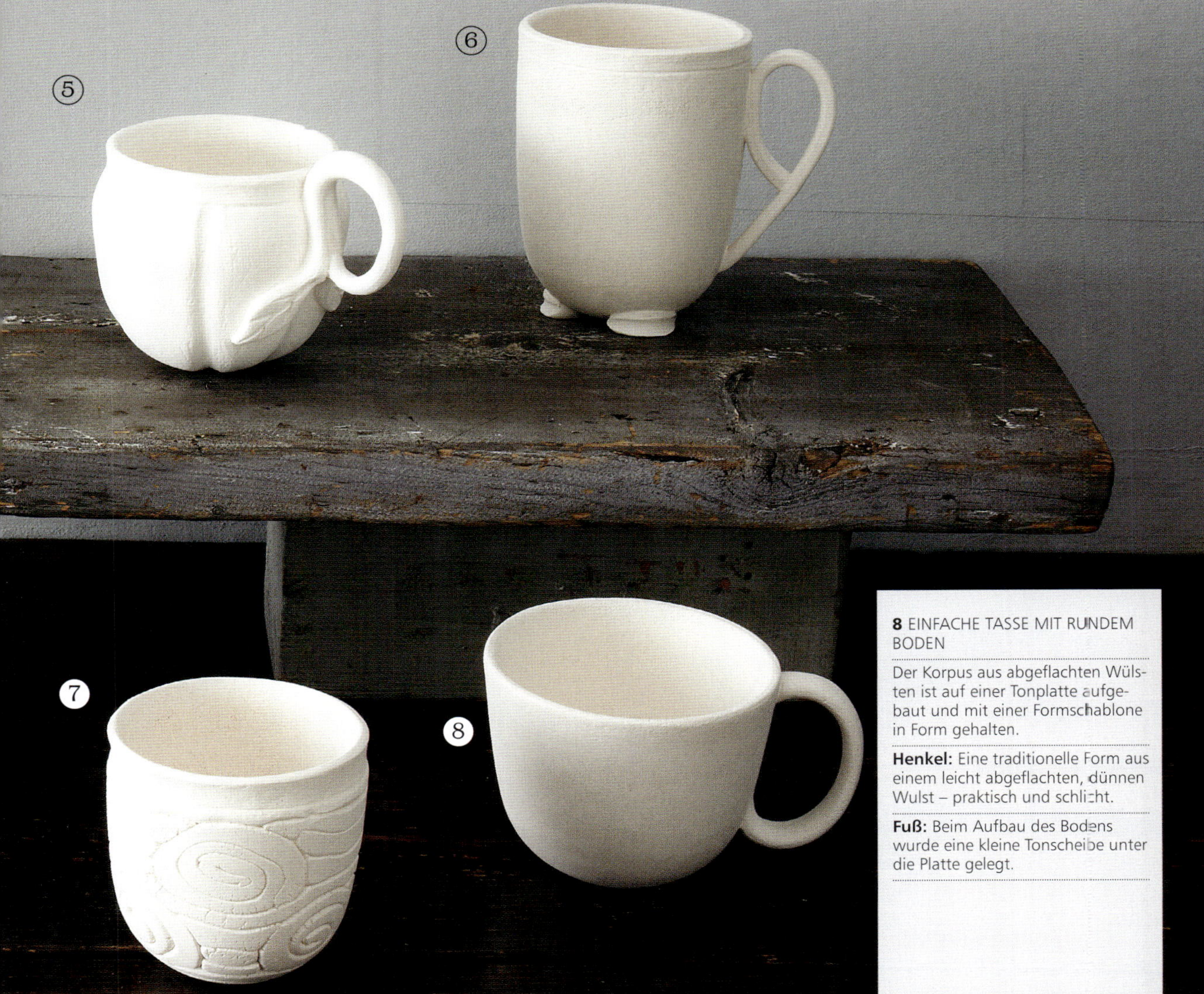

8 EINFACHE TASSE MIT RUNDEM BODEN

Der Korpus aus abgeflachten Wülsten ist auf einer Tonplatte aufgebaut und mit einer Formschablone in Form gehalten.

Henkel: Eine traditionelle Form aus einem leicht abgeflachten, dünnen Wulst – praktisch und schlicht.

Fuß: Beim Aufbau des Bodens wurde eine kleine Tonscheibe unter die Platte gelegt.

Technik

Becher in Wulsttechnik

Die Wulsttechnik gehört nicht zu den schnellen Herstellungsmethoden, doch gerade deshalb mögen viele Töpfer sie. Einen Wulst auf den anderen zu setzen hat etwas Kontemplatives. Und je geübter Sie werden, desto schneller werden Sie.

Mit dieser Technik identische Formen aufzubauen ist nicht so einfach. Denken Sie jedoch immer daran, dass Sie die Wülste von Hand anfügen und Abweichungen daher kaum zu vermeiden sind, vor allem, wenn Sie wenig Erfahrung mit dieser Methode haben. Jedes Stück ist einzigartig, und auch wenn es etwas anders ausfällt als geplant, dürfte das seinen praktischen Nutzen kaum einschränken.

Mithilfe von Formschablonen oder Gipshohlformen wird es Ihnen jedoch leichterfallen, nahezu identische Gefäße herzustellen.

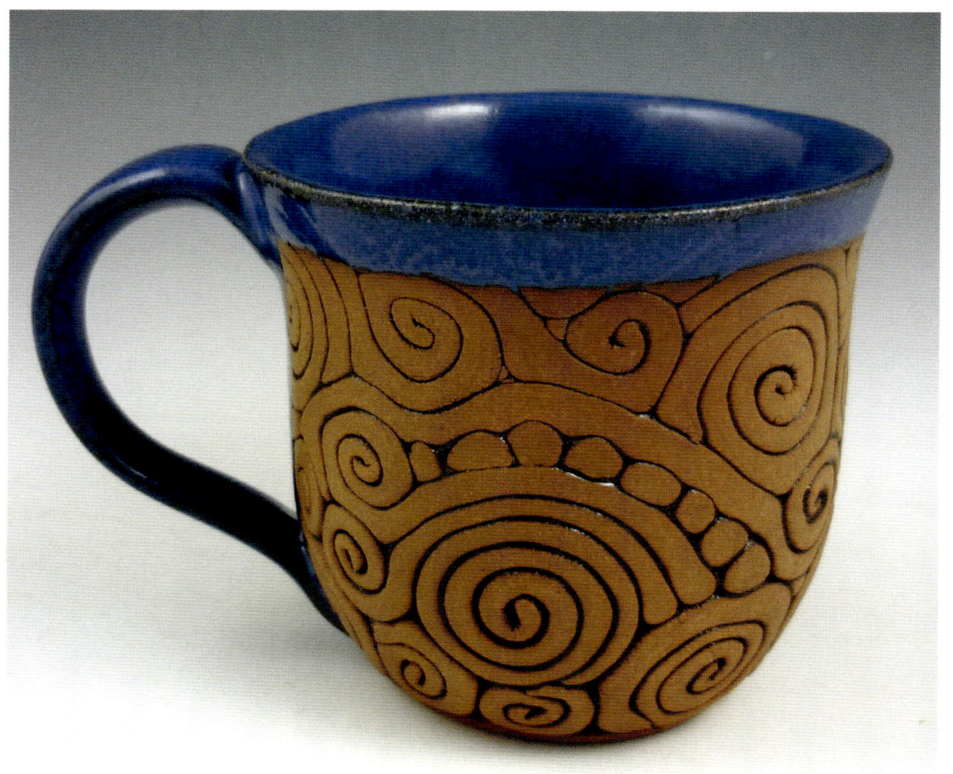

Becher aus Wülsten
Von Ann Marie Cooper
Hier wurden von Hand gefertigte Wülste in einer Hohlform aufgebaut. Der Becher ist außen nur teilweise glasiert, damit das Muster sichtbar bleibt.
Steinzeugton, bis Kegel 6 im elektrischen Brennofen gebrannt.

NÜTZLICHE TIPPS FÜR DIE SERIENFERTIGUNG

- Wie beim Drehen können Sie auch bei der Wulsttechnik Größe und Volumen Ihrer Gefäße bestimmen, indem Sie die Tonmenge vorher abwiegen.
- Richten Sie sich bei Gewicht und Maßen nach dem ersten Becher, den Sie herstellen. Wiegen und notieren Sie zunächst das Gewicht des gepinchten Bodens ab (siehe 1 unten). Rollen Sie dann ein paar Wülste und bauen Sie in groben Zügen den Becher daraus auf. Fügen Sie sie an den Boden an, ohne die Übergänge zu verstreichen. Prüfen Sie die Größe mit der Formschablone, dann nehmen Sie die Wülste wieder ab und wiegen sie. Addieren Sie beide Gewichte und behalten Sie es bei allen weiteren Bechern der Serie bei.

Becher aus Daumendruck- und Wulsttechnik

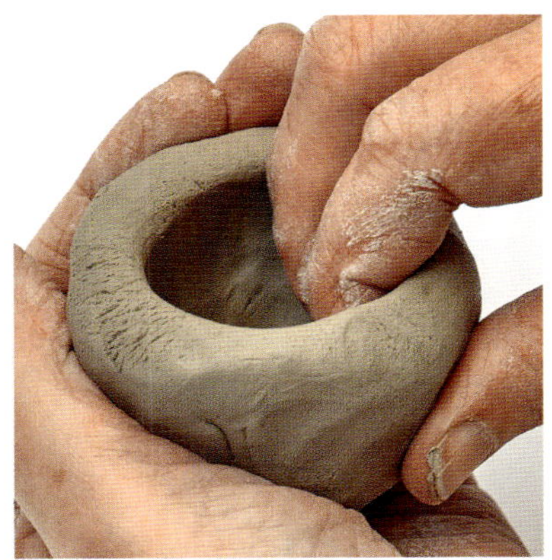

1 Formen Sie aus dem Ton für den unteren Teil des Bechers eine Kugel, halten Sie sie in einer Hand und drücken Sie mit Daumen und Zeigefinger hinein, bis Sie Druck in der Handfläche spüren – nicht zu fest und nicht zu tief! Kneifen oder „pinchen" Sie den Ton nun gleichmäßig zwischen Daumen und Zeigefinger. Dabei drehen Sie den Ton in der Hand immer weiter. Am Boden lassen Sie mehr Ton übrig, um später einen Fußring formen können.

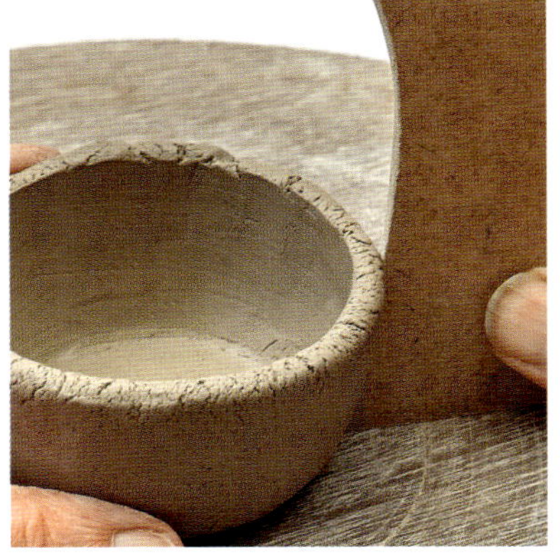

2 Pinchen Sie weiter, bis die Form etwa die gewünschten Maße hat. Stellen Sie sie auf ein Brett. Dann ziehen Sie die Formschablone vorsichtig außen an der Form entlang. So prüfen Sie, dass sie gleichmäßig aufgebaut ist. Geht die Wand zu sehr nach außen, falten Sie die überschüssige Weite und pinchen den Ton in die richtige Form. Ist sie am Rand zu eng, pinchen Sie sie einfach ein wenig mehr, bis die Wand in die Schablone passt.

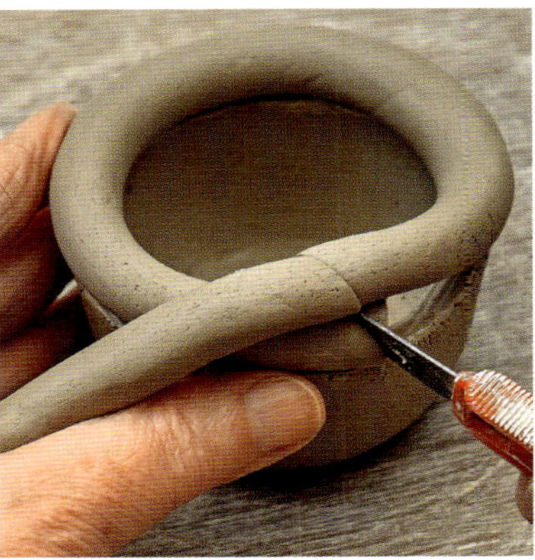

3 Begradigen Sie den Rand des unteren Becherteils mit einer Raspel, dann rauen Sie ihn auf und bestreichen ihn mit Schlicker, bevor Sie den ersten Wulst ansetzen. Die Wülste können rund oder abgeflacht sein. Setzen Sie den Wulst auf den Rand, lassen Sie die Enden überlappen und machen Sie einen schrägen Schnitt durch beide Wülste. Fügen Sie die Schnittstellen lückenlos aneinander.

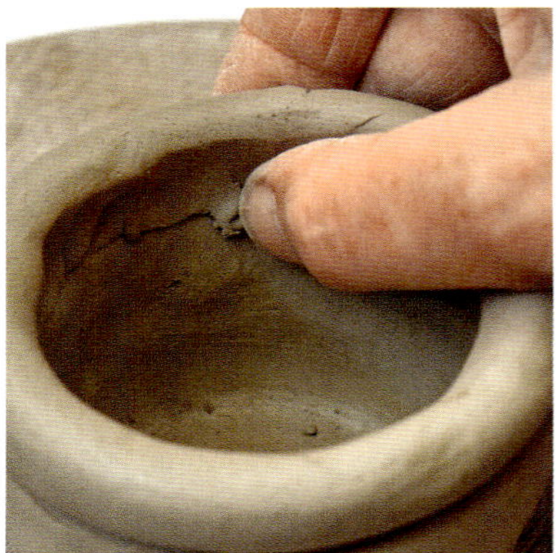

4 Stützen Sie die Wand von außen mit den Fingern, während Sie innen die Übergänge mit dem Daumen nach unten glattstreichen. Versuchen Sie, die Form dabei nicht zu verzerren: Wenn Sie zu fest drücken, wölbt sich die Wand nach außen. Daher ist es wichtig, sie durch den Druck von außen zu stützen. Am besten arbeiten Sie mit weichem Ton.

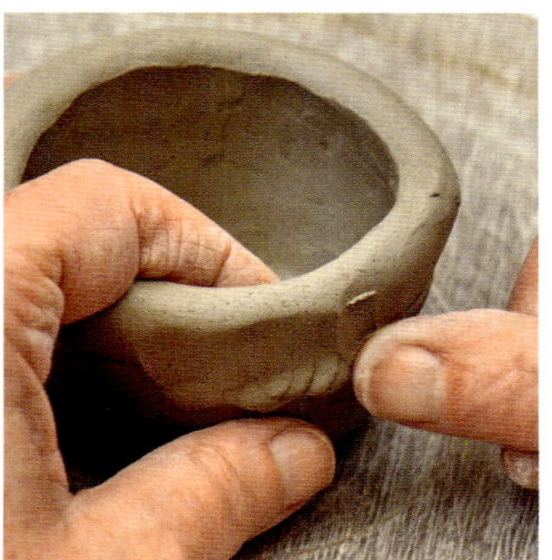

5 Nun streichen Sie die Übergänge auf der Außenseite glatt, stützen mit einer Hand und glätten mit der anderen. Wenn der Wulst vollständig angesetzt ist, entfernen Sie überschüssigen Ton innen und außen mit einer Niere, bis die Oberfläche glatt und gleichmäßig dick ist. Prüfen Sie die Form mit der Formschablone. Grundsätzlich lässt sich eine einfache Form leichter aufbauen und verzieht sich weniger.

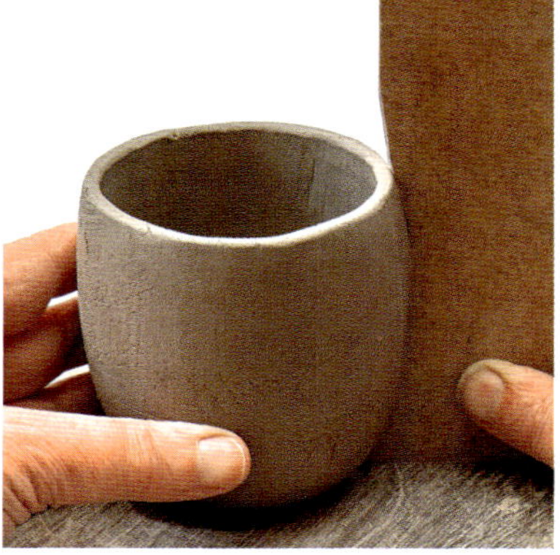

6 Setzen Sie weitere Wülste an, bis Sie die gewünschte Höhe erreicht haben. Mit der Formschablone können Sie in diesem Stadium die Außenwand vorsichtig glätten und die Kontur korrigieren. Begradigen Sie den Rand mit einer Raspel. Glätten und runden Sie ihn dann mit einer Niere, sodass sich gut daraus trinken lässt.

Tipps für die Herstellung einer Formschablone

Eine Formschablone ist ein nützliches Werkzeug, vor allem, wenn Sie eine Serie planen. Sie können sie leicht selbst herstellen.

Eine dünne Holzfaserplatte, die sich leicht mit einem stabilen Messer zuschneiden lässt, dicke Pappe oder MDF-Platten sind dafür geeignet.

- Entscheiden Sie sich für eine handhabbare Form. Für unerfahrene Töpfer können komplexe Formen problematisch sein und den Herstellungsprozess erheblich verlangsamen.
- Wählen Sie am besten eine schlichte, klassische Form.
- Schneiden Sie die Formschablone zunächst aus Papier zu und passen Sie sie gegebenenfalls an. Da der Ton beim Brand schrumpft, sollten Sie die Schablone entsprechend größer machen.
- Bei guter Planung können Sie eine Formschablone für mehrere Formen benutzen. In der Schritt-für-Schritt-Anleitung sehen Sie eine Schablone mit konvexer Aussparung, doch die Linie ließe sich nach oben fortsetzen, sodass ein anderes Profil entsteht.
- Die Formschablone muss gut zu greifen sein. Probieren Sie es aus, bevor Sie sie zuschneiden.
- Der untere Rand der Formschablone muss bündig mit dem Brett abschließen, auf dem Ihr Werkstück steht.

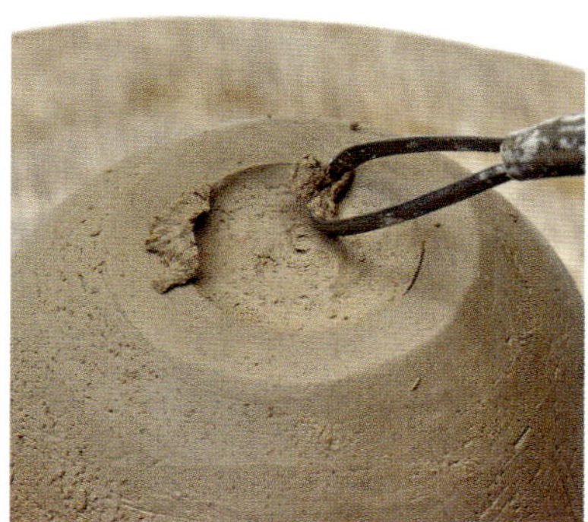

7 Stellen Sie den Becher mit der Öffnung nach unten auf ein Brett. Markieren Sie einen Kreis auf dem Boden, am besten mit einer kleinen, runden Form und einer Nadel. (Das Innere von Klebebandrollen ist gut geeignet.) Stellen Sie das Brett auf eine Ränderscheibe und nehmen Sie mit einer Modellierschlinge vorsichtig den Ton im Innern ab, um einen Fußring zu formen.

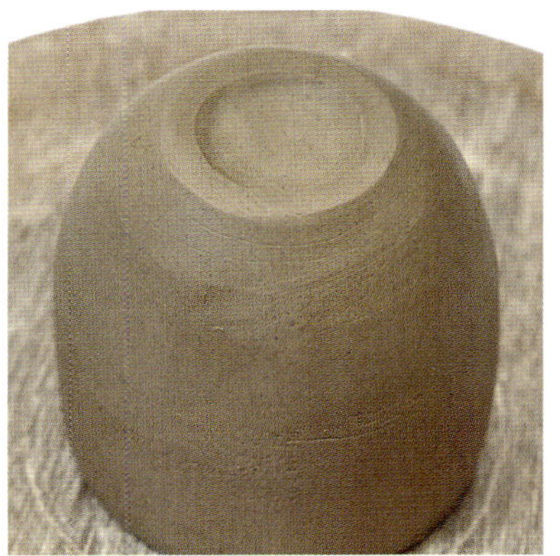

8 Glätten Sie den Fußring mit einem leicht angefeuchteten Schwamm.

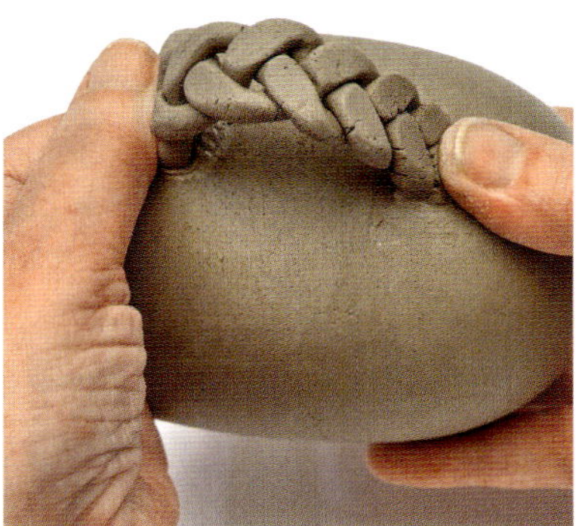

9 Für den Henkel rollen Sie drei gleichdicke Wülste. Drücken Sie sie am oberen Ende zusammen, flechten Sie zu einem Tonzopf, dann drücken Sie auch das untere Ende zu. Drücken Sie sie mit einem Holzstab ein wenig flach. Schneiden Sie ihn auf die gewünschte Länge, markieren Sie die Ansatzstellen am Becherkorpus, rauen Sie sie auf und schlickern Sie diese Stellen und die Henkelenden. Drücken Sie sie an und wischen Sie überschüssigen Schlicker mit einem leicht feuchten Schwamm ab.

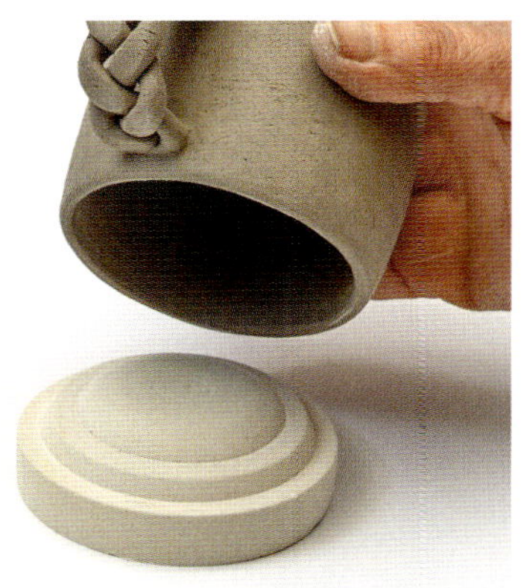

10 Damit sich der Rand nicht verzieht, setzen Sie den Becher zum Trocknen auf etwas Rundes wie den Tonring (oder Bomse), der hier zu sehen ist.

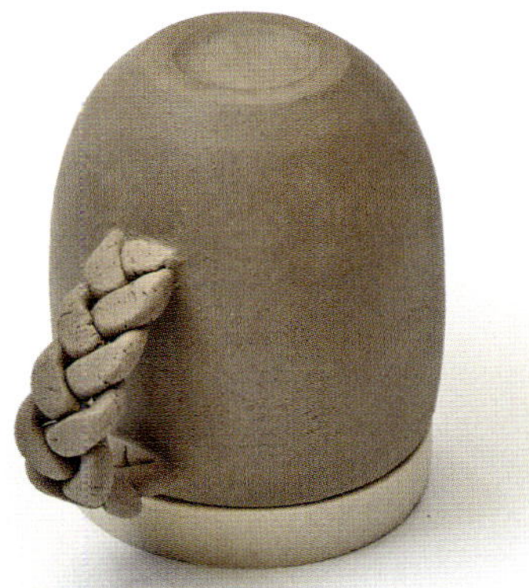

11 Als Stütze eignet sich jeder kuppelförmige Gegenstand – ich nehme umgedrehte Lampenschirme, kleine Schüsseln usw. Eine gute Alternative ist es, Kuppeln in unterschiedlichen Größen herzustellen. Wenn Sie sechs von jeder Größe machen, sind Sie normalerweise gut für eine Becherserie gerüstet.

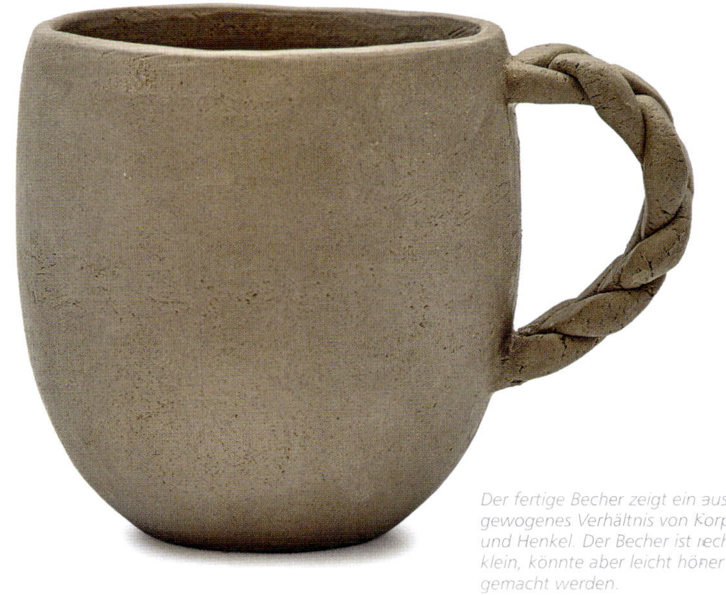

Der fertige Becher zeigt ein ausgewogenes Verhältnis von Korpus und Henkel. Der Becher ist recht klein, könnte aber leicht höher gemacht werden.

1 QUADRATISCHER BECHER

Aus festen Einzelteilen zusammengesetzt. Die Ansatzstellen sind innen verstärkt und runden die Ecken.

Henkel: Aus einer Platte zugeschnitten und zu einer länglichen Rundung geformt, die sich leichter halten lässt.

Fuß: Nicht angesetzt, sondern Teil der gesamten Gestaltung. Der Becherboden ist knapp oberhalb der Ausschnitte.

2 SCHLICHTE ECKIGE TEESCHALE

Aus einer einzigen weichen Platte nach einer Schablone zugeschnitten, gefaltet und geformt.

Henkel: Fehlt hier, könnte aber beim Ausschneiden angeschnitten und beim Zusammensetzen der Schale zum Henkel umgebogen werden.

Fuß: Fehlt. Die Falten auf der Unterseite sind verstrichen und glatt.

3 GROSSE ESPRESSOTASSE

Schlichte Formen wie diese sind ideal, wenn man den Ton vor dem Aufbauen mit einer Textur versehen will. Wenn man möchte, kann man die Ränder dekorativ überlappen lassen, ohne sie zu verstreichen.

Henkel: Einfache Schlaufenform, aus zwei unterschiedlich großen Ausstechförmchen zugeschnitten.

Fuß: Flacher Boden, sodass die Tasse auch auf eine Untertasse passt.

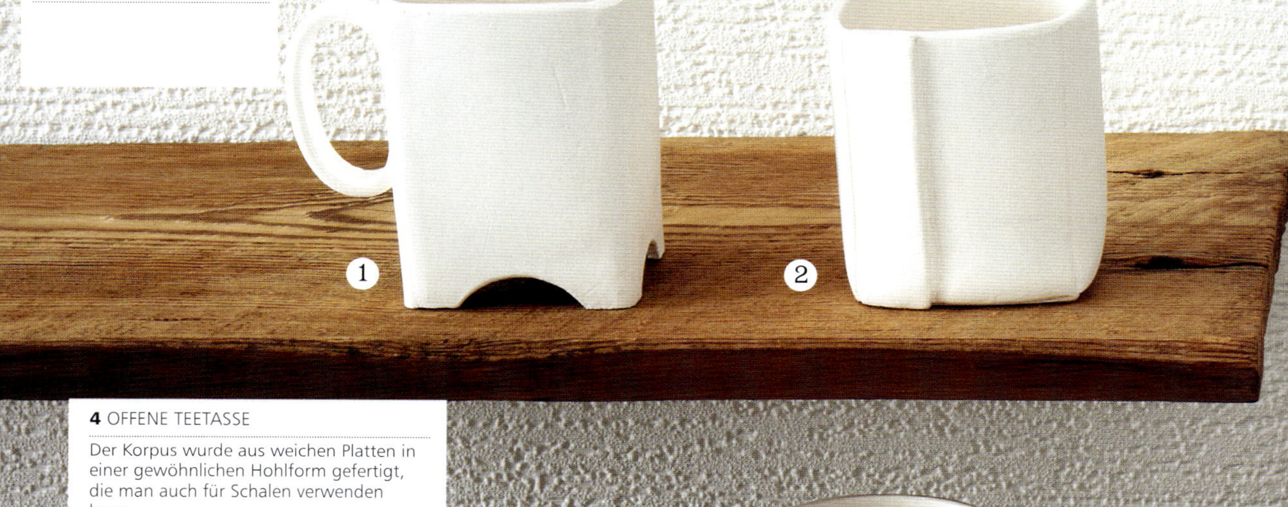

4 OFFENE TEETASSE

Der Korpus wurde aus weichen Platten in einer gewöhnlichen Hohlform gefertigt, die man auch für Schalen verwenden kann.

Henkel: Die Einkerbungen sind an für die Finger günstigen Stellen.

Fuß: Passend zum Henkel sind auch an diesem ganz normalen Fußring halbrunde Ausschnitte in regelmäßigen Abständen. Eine entsprechend gestaltete Untertasse würde gut dazu passen.

3

4

5

5 KLEINE ESPRESSOTASSE MIT SCHNÖRKELHENKEL

Aus einer weichen Platte um eine Röhre geformt – diese Tasse lässt sich schnell in Serie herstellen.

Henkel: Diese Version eines traditionell verzierten Henkels ist mithilfe einer Schablone aus einer Platte geschnitten.

Fuß: Fehlt, sodass die Tasse auf jede Untertasse passt.

Überlegungen zum Design

Varianten in Plattentechnik

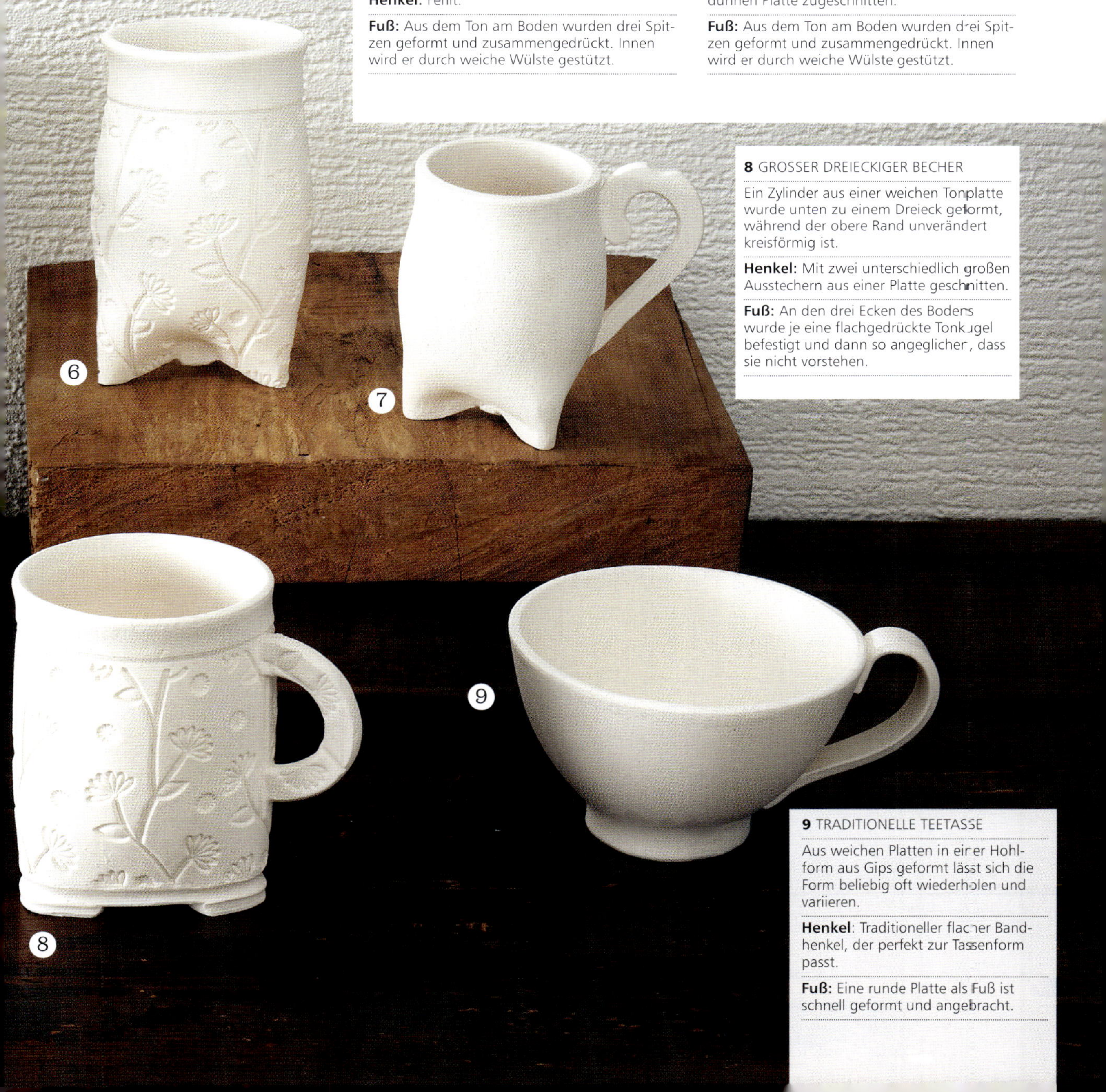

6 HENKELLOSER BECHER

Henkellose Variante des dreifüßigen Bechers (7), aus einer weichen Platte gefertigt. Wenn der Ton weich genug ist, ist auch eine bauchigere Gestaltung möglich.

Henkel: Fehlt.

Fuß: Aus dem Ton am Boden wurden drei Spitzen geformt und zusammengedrückt. Innen wird er durch weiche Wülste gestützt.

7 DREIFÜSSIGER BECHER

Aus einer weichen Platte gefertigt. Wenn der Ton weich genug ist, ist auch eine bauchigere Gestaltung möglich.

Henkel: Mithilfe einer Schablone aus einer dünnen Platte zugeschnitten.

Fuß: Aus dem Ton am Boden wurden drei Spitzen geformt und zusammengedrückt. Innen wird er durch weiche Wülste gestützt.

8 GROSSER DREIECKIGER BECHER

Ein Zylinder aus einer weichen Tonplatte wurde unten zu einem Dreieck geformt, während der obere Rand unverändert kreisförmig ist.

Henkel: Mit zwei unterschiedlich großen Ausstechern aus einer Platte geschnitten.

Fuß: An den drei Ecken des Bodens wurde je eine flachgedrückte Tonkugel befestigt und dann so angeglichen, dass sie nicht vorstehen.

6

7

8

9

9 TRADITIONELLE TEETASSE

Aus weichen Platten in einer Hohlform aus Gips geformt lässt sich die Form beliebig oft wiederholen und variieren.

Henkel: Traditioneller flacher Bandhenkel, der perfekt zur Tassenform passt.

Fuß: Eine runde Platte als Fuß ist schnell geformt und angebracht.

Technik

Becher in Plattentechnik

Becher und Tassen aus weichen Tonplatten sind leicht herzustellen. Und sie sind überraschend wandlungsfähig: Vom Schlichten bis zum Außergewöhnlichen ist alles möglich. Hier haben wir einen Zylinder als Ausgangsform.

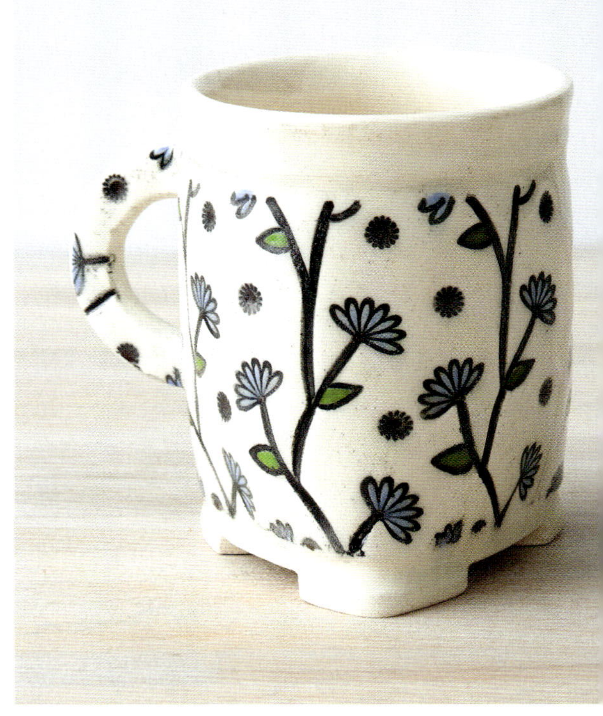

BEVOR SIE ANFANGEN

- Messen Sie den Umfang der Röhre und schneiden Sie eine Papiervorlage zu, die wegen der Stärke der Tonplatte etwa 12mm länger und so hoch sein sollte wie der Becher.
- Walzen Sie eine Tonplatte so dünn wie möglich aus und schneiden Sie sie auf die Maße der Vorlage zu. Legen Sie den Rest für Henkel und Fuß beiseite.
- Schrägen Sie eine der Ansatzkanten ab und rauen Sie sie auf. Dann drehen Sie die Tonplatte um und wiederholen diese Schritte an der anderen Kante.
- Wickeln Sie die Röhre in Zeitungspapier und stopfen Sie das überstehende Papier an beiden Enden in die Röhre.

Dreifüßiger Becher aus Platten

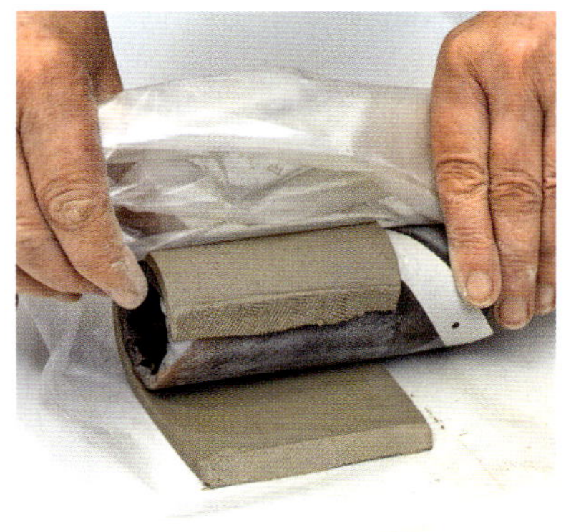

1 Lassen Sie die Tonplatte auf der Plastikfolie liegen, auf der Sie sie ausgewalzt haben, legen Sie die Röhre bündig am Rand der Platte an und wickeln Sie sie vorsichtig darum. Wenn die Kanten fast aneinanderstoßen, rauen Sie sie auf, bestreichen Sie mit etwas Schlicker und fügen die Kanten zusammen. Glätten Sie die Naht.

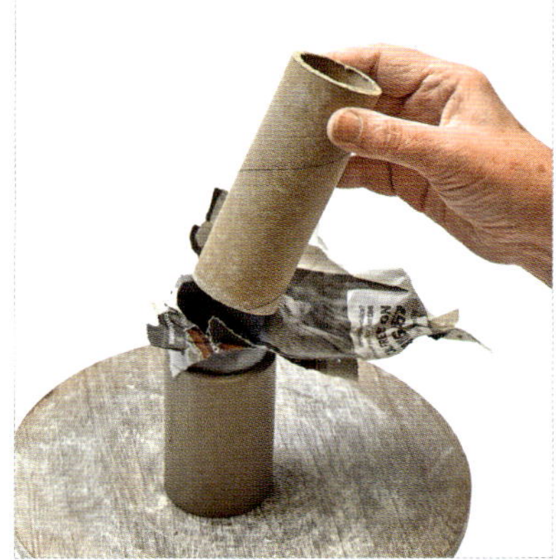

2 Stellen Sie den Tonzylinder mitsamt der Röhre darin aufrecht auf ein Brett. Um die Röhre zu entfernen, zupfen Sie das Zeitungspapier aus ihrem Innern und ziehen die Röhre hervor. Dann nehmen Sie vorsichtig das Zeitungspapier ab, ohne den Tonzylinder zu verformen.

Becher in Plattentechnik von Jacqui Atkin
Am oberen Rand ist der Becher rund, sodass man leichter daraus trinken kann. Der Boden ist jedoch dreieckig. Das Muster wurde vor dem Aufbauen geprägt, mit Unterglasurfarbe bemalt und dann transparent glasiert. Weißer Irdenwareton, bei 1120 °C Kegel 6 im elektrischen Brennofen gebrannt.

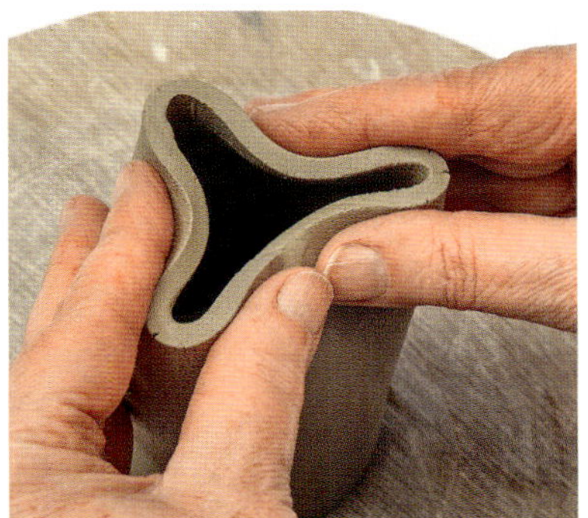

3 Drücken Sie den Rand mit Daumen und Zeigefingern vorsichtig zusammen, sodass drei gleichlange Arme entstehen.

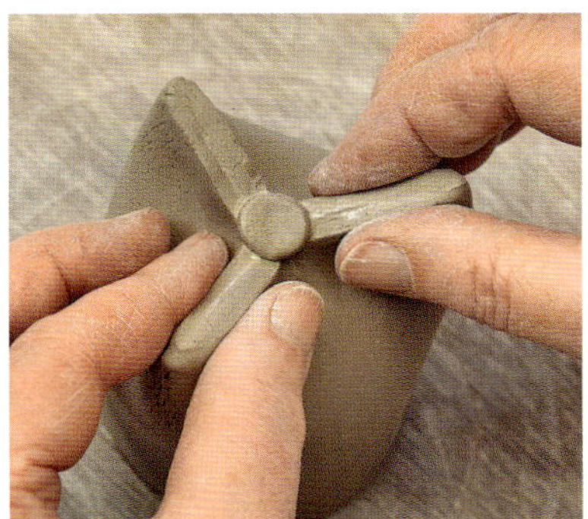

4 Wenn der Ton weich genug ist, lassen sich die Nähte an den Armen leicht schließen. Wenn Sie ganz sichergehen wollen, bestreichen Sie die Ränder vor dem Zusammendrücken mit etwas Schlicker. Verschließen Sie die kleine Lücke in der Mitte mit einem weichen Tonpfropfen. Verstreichen Sie ihn oder lassen Sie ihn so, wie er ist.

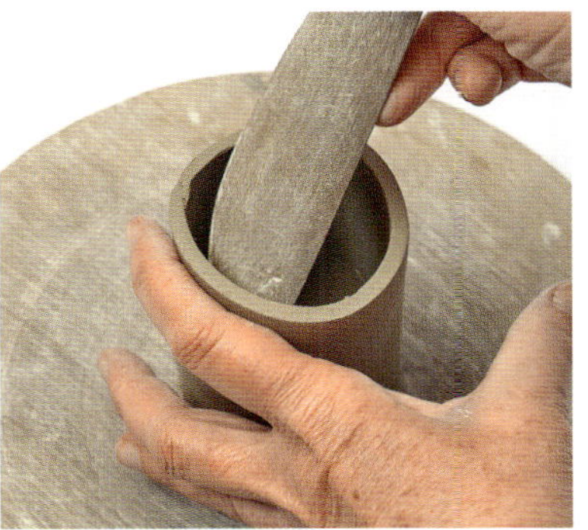

5 Drehen Sie den Becher mit der Öffnung nach oben. Stützen Sie den Rand von außen mit einem Finger und wölben Sie den Korpus. Dazu fahren Sie innen vorsichtig mit einer Niere oder einer hölzernen Drehschiene von unten nach oben bis knapp unterhalb des stützenden Fingers. Wiederholen Sie diese Bewegung, bis der Korpus die gewünschte Form hat.

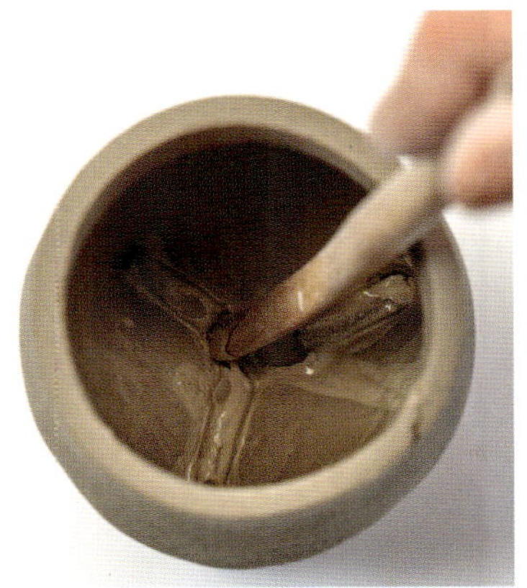

6 Verstärken Sie die Nähte der drei Arme mit weichen Tonwülsten. Verstreichen Sie sie gründlich mit dem Finger oder einem Modellierholz. Eine glatte Innenwand macht den Becher hygienischer, weil er sich leichter reinigen lässt.

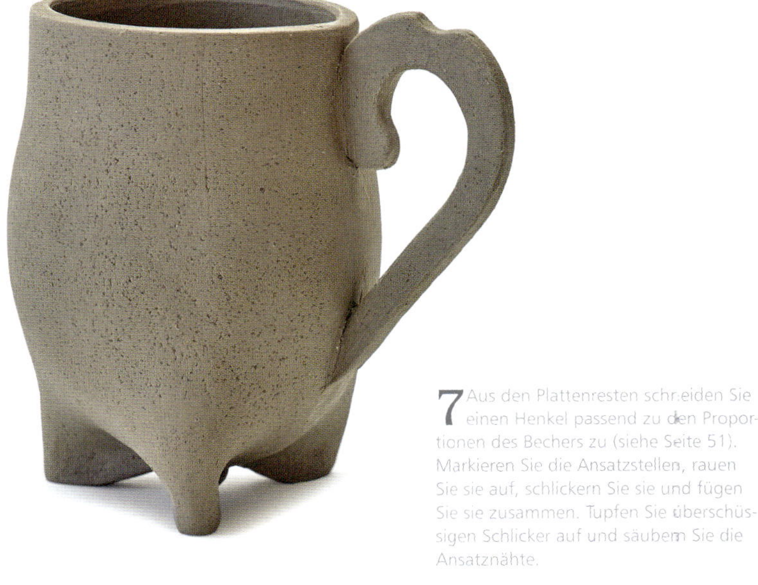

7 Aus den Plattenresten schneiden Sie einen Henkel passend zu den Proportionen des Bechers zu (siehe Seite 51). Markieren Sie die Ansatzstellen, rauen Sie sie auf, schlickern Sie sie und fügen Sie sie zusammen. Tupfen Sie überschüssigen Schlicker auf und säubern Sie die Ansatznähte.

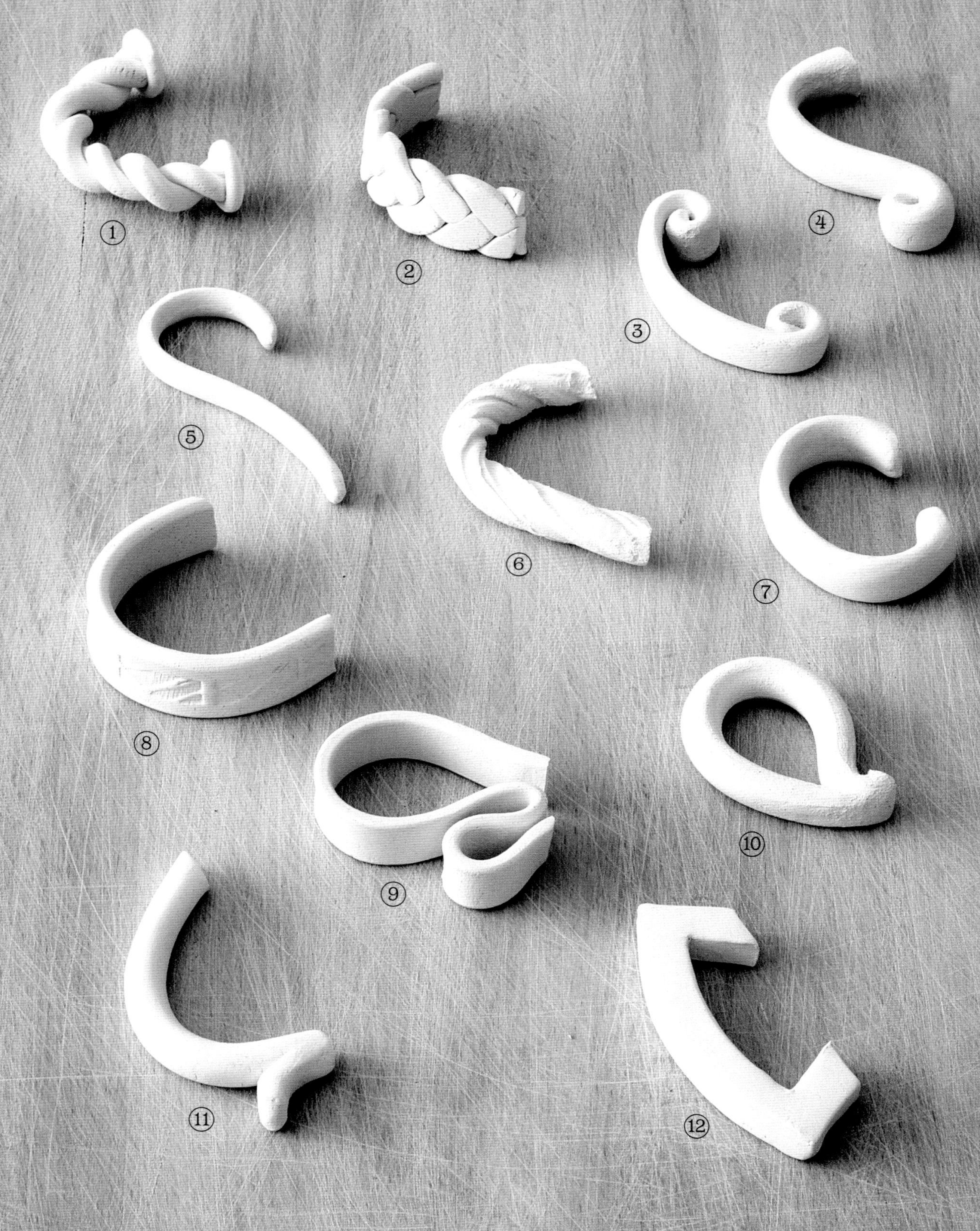
①
②
④
③
⑤
⑥
⑦
⑧
⑩
⑨
⑪
⑫

Überlegungen zum Design

Henkel – ziehen, rollen, zuschneiden

1 VERZWIRBELTE WÜLSTE

Zwei dünne, runde Wülste werden miteinander verzwirbelt und zu einem Halbkreis geformt. An den Enden bilden Ringe aus dünnen Wülsten den Abschluss.

Passt zu Tassen oder Bechern. Die doppelten Wülste sorgen für Stabilität, sodass der Henkel auch für größere Gefäße geeignet ist.

2 GEFLOCHTENE WÜLSTE

Dünne, runde Wülste zum Zopf geflochten und mit einer Holzlatte abgeflacht.

Passt zu Tassen und Bechern. Die Flechtung macht ihn besonders stabil und dekorativ.

3 GEZOGEN UND EINGEDREHT

Aus einem dünnen, gezogenen Wulst geformt, an den Enden nach innen eingedreht. Die Tonspiralen bilden die Ansatzpunkte. Ein vielseitiges Design, leicht in unterschiedlichen Größen und Verzierungen herzustellen.

Passt zu gedrehten und aufgebauten Tassen und Bechern.

4 GEZOGEN, MIT SCHNÖRKEL

Konisch zulaufend gezogen, das verjüngte Ende wird nach außen aufgerollt.

Passt zu gedrehten und aufgebauten Tassen und Bechern, lässt sich schnell in Serie fertigen. Formen Sie mehrere Henkel auf einmal und setzten Sie sie an, wenn sie fest genug sind.

5 GEROLLT ODER ABGEFORMT

Dieser schlichte Henkel ist aus einem dünnen Tonwulst geformt oder in einer zweiteiligen Form gefertigt.

Passt zu zierlichen, feinen, in Aufbautechnik geformten Bechern und Tassen, aber nicht stabil genug für gedrehte Gefäße.

6 GEZOGEN UND VERDREHT

Ein dünner Wulst wird der Länge nach texturiert und verdreht. Fertigen Sie gleich mehrere an und bringen Sie sie an, wenn sie fest sind, um die Form zu halten.

Passt zu gedrehten und aufgebauten Tassen und Bechern.

7 EINGEFORMTER HENKEL

Gussformen für Henkel sind auch zum Einformen geeignet. Die Henkelhälften werden separat geformt und dann zusammengesetzt.

Passt zu allen Tassen und Bechern, allen Stilen und Herstellungstechniken.

8 GEPRÄGTER BANDHENKEL

Aus einer einfachen Tonplatte geschnitten und passend zum Stil der Tasse geprägt. Lassen Sie den Henkel nach dem Krümmen fest werden, bevor er angarniert wird.

Passt zu aufgebauten oder gedrehten Tassen und Bechern. Die Größe richtet sich nach Größe und Stil des Gefäßes.

9 BANDHENKEL MIT SCHLAUFEN

Bandhenkel können an jeden Tassen- und Becherstil angepasst werden. Hier wurden zwei Schlaufen geformt: die kleinere unten, die große oben, wo man anfasst.

Passt zu gedrehten wie aufgebauten Tassen und Bechern, am besten zu gerundeten Formen.

10 GEZOGENE SCHLAUFE

Der aus einem dünnen Wulst gezogene und um einen tropfenförmigen Umriss gelegte Henkel wird am unteren Ende am Korpus angesetzt und ragt über den Rand hinaus.

Passt zu vor allem gedrehten bauchigen Tassen und Bechern, aber auch zu aufgebauten Gefäßen.

11 RUNDER WULST

Traditionelle Henkelform mit einem kleinen nützlichen und dekorativen Extra: Der zusätzliche Schnörkel dient als Ablage für den Daumen, sodass er nicht mit der heißen Tasse in Kontakt kommt.

Passt zu zierlicheren Tassen und Bechern in Aufbautechnik sowie zu gedrehten Formen.

12 ZUGESCHNITTENER HENKEL

Mit einer Schablone lassen sich Henkel serienmäßig aus dicken Tonplatten zuschneiden, die einen guten Griff ermöglichen.

Passt zu Bechern und Tassen in Plattentechnik mit kantigen Formen.

Technik

Gezogener Henkel

Gedrehte Tassen und Becher haben meist einen gezogenen Henkel. Beim Henkelziehen gibt es zwei Methoden. Bei der ersten wird zunächst der Henkel gezogen, nachdem ein Ende am Korpus angarniert wurde. Bei der zweiten Methode wird der Strang erst gezogen und dann angarniert.

BEVOR SIE ANFANGEN

> Sie brauchen eine Schüssel mit Wasser, um Ihre Hände beim Ziehen feucht zu halten. Fertigen Sie ein paar Übungsstücke, bis Sie mit dem Ergebnis zufrieden sind. Üben Sie auch das Angarnieren zunächst an einer Tischplatte oder einem Probegefäß. Experimentieren Sie mit unterschiedlichen Proportionen, Stärken und Formen.

Serienfertigung

Wenn Sie Tassen und Becher in Serie fertigen, sollten Sie alle Henkel gleichzeitig formen.

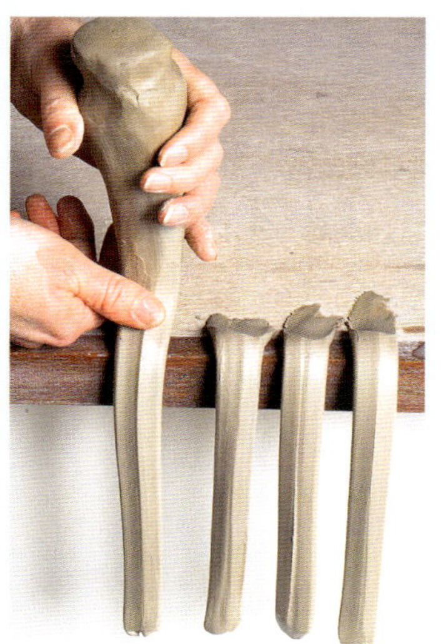

Einen Henkel ziehen

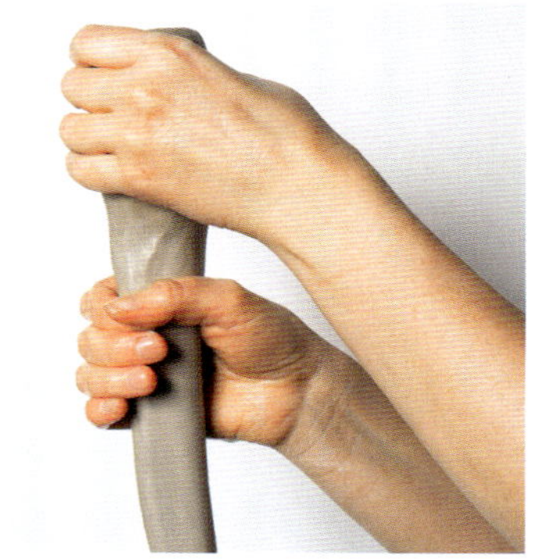

1 Formen Sie einen dicken Tonwulst und halten Sie ihn am oberen Ende mit einer Hand fest. Ziehen Sie die andere, angefeuchtete Hand daran herunter. Durch den Druck von Daumen und Fingern können Sie den Tonstrang auch oval oder rund formen.

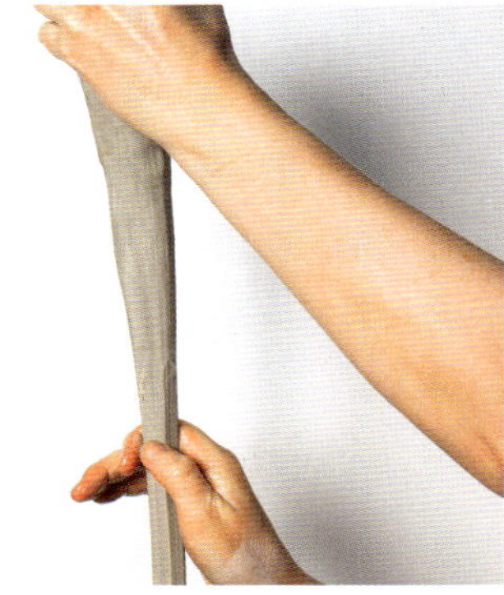

2 Ziehen Sie so lange an dem Tonstrang, bis er die gewünschte Länge und Dicke hat. Kneifen Sie dann vorsichtig ein passendes Stück für die Tasse oder den Becher ab, der gehenkelt werden soll.

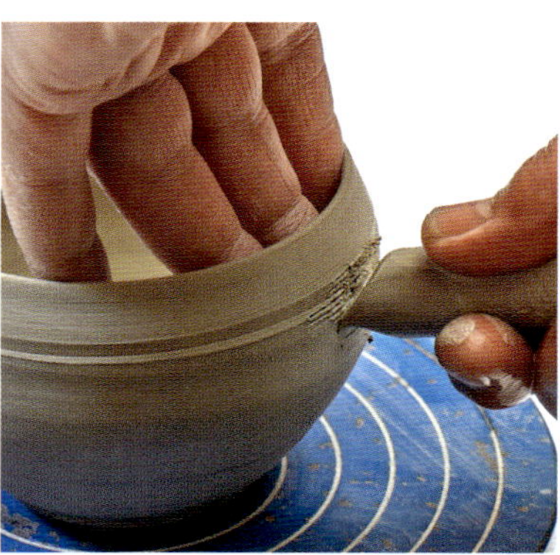

3 Rauen Sie die Ansatzstelle am Tassenkorpus auf. Stützen Sie den Korpus dann von innen mit einer Hand, während Sie mit der anderen das Henkelende an der richtigen Stelle ansetzen. Es sollte feucht genug sein, um zu haften, ansonsten nehmen Sie etwas Schlicker zuhilfe.

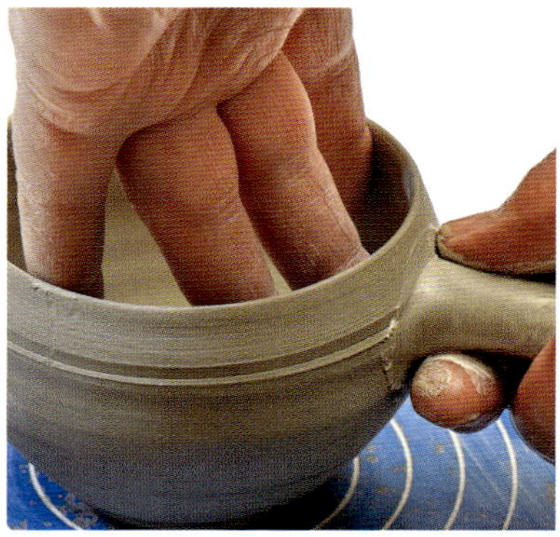

4 Stützen Sie weiterhin von innen. Gleichzeitig halten Sie den Henkel mit der anderen Hand fest. Mit dem Daumen verstreichen und glätten Sie die Ansatzstelle, bis ein nahtloser Übergang entsteht.

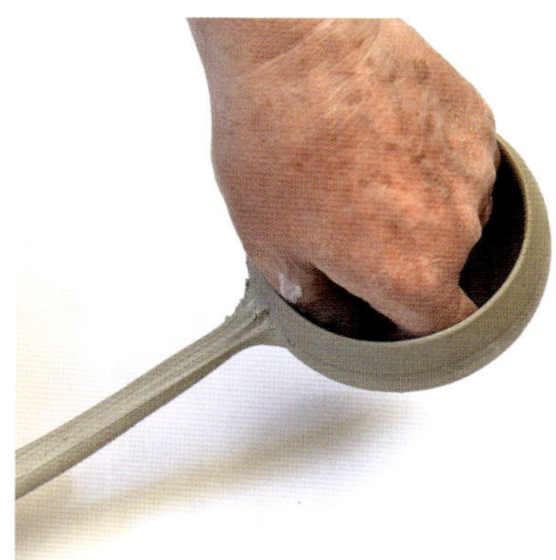

5 Schieben Sie eine Hand in die Tasse, damit sie sich nicht verformt. Heben Sie die Tasse hoch und ziehen Sie den Henkel mit der angefeuchteten anderen Hand mit möglichst wenigen Strichen bis zur gewünschten Stärke. Der Ton darf dabei nicht zu nass werden.

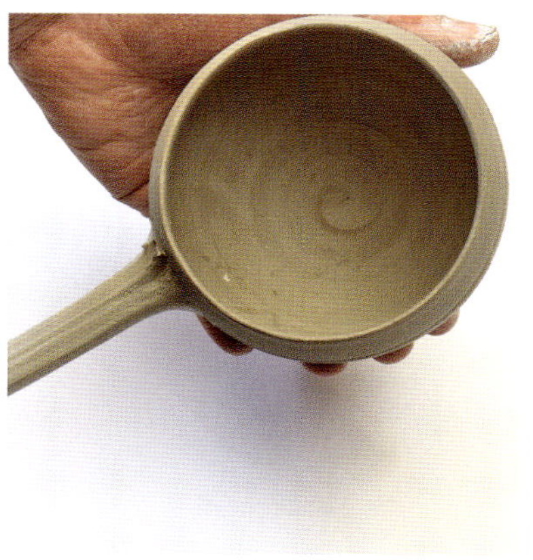

6 Halten Sie die Tasse in der Handfläche und ziehen Sie mit dem Fingernagel der Länge nach drei oder vier Rillen in den Henkel.

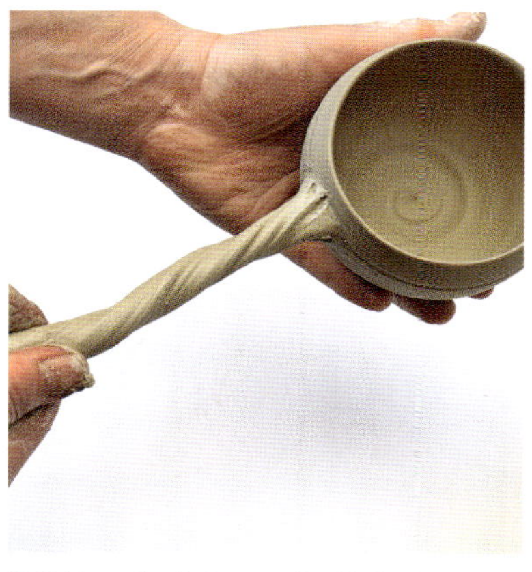

7 Halten Sie die Tasse weiterhin in der Handfläche und drehen Sie den Henkel ein paarmal um die eigene Achse – nicht zu oft, sonst ist das Muster nicht mehr zu sehen.

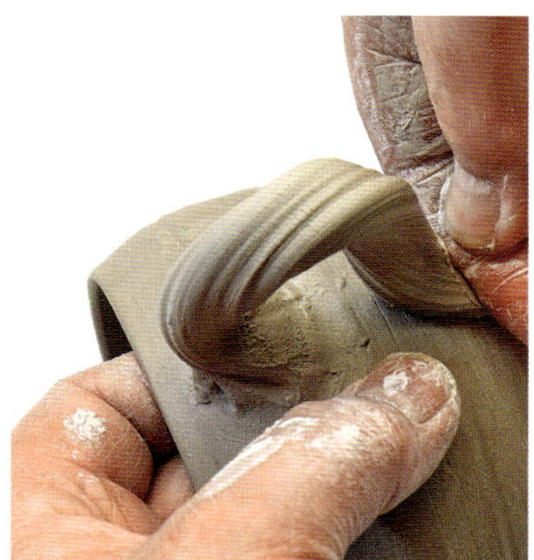

8 Setzen Sie das untere Ende genau unterhalb des oberen auf den Korpus. Drücken Sie es mit dem Daumen an. Sitzt der Henkel sicher, kneifen Sie den restlichen Ton zwischen Zeige- und Mittelfinger ab. Glätten Sie die Übergänge, bis sie nicht mehr zu sehen sind.

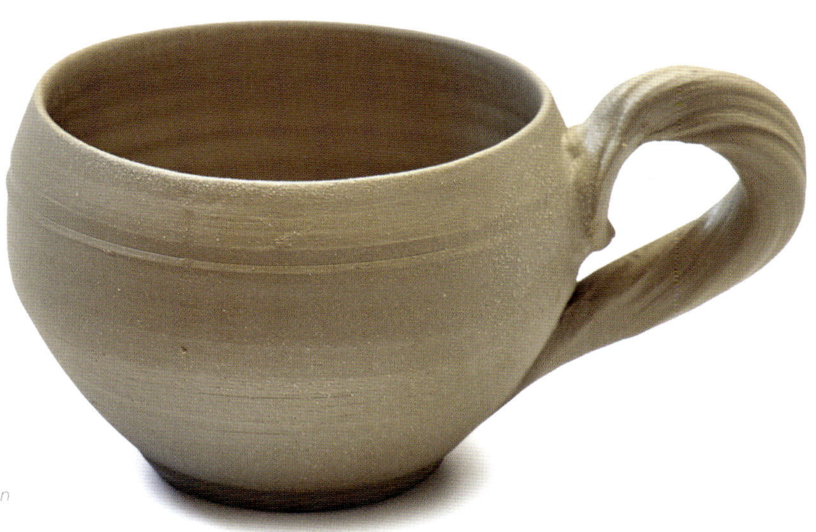

Der dekorativ verdrehte Henkel passt zur schlichten Form des Tassenkorpus.

Technik

Henkel – zuschneiden und einformen

In einer Hohlform lassen sich Henkel ebenso schnell herstellen wie mithilfe von Ausstechern. Wenn Sie die zweiteilige Hohlform nicht selbst anfertigen wollen, können Sie sie beim Keramikfachhandel kaufen. Sie werden normalerweise zum Gießen verwendet, doch das heißt nicht, dass Sie sie nicht zum Einformen „zweckentfremden" können. Es gibt sie in unterschiedlichen Größen und Stilen und es lohnt sich, eine Auswahl anzuschaffen.

Einen Henkel in einer zweiteiligen Form herstellen

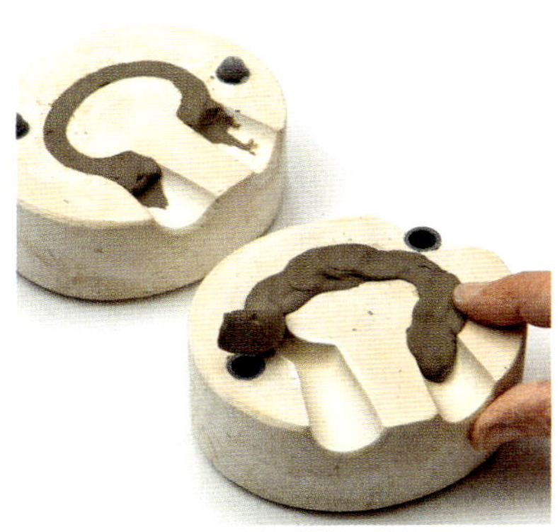

1 Pressen Sie eine dünne Platte, einen Streifen oder Wulst mit möglichst viel Druck in die beiden Hälften der Hohlform, damit der Hohlraum vollständig ausgefüllt ist.

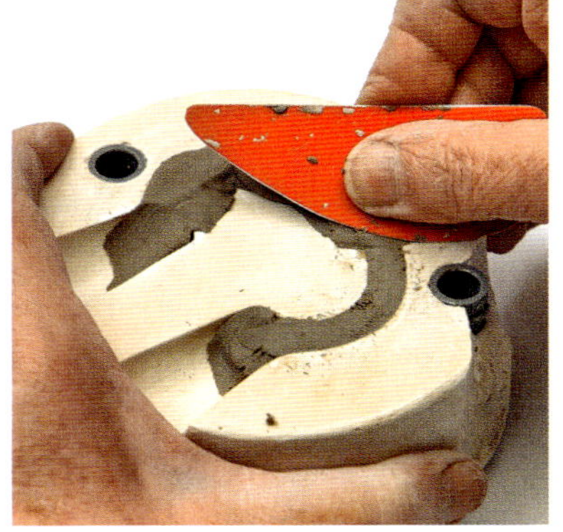

2 Mit einer Niere oder einem anderen Werkzeug schaben Sie vorsichtig überschüssigen Ton vom Rand der Hohlform. Da sich der Ton leicht wieder aus der Vertiefung löst, nehmen Sie den überstehenden Ton am besten schnittweise ab, statt die Niere nur einmal über die ganze Form zu ziehen.

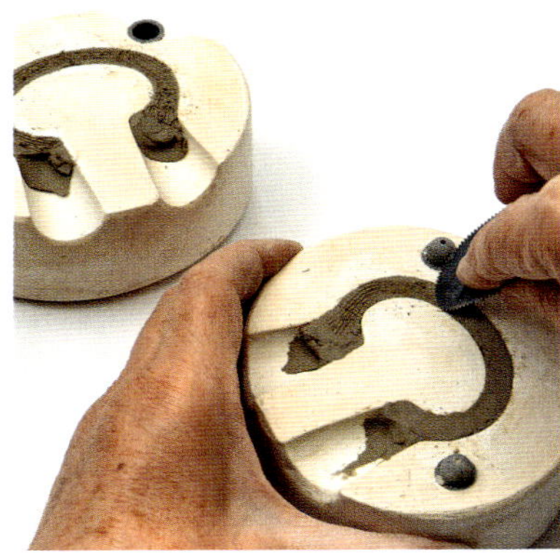

3 Mit der Spitze einer gezahnten Niere oder einem ähnlichen Werkzeug rauen Sie den Ton in der Vertiefung auf. Achten Sie darauf, den Gips der Form nicht anzukratzen, weil die Form dadurch beschädigt und der Ton verunreinigt werden könnte.

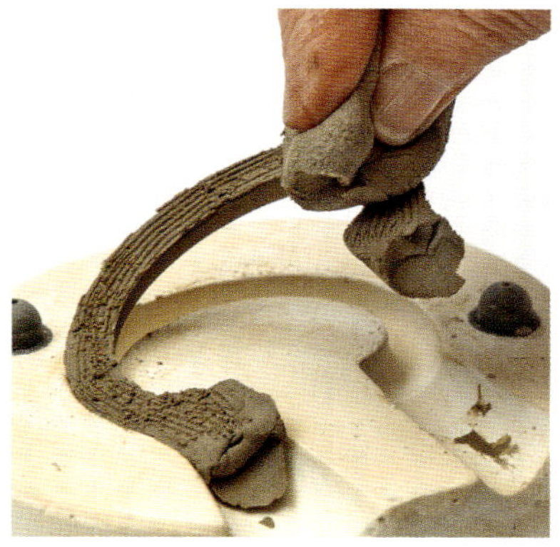

4 Falls sich die Henkelhälften nicht einfach aus den Hohlformen herauskippen lassen, holen Sie sie mit ein wenig weichem Ton heraus.

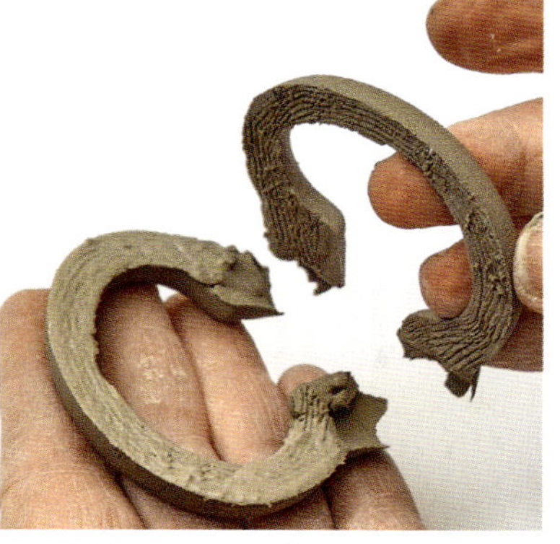

5 Schlickern Sie die Hälften, setzen Sie sie sorgfältig zusammen und halten Sie sie ein paar Sekunden lang fest, um sicherzugehen, dass sie gut aneinander haften.

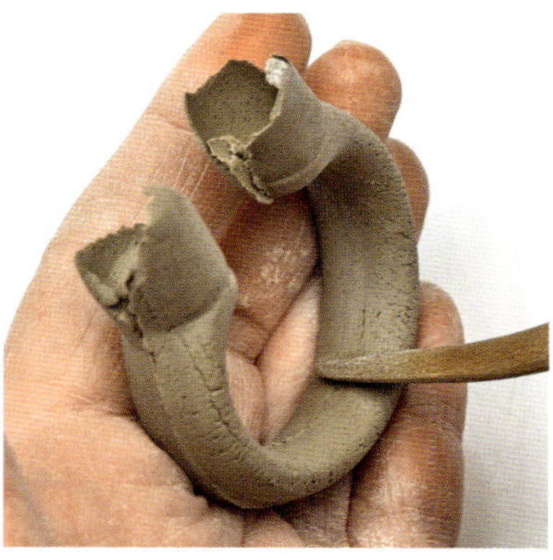

6 Säubern Sie die Ansatznaht mit einem hölzernen Werkzeug oder einer Niere. Falls nötig streichen Sie mit einem leicht angefeuchteten Schwamm darüber.

7 Schneiden Sie den überschüssigen Ton an den Enden ab. Der Henkel kann nun angarniert werden. Markieren Sie die Ansatzstellen am Tassenkorpus, rauen Sie sie auf und schlickern Sie sie, bevor Sie den Henkel ansetzen.

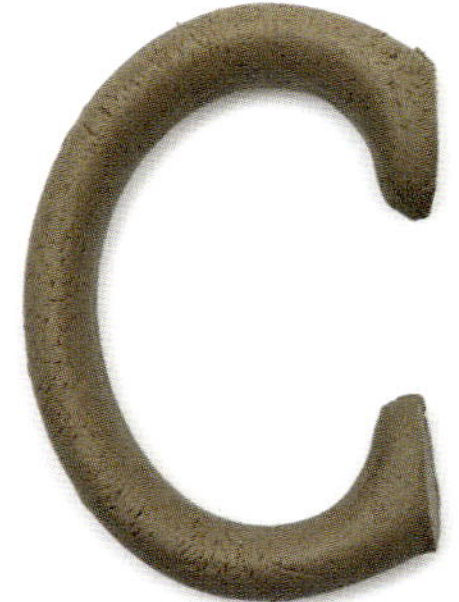

Dieser klassisch geformte Henkel passt zu vielen Tassen- und Becherformen, daher ist es eine gute Idee, eine solche Hohlform in der Werkstatt zu haben.

Einen Henkel zuschneiden und angarnieren

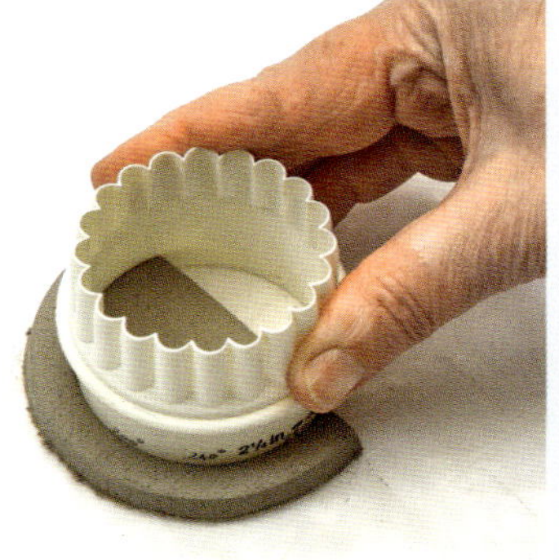

1 Aus Resten der Platte, aus dem Sie den Korpus gefertigt haben, stechen Sie mit zwei unterschiedlich großen Ausstechern einen Halbkreis aus.

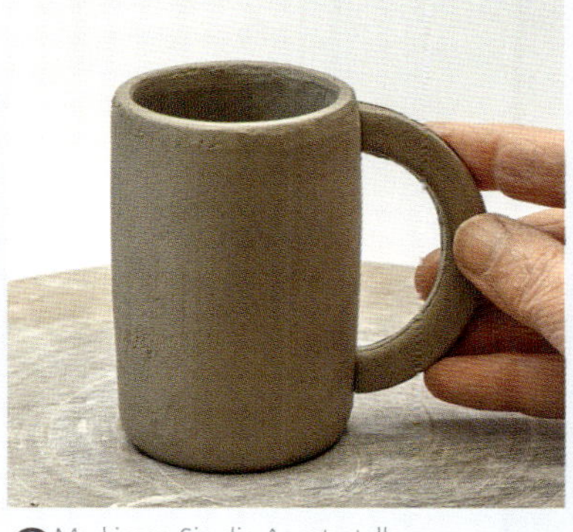

2 Markieren Sie die Ansatzstellen am Becherkorpus, rauen Sie alle Ansatzflächen auf und schlickern Sie sie. Fügen Sie den Henkel an und säubern Sie die Nähte.

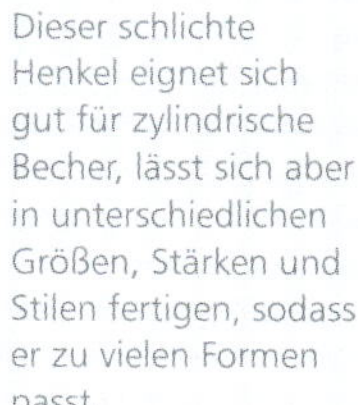

Dieser schlichte Henkel eignet sich gut für zylindrische Becher, lässt sich aber in unterschiedlichen Größen, Stärken und Stilen fertigen, sodass er zu vielen Formen passt.

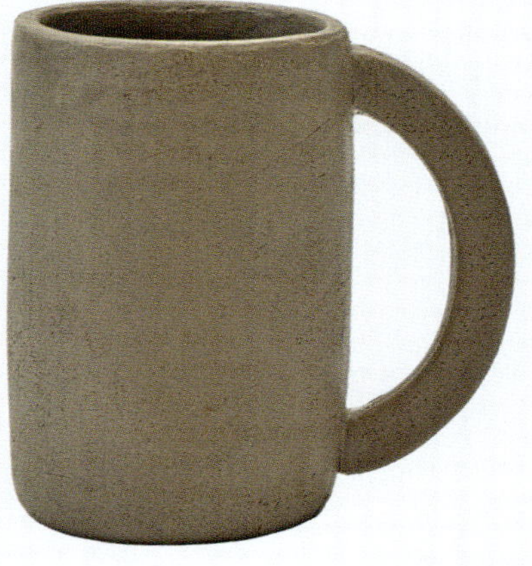

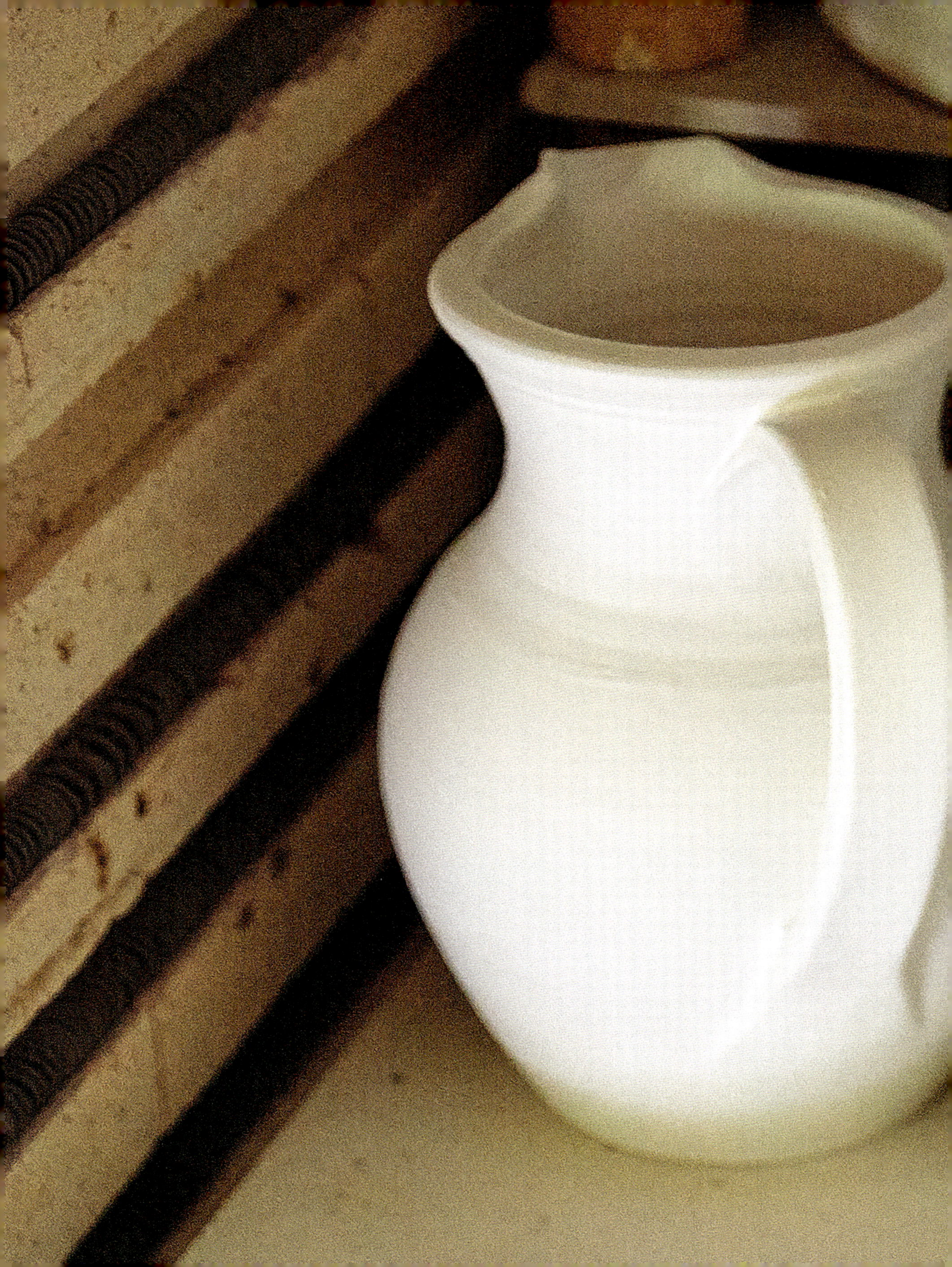

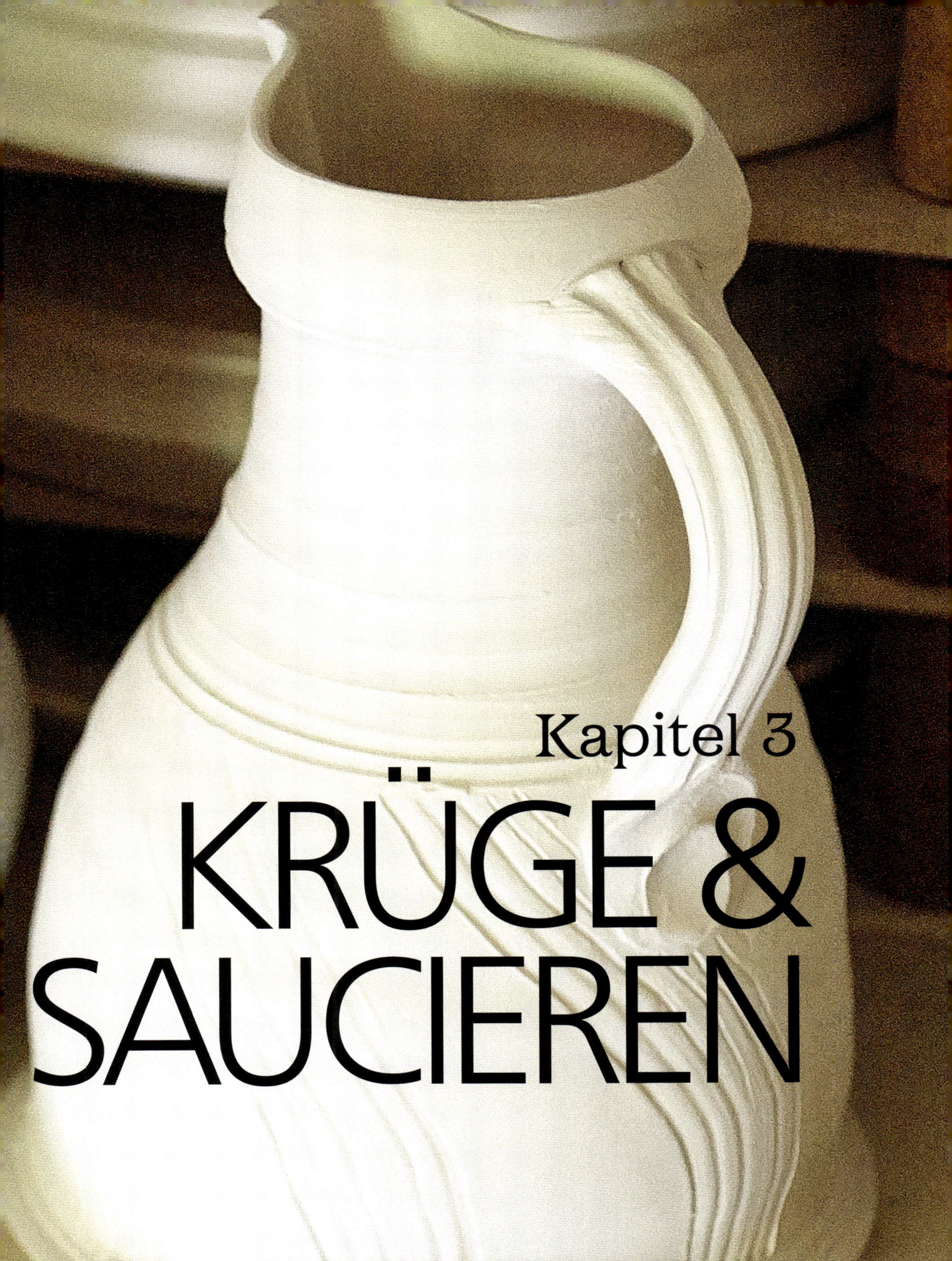

Kapitel 3

KRÜGE & SAUCIEREN

Krüge und Saucieren

Überlegungen zum Design

Planen Sie die gestalterischen Elemente Ihres Kruges, bevor Sie sich an die Arbeit machen. So stellen Sie sicher, dass das fertige Produkt genau auf Ihre Bedürfnisse zugeschnitten ist.

Der Krug

Was eine „perfekte Form" ausmacht, hängt natürlich sehr vom persönlichen Geschmack ab. Bisweilen ist „perfekt" jedoch das einzige Wort, das das Zusammenspiel von Form und Funktion treffend beschreibt.

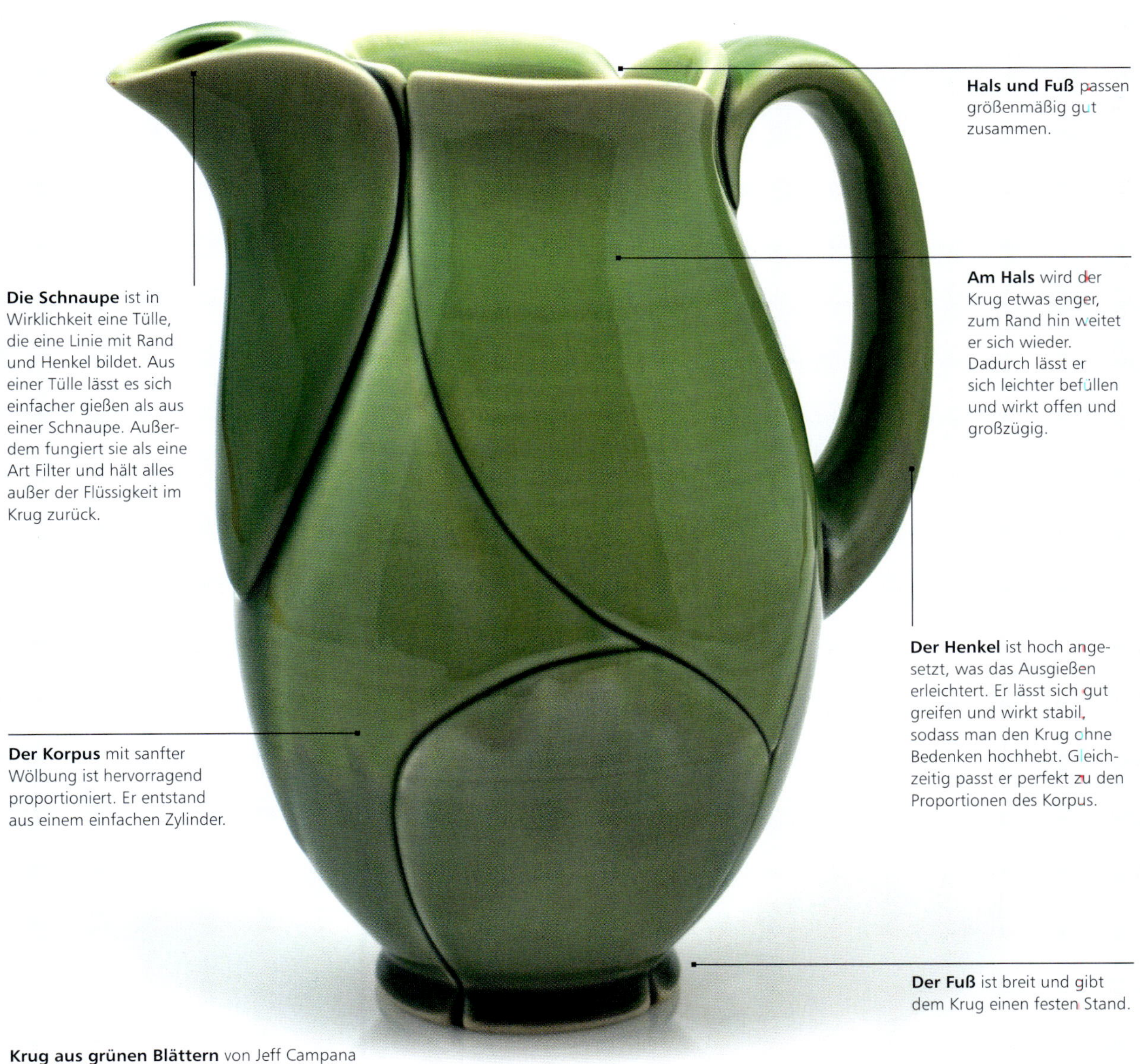

Hals und Fuß passen größenmäßig gut zusammen.

Die Schnaupe ist in Wirklichkeit eine Tülle, die eine Linie mit Rand und Henkel bildet. Aus einer Tülle lässt es sich einfacher gießen als aus einer Schnaupe. Außerdem fungiert sie als eine Art Filter und hält alles außer der Flüssigkeit im Krug zurück.

Am Hals wird der Krug etwas enger, zum Rand hin weitet er sich wieder. Dadurch lässt er sich leichter befüllen und wirkt offen und großzügig.

Der Henkel ist hoch angesetzt, was das Ausgießen erleichtert. Er lässt sich gut greifen und wirkt stabil, sodass man den Krug ohne Bedenken hochhebt. Gleichzeitig passt er perfekt zu den Proportionen des Korpus.

Der Korpus mit sanfter Wölbung ist hervorragend proportioniert. Er entstand aus einem einfachen Zylinder.

Der Fuß ist breit und gibt dem Krug einen festen Stand.

Krug aus grünen Blättern von Jeff Campana
Gedreht, zerteilt und wieder zusammengefügt, 15 x 15 x 23 cm. Porzellan, mittlerer Brennbereich, grüne Glasur, bis Kegel 6 in einem Elektroofen gebrannt.

Die Sauciere

Eine Sauciere ist eine Form von Krug: Sie ist niedriger und offener gestaltet, um eine bestimmte Funktion zu erfüllen. Bratensoße schmeckt eigentlich nur, wenn sie in einem solchen Gefäß serviert wird, daher sollte eine Sauciere in keinem Haushalt fehlen.

Der weite, schlaufenförmige Bandhenkel setzt auf der Innenseite an und verhindert, dass man mit der heißen Oberfläche in Kontakt kommt.

Durch die schlicht gestaltete Lippe kann der Inhalt nicht herausschwappen. Eine zu ausgeprägte Lippe würde nach dem Ausgießen tropfen.

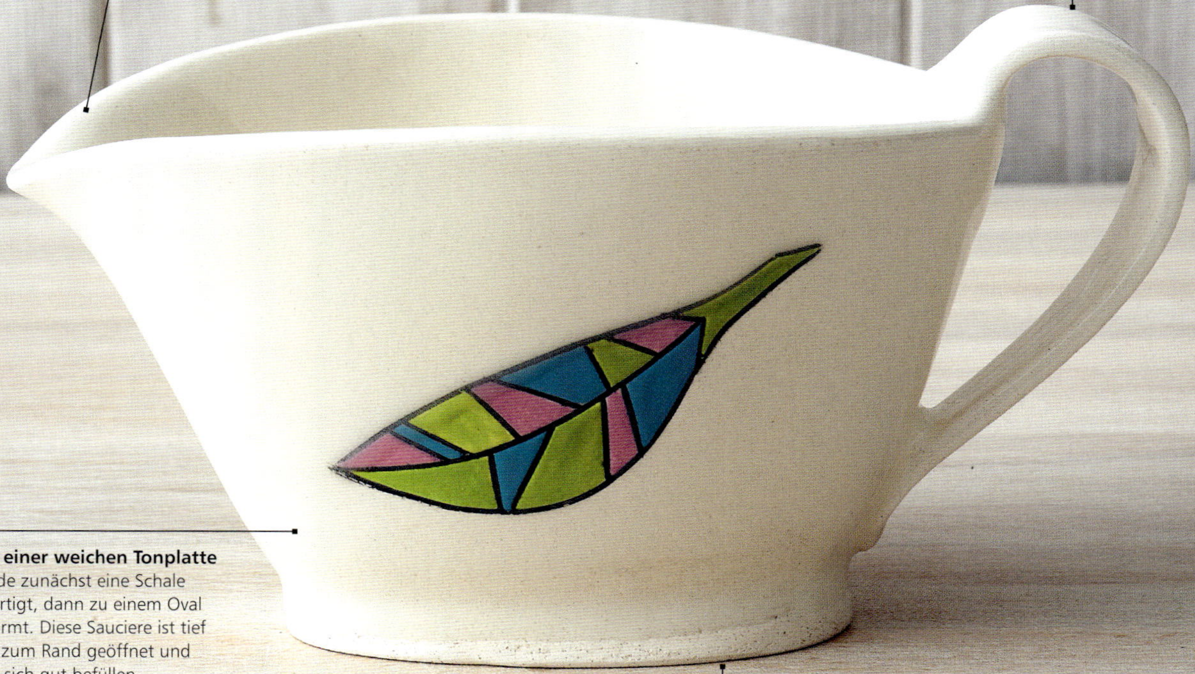

Aus einer weichen Tonplatte wurde zunächst eine Schale gefertigt, dann zu einem Oval geformt. Diese Sauciere ist tief und zum Rand geöffnet und lässt sich gut befüllen.

Der Inhalt dieser Sauciere würde gut für vier Personen reichen. Das stilisierte Blatt ist einem Design aus dem 1950ern nachempfunden und bildet einen interessanten Kontrast zu der schlichten Gestaltung.

An den stabilen Boden schließt sich ein Fußring an, sodass die Auflagefläche auf der Tischplatte minimal ist. Aus diesem Grund haben viele Saucieren aufwändig gestaltete Fußringe.

In den meisten Haushalten finden sich mehrere Krüge, denn im Alltag brauchen wir verschiedene Größen: zierliche Krüge für die Kaffeesahne, Milch- und Saftkrüge und große Wein- oder Wasserkrüge. Daraus ergeben sich viele Gestaltungsmöglichkeiten. So könnten Sie eine Serie unterschiedlich großer Krüge in ein und demselben Stil fertigen oder jeden Krug individuell formen und seinem Verwendungszweck anpassen. Es kann schwierig sein, Form und Funktion auf einen Nenner zu bringen. Die hier vorgestellten Formen helfen Ihnen vielleicht, das unverwechselbare Gefäß zu erschaffen, das Ihren ästhetischen und praktischen Bedürfnissen entspricht.

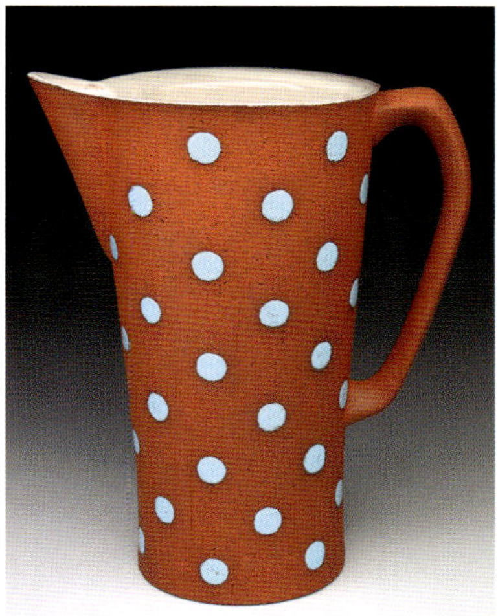

Terracotta-Krug
von Todd Hayes
Dieser ungewöhnliche Krug wurde mit Terracottaton eingeformt und ist innen farbig engobiert. Auch für die schlichten Punkte auf der Außenseite wurde Engobe verwendet. Innen ist der Krug mit einer klaren, bis Kegel 3 im Elektroofen gebrannten Glasur überzogen.

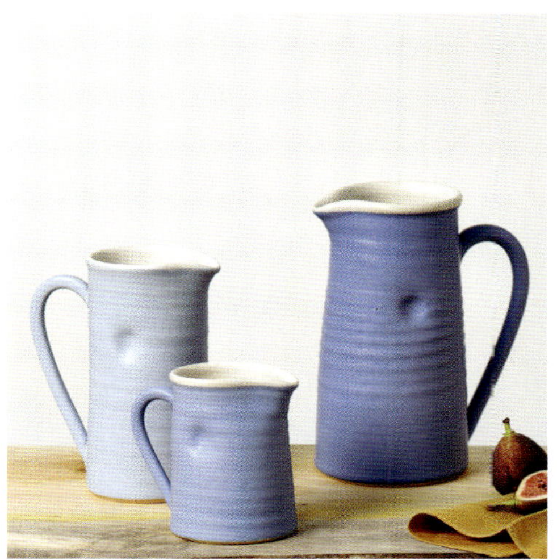

Drei Krüge
von Tone von Krogh
Diese schlichten Krüge aus weißem Steinzeugton wurden auf der Drehscheibe hergestellt. Sie sind vielseitig einsetzbar.

Fragen, die Sie sich stellen sollten

Aufbautechnik oder Töpferscheibe?

Die Entscheidung hängt nicht nur von Ihren Fertigkeiten, sondern vor allem von der Form des Gefäßes ab.

Auf der Scheibe sind Gefäße sicher am schnellsten zu fertigen, wenn Sie die entsprechende Erfahrung mitbringen. Gedrehte Formen lassen sich auf vielfältige Weise abwandeln, Drehrillen und andere Merkmale weisen jedoch immer auf die Herstellungstechnik hin.

Mit der Aufbautechnik geht es langsamer voran, sie ist auch nicht für alle Formen geeignet. So lässt sich eine bauchige Form kaum aus Platten, wohl aber aus Wülsten herstellen oder auch pinchen (bei kleinen Gefäßen). Bei einem großen Krug ist das Pinchen sicher nicht die richtige Technik, ihn sollte man besser aus Wülsten aufbauen.

Wofür brauche ich den Krug?

Einige Gestaltungselemente wie Größe und Form richten sich nach der Funktion des Kruges. Wie groß soll er sein? Wenn er für heiße Flüssigkeiten gedacht ist, braucht er einen stabilen Boden, damit er nicht so leicht umgestoßen werden kann. Oder sollte er eine weite Mündung haben, um leicht zu befüllen zu sein?

Welche Art von Schnaupe sollte er haben?

Da die Schnaupe die Gießeigenschaften eines Kruges bestimmt, sind manche Schnaupen besser für manche Flüssigkeiten geeignet als andere. Bei heißen Flüssigkeiten ist keine Schnaupe geeignet, die tropft oder zu schnell gießt.

Wo sollte der Henkel sitzen?

Position und Form des Henkels sind nicht nur aus ästhetischen Gründen wichtig (siehe dazu auch Seite 85). Folgende Punkte sollten Sie berücksichtigen:

- Wie schwer ist der volle Krug? Ein schwerer Krug braucht einen stabilen, gut greifbaren Henkel.
- Wo muss er sitzen, damit man den Krug gut anheben kann?
- Braucht er überhaupt einen Henkel – nicht alle Krüge haben einen.
- Sollte der Henkel angesetzt und gezogen werden, wie bei gedrehten Gefäßen üblich? Oder separat gefertigt werden? Die Antwort hängt auch von der Funktion des Kruges ab.

Überlegungen zum Design

Gedrehte Varianten

1 KUGELFORM

Kugelförmiger Krug mit leicht nach innen geneigtem Rand. Eignet sich als Milchkännchen, Saftkrug oder Sauciere.

Schnaupe: Die gezogene Schnaupe wächst aus dem Korpus hervor und passt perfekt zur Form.

Henkel: Breiter Bandhenkel mit einer Furche für den Daumen, die zugleich als dekoratives Element dient.

2 OFFENE KONISCHE FORM

Die Form verbreitert sich nach oben, doch der Rand ist etwas nach innen geneigt, sodass sie geschlossener wirkt und der Henkel leichter anzusetzen ist.

Schnaupe: Ausformung des Randes, die die schräg verlaufende Linie des Korpus fortsetzt.

Henkel: Breiter, aus einer Platte zugeschnittener Bandhenkel, schräg angesetzt, um das Design aufzulockern.

3 OVALE FORM

Der gerundete Boden betont den gewölbten Korpus. Zunächst wurde eine Schale gedreht, dann wurde die runde Form noch auf der Scheibe mit beiden Händen vorsichtig zu einem Oval zusammengedrückt.

Schnaupe: Die aus dem Rand gezogene Schnaupe erleichtert mit ihrer Krümmung das Ausgießen, trägt aber auch zum Fließen der Form bei.

Henkel: Zwei Dellen im Korpus sind eine schlichte, aber effektive Alternative zum Henkel, vor allem bei kleineren Gefäßen, die nicht für heiße, sondern für kalte oder warme Flüssigkeiten gedacht sind.

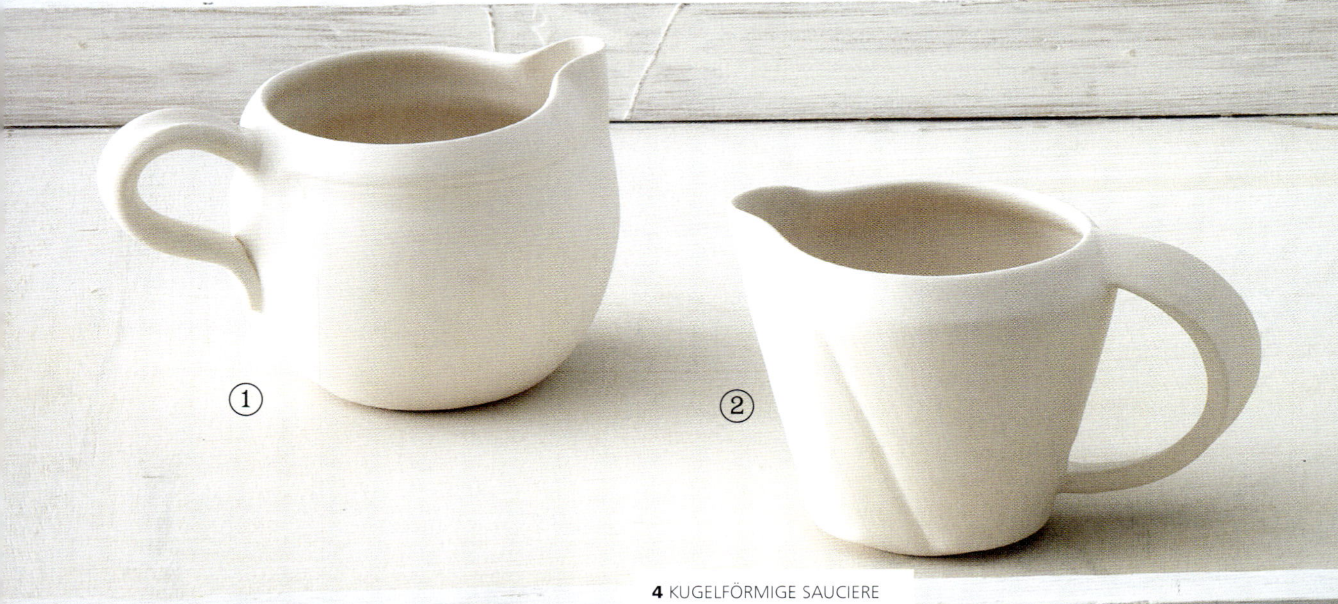

① ②

4 KUGELFÖRMIGE SAUCIERE

Diese kugelförmige Sauciere entstand aus einer gedrehten Schale, die am Rand leicht nach innen geneigt und vorsichtig zu einem Oval umgeformt wurde.

Schnaupe: Die kleine Schnaupe besteht aus einer leichten Ausformung des Randes. Sie verhindert ein zu rasches Austreten der Flüssigkeit.

Henkel: Das Gefäß ist nur für kalte Flüssigkeiten geeignet, da es statt eines Henkels lediglich zwei Dellen im Korpus hat.

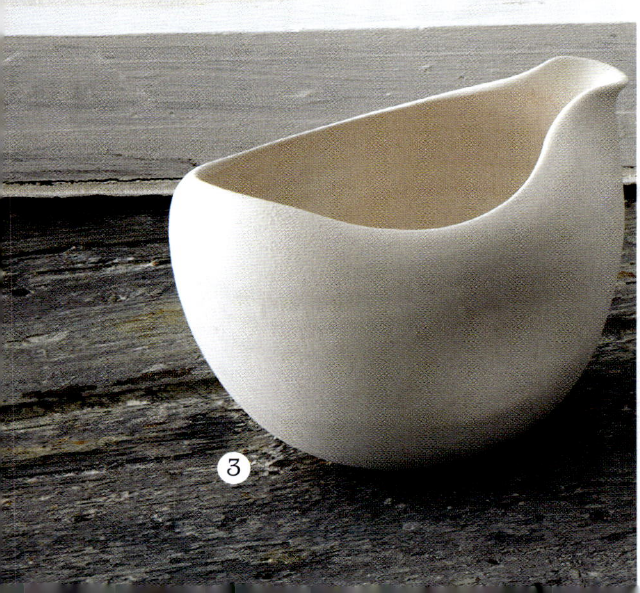

③

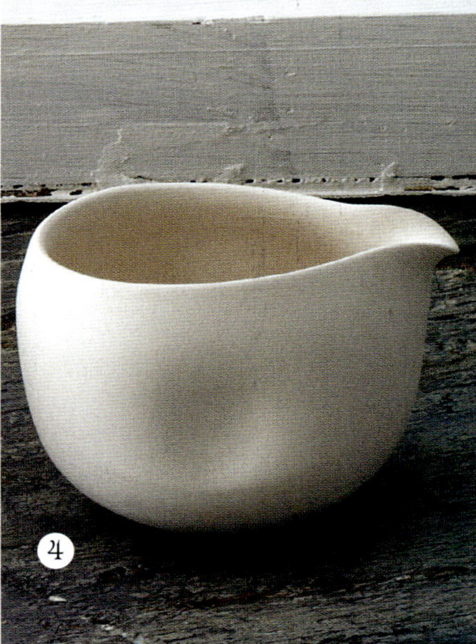

④

6 KUGELFÖRMIGER KRUG MIT HALS

Ein traditionell geformter Krug mit gewölbtem Korpus und gestrecktem, konisch geöffnetem Hals und verdicktem Rand.

Schnaupe: Die gezogene und zusammengedrückte Schnaupe reicht den Hals hinunter bis zur „Schulter".

Henkel: Der gezogene, texturierte Henkel ist stabil und vertrauenerweckend. Er setzt an der Halsmitte an und führt in einer Schlaufe bis zur Mitte des Korpus. Die schlichte Gestaltung ist ideal für einen klassischen Krug wie diesen.

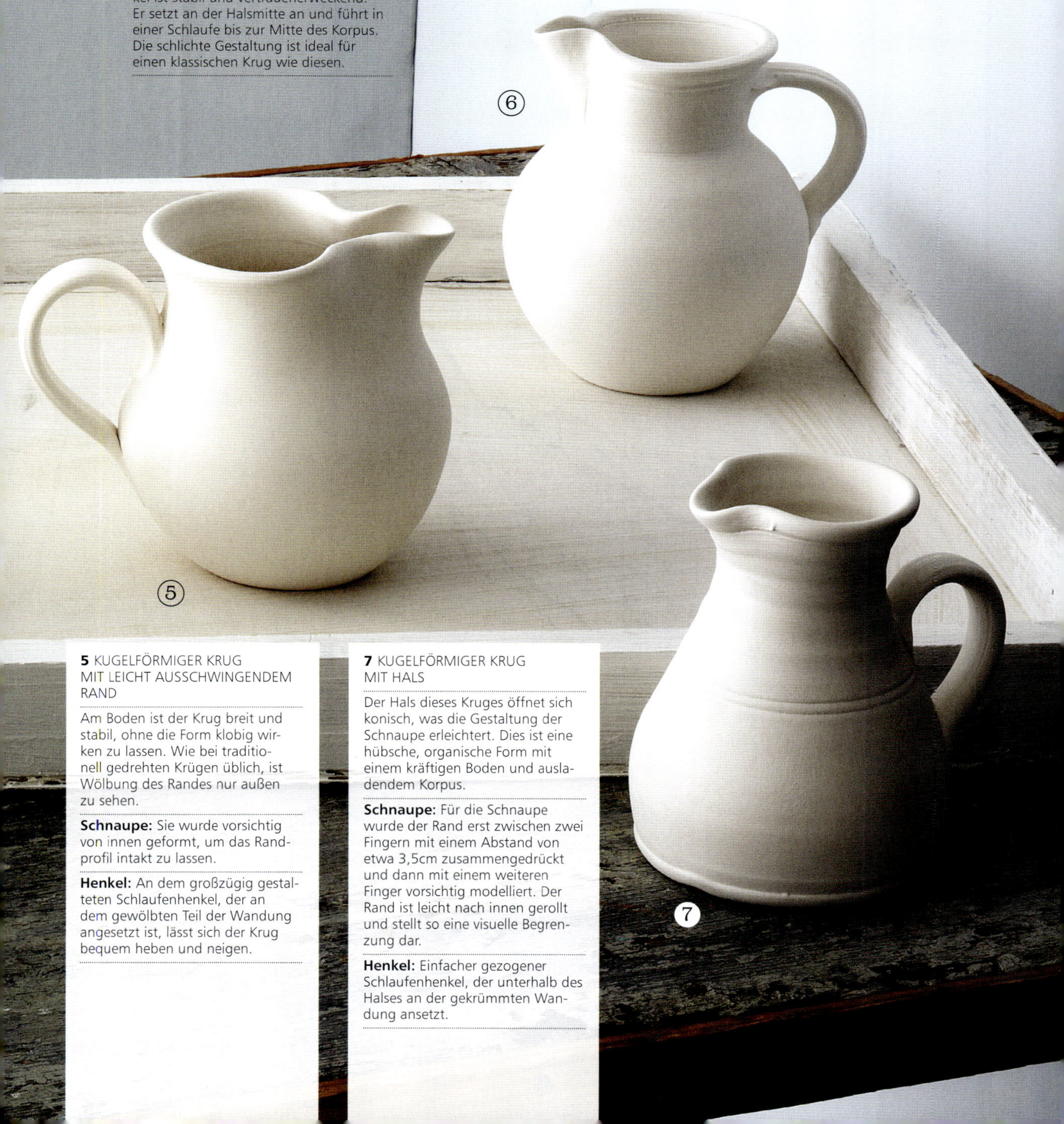

⑥

⑤

⑦

5 KUGELFÖRMIGER KRUG MIT LEICHT AUSSCHWINGENDEM RAND

Am Boden ist der Krug breit und stabil, ohne die Form klobig wirken zu lassen. Wie bei traditionell gedrehten Krügen üblich, ist Wölbung des Randes nur außen zu sehen.

Schnaupe: Sie wurde vorsichtig von innen geformt, um das Randprofil intakt zu lassen.

Henkel: An dem großzügig gestalteten Schlaufenhenkel, der an dem gewölbten Teil der Wandung angesetzt ist, lässt sich der Krug bequem heben und neigen.

7 KUGELFÖRMIGER KRUG MIT HALS

Der Hals dieses Kruges öffnet sich konisch, was die Gestaltung der Schnaupe erleichtert. Dies ist eine hübsche, organische Form mit einem kräftigen Boden und ausladendem Korpus.

Schnaupe: Für die Schnaupe wurde der Rand erst zwischen zwei Fingern mit einem Abstand von etwa 3,5cm zusammengedrückt und dann mit einem weiteren Finger vorsichtig modelliert. Der Rand ist leicht nach innen gerollt und stellt so eine visuelle Begrenzung dar.

Henkel: Einfacher gezogener Schlaufenhenkel, der unterhalb des Halses an der gekrümmten Wandung ansetzt.

8 KONISCHE FORM

Die konische Form hält Flüssigkeiten länger warm. Mit ihrer langen Schnaupe eignet sie sich vor allem für dickere Soßen oder Sirup.

Schnaupe: Sie wurde separat als Kegel gedreht, aufgeschnitten und wie ein Schnabel angefügt. Sie bildet eine tiefe Rinne, sodass beim Gießen nichts herausschwappt.

Henkel: Geometrische Form mit Fingerlöchern, aus einer Tonplatte zugeschnitten. Durch die Löcher im Griff kommen die Finger nicht mit der Wandung in Berührung, was bei heißen Flüssigkeiten nützlich ist.

9 ABGEWANDELTER ZYLINDER

Eine konische Form, die sich nur leicht nach außen wölbt, bevor sie sich am Rand ein wenig nach innen neigt.

Schnaupe: Durch die lange, schnabelförmige Schnaupe lässt sich die Flüssigkeit beim Gießen leicht steuern. Sie wurde als Kegel gedreht, halbiert und angesetzt. Der Kegel sollte größer als nötig gemacht werden, damit Sie etwas Spiel haben, um die Proportionen richtig hinzubekommen.

Henkel: Der gezogene Henkel wurde vor dem Ansetzen zu einem Kreis geformt. Er passt sehr gut zur gesamten Gestaltung.

11 TRADITIONELLER WEITER BODEN

Konischer Körper mit leicht verengtem Hals. Der obere Rand ist dicker und erscheint so stabiler und schlagfest. Eine traditionelle und zuverlässige Form.

Schnaupe: Die breitere Schnaupe ist besonders geeignet für dickere Flüssigkeiten, z.B. Soßen.

Henkel: Ein ausgeschnittener großzügiger Bogen, der die Hand vom heißen Gefäßkörper fern hält.

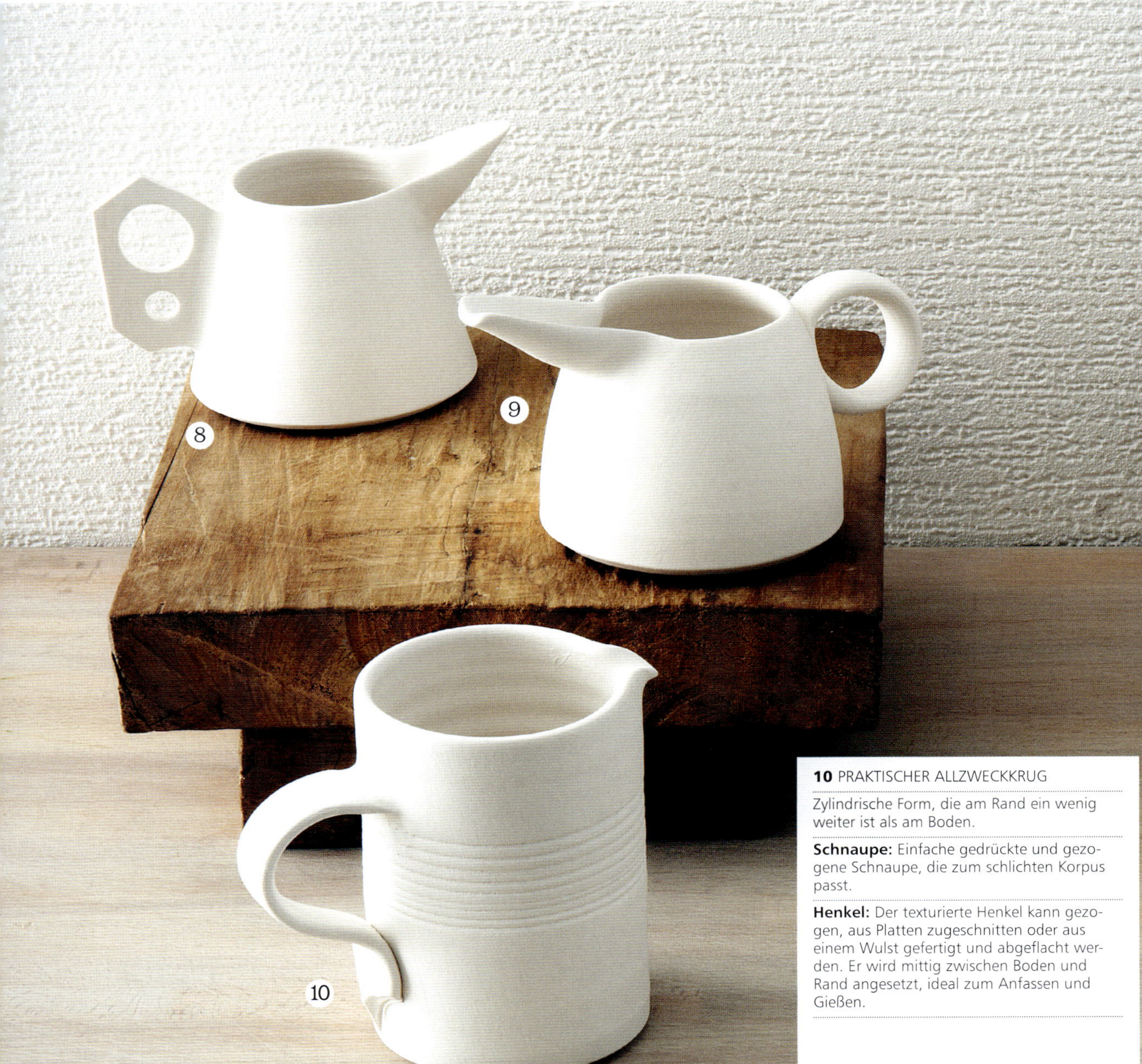

10 PRAKTISCHER ALLZWECKKRUG

Zylindrische Form, die am Rand ein wenig weiter ist als am Boden.

Schnaupe: Einfache gedrückte und gezogene Schnaupe, die zum schlichten Korpus passt.

Henkel: Der texturierte Henkel kann gezogen, aus Platten zugeschnitten oder aus einem Wulst gefertigt und abgeflacht werden. Er wird mittig zwischen Boden und Rand angesetzt, ideal zum Anfassen und Gießen.

12 KEGELFORM

Ein vielseitig verwendbarer Krug wurde von einer zylindrischen Grundform mit solidem Boden und weiter Mündung herausgearbeitet.

Schnaupe: Für Soßen und dickere Flüssigkeiten eignet sich eine breitere und ein wenig kantige Schnaupe wie diese.

Henkel: Der schlaufenförmige Bandhenkel aus einer Tonplatte ist so groß, dass die Hand nicht mit der Wandung in Berührung kommt, wenn etwas Heißes im Krug ist.

13 ABGEWANDELTER ZYLINDER

Die zylindrische Grundform wurde zu einer offenen konischen Form mit weiter Mündung abgewandelt. Sie ist am besten für kalte Flüssigkeiten geeignet.

Schnaupe: Ein vertikaler Schnitt verläuft von der Korpusmitte bis zum Rand. Die Schnittkanten werden leicht angeschrägt und dann wieder zusammengefügt. Von oben hat die Mündung die Form eines Blattes.

Henkel: Der aus einer Tonplatte zugeschnittene Henkel setzt in einem kecken Winkel am Korpus an, was der schlichten Form eine ganz individuelle Note verleiht.

14 OFFENE KONISCHE FORM

Der Krug öffnet sich nach oben, der Boden ist jedoch breit genug, um der abgewandelten zylindrischen Form Stabilität zu verleihen.

Schnaupe: Die angedeutete Schnaupe wächst aus dem Korpus heraus und betont die zylindrische Grundform.

Henkel: Der Henkel wurde am oberen Ende angarniert, dann gezogen und gekrümmt und sitzt mittig zwischen Rand und Boden. Die ausladende Schlaufe passt gut zum schmalen Boden.

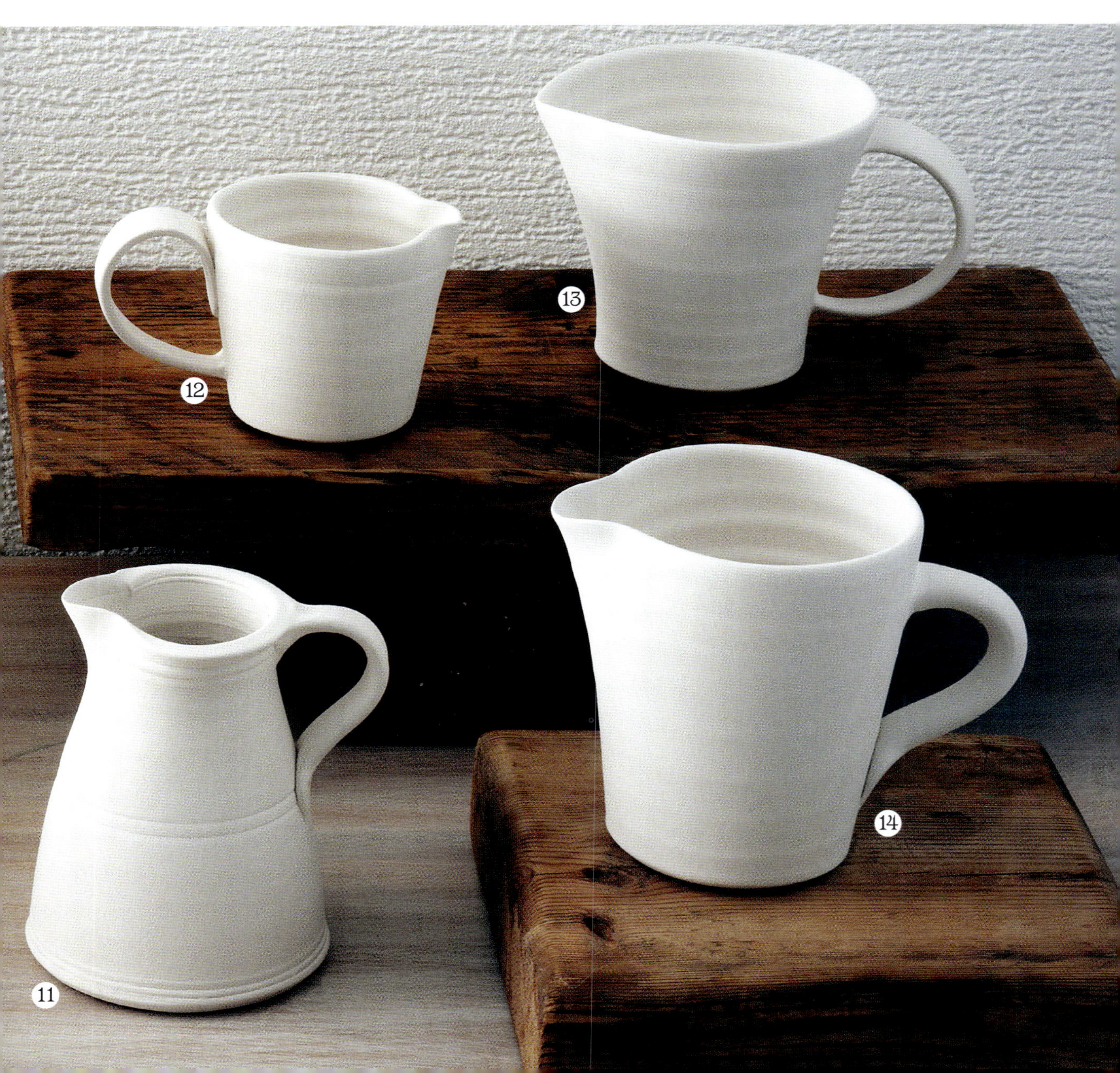

Technik

Gedrehter Krug

Die Ausgangsform für einen gedrehten Krug ist meist ein Zylinder, der eigentlich kaum verändert werden muss, um einen brauchbaren Krug daraus zu machen. Doch wäre es nicht furchtbar langweilig, wenn alle Krüge gleich aussähen? Zum Glück gibt es endlose Möglichkeiten, die zylindrische Form abzuwandeln. Die Form richtet sich in erster Linie nach der Funktion. Die Herausforderung besteht also darin, einen Krug zu fertigen, der ansprechend gestaltet und leicht zu handhaben ist, und gleichzeitig seinen Zweck erfüllt.

Versuchen Sie, unterschiedliche Korpus-, Schnaupen- und Henkelformen zu skizzieren. Wenn Sie Ihre ideale Form gefunden haben, entscheiden Sie sich für die passende Herstellungsmethode. Die unten angefügte Tabelle gibt Ihnen einen groben Überblick über die Tonmengen für gedrehte Krüge. Fertigen Sie eine maßstabsgerechte Zeichnung an, um zu sehen, ob die Proportionen stimmen, und passen Sie die Größenverhältnisse eventuell an.

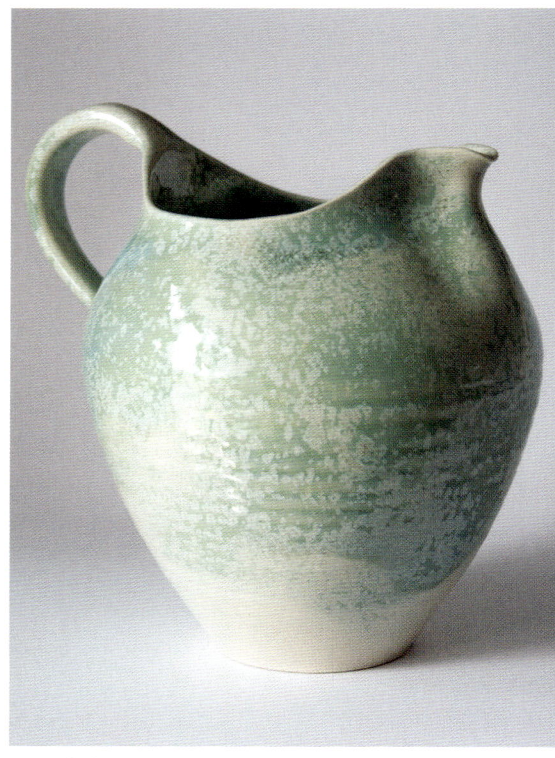

Freigedrehter Krug von Laima Grigone
Gedreht und nachmodelliert. Porzellan, bei Kegel 9 oxidierend gebrannt. Türkisgrüne feinkristalline Glasur.

Größe und Gewicht bei gedrehten Krügen

Fasungsvermögen	Tongewicht	Höhe x Breite	Gebrauch als
0,3 l	0,4 kg	13 x 9 cm	Milchkännchen
0,6 l	0,7 kg	18 x 10 cm	Milchkrug
1,1 l	1 kg	22 x 11 cm	Braten- oder Vanillesoße
2,3 l	1,8 kg	29 x 13 cm	Wasser- oder Weinkrug

Ungefähre Gewichte und Maße für Krüge.
Die Gewichtsangaben beziehen sich auf ungebrannten Drehton, die Maße beziehen sich auf die gebrannten Stücke.

BEVOR SIE ANFANGEN

- Vergewissern Sie sich, dass alles zur Hand ist, was Sie beim Drehen brauchen: Werkzeuge, Wasser, Schwamm und ein Brett, auf den Sie den fertigen Krug stellen.
- Bereiten Sie den Ton mit Schlagen oder Kneten vor.
- Für diesen Krug brauchen Sie einen geeigneten Drehton. Dabei kann es sich um roten oder weißen Irdenware- oder Steinzeugton handeln.
- Legen Sie Ihre Skizzen bereit, sodass Sie sich jederzeit daran orientieren können. Eine visuelle Hilfe ist nützlich, um Form und Proportionen aufeinander abzustimmen.

Traditioneller Krug

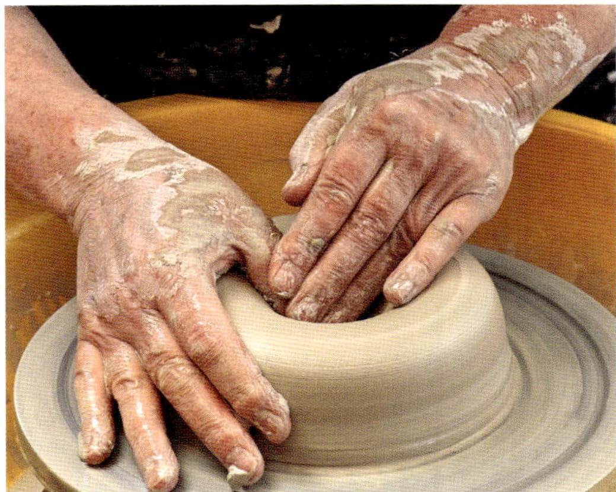

1 Zentrieren Sie den Ton auf dem Scheibenkopf (siehe 188), dann halten Sie die Finger der rechten Hand von außen an die Wandung und öffnen den Ton mit dem Daumen. Mit den Fingern der linken Hand üben Sie zusätzlichen Druck aus und stützen den rechten Daumen.

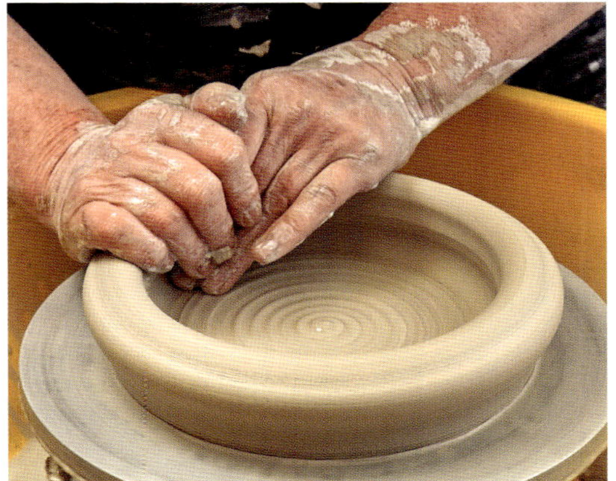

2 Halten Sie die Hände so wie auf dem Foto und öffnen Sie den Ton weiter, bis der Boden etwa zwei Drittel des Scheibenkopfes einnimmt und einen dicken Rand aufweist. Stechen Sie mit einer Nadel hinein, um die Dicke des Bodens zu prüfen. Wenn der Boden den gewünschten Durchmesser hat, fahren Sie mehrmals mit dem Finger darüber, um den Ton zu komprimieren.

Fortsetzung: Traditioneller Krug

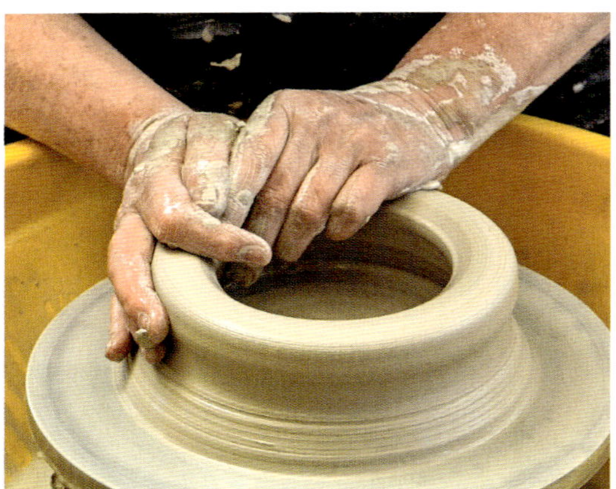

3 Ziehen Sie die Wandung zwischen Daumen und Fingern der linken Hand hoch, während die Rechte den Ton nach oben schiebt und verhindert, dass sich der Korpus beim Hochziehen nach außen wölbt.

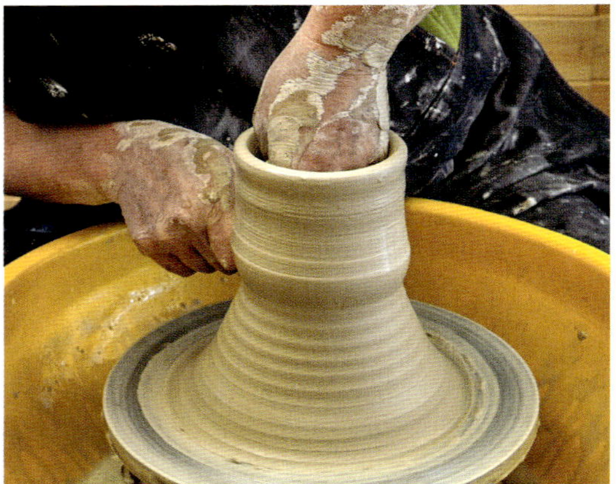

4 Mit den Fingern einer Hand innen und mit dem Fingerknöchel der anderen Hand außen ziehen Sie nun die Wandung weiter hoch. Der Fingerknöchel sollte etwas tiefer sitzen als die Hand im Innern. Er drückt den Ton nach innen, damit sich die Form nicht verbreitert.

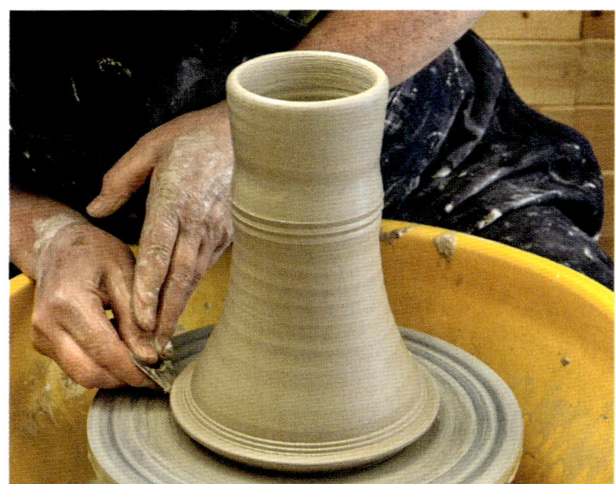

5 Wenn die Wandung etwa 30 cm hoch ist, ziehen Sie 10 cm unterhalb des Randes mit der Spitze einer Metall- oder Holzniere zwei Rillen. Zwei weitere Rillen ziehen Sie 12 mm oberhalb des Bodens. Dann halten Sie die Niere schräg und unterschneiden den Ton am Boden, sodass eine Gehrung entsteht und die Bodenkante erhaben ist.

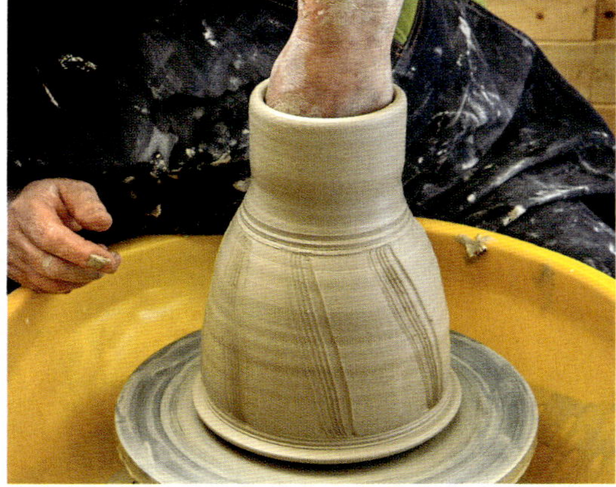

6 In diesem Stadium können Sie die unteren zwei Drittel der Wandung mit Texturen versehen. Dann drehen Sie die Scheibe langsam und wölben die Wandung von innen vom Boden bis zu den oberen beiden Rillen.

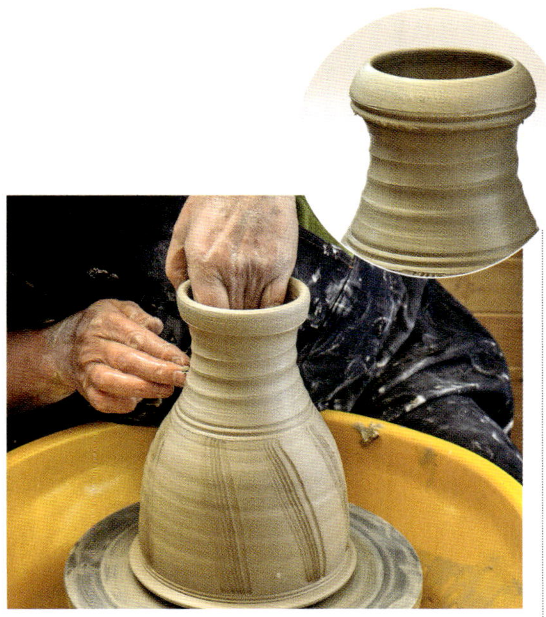

7 Üben Sie mit den Fingern der rechten Hand von außen Druck auf das obere Drittel der Wandung aus, während Sie sie zwischen Fingern und Daumen der linken Hand hochziehen, bis am Rand ein Wulst übrig ist. Mit den Fingern einer Hand und einer Niere in der anderen wölben Sie den Wulst erst nach außen und führen ihn dann weiter nach innen.

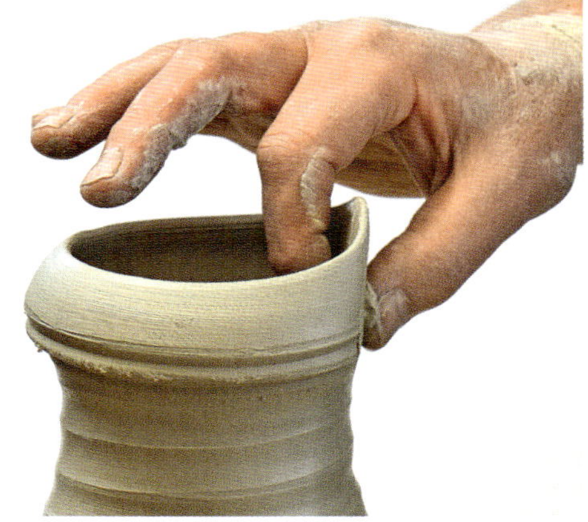

8 Um die Schnaupe zu formen, drücken und ziehen Sie am Rand den Ton zwischen den angefeuchteten Fingern und dem Daumen einer Hand. Wiederholen Sie diese Bewegung, bis die Schnaupe halbmondförmig gerundet hochsteht.

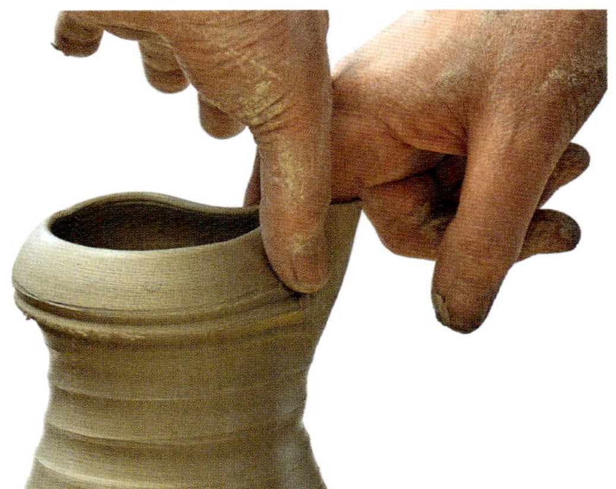

9 Drücken Sie die Schnaupe zwischen Daumen und Zeigefinger leicht zusammen. Schieben Sie den Zeigefinger der anderen Hand in den Spalt. Wölben Sie die Vorderseite der Schnaupe vorsichtig nach außen und runden Sie den Schnaupenrand ein wenig. Das erleichtert das Ausgießen. Schneiden Sie den Krug von der Scheibe und heben Sie ihn zum Trocknen auf ein Brett.

Die fertige Schnaupe lenkt die Flüssigkeit beim Ausgießen. Der leicht nach innen geneigte Rand lässt die Form geschlossener erscheinen und hilft, den Inhalt kühl zu halten.

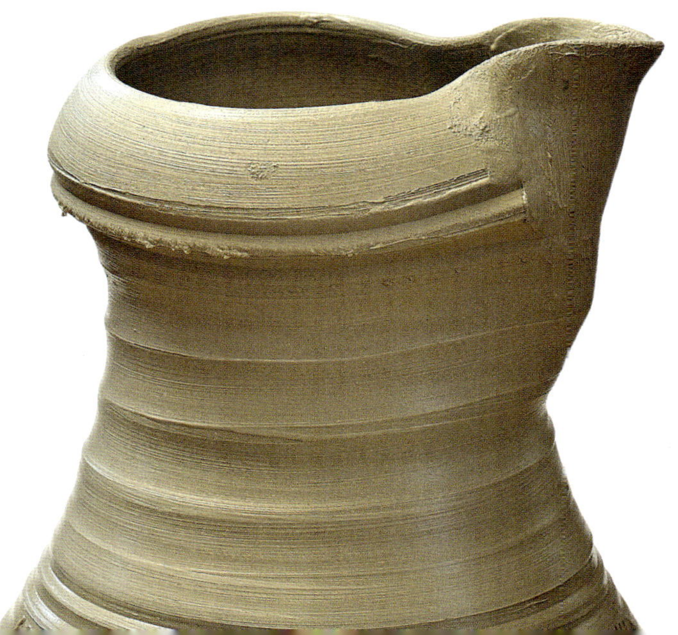

Überlegungen zum Design

Varianten in Wulsttechnik

1 BAUCHIGER MILCHKRUG

Der Boden des kleinen Kruges wurde in einer Hohlform eingeformt, der Korpus aus Wülsten aufgebaut und der Rand wellig zugeschnitten. Der Fuß besteht aus einem einfachen runden Wulst.

Schnaupe: Die Schnaupe wurde ein wenig zusammengedrückt, um den Flüssigkeitsstrom besser zu regulieren.

Henkel: Der hochgezogene Bandhenkel bildet eine einfache Schlaufe, mit der sich der Krug gut greifen lässt.

2 TAILLIERTER KRUG

Die beiden identischen Kegelstümpfe des Korpus wurden mit abgeflachten Wülsten mithilfe einer Formschablone gefertigt und aufeinandergesetzt. Der Boden besteht aus einer Tonplatte.

Schnaupe: Diese Schnaupe hat innen einen Riegel, der Eiswüfel oder Ähnliches im Krug zurückhält.

Henkel: Nach dem Formen lässt man den Henkel fest werden, damit er sich beim und nach dem Ansetzen nicht verzieht.

3 KLEINER KRUG MIT TÜLLE

Dieser kleine Krug eignet sich für kleine Flüssigkeitsmengen. Der Korpus ist aus Wülsten auf einem gepinchten Boden aufgebaut.

Tülle: Für die Tülle wird ein dünner, abgeflachter Wulst um einen Holzstab gewickelt.

Henkel: Zwei abgeflachte und geprägte Tonkugeln bilden Griffpunkte, eine Alternative zum Henkel.

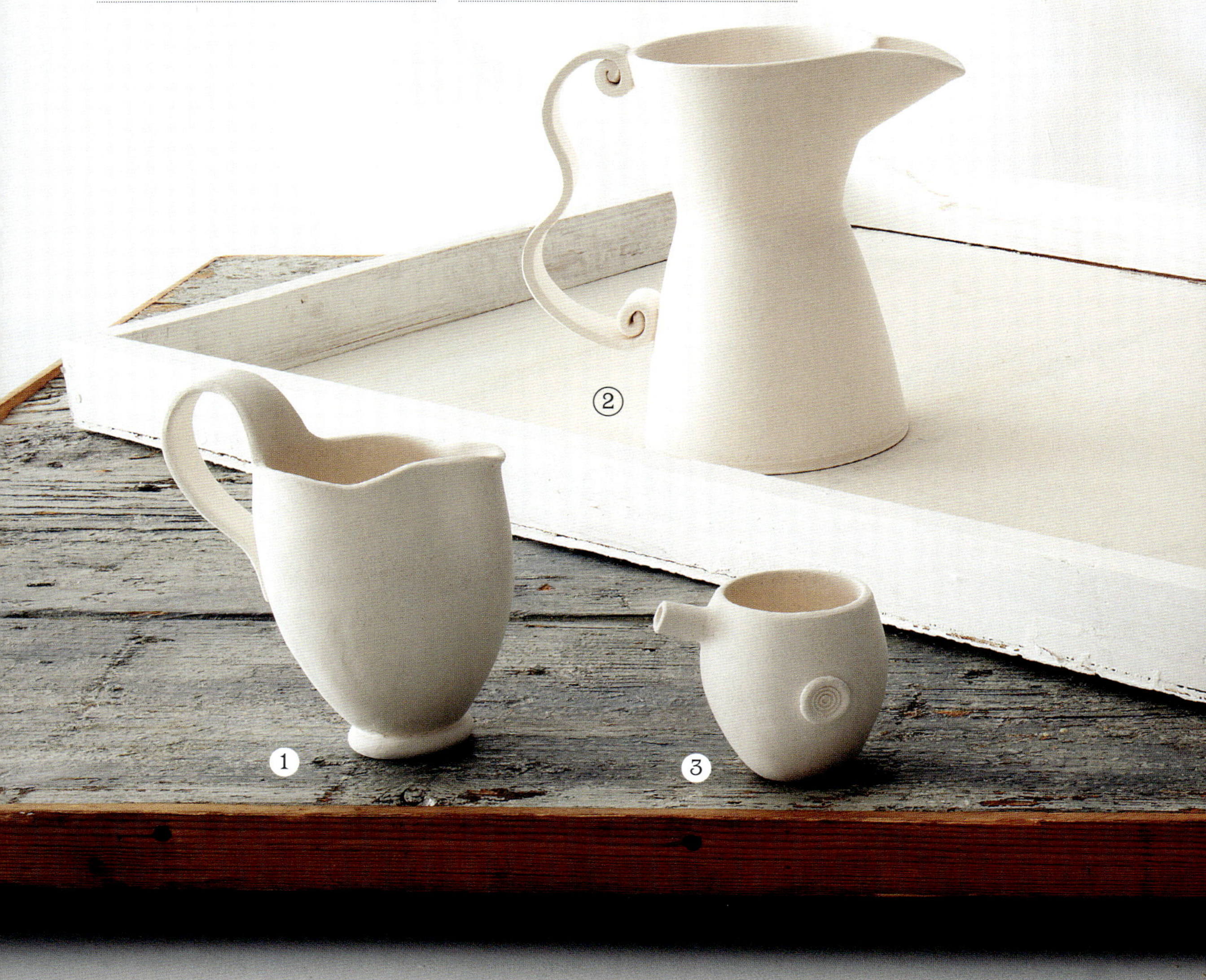

4 GROSSZÜGIGER, BAUCHIGER KRUG

Der Korpus ist mithilfe einer Formschablone aus abgeflachten Wülsten auf einer Bodenplatte aufgebaut. Der Fußring wurde als Wulst angesetzt und auf der Drehscheibe mit einer Modellierschlinge angeglichen.

Schnaupe: Die zurückhaltend gestaltete Schnaupe erleichtert das Ausgießen, lenkt aber nicht von der Schlichtheit des Korpus ab.

Henkel: Der Henkel ist aus zwei Wülsten zusammengesetzt und so stabil, dass man den vollen Krug bequem anheben kann.

5 SAUCIERE

Das Gefäß ist auf einer Bodenplatte aus abgeflachten Wülsten aufgebaut und mit einem geschweiften Rand versehen, den ein angesetzter Wulst betont.

Schnaupe: Die kleine Schnaupe ist ideal für dickere Flüssigkeiten wie Soßen.

Henkel: Der stabile Wulst setzt innen am Korpus an und schwingt über den Rand bis zum Boden.

6 MILCHKRUG

Die Form ist aus abgeflachten Wülsten mithilfe einer Formschablone auf einer Bodenplatte aufgebaut. Ein runder Wulst schließt am Rand ab und verengt die Mündung, sodass der Inhalt länger warm bleibt.

Schnaupe: Die schnabelförmige Schnaupe ist aus zwei Teilen eines abgeflachten Wulstes zusammengesetzt, um ein Nachtropfen zu verhindern.

Henkel: Der schlichte Henkel ist am oberen Ende mit einem dünnen Wulst umwickelt, sodass beim Anheben des Kruges ein bequemer Auflagepunkt für den Daumen entsteht.

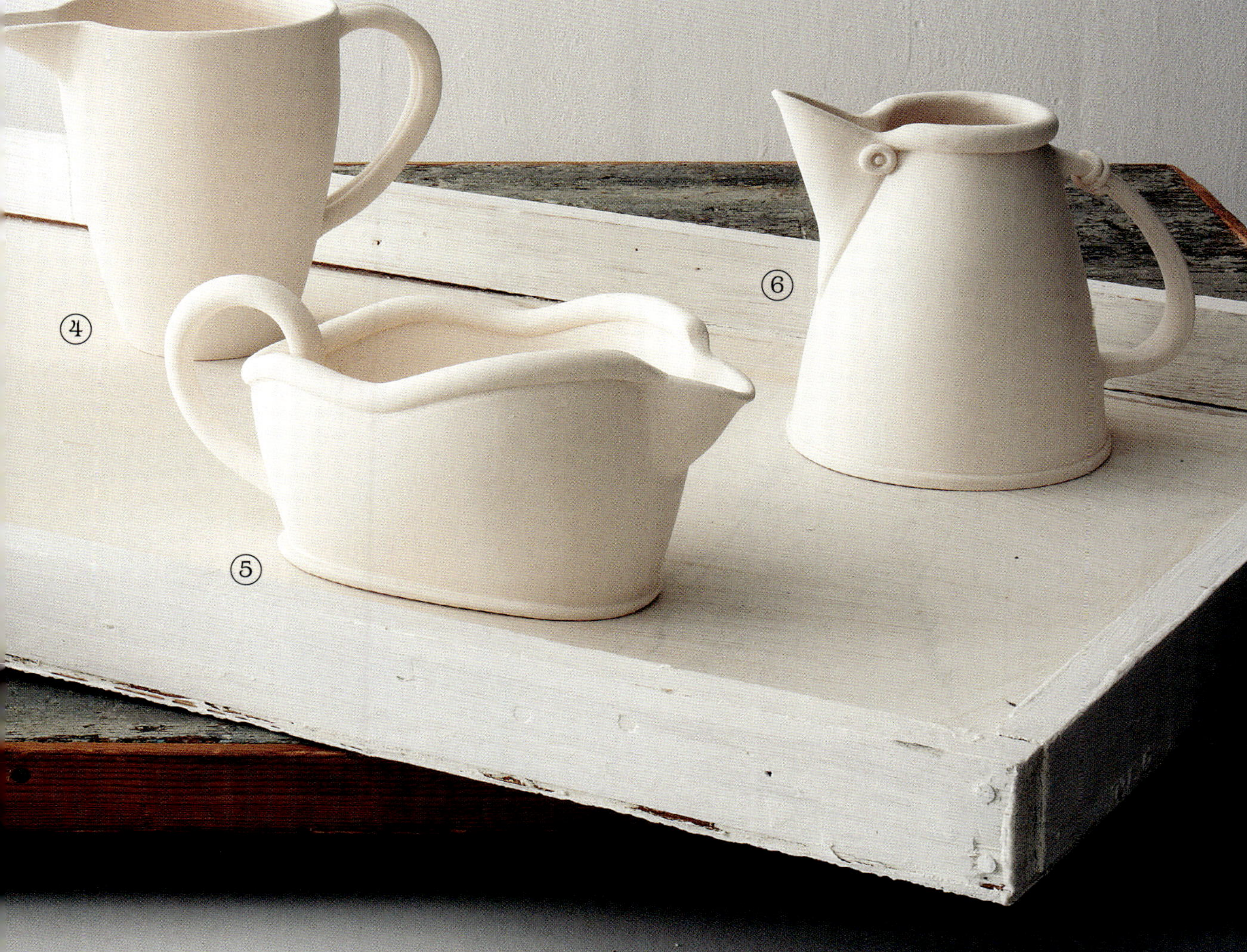

Technik

Krug in Wulsttechnik

Streng genommen ist der Krug nur teilweise aus Wülsten aufgebaut: Der Boden wurde aus einer Platte in einer Gipsform geformt. Diese Mischung von Techniken ist durchaus üblich. Wenn Sie die Hohlform nicht selbst bauen wollen, finden Sie im Fachhandel eine große Auswahl unterschiedlicher Modelle.

Sehen Sie sich nach einer einteiligen Eindrückform um. Es gibt spezielle Formen für Krüge, doch Vasen- oder Schalenformen sind vielseitiger einsetzbar.

Wenn Sie keine passende Eindrückform haben und keine beschaffen oder herstellen können, lässt sich der Krug auch freihändig herstellen. Die Vorgehensweise ähnelt der bei dem Becher in Wulsttechnik (Seite 42-45). Um den unteren Teil symmetrisch aufzubauen, brauchen Sie eine Formschablone. Wenn die Wülste angesetzt sind, dient die Formschablone immer noch als visuelle Hilfe, doch Sie können sie nicht mehr an der Außenwand des Korpus entlangführen, da Sie dadurch das Dekor verzerren.

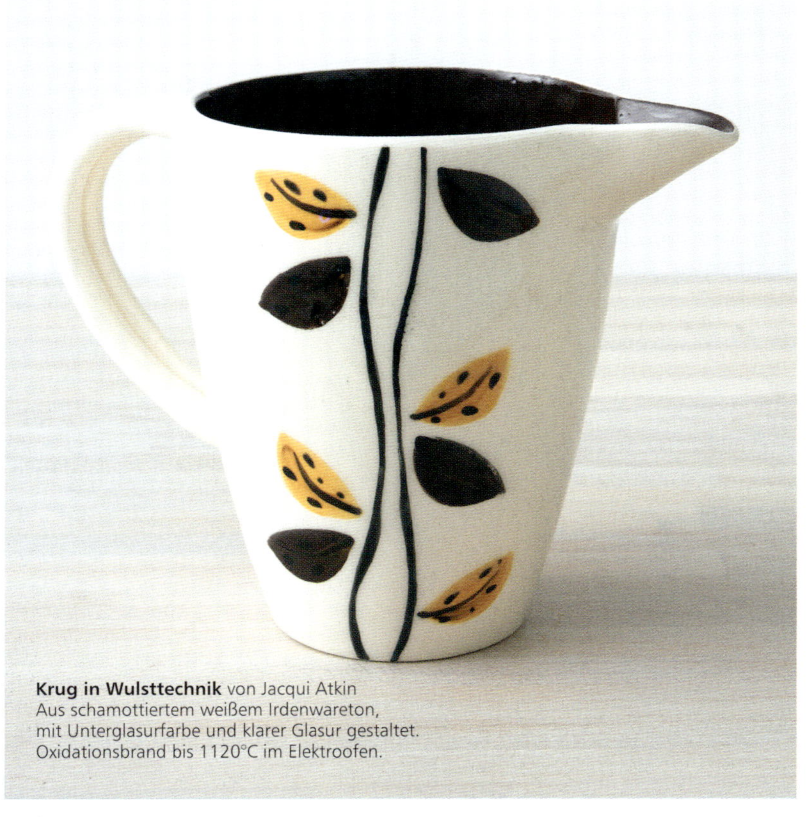

Krug in Wulsttechnik von Jacqui Atkin
Aus schamottiertem weißem Irdenwareton, mit Unterglasurfarbe und klarer Glasur gestaltet. Oxidationsbrand bis 1120°C im Elektroofen.

Ein Krug, eingeformt und aus Wülsten

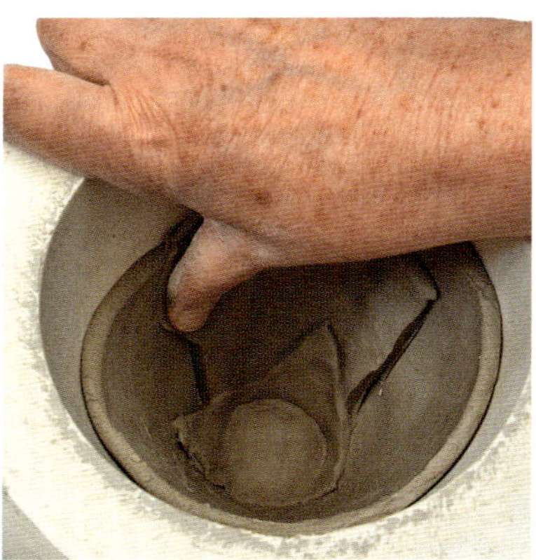

1 Schneiden Sie aus der Tonplatte zwei große Halbkreise zu und legen Sie sie vorsichtig so in die Form, dass sie überlappen. Helfen Sie mit einem leicht angefeuchteten Schwamm nach und füllen Sie alle Lücken. Verbinden Sie die Stücke gründlich mit dem Daumen oder einem hölzernen Werkzeug. Dann glätten Sie die Oberfläche mit einer Niere und nehmen dabei überschüssigen Ton ab.

BEVOR SIE ANFANGEN

Mit guter Vorbereitung lässt sich dieser Krug schnell herstellen.

- Walzen Sie eine Tonplatte zwischen zwei Holzleisten aus, damit sie gleichmäßig dick wird.
- Fertigen Sie aus weichem Ton mehrere lange Wülste an, die ein wenig dicker sind als die Tonplatte. Bis Sie Platte und Wülste verarbeiten, legen Sie sie auf einen Plastikuntergrund und decken Sie sie mit Plastikfolie zu, damit sie nicht austrocknen.
- Formen Sie einige Wülste zu Spiralen.
- Stellen Sie die Gipsform auf eine Ränderscheibe.

Bedenken Sie, dass Sie die Gipsform nicht bis zum Rand ausfüllen müssen, sondern selbst entscheiden, wie hoch Ihr Krug werden soll. Die Wulsttechnik eignet sich für alle Größen.

Bei der Gestaltung des Kruges haben Sie mehrere Möglichkeiten: Sie können die dekorativen Elemente weglassen, den ganzen Korpus aus Spiralen zusammensetzen oder den Krug ganz aus gerade angesetzten Wülsten aufbauen, die Sie innen und außen mehr oder weniger glatt verstreichen.

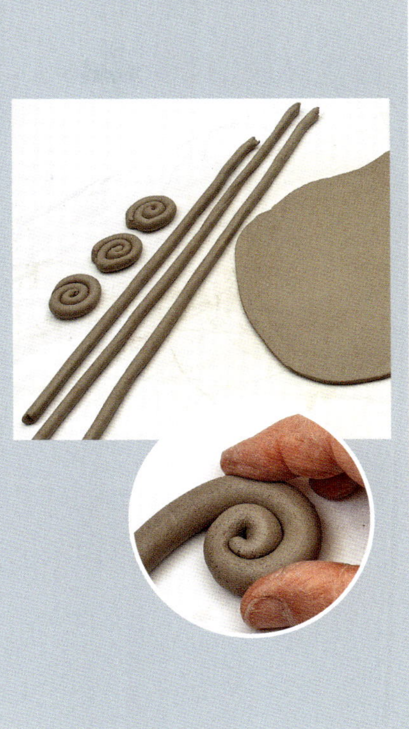

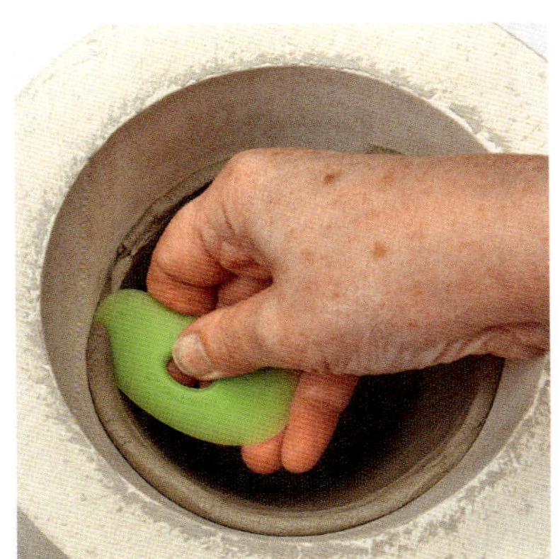

2 Stellen Sie die Gipsform auf die Ränderscheibe, um den Rand mit einer Kunststoff- oder Holzniere zu begradigen. Setzen Sie das Werkzeug in der gewünschten Höhe an und halten Sie die Hand ganz still, während Sie die Form auf der Scheibe drehen. So wird der Ton sauber abgeschnitten. Nehmen Sie auf keinen Fall ein Messer, weil dadurch die Gipsform beschädigt und der Ton verunreinigt werden kann.

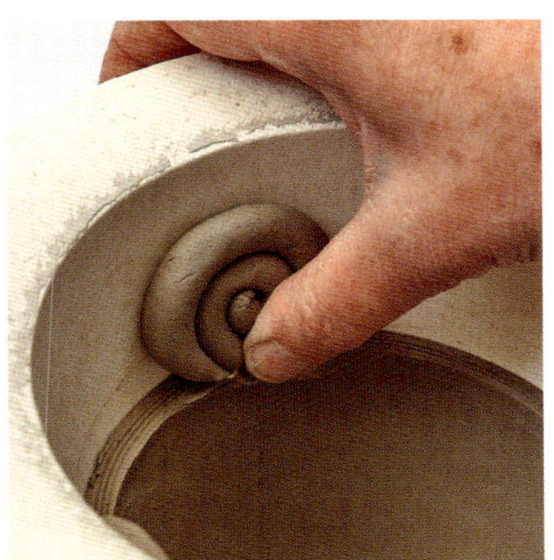

3 Rauen Sie die Tonkante vorsichtig auf und verteilen Sie drei Spiralen in gleichem Abstand voneinander darauf. Wenn Sie mit ihrer Position zufrieden sind, tupfen Sie etwas Schlicker auf die Ansatzstellen und befestigen die Spiralen auf der Kante.

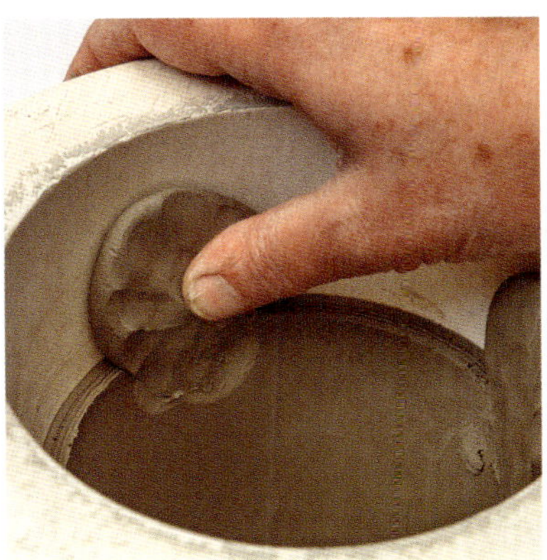

4 Verstreichen Sie vorsichtig den Ansatz der Tonspiralen mit dem unteren Teil des Kruges.

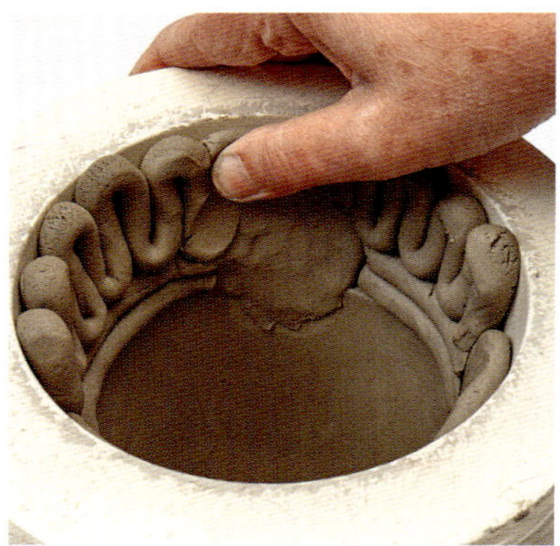

5 Füllen Sie die Lücken zwischen den Spiralen mit den restlichen Tonwülsten. Sie können sie dekorativ in Schlangen- oder Spiralform anordnen oder einfach übereinanderlegen. Auch kleine Tonkugeln sind als Füllmaterial geeignet, wichtig ist jedoch, den Raum vollständig auszufüllen und eine durchgehende Oberfläche zu schaffen.

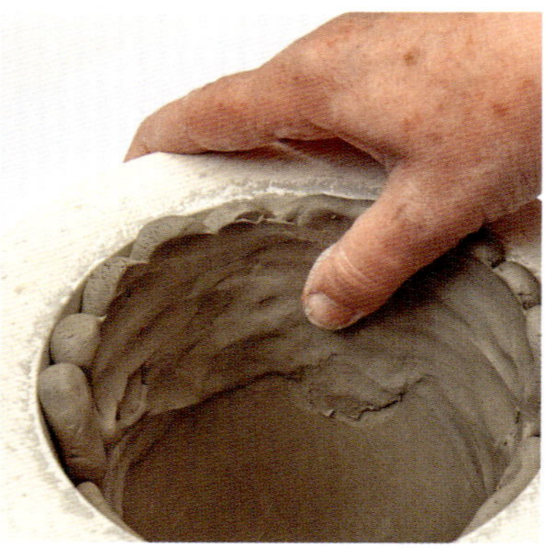

6 Wenn alle Wülste angebracht sind, verstreichen Sie die Übergänge, sodass der untere und der obere Teil des Kruges sicher miteinander verbunden sind. Glätten Sie die Oberfläche mit einer Niere und entfernen Sie dabei alle Unebenheiten und überschüssigen Ton. Der aus Wülsten aufgebaute Teil sollte am Ende dieselbe Wandstärke haben wie der untere Teil. Holen Sie den Korpus vorsichtig aus der Form.

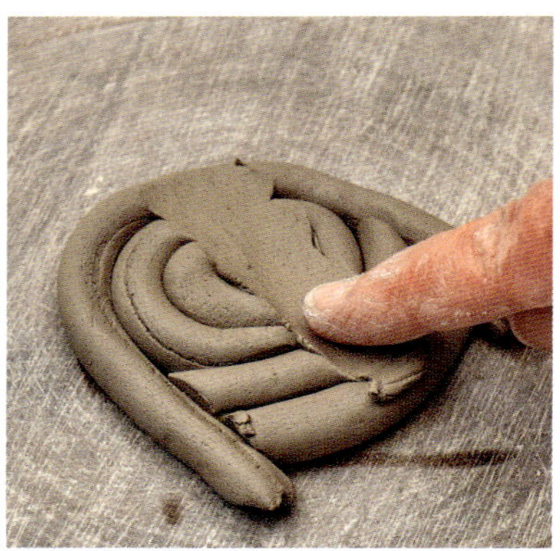

7 Formen Sie die Schnaupe aus den verbleibenden Wülsten. Arrangieren Sie sie zunächst auf einem Brett und versuchen Sie nach Möglichkeit, das Muster des Zierrandes aufzugreifen. Verstreichen Sie die Übergänge und glätten Sie die Oberfläche.

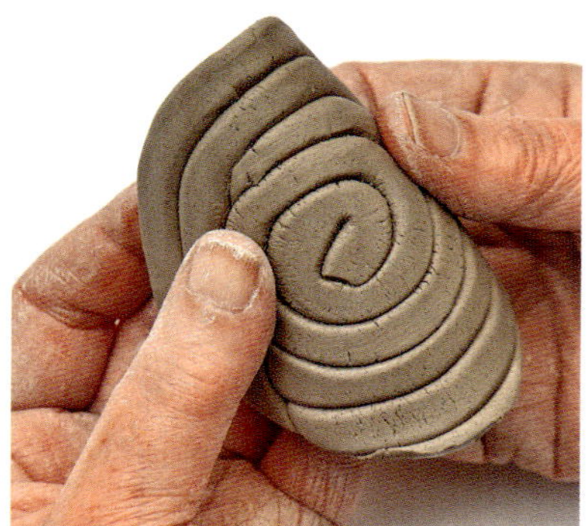

8 Nehmen Sie die Schnaupe vom Brett und biegen Sie sie vorsichtig in die gewünschte Form.

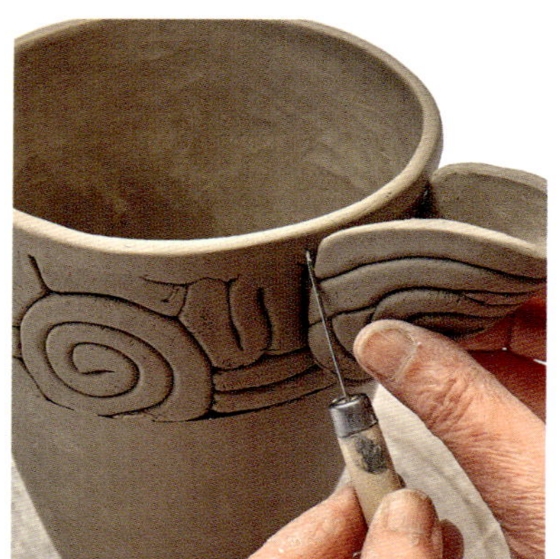

9 Lassen Sie den Ton der Schnaupe so fest werden wie den Korpus. Halten Sie sie an den Korpus, um die richtige Größe zu ermitteln: Wenn sie zu groß ist, schneiden Sie sie so zurecht, dass die Proportionen stimmen. Wenn sie zu klein ist, müssen Sie vielleicht eine größere anfertigen. Markieren Sie die Ansatzlinie mit einer Töpfernadel.

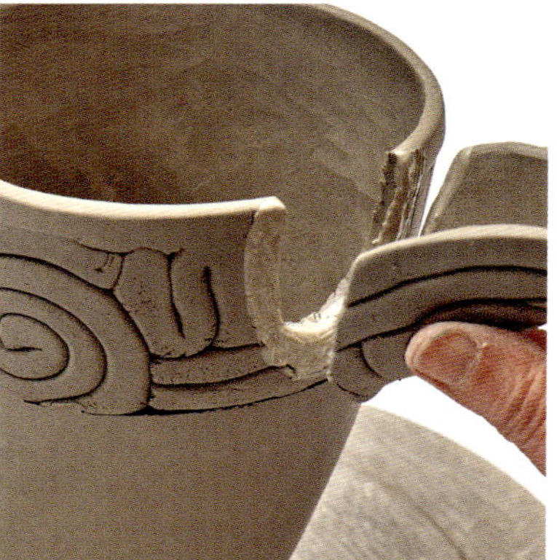

10 Zeichnen Sie innerhalb der ersten Linie eine zweite. Der Abstand zwischen den Linien sollte etwa der Wandstärke der Schnaupe entsprechen. Schneiden Sie den inneren Teil sorgfältig aus. Rauen Sie den Ansatz am Korpus und am Schnaupenrand an, betupfen Sie beides mit Schlicker und drücken Sie die Schnaupe vorsichtig an. Setzen Sie von innen einen dünnen Wulst über die Naht und glätten Sie den Übergang mit einer Gumminiere.

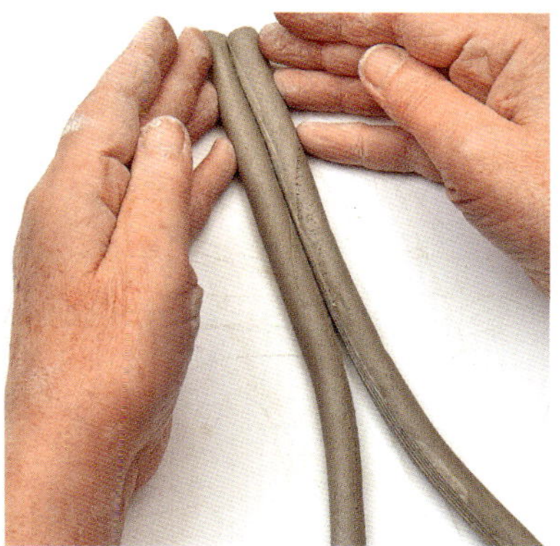

11 Fertigen Sie den Henkel aus zwei Wülsten. Rauen Sie an jedem Wulst einen schmalen Streifen auf, schlickern Sie und fügen Sie die Tonstränge aneinander. Achten Sie darauf, dass sie sich nicht verformen.

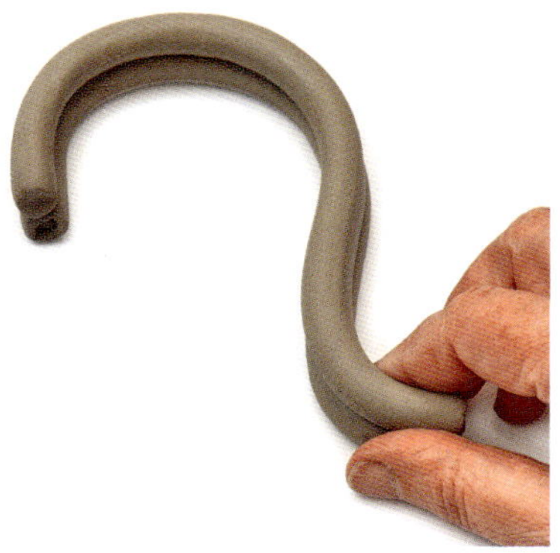

12 Legen Sie die beiden aneinandergefügten Wülste auf die Seite und biegen Sie sie in die Form, die der Henkel haben soll. Lassen Sie ihn trocknen und so fest werden, dass Sie ihn ohne Druckstellen zu hinterlassen aufnehmen können. Mit einem Haarfön können Sie diesen Vorgang beschleunigen.

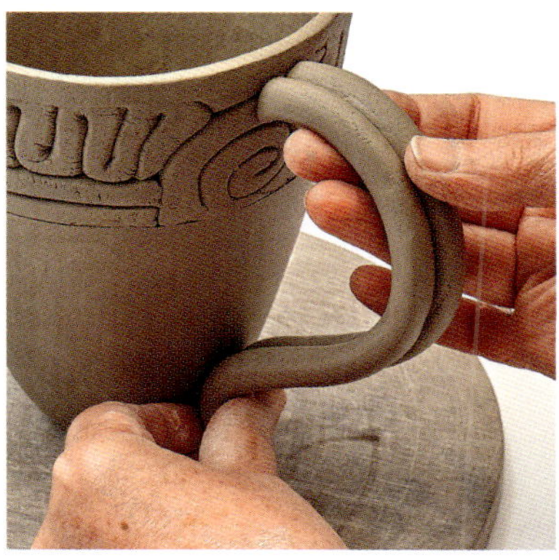

13 Halten Sie den Henkel probeweise gegenüber der Schnaupe an den Krug und schneiden Sie ihn, wenn nötig, auf die passende Größe. Markieren Sie die Ansatzpunkte, rauen Sie sie auf, schlickern Sie sie und drücken Sie den Henkel vorsichtig an. Halten Sie ihn ein paar Sekunden lang fest, dann wischen Sie überschüssigen Schlicker weg.

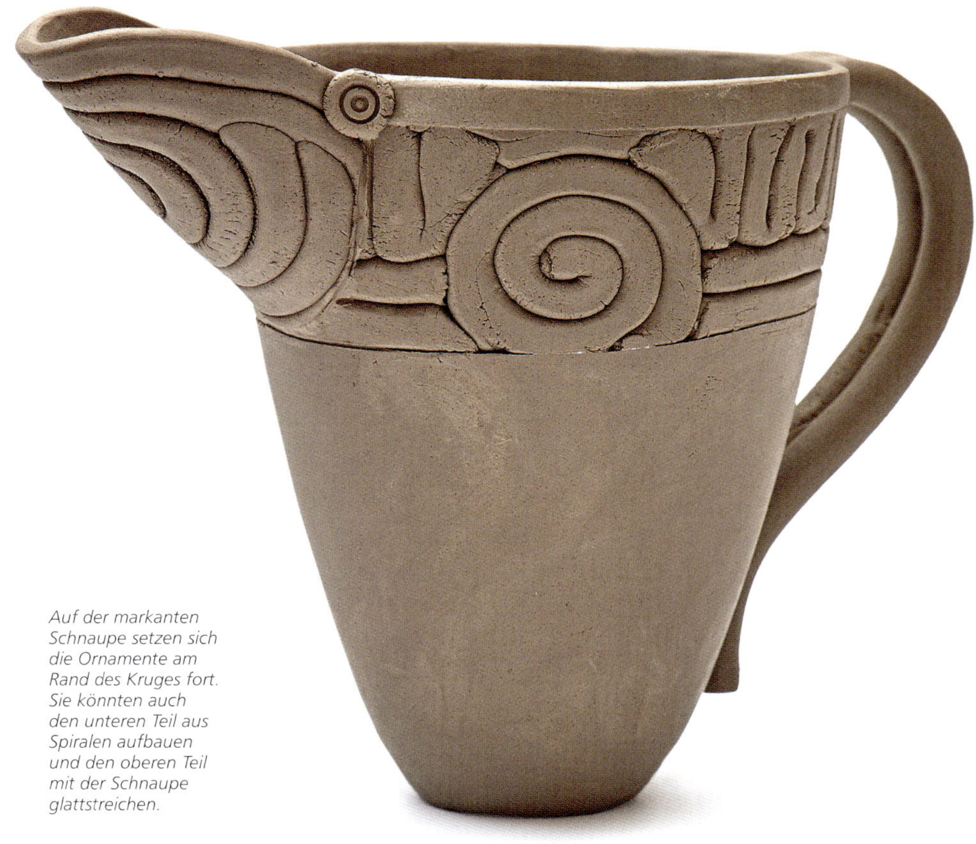

Auf der markanten Schnaupe setzen sich die Ornamente am Rand des Kruges fort. Sie könnten auch den unteren Teil aus Spiralen aufbauen und den oberen Teil mit der Schnaupe glattstreichen.

1 KLEINER MILCH-/SAHNEKRUG

Ein kegelförmiger, nach einer Schablone gefertigter Krug aus einer weichen Tonplatte. Nach dem Schließen der Ansatznaht wird der weiche Ton des Korpus nach außen gewölbt.

Schnaupe: Die schnabelförmige Schnaupe wurde aus einer weiteren Tonplatte gefertigt.

Henkel: Der hochschwingende Bandhenkel ergänzt den Korpus und lässt den Krug leicht und ausgewogen erscheinen.

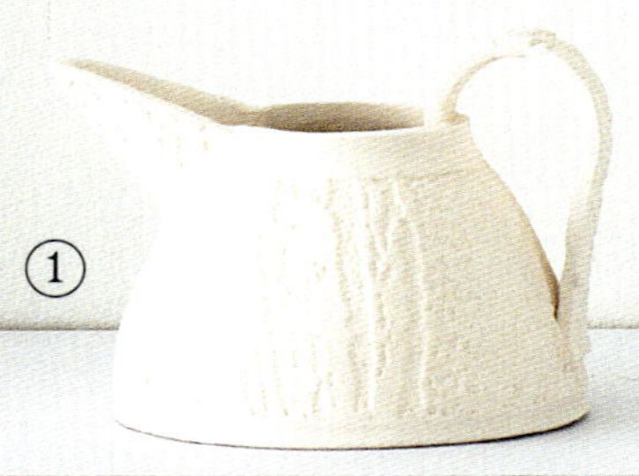

Überlegungen zum Design

Varianten in Plattentechnik

2 HALBGESCHLOSSENER WASSERKRUG

Der Zylinder aus einer weichen Tonplatte wird an der Mündung zur Hälfte zusammengedrückt und schräg abgeschnitten. Der Boden ist flach und stabil. Die geschlossene Form sorgt dafür, dass der Inhalt kühl bleibt.

Schnaupe: Die weite, offene Schnaupe ragt über den Rand hinaus und passt gut zum hochschwingenden Henkel.

Henkel: Die Innenkante ist mit Aussparungen für die Finger versehen, sodass sich der Krug leicht anheben lässt.

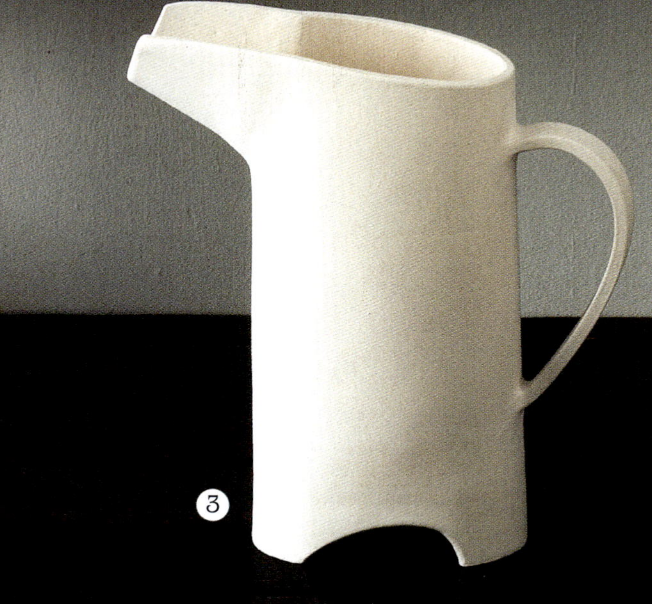

3 GROSSER OVALER WASSERKRUG

Hier wurde eine Tonplatte um einen Pappzylinder gelegt und dann zum Oval verformt. Der Boden ist hoch angesetzt, sodass der untere Teil mit dekorativen Einschnitten versehen werden kann.

Schnaupe: Die breite Schnaupe setzt den leicht schräg verlaufenden Rand fort. Der Schnaupenrand ist glatt abgeschnitten.

Henkel: An dem einfachen, aber stabilen Bandhenkel lässt sich der Krug bequem anheben, auch wenn er voll ist.

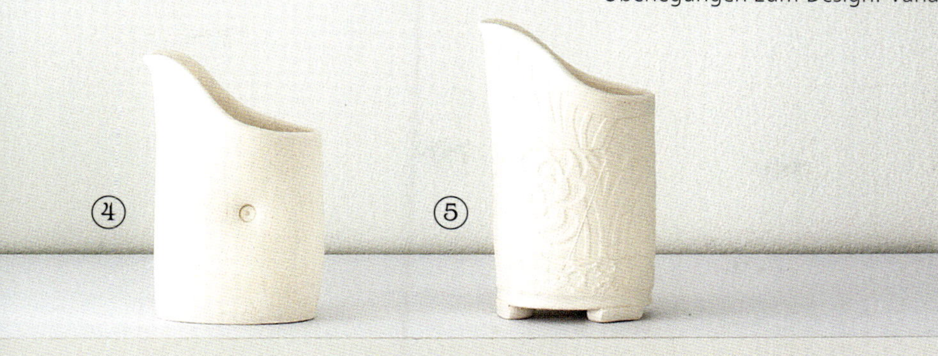

4 SEHR KLEINES MILCHKÄNNCHEN

Die Form wurde mithilfe einer Schablone aus einer weichen Tonplatte zugeschnitten und nach dem Schließen der Naht leicht gewölbt. Der flache Boden ergänzt die minimalistische Gestaltung.

Schnaupe: Der Rand wurde leicht nach außen gebogen, um die Gießeigenschaften zu verbessern.

Henkel: Zwei schlichte geprägte Griffpunkte auf beiden Seiten ersetzen den Henkel.

6 SCHMALER ÖL- ODER ESSIGKRUG

Zwei in Eindrückformen gefertigte Hälften wurden zusammengefügt. Der Boden ist vorne und hinten angehoben, in der Mitte ist er jedoch flach und standfest.

Schnaupe: Der leicht schräg verlaufende Rand ergibt ganz von selbst eine einfache Schnaupe, aus der sich der Inhalt bequem ausgießen lässt.

Henkel: Der schmale, zu einer 9 geformte Henkel ist gut zu greifen und passt gut zum Design.

5 KLEINES SAHNEKÄNNCHEN

Das gradwandige Kännchen wurde mit einer Schablone aus einer weichen Tonplatte zugeschnitten. Abgeflachte, bündig mit dem Korpus abschließene Tonkugeln bilden die Füße.

Schnaupe: Die Schnaupe ist an die Wandung angeschnitten, kann aber leicht ummodelliert werden, um die Gießeigenschaften zu verbessern.

Henkel: Der Krug ist so klein, dass er ohne Henkel auskommt.

6

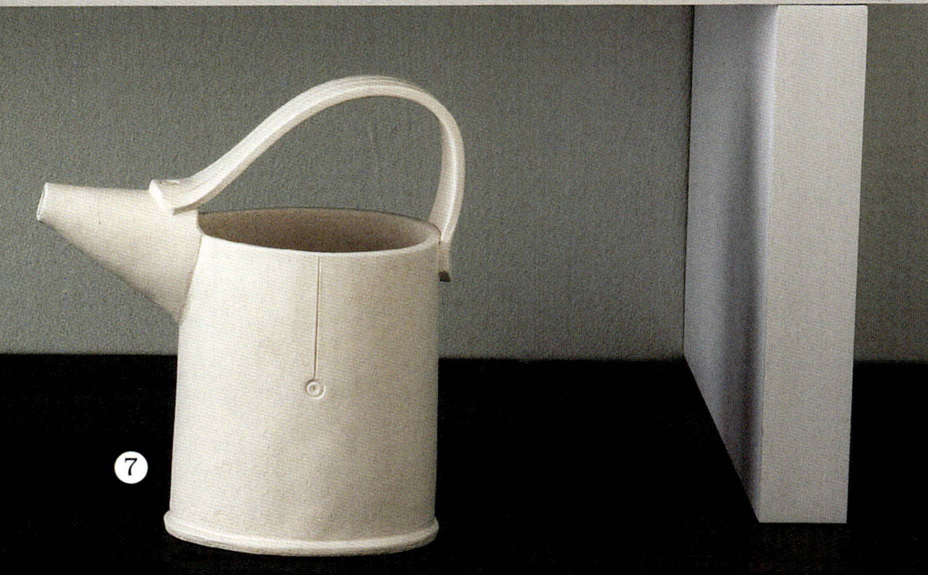

7 ZYLINDRISCHER KRUG

Dieser ovale Krug erinnert an ein Ölkännchen und entstand aus einer zylindrischen Grundform. Die flache Bodenplatte ist etwas größer als der Korpus geschnitten

Tülle: Die kegelförmige Tülle wurde so angesetzt, dass sie oben ein wenig über den Rand hinausragt.

Henkel: Der einfache Bandhenkel setzt auf einer Seite an der Tülle an und rundet die Form ab.

Technik

Krug in Plattentechnik

Wenn Sie einen Krug aus Platten fertigen, können Sie mit harten oder weichen Platten arbeiten, ihn aus komplexen Einzelteilen oder wenigen Grundformen aufbauen, den Ton in Hohlformen aus Gips einformen oder um Röhren oder Holzklötze modellieren.

Bei der folgenden Schritt-für-Schritt-Anleitung wird ein Krug mithilfe einer Schablone aus einer weichen Tonplatte hergestellt. Weicher Ton ist ein wenig gewöhnungsbedürftig, doch ansonsten ist es ganz einfach. Dass Sie mit einer Schablone arbeiten, bedeutet, dass Sie die Form jederzeit exakt nachbauen können.

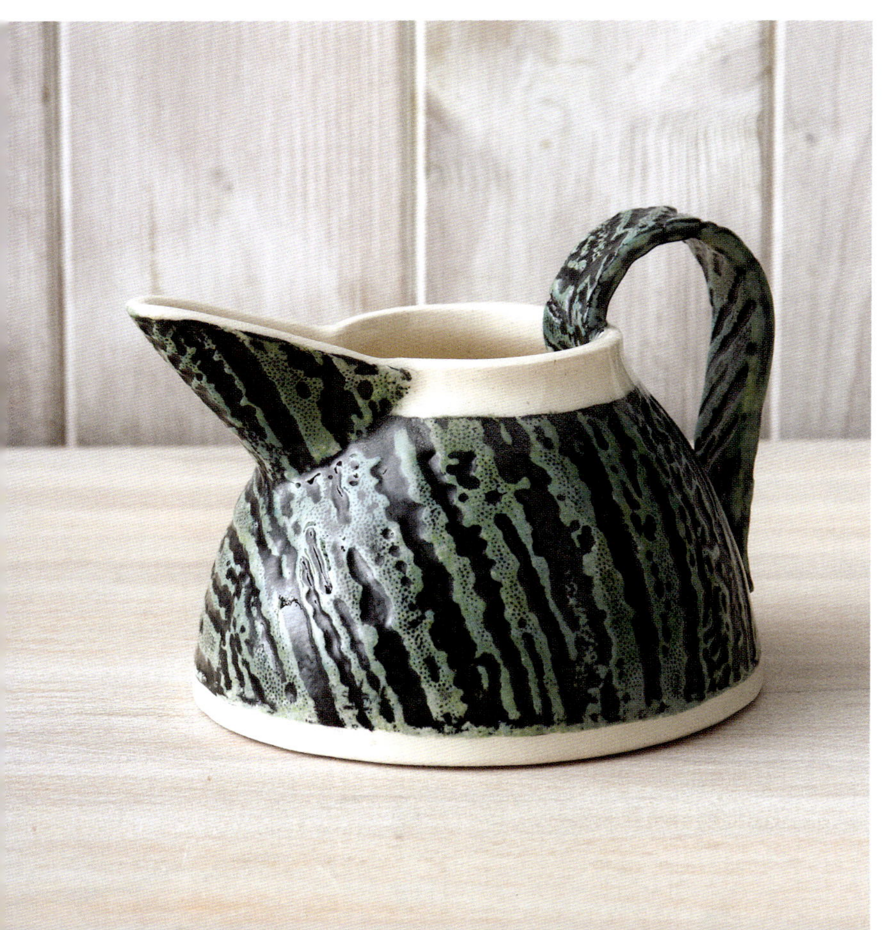

BEVOR SIE ANFANGEN

Zunächst müssen Sie die Größe des Kruges festlegen. Entscheidend ist dabei, wofür Sie den Krug verwenden wollen.

- Ein kleines Milchkännchen ist 7,5 bis 10 cm hoch.
- Ein kleiner Milchkrug ist 10 bis 15 cm hoch.
- Ein mittelgroßer Allzweckkrug ist etwa 20 cm hoch und fasst 0,6 Liter.
- Ein großer Wasserkrug ist um die 35 cm hoch und fasst 1,2 Liter oder mehr.

Wie schwer die Tonmenge für diese Krüge sein muss, lässt sich schwer abschätzen, weil das Gewicht von der geplanten Wandstärke abhängt.

Für die Schablone zeichnen Sie einen großen Kreis auf ein Stück Papier oder Pappe. Hier haben wir geprägtes Papier verwendet. In einem Abstand, der in etwa der Höhe des Kruges entspricht, zeichnen Sie darin einen inneren Kreis. Schneiden Sie den Papierkreis aus und zerteilen Sie ihn mit einem Schnitt vom Innen- zum Außenkreis. Schieben Sie die Schnittkanten übereinander, bis der Kegel die Größe Ihres Kruges hat, und markieren Sie die Ansatzlinie. Schneiden Sie an der Linie entlang. Das verbleibende Stück wird vermutlich ungefähr ein Drittel des ursprünglichen Kreises umfassen, kann aber auch größer sein.

Krug aus Platten von Jacqui Atkin
Dieser kleine Krug aus einer texturierten Platte aus weichem, weißem Irdenwareton ist das ideale Milchkännchen für den Teetisch. Die Vertiefungen in der Textur wurden mit mehreren Schichten Unterglasurfarbe gefüllt, dann wurde alles klar glasiert. Gebrannt wurde bis 1120°C im Elektroofen.

Krug aus weicher Tonplatte

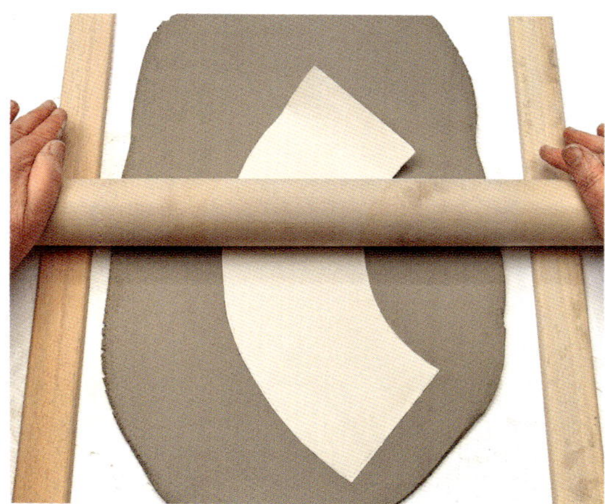

1 Auf einer Kunststoffunterlage walzen Sie eine Tonplatte aus, die groß genug für die Schablone ist. Wenn Sie geprägtes Papier verwenden, legen Sie die Schablone mit dem Muster nach unten auf den Ton und fahren Sie mit der Walze darüber. Wenn die Schablone aus glattem Papier ist, dient sie lediglich als Schnittvorlage.

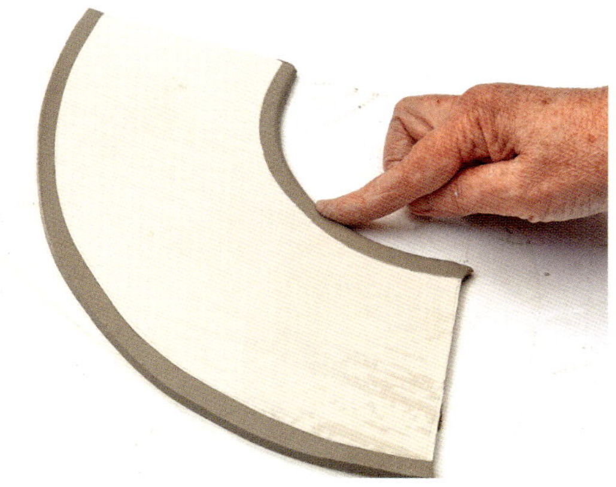

2 Lassen Sie die Tonplatte auf der Unterlage liegen, während Sie um die Schablone schneiden. Oben und unten geben Sie 6 mm zu. Wenn Sie glattes Papier verwenden, schneiden Sie einfach am Umriss entlang. Streichen Sie mit dem Finger den Streifen glatt, der später den Rand des Kruges darstellt. Solange der Ton auf der Unterlage liegt, können Sie dabei ein wenig Druck ausüben. Wenn er einmal steht, verrutscht er und die Form würde sich verziehen.

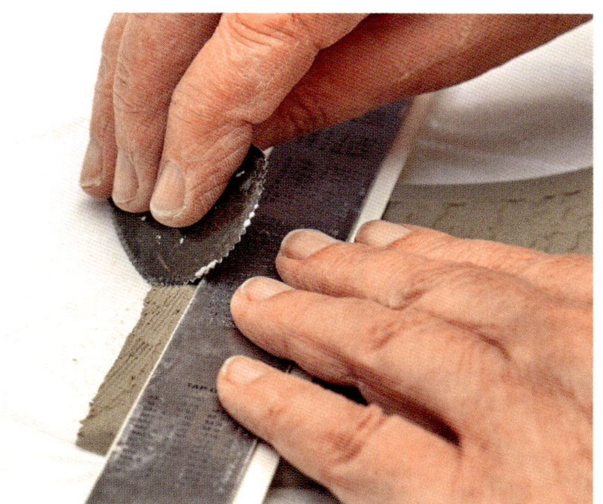

3 Schrägen Sie eine der Seitenkanten der Tonplatte an. Ein dünnes Lineal hilft Ihnen, eine gerade Linie zu ziehen. Halten Sie das Lineal fest, während Sie die Kante mit einer gezahnten Niere oder einem ähnlichen Werkzeug aufrauen. Drehen Sie die Tonplatte um, indem Sie die Unterlage anheben, und wiederholen Sie diese Schritte an der andere Seitenkante.

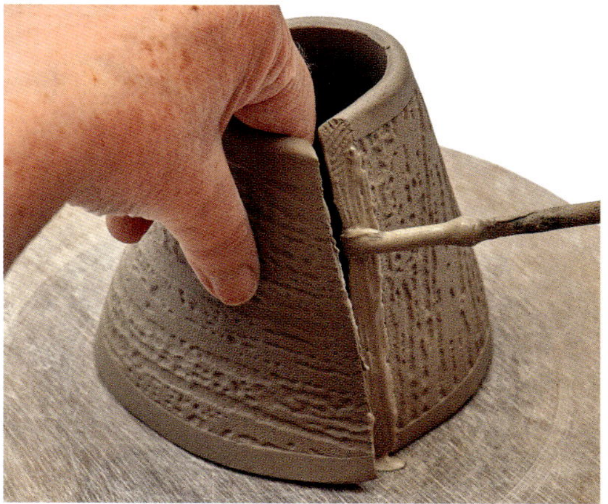

4 Nehmen Sie die Tonplatte von der Unterlage, stellen Sie sie auf ein Holzbrett und formen Sie vorsichtig einen Kegel daraus. Versuchen Sie, dabei die Textur auf der Oberfläche nicht zu zerdrücken.

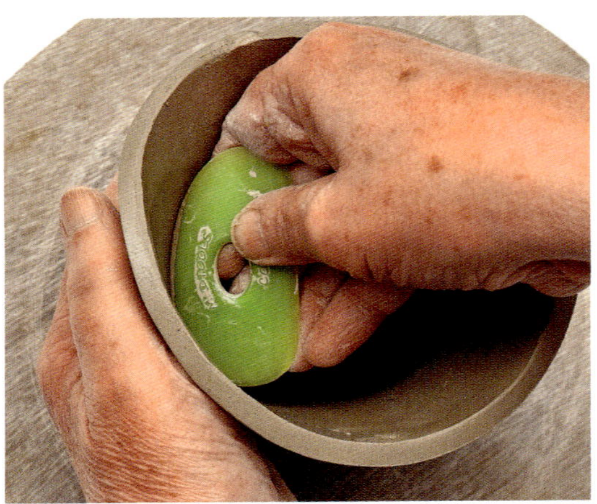

5 Stellen Sie den Korpus mit der Mündung nach unten auf das Brett und glätten Sie die Ansatznaht auf der Innenseite mit einer Niere oder einem Modellierholz. Wenn Sie sicher sind, dass die Naht hält, stützen Sie die Wandung von außen mit einer Hand. Mit einer Niere wölben Sie den Korpus knapp unterhalb der nach oben zeigenden Öffnung vorsichtig nach außen.

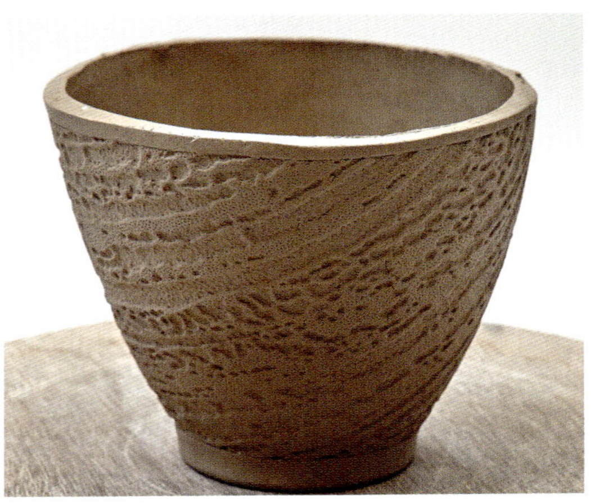

6 Wölben Sie die Wandung gleichmäßig nach außen, bis Sie mit der Form zufrieden sind.

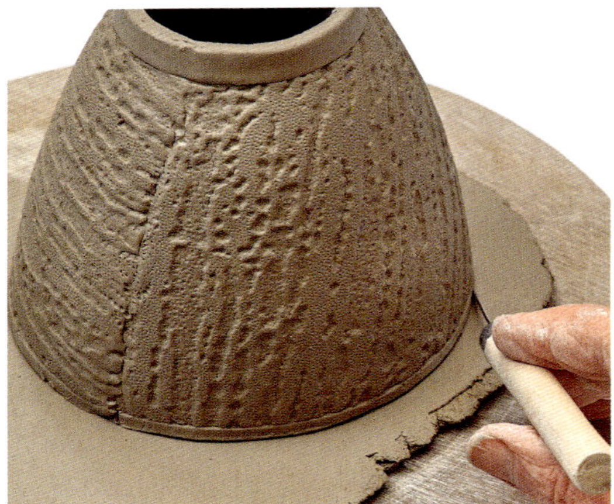

7 Für den Boden walzen Sie eine weitere Platte aus. Legen Sie sie auf das Brett und stellen Sie den Krug mit der Mündung nach oben darauf. Mit einer Töpfernadel zeichnen Sie den Umfang des Krugs in den Ton, dann schneiden Sie den Kreis aus. Nachdem Sie den Kreisrand und die Unterkante des Korpus aufgeraut und geschlickert haben, setzen Sie den Korpus auf den Boden. Wischen Sie überschüssigen Schlicker ab und glätten Sie den Ansatz mit einer Niere oder einem anderen Werkzeug.

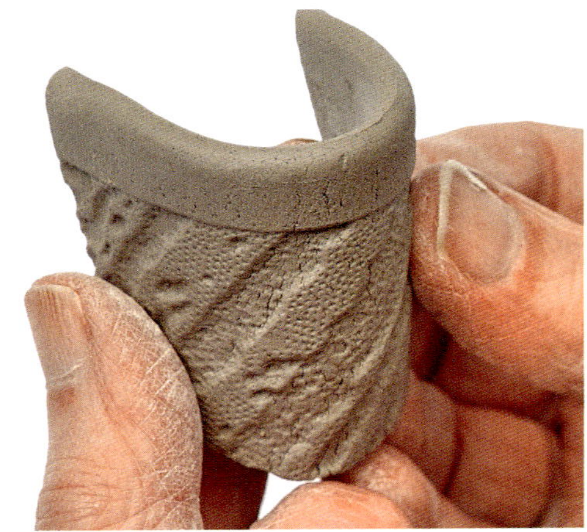

8 Für die Schnaupe walzen Sie eine kleine Tonplatte so aus wie den Ton für den Korpus. Wenn Sie den Ton prägen, lassen Sie oben einen glatten Rand. Schneiden Sie einen Halbkreis in der Größe aus, die Ihre Schnaupe haben soll, und biegen Sie ihn vorsichtig in Form. Halten Sie die Schnaupe an den Korpus, um die Proportionen zu überprüfen, und markieren Sie die Ansatzlinie.

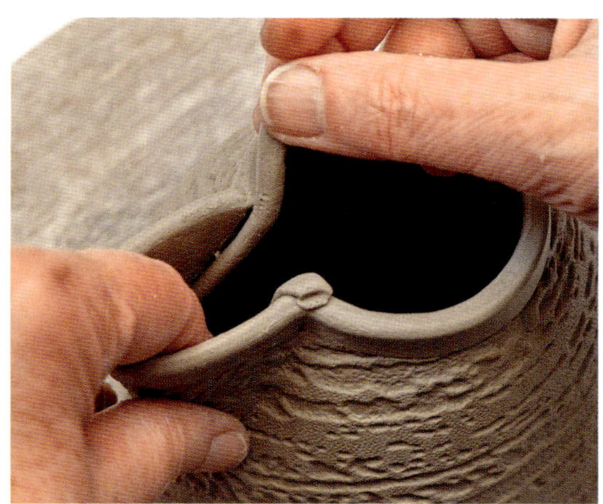

9 Schneiden Sie die Öffnung für die Schnaupe in den Korpus, dann rauen Sie alle Ansatzflächen auf und schlickern sie. Verstärken Sie den Schnaupenansatz von innen mit einem weichen, dünnen Tonwulst. Verstreichen Sie ihn, sodass der Übergang von Korpus zu Schnaupe ganz glatt wird.

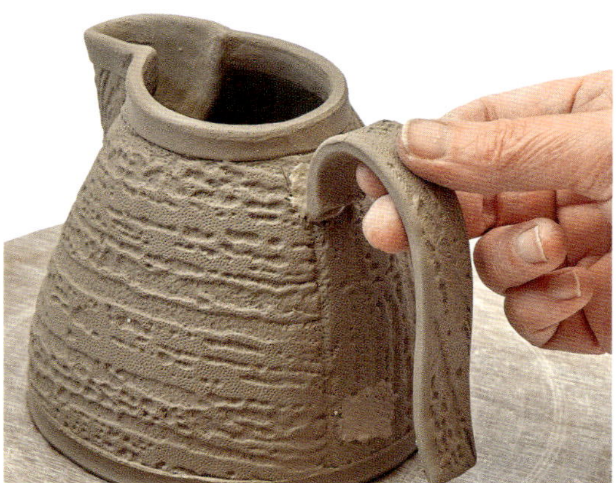

10 Schneiden Sie einen einfachen Bandhenkel aus einer Tonplatte zu. Ein Lineal oder eine schmale Holzlatte haben eine passende Breite. Markieren Sie die Ansatzstellen des Henkels genau gegenüber der Schnaupe, rauen Sie sie auf und betupfen Sie sie mit Schlicker. Setzen Sie den Henkel an und entfernen Sie überschüssigen Schlicker, ohne die Textur zu beschädigen. Ein Modellierholz leistet hier gute Hilfe.

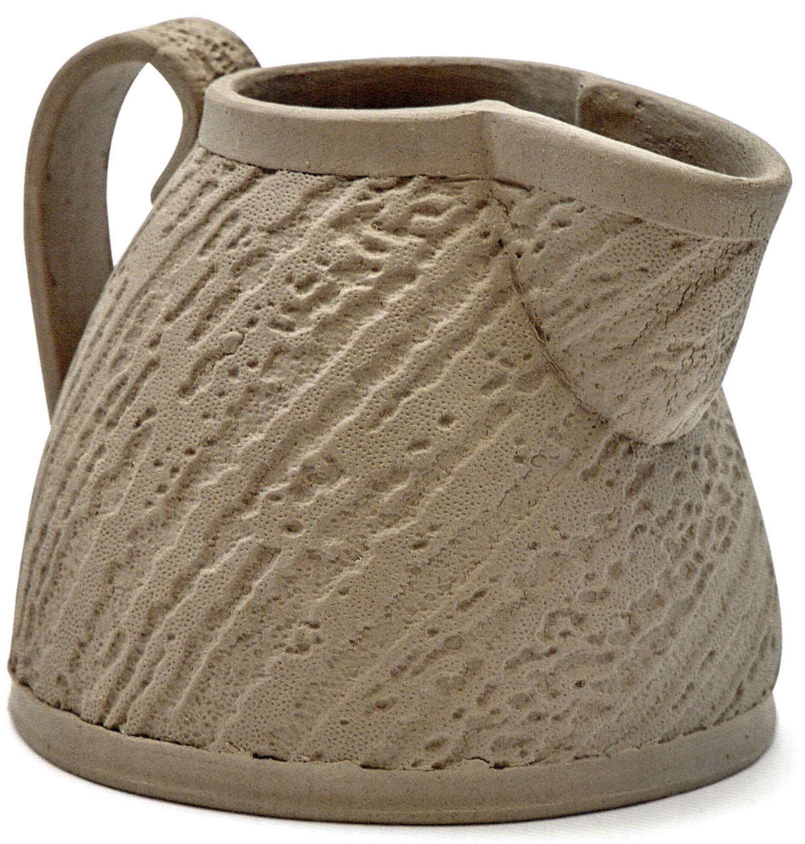

Dieser kleine Krug ist vielseitig einsetzbar, Sie können ihn mit der oben beschriebenen Technik jedoch in beliebigen Größen fertigen.

Technik

Sahnekännchen in Plattentechnik

Mit der Plattentechnik lässt sich ein Sahnekännchen recht einfach herstellen, falls Sie sich zutrauen, mit weichen Tonplatten zu hantieren. Selbst wenn Sie damit keine Erfahrung haben, dürfte ein kleines Gefäß wie dieses eigentlich kein Problem sein.

Die Grundlagen der Technik, wie sie hier gezeigt werden, lassen sich auf die unterschiedlichsten Formen wie größere Krüge, Schalen, Teekannen oder andere Gefäße anwenden.

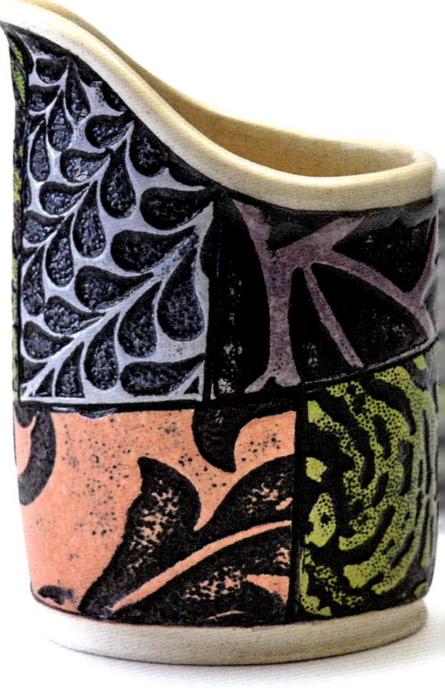

Kännchen aus Platten von Jacqui Atkin
Hergestellt aus einer einzigen texturierten Tonplatte. Beim Einfärben mit Unterglasurfarbe der Serie Velvet wurden einzelne Bereiche abgedeckt, um den Patchwork-Effekt zu erzielen. Auf weißem Irdenwareton kommen Farben besonders gut zur Geltung. Bis 1120°C im Elektroofen gebrannt.

BEVOR SIE ANFANGEN

Die Schablone, die wir hier verwenden, ist insgesamt 21 cm lang und misst 12 cm am höchsten Punkt in der Mitte. Die Schultern sind 8 cm hoch.

Die Form abwandeln

Die Grundform des Kännchens lässt sich an verschiedenen Punkten im Herstellungsprozess abwandeln. Hier sind einige Ideen:

- Schneiden Sie Wellen in den Rand der Mündung, achten Sie aber darauf, dass die Ansatzkanten gleich hoch sind.
- Wölben Sie den Korpus stärker nach außen.
- Bringen Sie einen Henkel an.

Kännchen aus weichen Tonplatten

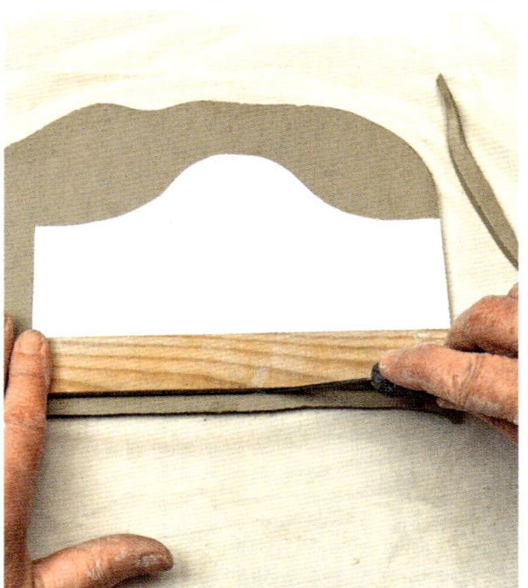

1 Auf einer Kunststoffunterlage walzen Sie eine Tonplatte aus, die groß genug für die Schablone ist. Eine dünne Wandung sieht am besten aus, doch eine weiche, dünne Tonplatte ist schwierig zu handhaben, wählen Sie also eine Stärke, die für Sie unproblematisch ist. Legen Sie die Schablone auf die Platte und schneiden Sie um den Umriss herum. Gerade Linien schneiden Sie am besten an einer Holzlatte entlang. Die Reste der Tonplatte heben Sie für später auf.

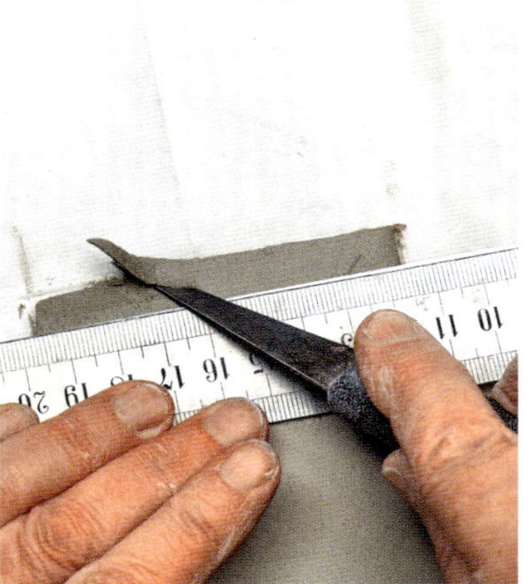

2 Legen Sie ein Lineal 1 cm von der Schmalkante an und schrägen Sie die Kante stumpfwinkelig ab. Rauen Sie die Schräge mit einer gezahnten Niere an, ohne das Lineal wegzunehmen. Drehen Sie die zugeschnittene Tonplatte nun auf die andere Seite. Dabei ist es hilfreich, dass der Ton an der Kunststoffunterlage haftet. Schrägen Sie die andere Kante genauso an.

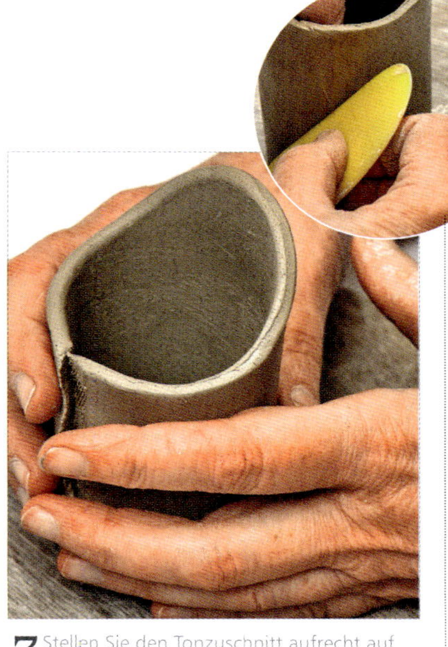

3 Stellen Sie den Tonzuschnitt aufrecht auf ein Brett. Wenn Sie die Kanten zusammenführen, behält er die Form bei. Schlickern Sie die angerauten Kanten und fügen Sie sie zusammen. Achten Sie darauf, an der Naht keine Luft einzuschließen. Wischen Sie überschüssigen Schlicker ab und glätten Sie die Naht innen und außen mit einer Niere.

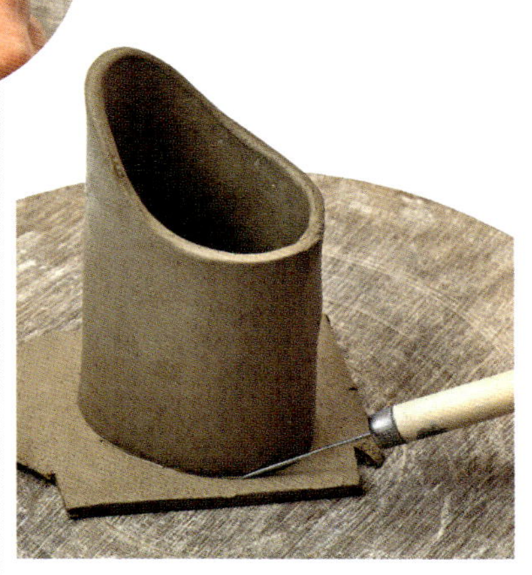

4 Sie können das Kännchen rund lassen oder vorsichtig zu einem Oval umformen. Für den Boden stellen Sie den Korpus auf den Plattenrest aus Schritt 1 und markieren Sie den Umriss mit einer Töpfernadel. Schneiden Sie den Boden aus.

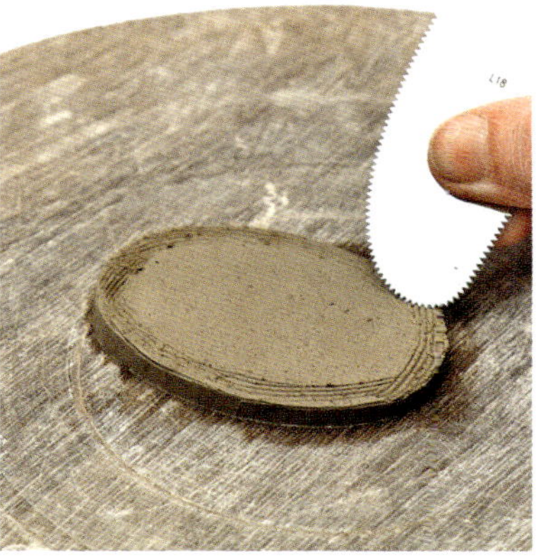

5 Rauen Sie den Rand der Bodenplatte und die Unterkante des Korpus an. Schlickern Sie die Ansatzstellen und fügen Sie Boden und Korpus zusammen. Klopfen Sie ein paarmal mit dem Kännchen auf das Brett, um beide Teile noch fester zu verbinden. Wenn möglich, verstärken Sie die Ansatznaht von innen mit einem weichen Tonwulst, den Sie mit einem gerundeten Werkzeug verstreichen.

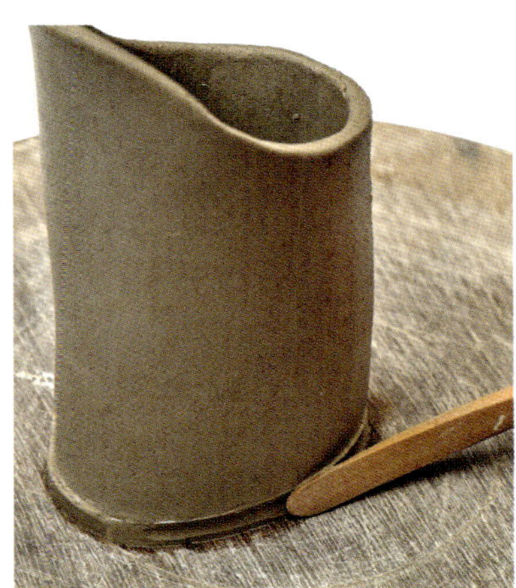

6 Fahren Sie mit einem Modellierholz mit gerundetem Kopf am Ansatz von Korpus und Boden entlang, sodass eine flache Rille entsteht. Stützen Sie das Werkzeug dabei auf dem Brett ab, damit die Rille gleichmäßig verläuft. Sie können den Fuß des Kännchens auch anders gestalten, indem Sie z.B. in regelmäßigen Abständen den Abdruck eines Werkzeugs anbringen.

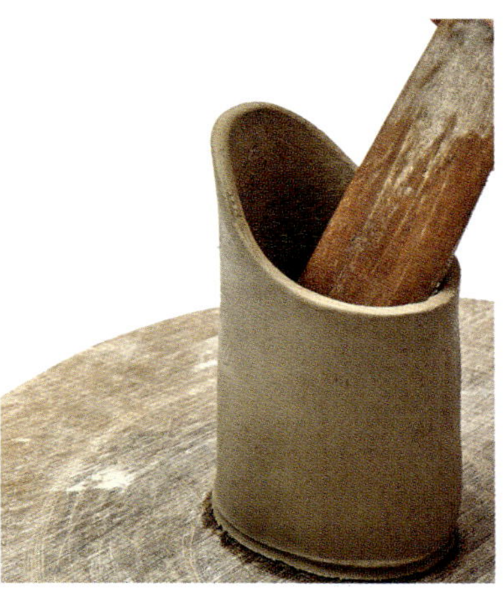

7 Wölben Sie den Korpus sanft nach außen, entweder mit der Hand oder mit einem geeigneten Werkzeug, falls Ihre Hand nicht in das Kännchen passt. Eine leichte Wölbung nimmt der Form die Strenge, ist aber nicht zwingend. Wenn der Ton weich genug ist, lässt er sich leicht verformen. Fahren Sie mit regelmäßigen Bewegungen von innen an der Wand entlang, um eine gleichmäßige Wölbung zu erzielen.

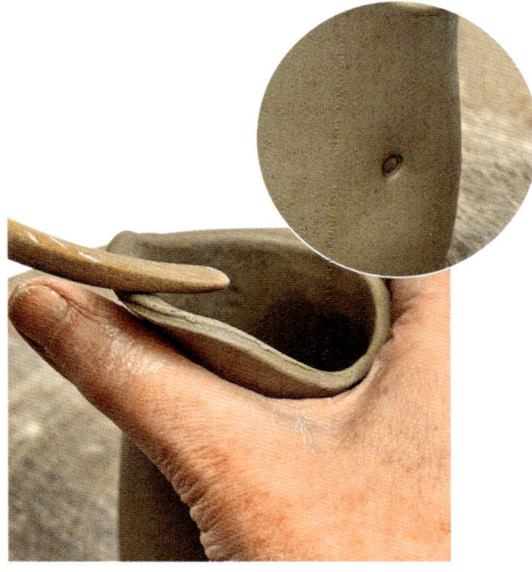

8 Runden Sie zum Schluss den oberen Rand mit einer Niere. Legen Sie den Daumen unter die Schnaupe, während Sie sie vorsichtig umformen, um die Gießeigenschaften zu verbessern. Der Ton sollte immer noch weich sein, wenn er jedoch zu fest geworden ist, formen Sie ihn nicht wie auf dem Foto mit einem Werkzeug um, sondern mit einem angefeuchteten Finger. Bringen Sie mit dem Ende eines Bleistifts seitlich zwei kleine Vertiefungen als Griffpunkte im Korpus an.

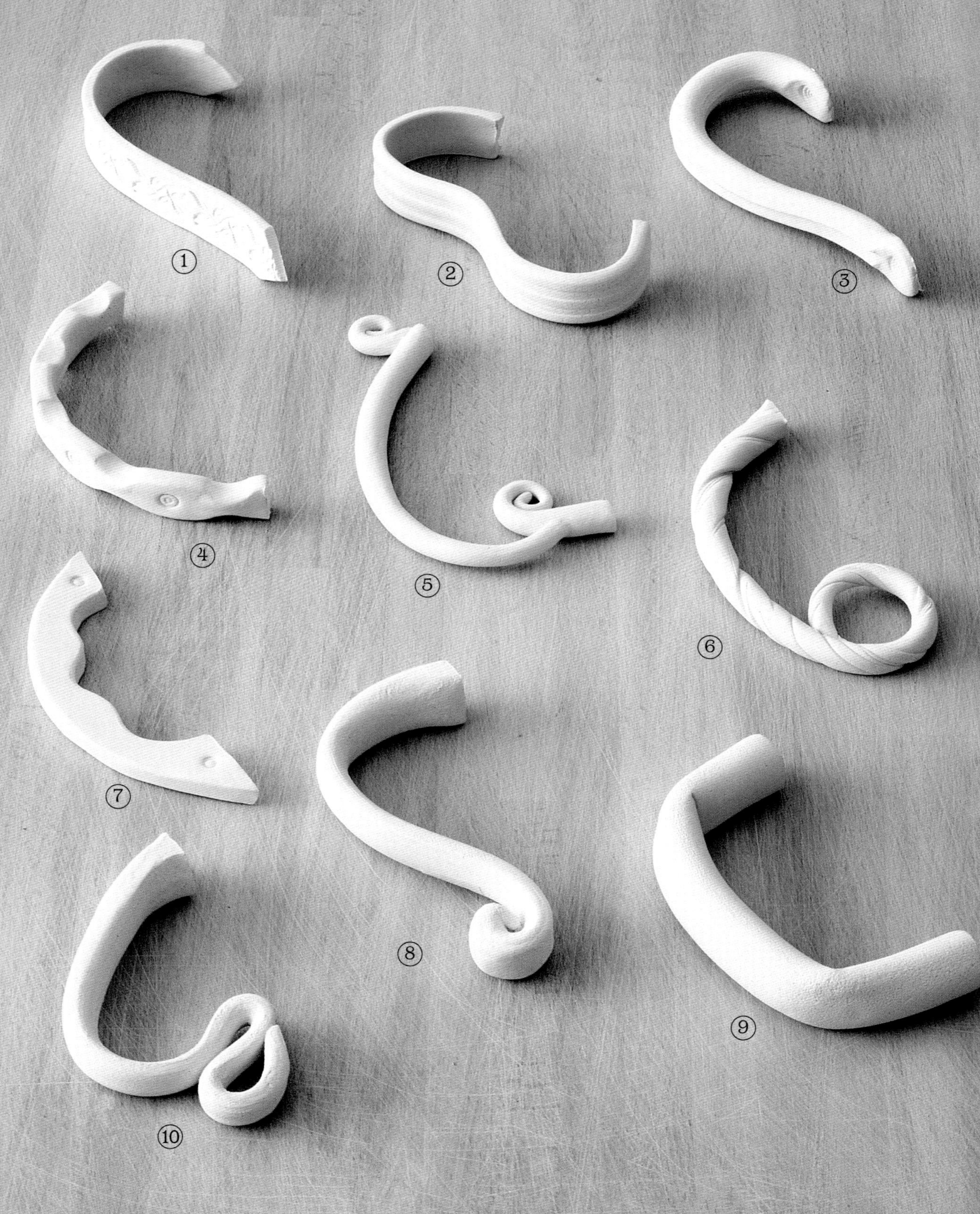
①
②
③
④
⑤
⑥
⑦
⑧
⑨
⑩

Überlegungen zum Design

Henkel – ziehen, rollen, zuschneiden

1 ZUGESCHNITTENER HENKEL

Dieser Henkel lässt sich mithilfe einer Holzleiste schnell aus einer (bei Bedarf texturierten) Tonplatte zuschneiden. Runden Sie die Kanten, um alle spitzen Überstände zu beseitigen. Die Enden laufen spitz zu, können aber auch gerade abgeschnitten werden.

Passt zu Krügen, unabhängig von der Herstellungsmethode. Die Länge hängt von der Größe des Gefäßes ab.

2 HENKEL AUS ABGEFLACHTEM WULST

Ein unkomplizierter Henkel aus einem abgeflachten Wulst, aus dem Sie mithilfe einer Holzleiste oder eines Lineals ein gerades Band zuschneiden. Glätten Sie die Schnittkanten mit dem Finger und biegen Sie den Henkel in die gewünschte Form. Lassen Sie ihn lederhart werden, bevor Sie ihn angarnieren.

Passt zu allen Krügen, unabhängig von der Herstellungstechnik. Eignet sich vor allem für bauchige Formen, kann aber an jeden Korpus angarniert werden.

3 GEZOGENER HENKEL

Diese Art von Henkel wird normalerweise bei gedrehten Gefäßen verwendet. Sie ist praktisch und robust und kann am Korpus gefertigt werden. Wird der Henkel separat hergestellt, wird er im lederharten Zustand angarniert.

Passt zu gedrehten Krügen, kann aber auch bei anderen Herstellungsmethoden verwendet werden. Eignet sich vor allem für einfache, traditionelll gestaltete Krüge.

4 ZUGESCHNITTENER HENKEL MIT EINDRÜCKMUSTER

Der Rand des aus einer stabilen Tonplatte zugeschnittenen Henkels ist in regelmäßigen Abständen eingedrückt. Die Dellen sorgen für einen sicheren Griff.

Passt zu größeren, in Plattentechnik hergestellten Krügen, eignet sich aber auch für Gefäße, die nach anderen Methoden gefertigt werden.

5 WULST MIT SPIRALENDEN

Dieser dekorative Henkel ist in drei Teilen gefertigt. An den spiralig gerollten Enden laufen die Wülste spitz zu. Der Henkel wird auf einem Brett zusammengesetzt. Die Ansatzstellen bedürfen besonderer Aufmerksamkeit, damit sie beim Brennen nicht reißen.

Passt zu hohen, eleganten und bauchigen Formen, unabhängig von der Herstellungsmethode.

6 GEROLLTER WULST

Das spitz zulaufende Ende des Wulstes wird zu einer Schlaufe geformt. Die Textur wird mit der Kante einer Holzleiste aufgebracht, bevor der Wulst um die eigene Achse gedreht wird. Der Henkel wird auf einem Brett angefertigt und im lederharten Zustand angarniert.

Passt zu bauchigen, runden Krügen, unabhängig von der Herstellungsmethode.

7 MIT SCHABLONE ZUGESCHNITTEN

Dieser Henkel lässt sich mithilfe einer Schablone rasch aus einer Tonplatte zuschneiden. Die Außenkante ist glatt, während die Innenkante mit welligen Aussparungen versehen ist, die das Greifen erleichtern.

Passt zu kantigen, in Plattentechnik hergestellten Krügen. Da sich die Proportionen leicht verändern lassen, eignet sich die Form jedoch für alle Arten von Krügen.

8 GEZOGEN UND GEBOGEN

Der geschweifte Henkel mit Spirale wurde aus einem dicken Wulst gezogen. Er kann separat gefertigt und später angarniert oder direkt am Korpus gezogen werden. Er verjüngt sich zum unteren Ende hin, das zu einer Spirale aufgerollt wird. Die Spirale ist hier nur angedeutet, kann aber auch stärker betont werden.

Passt zu großen, gedrehten Krügen, eignet sich leicht abgewandelt jedoch auch für Gefäße, die nach anderen Methoden hergestellt werden.

9 HOHLER HENKEL

Für diesen Henkel wurde eine dünne Tonplatte um ein Rundholz gewickelt. Die so entstandene Röhre wird über einem scharfkantigen Gegenstand wie einem Lineal zur gewünschten Größe geknickt. Bei dieser Art von Henkel haben Sie nur eine Chance – er lässt sich nicht umformen.

Passt zu schlichten, in Plattentechnik gefertigten Formen, eignet sich aber auch für gedrehte und in Wulsttechnik aufgebaute Krüge.

10 GEZOGEN UND GEFORMT

Hier wurde der Ton auf traditionelle Weise gezogen und abgeflacht, bevor er zu einem Henkel mit dekorativen Schnörkeln geformt wurde. Am oberen Ende ist er dicker, nach unten hin verjüngt er sich und wirkt dadurch zierlich und verspielt. Sie können ihn direkt am Korpus ziehen oder separat fertigen und im lederharten Zustand angarnieren.

Passt zu gedrehten Krügen, eignet sich aber auch für bauchige, in Wulsttechnik gefertigte Formen.

Technik

Henkel für Krüge

Bei gedrehten Krügen wird der Henkel meist direkt am Krug gezogen, doch es ist natürlich auch möglich, einen Henkel aus einem Wulst zu formen, ihn aus einer Tonplatte zuzuschneiden, ihn zu rollen oder mithilfe einer Strangpresse zu fertigen. Wichtig ist, dass er von den Proportionen zu Korpus und Schnaupe passt, sicher befestigt ist und stark genug ist, um damit den vollen Krug anzuheben.

Allzu oft passiert es, dass ein schön geformter Korpus durch einen unpassenden Henkel verunstaltet wird, der vielleicht hübsch aussieht, aber seiner Aufgabe nicht gewachsen ist. Ein Henkel muss jedoch nicht nur stabil, sondern auch so geformt sein, dass man den Krug problemlos und ohne Risiko anheben kann – vor allem, wenn er mit heißer Flüssigkeit gefüllt ist.

Planung

Die wichtigsten Punkte bei der Gestaltung eines Henkels sind:

Proportionen: Der Henkel muss von seiner Größe zum Korpus passen.

Form: Die Form des Henkels sollte den Korpus ergänzen und das Gefäß harmonisch wirken lassen.

Funktionalität: Die Funktion des Kruges bestimmt, wie massiv der Henkel sein muss. Je größer der Krug, desto stabiler muss der Henkel sein. Bedenken Sie, wie schwer der Krug im gefüllten Zustand sein wird.

Fertigungsmethode: Henkel lassen sich an jedem Gefäß befestigen, unabhängig davon, mit welcher Methode Henkel und Gefäß gefertigt werden, vorausgesetzt, die oben genannten Prinzipien werden berücksichtigt.

BEVOR SIE ANFANGEN

- Sehen Sie sich an, wie Henkel für Tassen und Becher gezogen werden (Seite 52-53), bevor Sie einen Henkel für einen gedrehten Krug anfertigen.
- Da Sie den Krug hochheben müssen, sollte er lederhart sein, wenn Sie den Henkel angarnieren, sonst verzieht sich der Korpus.
- Markieren Sie die Stelle gegenüber der Schnaupe, wo das obere Ende des Henkels ansetzen soll. Wenn Sie ein Lineal quer über die Mündung legen, ist es einfacher, den richtigen Punkt zu finden. Das gilt für alle Arten von Henkeln.

Gezogener Henkel für einen gedrehten Krug

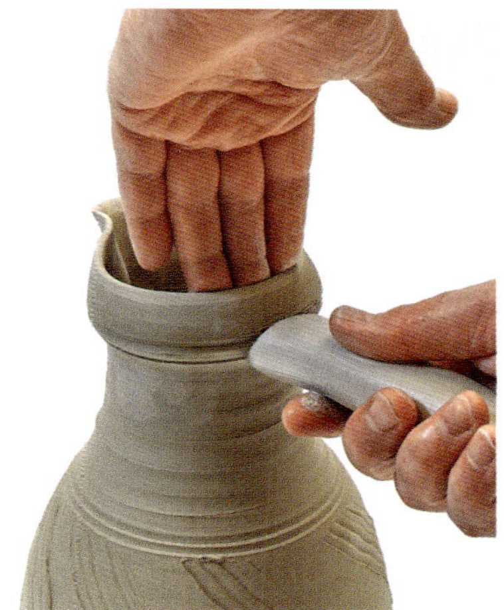

1 Schneiden Sie ein etwa 15 cm langes Stück von dem gezogenen Zapfen. Rauen Sie die Ansatzstelle am Rand an und schlickern Sie sie. Dann drücken Sie das Henkelende sachte auf den Krug. Halten Sie mit der anderen Hand von innen dagegen.

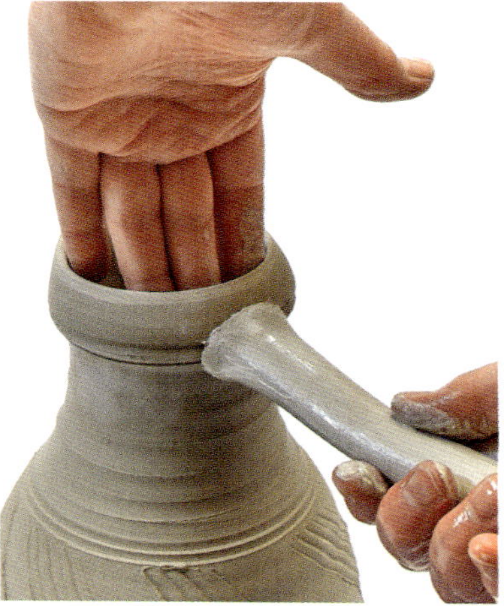

2 Stützen Sie den Hals des Kruges von innen, während Sie den Ton sanft, aber fest mit Fingern und Daumen vom Krug wegziehen. Nehmen Sie genügend Wasser zuhilfe, damit Ihre Hand problemlos am Ton entlanggleiten kann. Ist der Ton zu stumpf, kann es sein, dass sich der Henkel vom Rand löst.

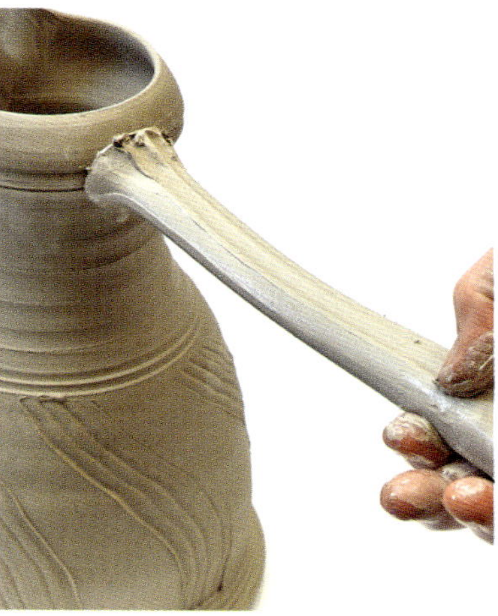

3 Ziehen Sie den Henkel, bis er lang genug ist und Sie einen ansprechenden Griff daraus formen können. Dann machen Sie mit dem Daumennagel oder einem Holzwerkzeug der Länge nach ein paar Rillen in den Ton.

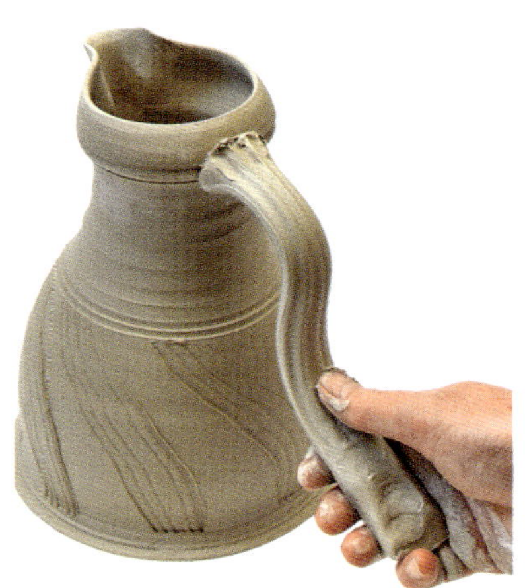

4 Stellen Sie den Krug so auf die Arbeitsfläche, dass die Schnaupe von Ihnen wegzeigt. Dann biegen Sie den Henkel und drücken das untere Ende an den Korpus, genau unter dem oberen Ansatz. Falls nötig, rauen Sie die Ansatzstellen an und schlickern Sie sie, aber meist ist der Ton feucht genug, um zu haften. Kneifen Sie mit den Fingern den überschüssigen Ton ab.

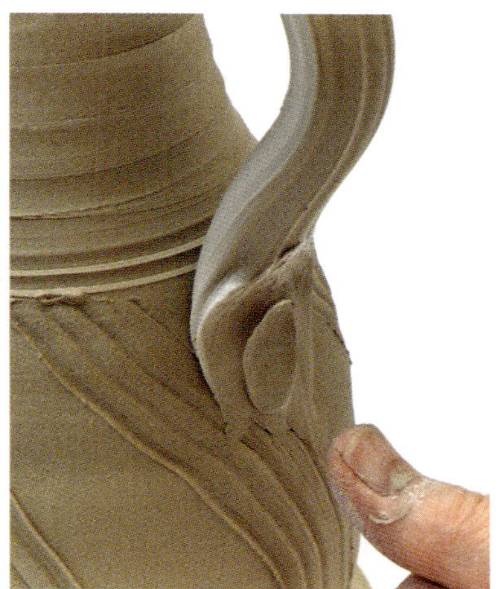

5 Verstreichen Sie den unteren Henkelansatz mit dem Korpus, bis er ganz sicher befestigt ist. Zum Schluss machen Sie ein paar Daumenabdrücke in den Ton. Versäubern Sie die obere Ansatzstelle mit einem feuchten Schwamm.

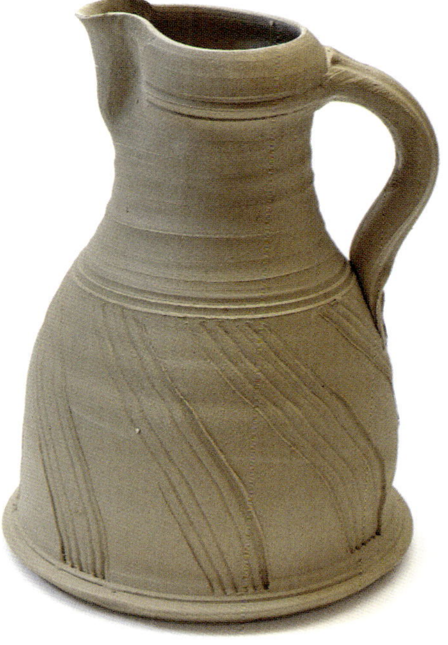

Der Henkel ist so angarniert, dass man den Krug fest im Griff hat und ihn gut führen kann. Er ist stabil genug, um das Gewicht von Krug und Inhalt zu tragen.

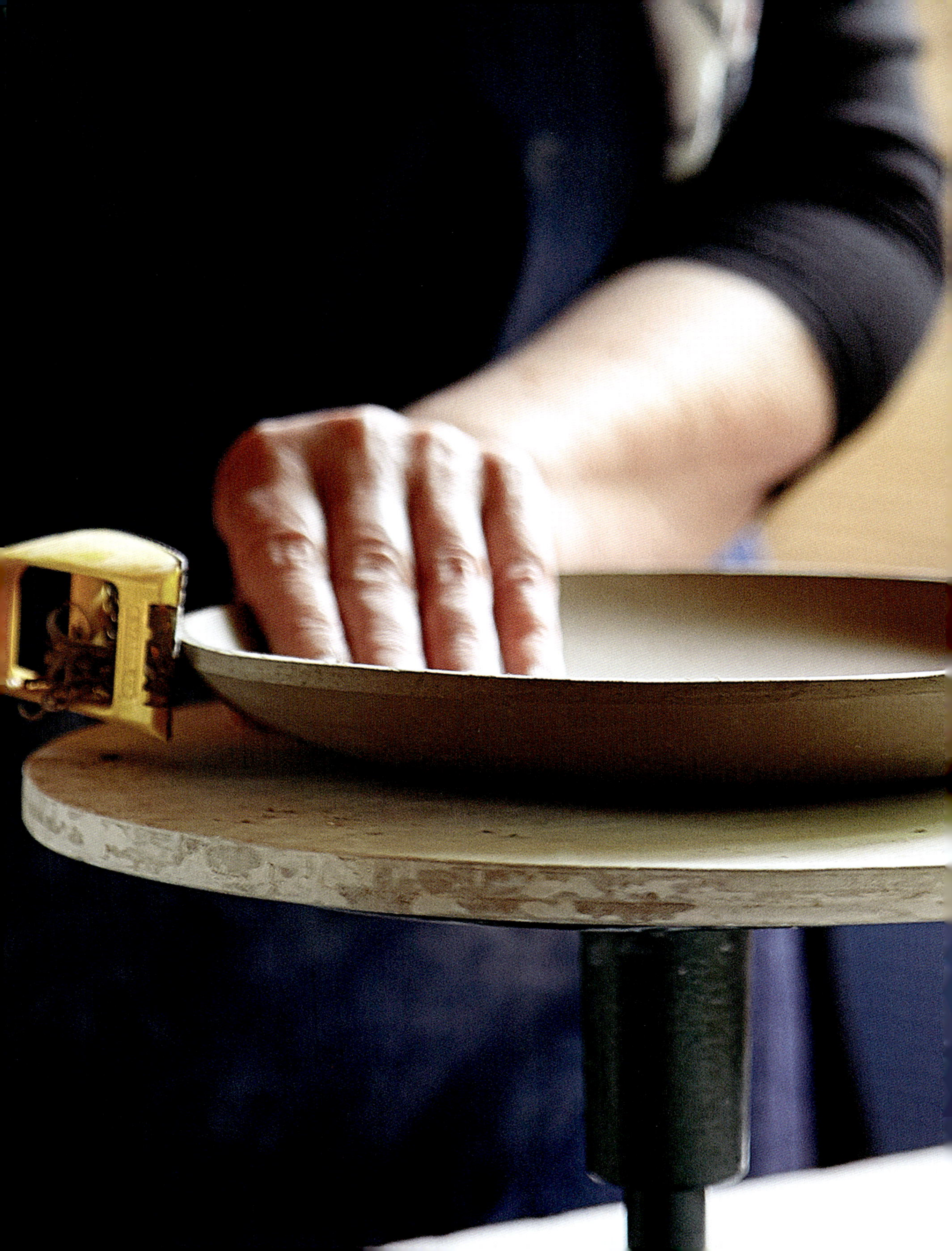

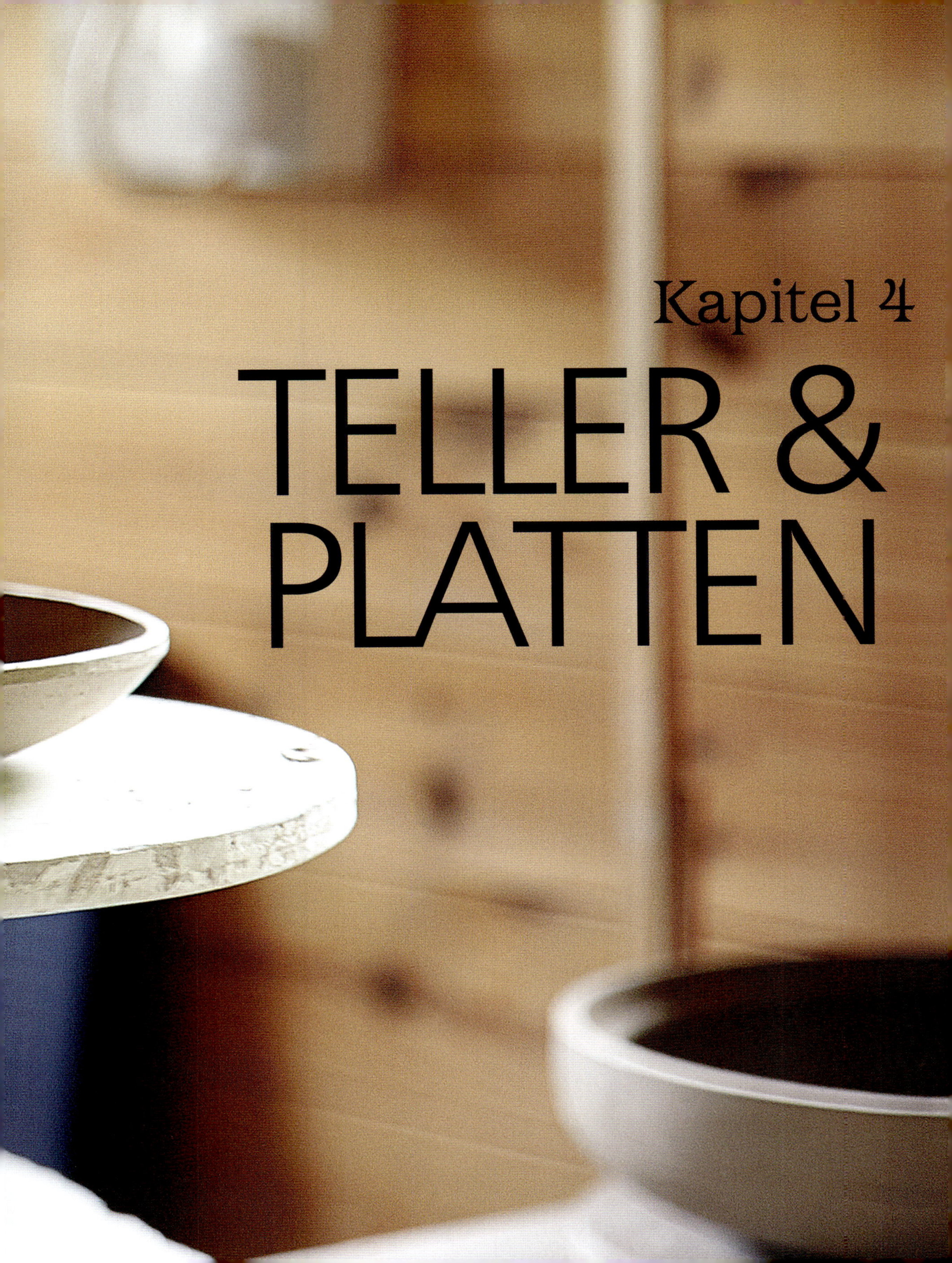

Kapitel 4

TELLER & PLATTEN

Teller und Platten

Überlegungen zum Design

Was kann an einem Teller schon Besonderes sein? Er ist doch nur eine Fläche, auf der Essbares gereicht wird. Oder vielleicht doch nicht? Egal, ob Sie Speisen servieren oder sie selbst genießen – mit einem gut gestalteten Teller kann bloßes Essen zu einem Erlebnis werden.

Der Teller

Auf einem schön gestalteten Teller werden Speisen zu einem ansprechend präsentierten Kunstwerk. Ein Teller sollte gut aussehen und natürlich praktisch sein und seinen Zweck erfüllen.

Die Fahne des Tellers steigt ein wenig an, sodass Soßen oder andere Flüssigkeiten nicht überschwappen können. Sie ist nicht zu breit und nicht zu schmal und das Dekor ist so zurückhaltend gestaltet, dass es nicht von den angerichteten Speisen ablenkt.

Die Teller sind dünn gedreht, da sie aber bei Steinzeugtemperaturen gebrannt wurden, sehen sie zugleich zart und robust aus.

Der Spiegel ist ausladend und großzügig. Die schlichte Farbgebung lenkt den Blick auf das Essen.

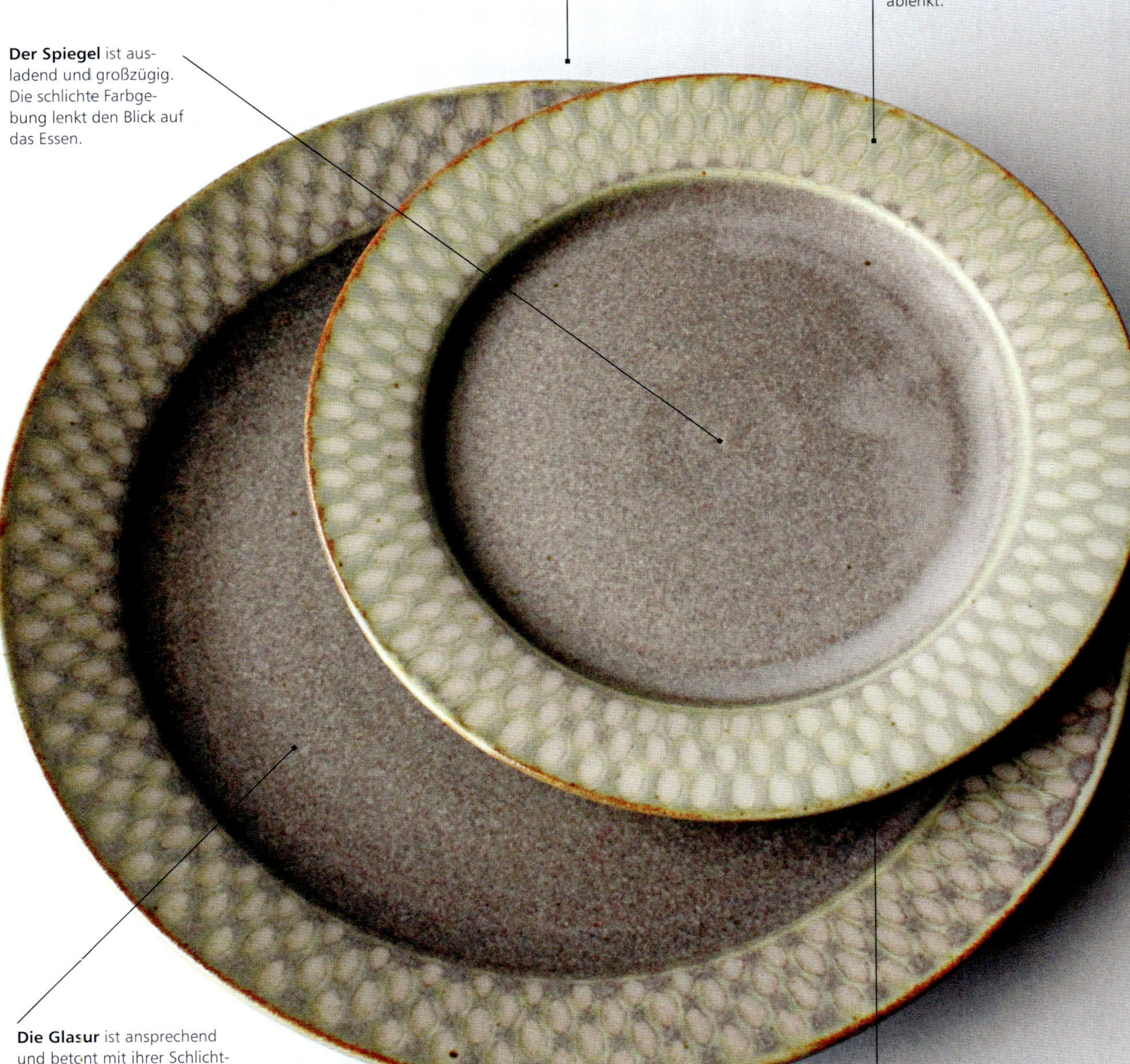

Die Glasur ist ansprechend und betont mit ihrer Schlichtheit den Eindruck der robusten Funktionalität. Die Teller sind aus einem einfachen Zylinder entstanden.

Die Form entspricht der traditionellen Tellerform, wirkt jedoch durch das grafische Dekor und die schlichte Glasur sehr modern.

Die Servierplatte

Teller und Servierplatte unterscheiden sich nicht nur in ihrer Größe, sondern auch in ihrer Funktion. Normalerweise würden Sie nicht von einer Servierplatte essen, sondern sie dazu benutzen, Speisen darauf zu servieren oder sie auf dem Tisch zu präsentieren. Gleichzeitig kann eine Servierplatte auch als Schale dienen, sodass sie ein nützliches Accessoire in jeder Küche ist.

Die schmale Fahne lässt reichlich Platz für den Spiegel, auf dem die Speisen serviert werden.

Die Griffe sind eine Fortsetzung der Fahne. Es ist praktisch, sie gleich in die Form zu integrieren, statt sie später anzugarnieren.

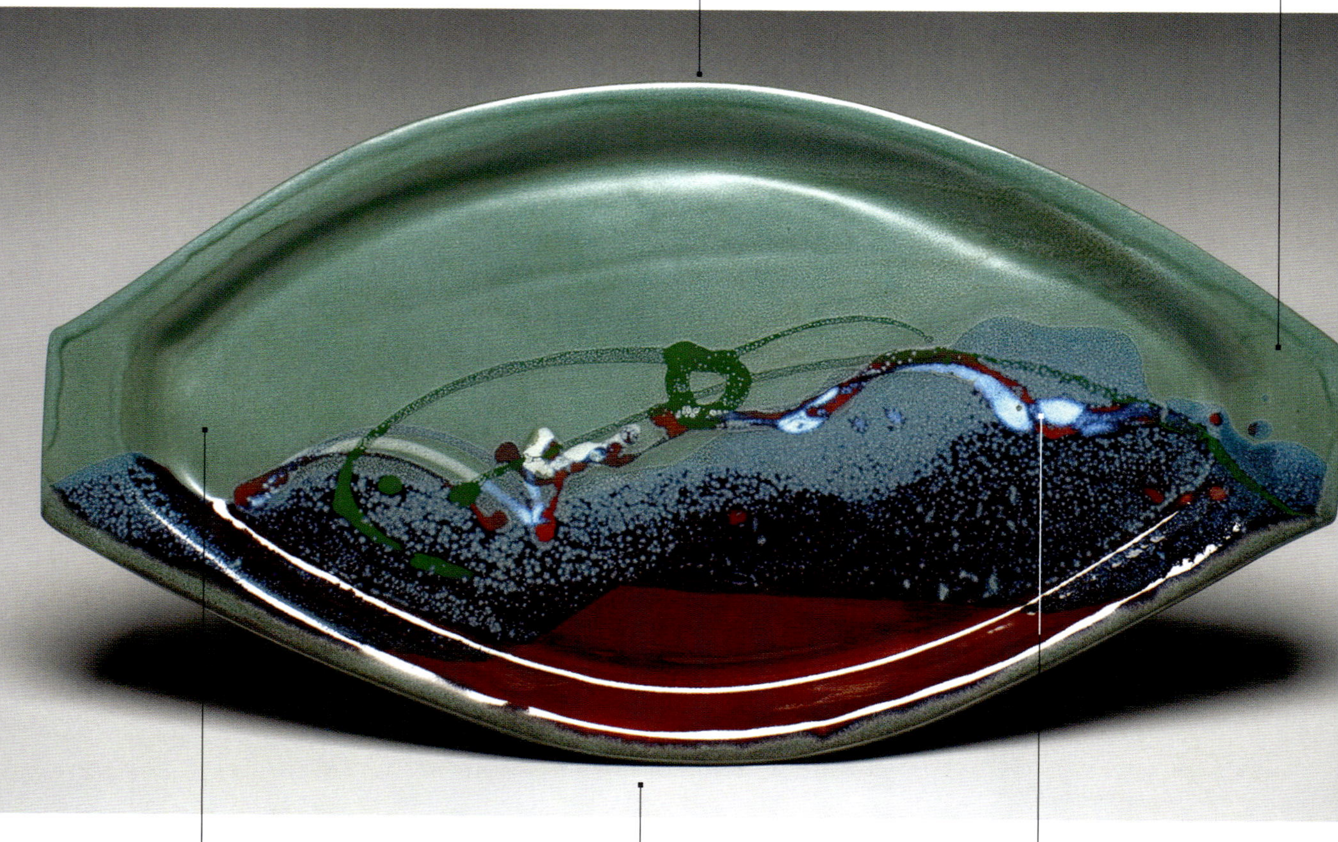

Durch ihre ovale Form eignet sich die Servierplatte, um einen ganzen Fisch aufzutragen, doch die Gestaltung ist nicht so spezifisch, dass man nicht auch andere Speisen darauf anrichten könnte.

Die Form wurde in einer Eindrückform gefertigt, sodass sie jederzeit mit denselben Maßen hergestellt werden kann.

Das Dekor aus kräftigen Farben ist zurückhaltend genug gestaltet, um nicht von den Speisen abzulenken, die darauf serviert werden.

Mit ihren Maßen (45,5 x 25 cm) ist die Platte groß genug für einen ganzen Fisch, gleichzeitig kann man sie auch als Schale verwenden.

So wie eine ästhetisch gestaltete Servierplatte sieht auch ein schöner Teller immer gut aus, mit oder ohne Speisen darauf. Er sollte nicht mit den angerichteten Speisen konkurrieren, sondern lediglich den perfekten Hintergrund darstellen. Darüber hinaus muss ein Teller praktisch und robust sein. Alles in allem sind dies gewaltige Anforderungen an einen Gegenstand, an den wir im Alltag kaum einen Gedanken verschwenden.

Bevor Sie sich an die Arbeit machen und selbst Teller fertigen, sollten Sie sich überlegen, welche Tellergrößen Sie brauchen. In den meisten Haushalten gibt es Speiseteller und Kuchenteller, doch für Kinder oder einfach für eine kleine Portion kann eine Zwischengröße nützlich sein. Außerdem sollten Sie Servierplatten einplanen. Am besten gestalten Sie sie so, dass sie in die Tischmitte passen. Messen Sie also aus, wie viel Platz auf dem gedeckten Tisch bleibt, und fertigen Sie die Servierplatte in der entsprechenden Größe.

Auf den folgenden Seiten zeigen wir Ihnen, wie sich Teller in unterschiedlichen Größen und Proportionen frei drehen und nach der Aufbautechnik fertigen lassen.

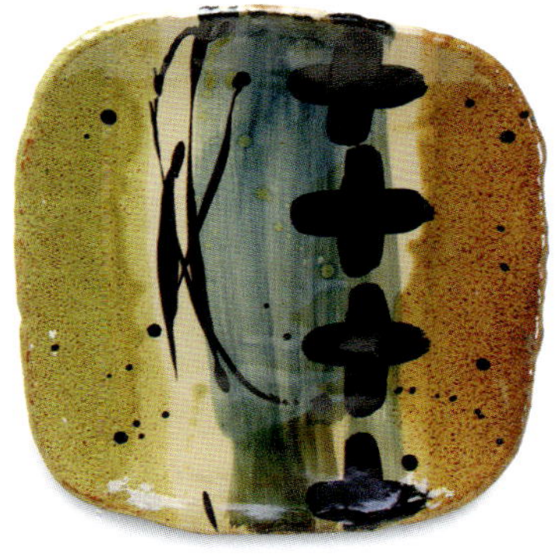

Quadratischer Teller von Nigel Lambert
Dieser große Teller wurde gedreht, umgeformt und mit Kobalt- und Eisenoxid bemalt. Durch den Holzbrand bis 1080°C bekommt er zusätzlich einen ganz eigenen Reiz.

Sgraffito-Teller
von Marcy Neiditz
Funktionalität ist nicht mit Schmucklosigkeit gleichzusetzen. Dieser wundervolle Teller liefert den Beweis, dass ein Teller gleichzeitig alltagstauglich sein und fantastisch aussehen kann. Er wurde auf einer speziell gefertigen Umform aufgebaut, Spiegel und Fahne sind in Sgraffito-Technik gestaltet. Dabei werden Schichten aus Engobe, Unterglasurfarbe und Glasur vor dem Schrühen bis Kegel 6 auf den rohen Ton aufgetragen. Danach wird klare Glasur bis Kegel 5½ im Elektroofen oxidierend gebrannt.

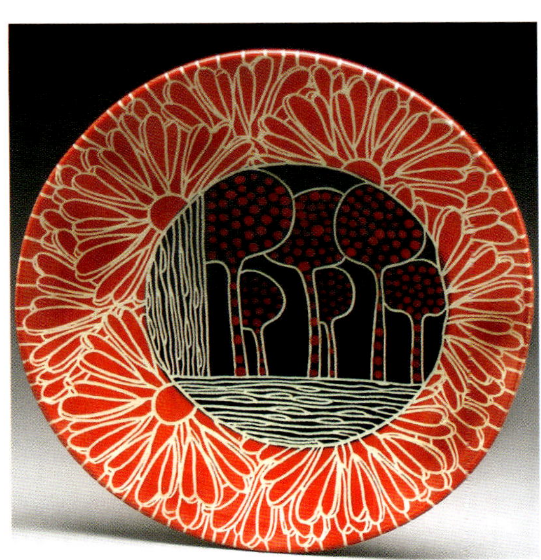

Fragen, die Sie sich stellen sollten

Was macht einen guten Teller aus?

Die Antwort auf diese Frage hängt allein von der Funktion des Tellers ab: Was soll von dem Teller gegessen werden? Muss er Flüssigkeit auffangen? Bei der Gestaltung sollten Sie folgende Punkte berücksichtigen:

- **Größe:** Eine Tellerserie könnte Brot-, Kuchen- und Essteller umfassen, außerdem Servierplatten in verschiedenen Größen.
- **Form:** Rund, quadratisch, rechteckig oder unregelmäßig?
- **Verfahren:** Mit etwas Erfahrung sind runde Teller schnell gedreht. Im lederharten Zustand lässt sich die Form leicht abwandeln, allerdings kostet dieser Schritt etwas Zeit und Mühe. Eindrück- oder Überformen eignen sich ebenfalls für die rasche Serienfertigung, da die Teller kaum nachgearbeitet werden müssen. Es gibt sie in vielen Varianten zu kaufen, Sie können sie aus Gips und anderen preiswerten Materialien auch selbst herstellen.

Wenn Sie sie nicht eigenhändig anfertigen wollen, finden Sie im Fachhandel normalerweise ein breit gefächertes Angebot an Gipsformen in den unterschiedlichsten Größen und Formen.

Wo bewahre ich die Teller auf?

Neben gestalterischen Überlegungen spielen praktische Erwägungen wie die Aufbewahrung eine große Rolle. Teller sollten in die vorhandenen Schränke passen, sich problemlos stapeln lassen und am besten robust genug sein für die Spülmaschine. Diese Faktoren haben nicht nur Einfluss auf Form und Größe, sondern auch auf die Frage, ob Sie Irdenware- oder Steinzeugton nehmen. Je höher die Brenntemperatur, desto haltbarer sind die Teller normalerweise.

Überlegungen zum Design

Gedrehte Varianten

GROSSE SERVIERPLATTE MIT FAHNENDEKOR

Diese große Platte ist dafür gedacht, mitten auf dem Tisch zu stehen. Auf der breiten Fahne lässt sich das Servierbesteck ablegen. Gleichzeitig erlaubt der ausladende Spiegel eine ansprechende Präsentation der Speise.

Fuß: Üblicher gedrehter Fußring. Bei größeren Maßen brauchen Sie vielleicht einen zweiten oder dritten Fußring, um den Boden zu stützen.

Verwendung: Vielseitig verwendbarer Servierteller.

1

2 RUNDE SERVIERPLATTE

Diese gedrehte Servierplatte hat eine wellige Fahne und einen gewellten Rand, der dadurch entsteht, dass man die Finger an der Kante entlanglaufen lässt, ohne ihn zu stützen. Die deutlich sichtbaren Drehrillen werden später durch die Glasur noch hervorgehoben.

Fuß: Einzelner gedrehter Fußring.

Verwendung: Eine außergewöhnliche Servierplatte oder ein Essteller für jemanden mit einem gesegneten Appetit.

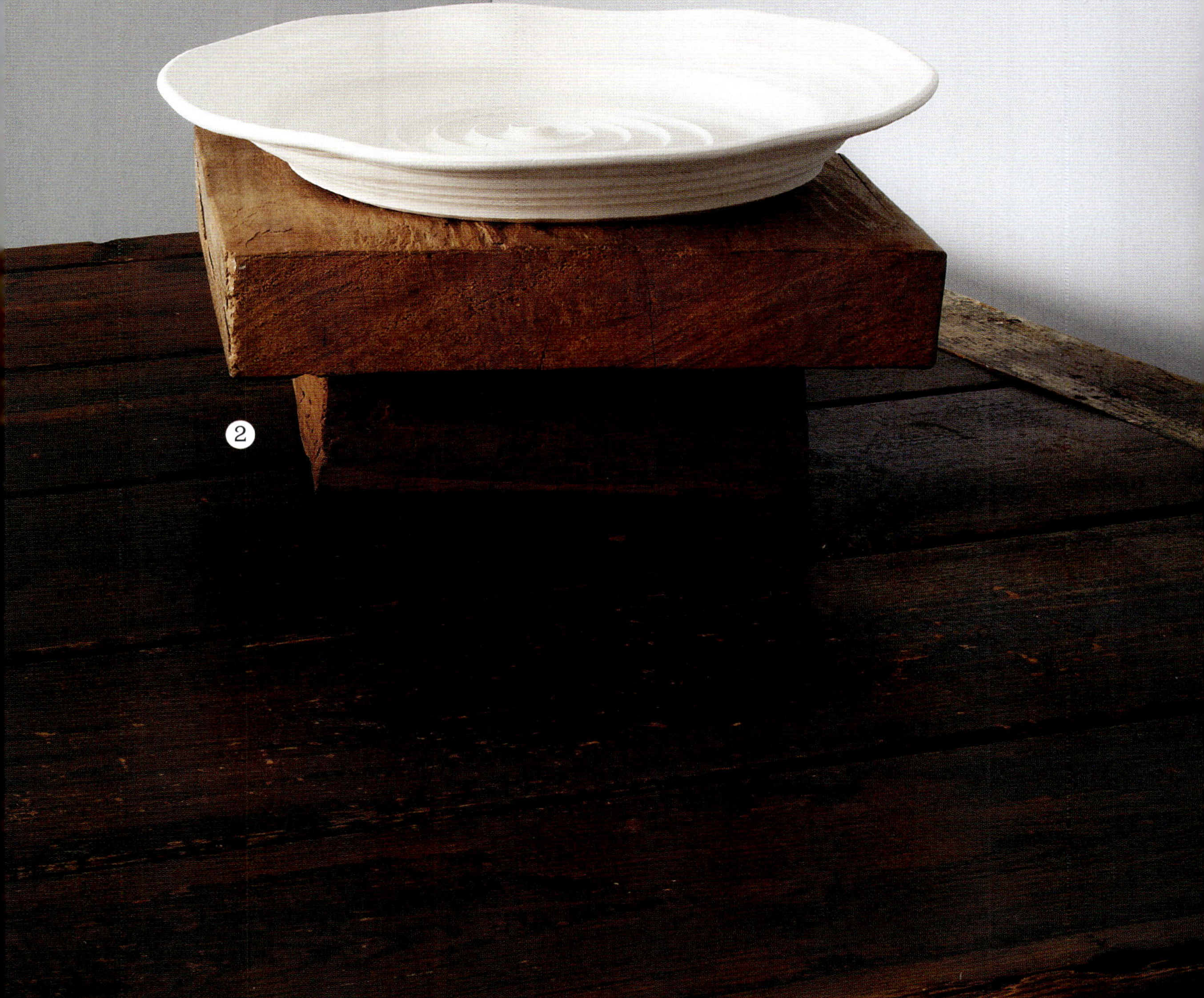

1 SERVIER- UND TORTENPLATTE

Die angedrehte, ansteigende Wandung dieser Servierplatte oder flachen Schale dient als Fuß, wenn man sie umdreht. Im lederharten Zustand wird die Platte von der Scheibe geschnitten und umgedreht. Der Boden wird geglättet und mit einem eingeritzten Dekor versehen, das auf die Verwendung als Kuchenplatte hinweist.

Fuß: Die Wandung ersetzt den Fuß.

Verwendung: Kann sowohl als Kuchenplatte als auch als Käse- oder Obstteller verwendet werden.

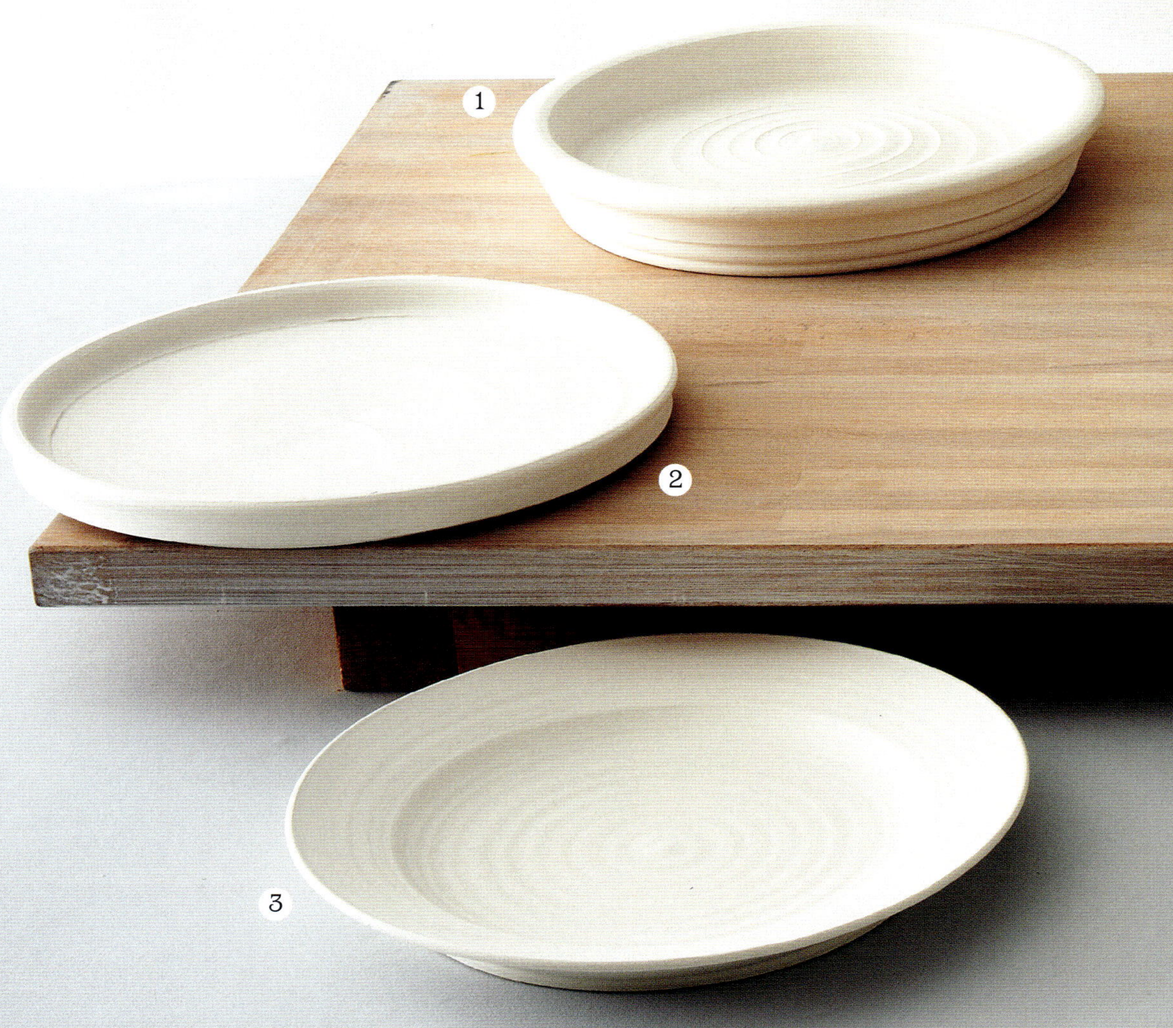

2 GROSSE PLATTE MIT FLACHEM BODEN UND NIEDRIGER WANDUNG

Diese Platte ist eher zum Servieren als zum Essen gedacht. Durch den weiten Spiegel hat sie ein großes Fassungsvermögen. Die leicht nach innen geneigte Wandung rundet die Form ab.

Fuß: Fehlt. Der mit einem welligen Draht abgeschnittene Boden weist interessante muschelförmige Verzierungen auf, die der Platte einen professionellen Anstrich geben und hübsch aussehen.

Verwendung: Servierplatte, auch für Speisen geeignet, die Flüssigkeit absondern.

3 RUNDER ESSTELLER

Dieser Teller weist die klassische Tellerform auf, die sich problemlos stapeln lässt. Auf der breiten Fahne lässt sich das Besteck ablegen. Das Herstellungsverfahren wird an den Drehrillen deutlich, die dem Teller einen individuellen Charakter verleihen.

Fuß: Gewöhnlicher gedrehter Fußring, parallel zum äußeren Spiegelrand.

Verwendung: Servier- oder Essteller.

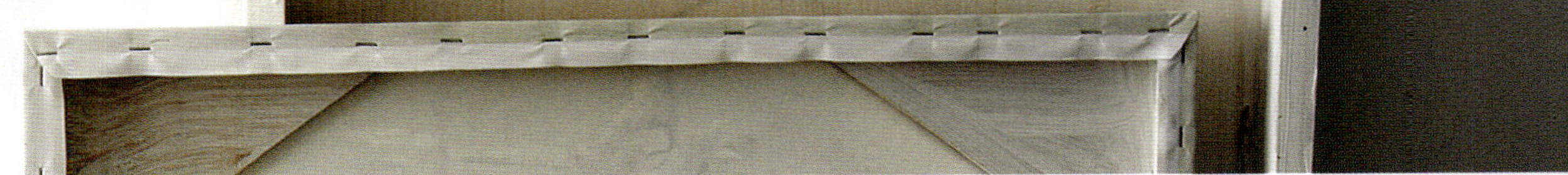

4 TIEFER TELLER MIT BREITER FAHNE

Der Teller hat einen kleinen Spiegel, ist aber tiefer als der typische Essteller, hat aber durch die breite, angeschrägte Fahne die übliche Größe. Die Fahne verhindert, dass der Inhalt herausschwappt.

Fuß: Gewöhnlicher gedrehter Fußring.

Verwendung: Vor allem für Nudelgerichte, Risotto, Paella usw. geeignet.

5 GROSSER RUNDER TELLER

Durch den steilen Rand wird der Spiegel des Tellers vergrößert. Er eignet sich vor allem für Gerichte mit Soßen. Die Oberfläche ist zurückhaltend mit eingeritzten Mustern und einem kleinen Kringel verziert, der beim Glätten mit einer Drehschiene entsteht.

Fuß: Der flache Boden wurde mit einem welligen Draht abgeschnitten. Ohne den Fußring wird die Herstellung wesentlich beschleunigt.

Verwendung: Ess- oder Servierteller.

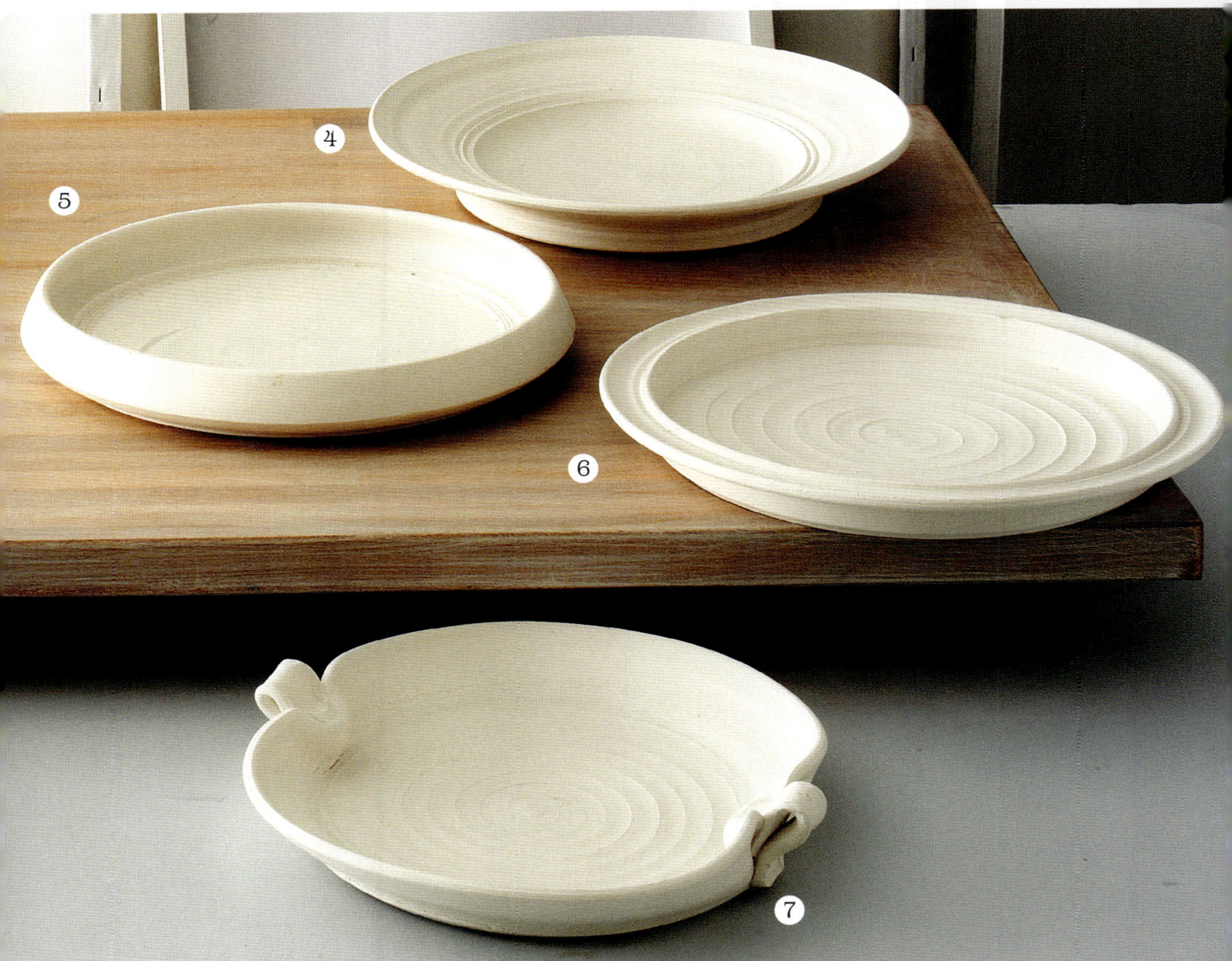

4

5

6

7

6 TELLER MIT INNENRAND UND FAHNE

Dieser offene Teller ist etwas tiefer als andere Teller. Die Fahne ist durch einen hochgezogenen Rand vom Spiegel getrennt, der dadurch klar definiert wird. Die gut sichtbaren Drehrillen fügen ein charakteristisches Merkmal hinzu.

Fuß: Fehlt. Flacher Boden.

Verwendung: Ofenfester Servierteller, auch für die Zubereitung von Speisen geeignet.

7 TELLER MIT GRIFFEN

Die Grundform entspricht der eines typischen gedrehten Tellers. Die Seiten wurden hochgezogen und nach innen gewölbt.

Griffe: Wurden angefügt, um die Verwendung als Ofengeschirr zu erleichtern.

Fuß: Flacher, solider Boden, mit welligem Draht abgeschnitten. Besonders geeignet für feuerfestes Geschirr.

Verwendung: Ideal für Speisen, die im Ofen zubereitet und direkt serviert werden.

Technik

Gedrehte Teller und Unterteller

Die meisten Tongefäße können direkt auf dem Scheibenkopf gedreht werden. Bei Tellern und anderem großem Flachgeschirr empfiehlt es sich jedoch, eine abnehmbare Aufsatzscheibe zu verwenden, damit sich die fertig gedrehten Teller beim Abnehmen nicht verziehen. Lassen Sie sie bis zur weiteren Verarbeitung darauf stehen.

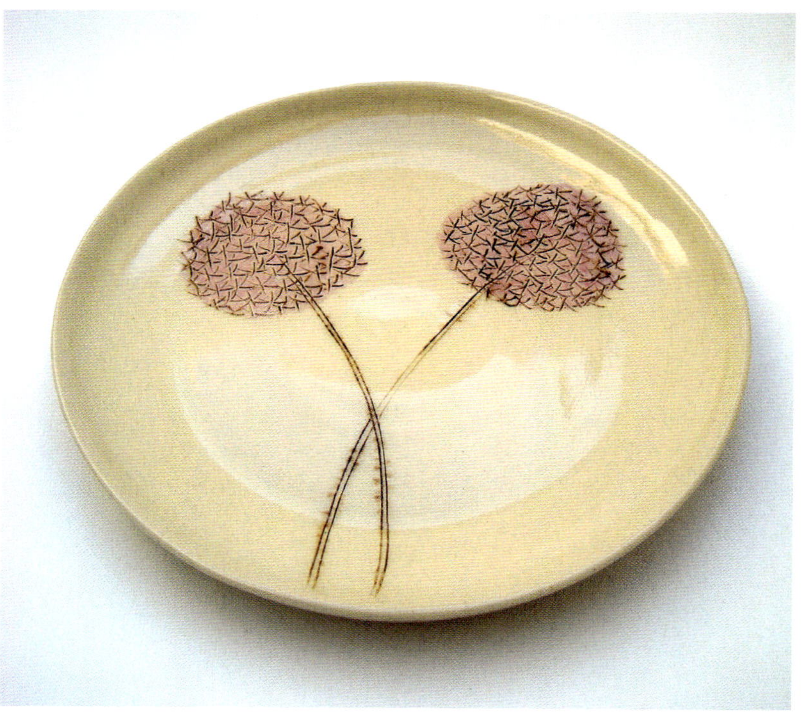

Manche Töpferscheiben haben Vorrichtungen zur Befestigung einer Aufsatzscheibe, die nicht nur das Aufsetzen und Abnehmen erleichtert, sondern auch eine einfache Zentrierung ermöglicht. Wenn Ihr Modell diese Möglichkeit nicht bietet, können Sie sich mit einem weichen Tonfladen behelfen.

Gedrehter Teller von Cressida Borrett
Die Alliumblüten wurden im ungebrannten Zustand in den Spiegel geritzt und mit Unterglasurfarbe und Oxiden hervorgehoben. Eine transparente Glasur wurde vor dem oxidierenden Brand bei Steinzeugtemperatur aufgetragen.

Ungefähre Gewichte und Maße für Flachgeschirr

Gegenstand	Durchmesser	Tongewicht
Unterteller	17 cm	650 g
Kuchenteller	17 cm	570 g
Essteller	25 cm	1,1 kg

Die Gewichtsangaben beziehen sich auf ungebrannten Drehton, die Maße beziehen sich auf die gebrannten Stücke.

BEVOR SIE ANFANGEN

- Bedenken Sie, dass Teller einen massiven Boden brauchen, weil Sie Material brauchen, um den Fußring abzudrehen.
- Um eine hölzerne Aufsatzscheibe auf dem Scheibenkopf zu befestigen, legen Sie einen weichen Tonfladen darauf, in den Sie von der Mitte bis zum Rand drei konzentrische Rillen ziehen. Dadurch entsteht die nötige Haftkraft.
- Befeuchten Sie die Unterseite der Aufsatzscheibe und legen Sie sie auf den Ton. Zentrieren Sie die Aufsatzscheibe durch leichtes Klopfen. Zum Schluss schlagen Sie mit der Faust auf die Scheibenmitte. Wenn die Aufsatzscheibe genauso groß ist wie der Scheibenkopf, lässt sie sich leichter zentrieren.
- Beim Drehen von Flachgeschirr gehen Sie unabhängig von der Größe immer gleich vor. Mit etwas Übung können Sie die Form verändern und Details individuell gestalten.

Einen Essteller drehen

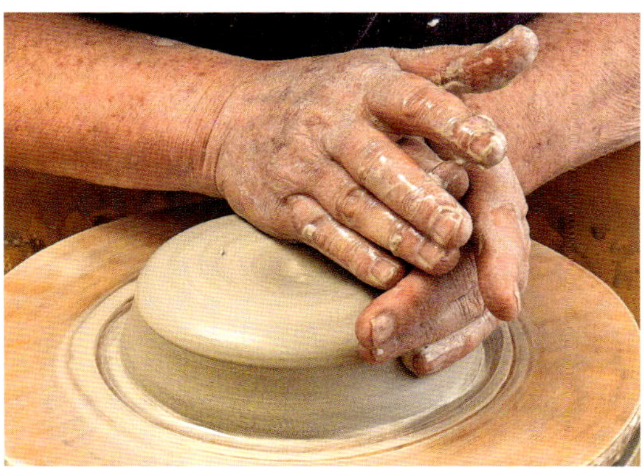

1 Zentrieren Sie den Ton auf dem Scheibenkopf (siehe Seite 188), dann stützen Sie die Seite mit einer Hand, während Sie mit der Kante der anderen Hand auf die Oberfläche drücken, sodass sie abflacht und sich ein wenig verbreitert.

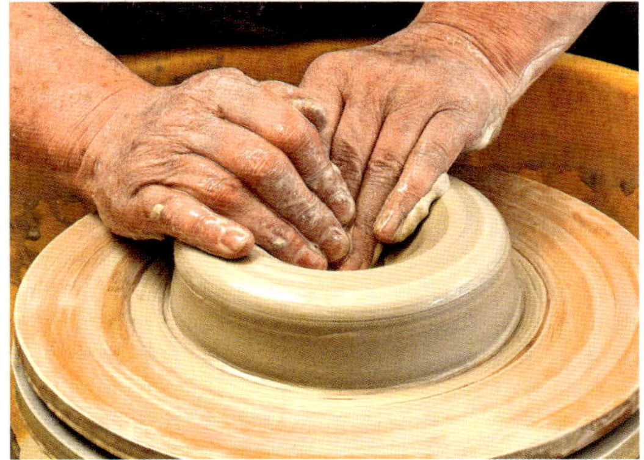

2 Halten Sie die Hände direkt vor sich und drücken Sie die Finger einer Hand in die Mitte der Tonmasse, sodass eine dicke Wand entsteht. Gleichzeitig halten Sie den Ton mit dem Daumen zentriert. Mit der anderen Hand sorgen Sie für Stabilität und zusätzlichen Druck. Lassen Sie am Boden genug Ton für den Fußring übrig.

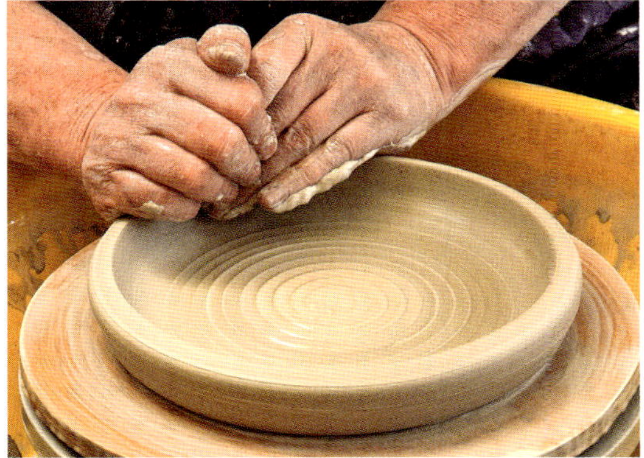

3 Ohne die Haltung der Hände zu verändern, nehmen Sie den Ton behutsam zwischen Daumen und Zeigefinger. Dabei ziehen Sie ihn nach außen, sodass ein breiter, flacher Boden und eine relativ dicke Wand entsteht. Wenn Sie sich unsicher sind, wie hoch der Boden ist, prüfen Sie die Stärke mit einer Nadel.

Fortsetzung: Einen Essteller drehen

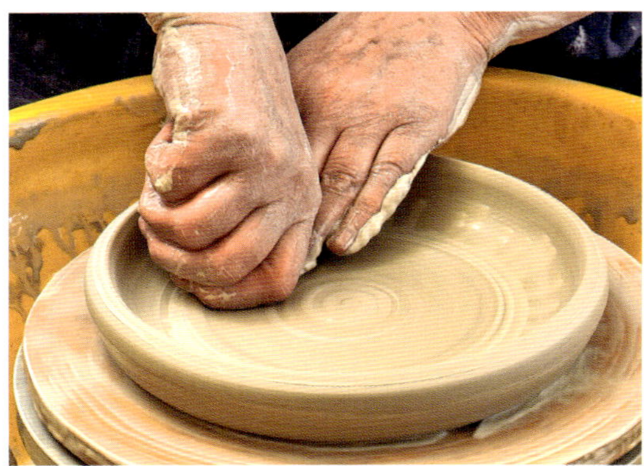

4 Fahren Sie ein paarmal mit dem angewinkelten Zeigefinger über den Boden, um ihn zu verdichten. Dies ist ein unerlässlicher Schritt, wenn Sie Teller drehen. So verhindern Sie, dass der Boden beim Trocknen oder Brennen reißt.

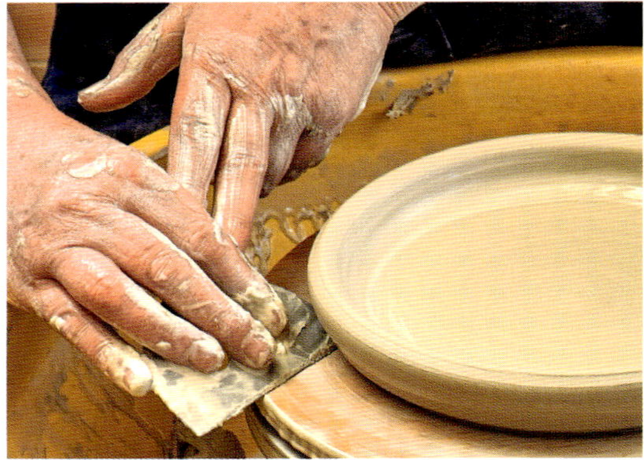

5 Mit einer Drehschiene oder einem ähnlichen Werkzeug entfernen Sie um den Außenrand des Tellers überschüssigen Ton von der Aufsatzscheibe. Dann lassen Sie die Drehschiene an der Tellerkante entlanglaufen, um sie zu versäubern.

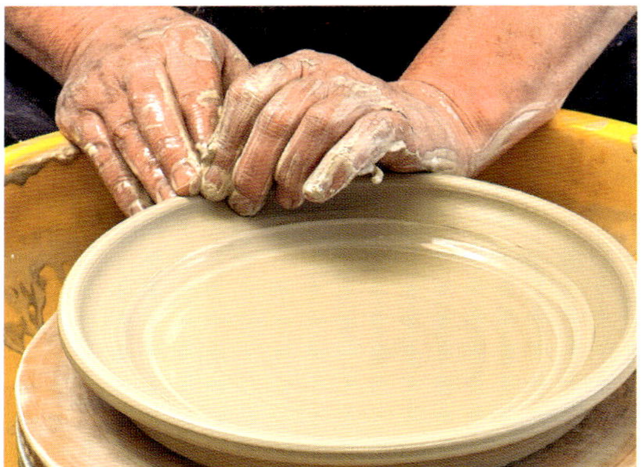

6 Die Fahne drehen Sie aus dem Tonwulst am Tellerrand. Heben Sie den Übergang von Spiegel zu Fahne durch eine Kehle hervor, indem Sie die Fingerspitze sanft in den Ton drücken. Nehmen Sie den Rand zwischen Daumen und Zeigefinger einer Hand und ziehen Sie den Ton nach außen und leicht nach oben, während Sie mit der anderen Hand dafür sorgen, dass der Rand gerade bleibt.

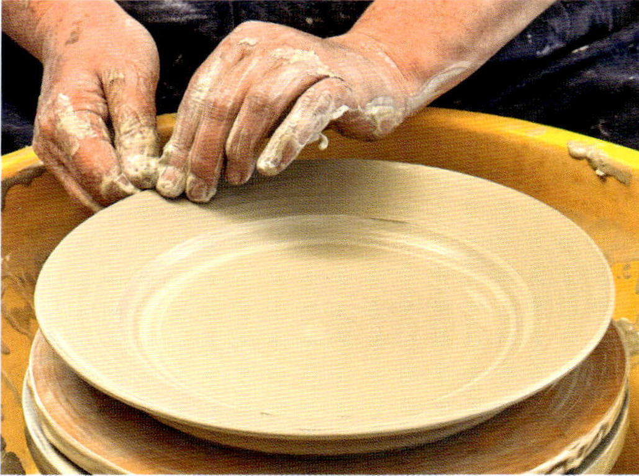

7 Wiederholen Sie den letzten Schritt, bis die Fahne die gewünschte Breite hat und ein wenig schräg nach oben verläuft. Lassen Sie die Fahnenkante an der zusammengepressten Daumen- und Zeigefingerspitze entlanglaufen, um überschüssigen Schlicker zu entfernen. Sie können auch einen schmalen Streifen Fensterleder nehmen.

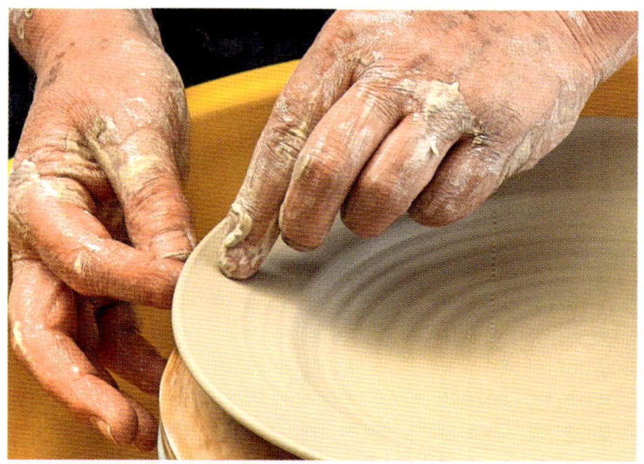

8 Nun können Sie eine Drehschiene nehmen, um die Oberfläche zu bearbeiten, Schlicker zu beseitigen oder mit dem Finger Drehrillen sichtbar zu machen, ein deutliches Merkmal des Herstellungsverfahrens. Denken Sie daran, die Fahne dabei von unten zu stützen. Als Nächstes wird der Fußring gedreht.

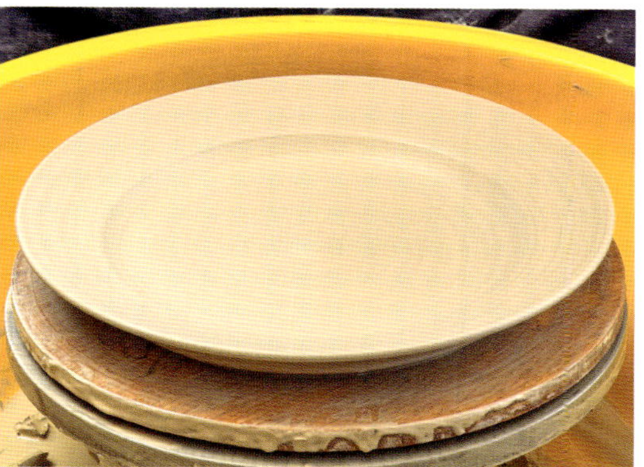

Der fertig gedrehte Teller sollte abgeschnitten, aber nicht bewegt werden, sondern auf der Aufsatzplatte trocknen, bis er fest genug ist und sich nicht mehr verzieht.

Gedrehter Unterteller

Um die typischen Merkmale einer Untertasse zu drehen wie den Ring, der die Tasse hält, brauchen Sie etwas mehr Ton als für einen einfachen Teller in derselben Größe.

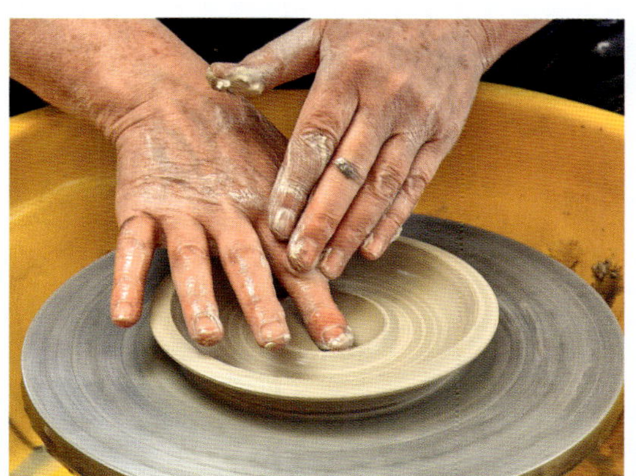

1 Richten Sie sich bei der Tonmenge nach der nebenstehenden Tabelle. Zentrieren Sie den Ton und drehen Sie den Teller bis zu Schritt 4 wie oben beschrieben. Verdichten Sie den Boden mit dem Zeigefinger, wie hier zu sehen ist. Dadurch entsteht ein innerer Ring, der später die Tasse hält. Messen Sie den Tassenboden mit einem Tastzirkel und passen Sie den Ring entsprechend an. Wenn Sie den Unterteller zuerst machen, richten Sie sich beim Tassenboden nach dem Innendurchmesser des inneren Ringes.

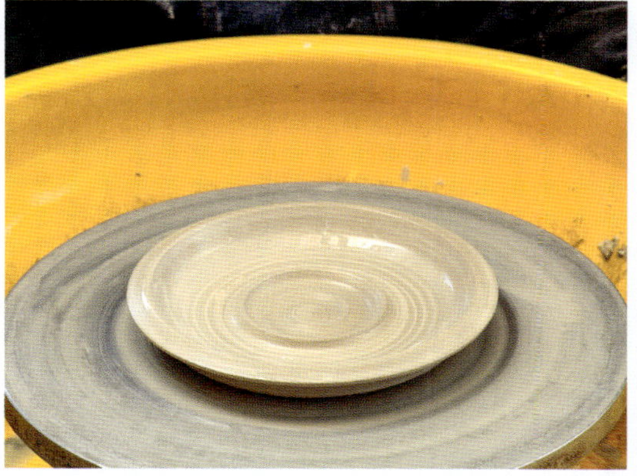

Stellen Sie den Unterteller so fertig wie den Teller oder betonen Sie den Rand stärker wie hier auf dem Foto.

Technik

Gedrehte Platten

Größere Teller oder Platten kann man immer gebrauchen, auf denen Speisen angerichtet und serviert werden. Der Gestaltung sind keine Grenzen gesetzt. Am einfachsten ist es, sich am Essgeschirr zu orientieren und eine größere Version herzustellen.

Wenn Sie Platten für den eigenen Bedarf fertigen, empfiehlt es sich, im Vorfeld zu planen und dabei z.B. die Größe Ihres Esstisches in Betracht zu ziehen. Auf einem gedeckten Tisch ist in der Mitte möglicherweise kaum noch Platz, daher ist es hilfreich, wenn Sie vorher ausmessen und die Platte entsprechend drehen. Außerdem lassen sich auch gedrehte Formen verändern. Wo eine runde Platte nicht passt, findet sich vielleicht Raum für eine ovale oder rechteckige Platte. Wenn Sie auf Bestellung arbeiten, sollten Sie die Gegebenheiten vorher ausloten.

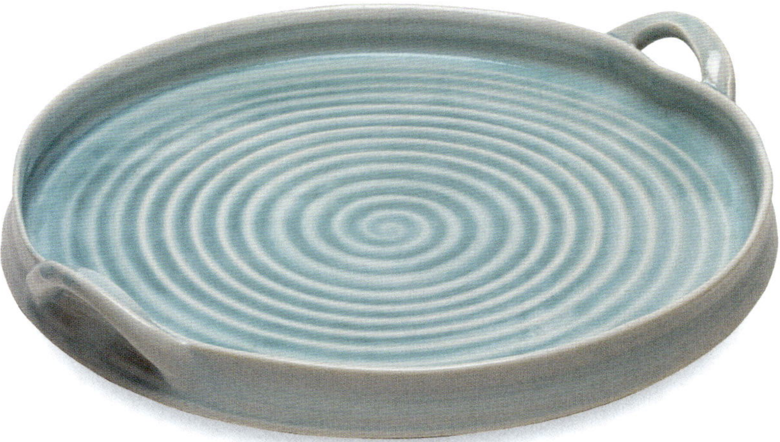

Platte von Gemma Wightman
Diese schlichte Platte ist aus Porzellanmasse frei gedreht, bei hohenTemperaturen gebrannt und mit einer Kupfer-Türkis-Glasur versehen, die sich in den Drehrillen sammelt.

BEVOR SIE ANFANGEN

- Befestigen Sie eine Aufsatzscheibe auf dem Scheibenkopf (siehe Seite 99).
- Diese Platte hat keinen Fußring, sondern wurde mit einem welligen Draht von der Scheibe geschnitten, der in wellenartigen Bewegungen unter dem Boden hin- und hergezogen wurde. Dadurch entsteht ein dekoratives Muster, das Sie auch mit einer gezahnten Niere herstellen können: Schneiden Sie die Platte mit einem gewöhnlichen Schneidedraht von der Aufsatzscheibe und fahren Sie mit der gezahnten Kante in Wellenlinien über die Bodenfläche.
- Da der Fußring fehlt, muss der Boden nicht so massiv sein wie bei einem Essteller. Dennoch muss der Boden gleichmäßig und eben sein, was etwas Übung erfordert. Messen Sie die Bodenstärke immer wieder mit einer Nadel.
- Sie können auch Füße anbringen, entweder direkt am Boden gezogen oder separat modelliert und angebracht (siehe Seite 114-115).
- Richten Sie sich bei der Tonmenge nach den unten angegebenen Gewichten.

Ungefähre Gewichte und Maße für Platten

Gegenstand	Durchmesser	Tongewicht
Platte mit breiter Fahne	30 cm	2,5 kg
Große Platte mit breiter Fahne	40 cm	4,75 kg

Rustikale Platte mit gewelltem Rand

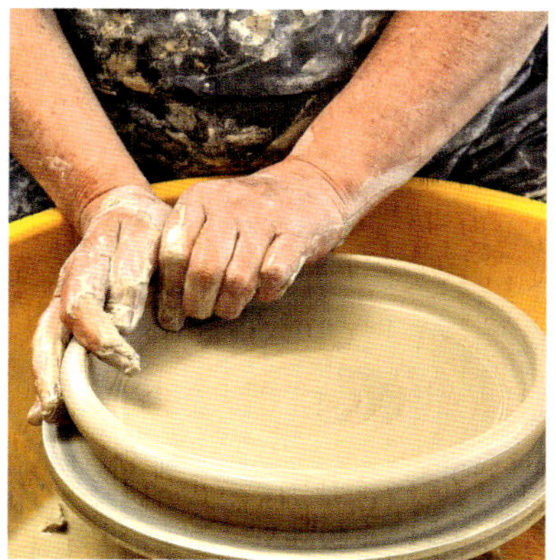

1 Folgen Sie der Anleitung auf den Seiten 99-100 bis Schritt 4. Weiten Sie den Boden, bis er fast die Größe der Aufsatzscheibe hat. Lassen Sie wie zuvor einen Wulst am Rand stehen, heben Sie den Übergang von Spiegel zu Wand aber nicht hervor. Ziehen Sie die Wandung vorsichtig mit dem Zangengriff hoch, während Sie mit der anderen Hand stützen und dafür sorgen, dass die Wandung sich nicht verzieht.

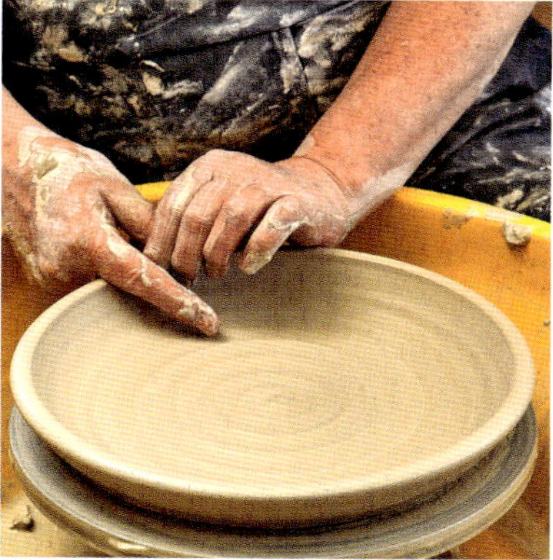

2 Behalten Sie den sanften Zangengriff mit einer Hand bei und ziehen Sie die Wandung in eine leichte Wölbung nach oben und ein wenig nach außen. Positionieren Sie die andere Hand im Scherengriff mit ausgestrecktem Zeigefinger daneben, sodass der Rand nicht aus der Form gerät. Gleichzeitig verdichten Sie den Ton auf diese Weise und machen ihn stabiler.

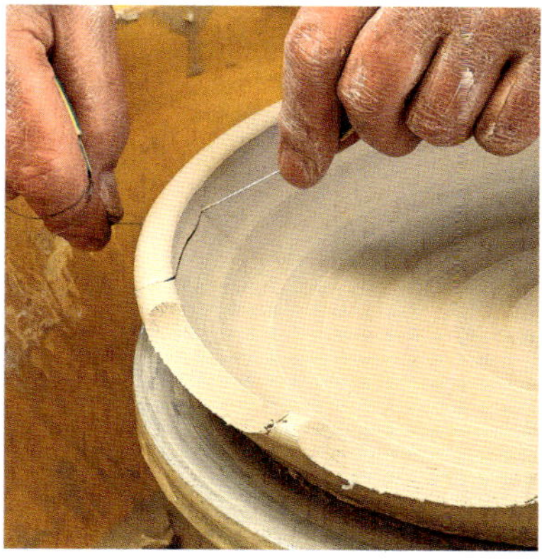

3 Wenn die Platte die gewünschte Form hat, entfernen Sie überschüssigen Schlicker mit einem Schwamm oder einer Drehschiene von Spiegel, Außenwand und Scheiberkopf. Spannen Sie einen Draht zwischen zwei Fingern und schneiden Sie in regelmäßigen Abständen Halbkreise aus dem Rand. Lassen Sie dazwischen einen kleinen Steg stehen. Wenn Sie sich nicht auf Ihr Augenmaß verlassen wollen, messen Sie vorher nach und zeichnen die Abstände ein.

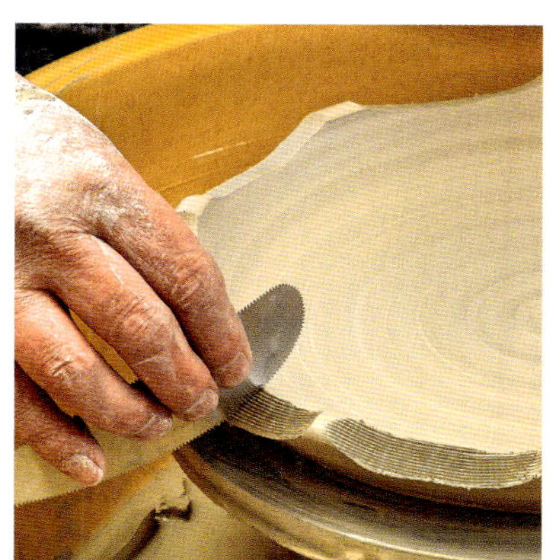

4 Fahren Sie mit einer gezahnten Niere oder einem ähnlichen Werkzeug über den Rand der Aussparungen, um ihnen ein muschelähnliches Dekor zu geben, das später das Wellenmuster am Boden aufgreift.

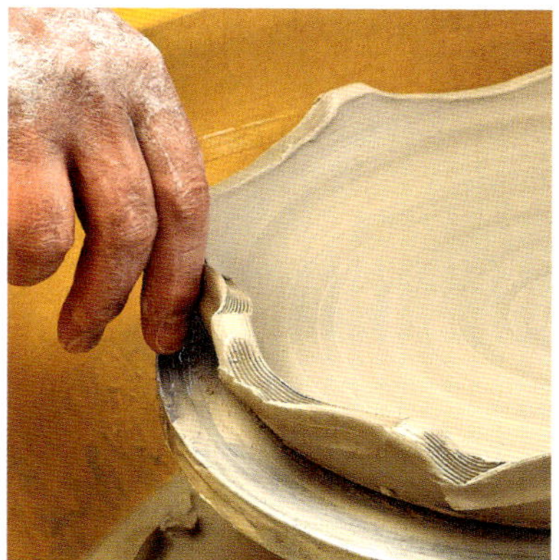

5 Drücken Sie zum Schluss seitlich mit dem Finger gegen den Ton der Aussparungen, sodass er nach oben und gleichzeitig ein wenig nach innen geschoben wird. Dadurch bekommt der Rand eine Wellenlinie, die an Muscheln erinnert. Nehmen Sie die Aufsatzscheibe mit der Platte vom Scheibenkopf und lassen Sie die Platte etwas trocknen, bevor Sie den Boden von der Holzscheibe schneiden (siehe „Bevor Sie anfangen").

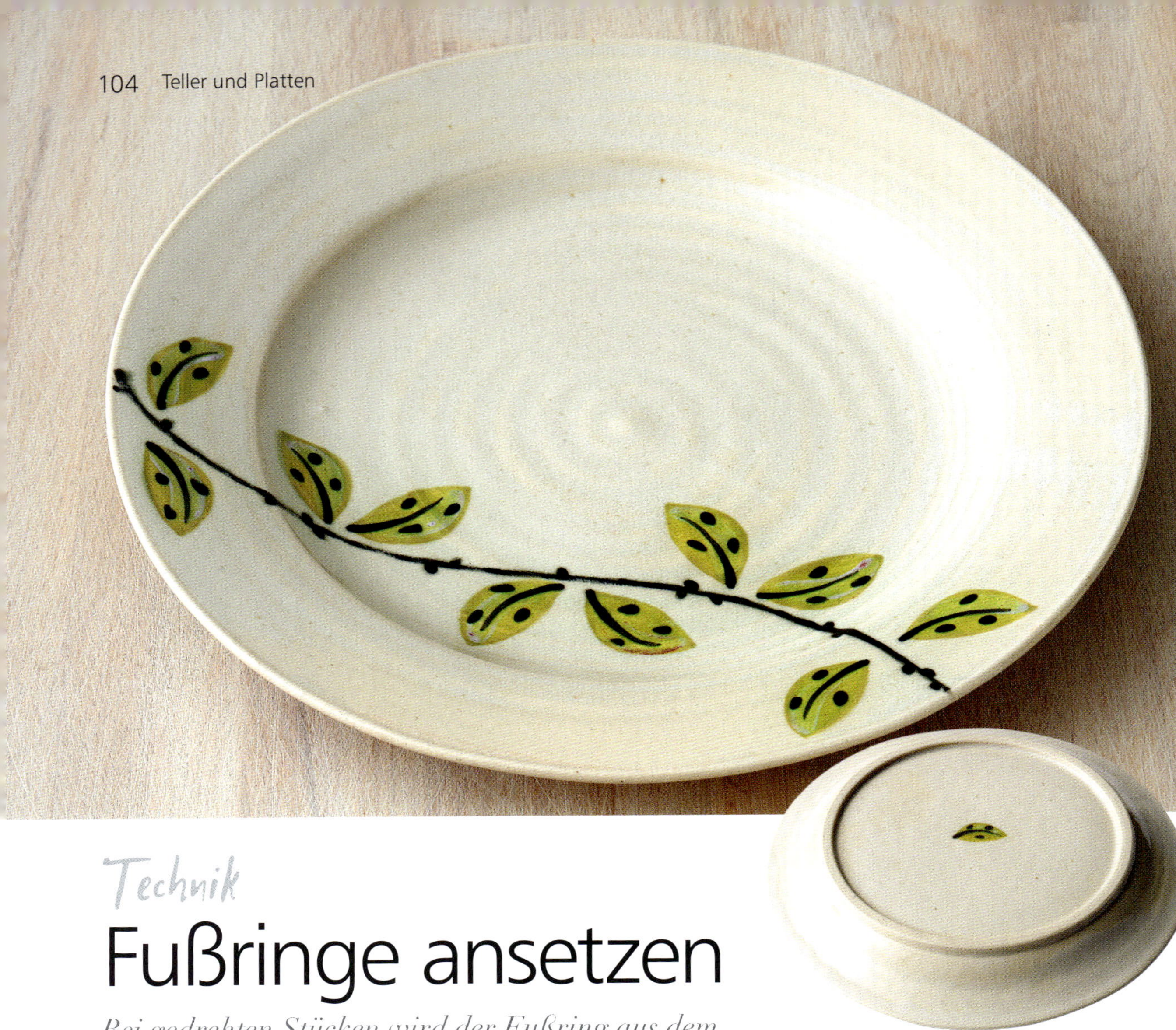

Technik

Fußringe ansetzen

Bei gedrehten Stücken wird der Fußring aus dem Ton des Bodens abgedreht. Bei Stücken, die in Aufbautechnik gefertigt werden, setzt man ihn separat an. Durch den Fußring kann die Unterseite glasiert werden – mit dem unglasierten Fußring als Abstandhalter brennt die glasierte Unterseite nicht an den Ofenplatten fest. Außerdem reduziert ein Fußring die Auflagefläche heißer Gefäße auf einer Oberfläche und gibt der Form Leichtigkeit und Charakter.

Fußring an einem Teller von Jacqui Atkin
An der Unterseite dieses Steinzeugtellers sehen Sie einen einfachen angedrehten Fußring. Ein größerer Teller braucht wahrscheinlich einen zweiten inneren Ring, damit der Spiegel beim Brand nicht einsackt. Das kleine Muster in Unterglasurfarbe ist ein hübsches Detail.

Kleine Teller wie Untertassen brauchen nur einen Fußring, bei größeren Tellern und Platten können aber zwei oder mehr Ringe nötig sein, um den Boden beim Brennen zu stützen, weil der Ton bei hohen Temperaturen erweicht und absinkt. Bei gedrehten Stücken verläuft das Andrehen des Fußrings immer nach derselben Methode, unabhängig von der Größe.

BEVOR SIE ANFANGEN

- Befestigen Sie den Unterteller mit einem weichen Tonfladen auf dem Scheibenkopf.
- Legen Sie den Unterteller möglichst mittig auf den Ton und klopfen Sie ihn in die richtige Position, wie auf Seite 38 beschrieben.
- Drehen Sie die Töpferscheibe zügig – nicht langsam.

Einen Fußring einer Untertasse abdrehen

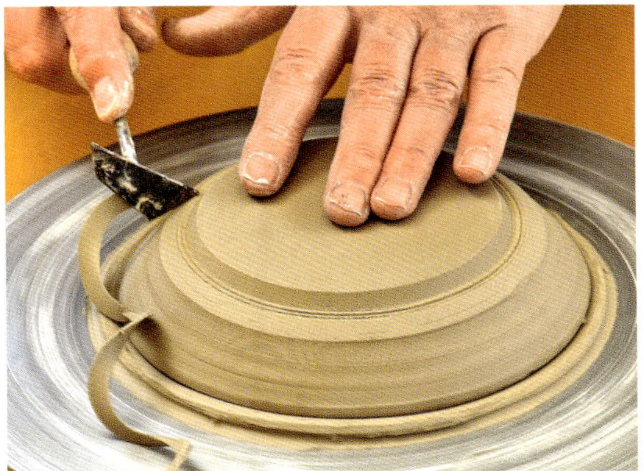

1 Mit den Fingern einer Hand halten Sie die Untertasse in Position, während der Daumen die Hand stützt, die das Abdreheisen führt. Markieren Sie den Durchmesser Ihres Fußrings mit einer Rille, dann halten Sie das Abdreheisen im rechten Winkel und schälen den Ton vertikal bis zum gewünschten Durchmesser ab.

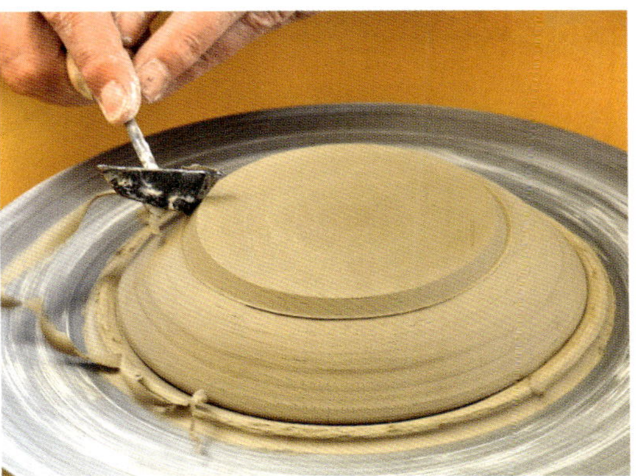

2 Wenn Höhe und Breite des Fußrings feststehen, drehen Sie den Ton unterhalb der äußeren Kante ab, sodass eine sanfte Wölbung entsteht, die der Krümmung auf der Oberseite entspricht. Halten Sie das Abdreheisen mit beiden Händen fest.

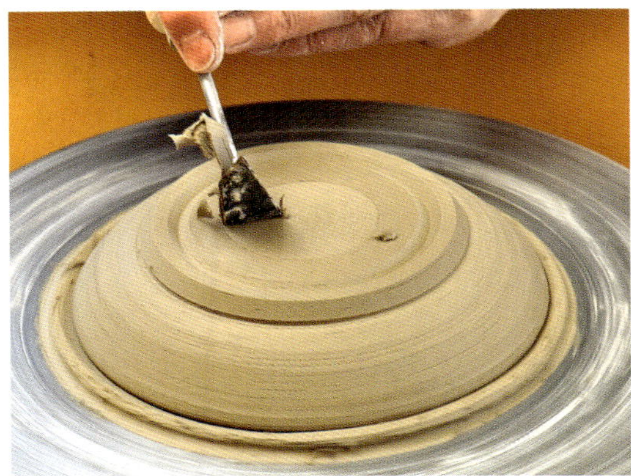

3 Markieren Sie die Breite des Fußrings mit einer weiter innen liegenden Rille. Drehen Sie den Ton innerhalb des Kreises entlang der Kreislinie ab. Zum Schluss schrägen Sie die Kanten des Fußrings leicht an und fahren mit leichtem Druck darüber.

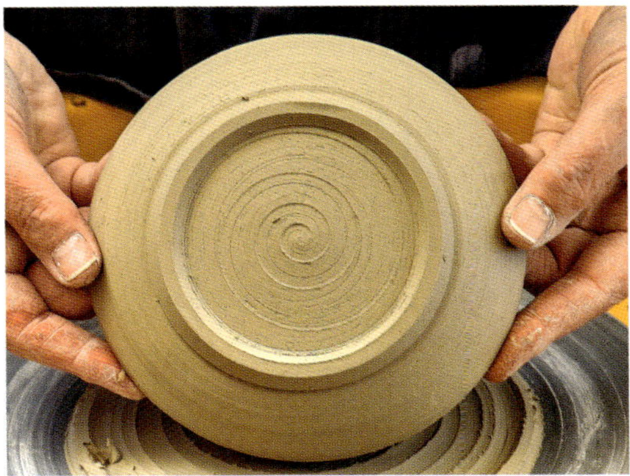

4 Der Fußring ist so massiv, dass der Unterteller nicht einfach umkippen kann. Gleichzeitig ist er so hoch, dass er eine heiße Tasse von einer Tischplatte fernhält. Die Kanten des Fußrings sollten abgeschrägt sein, um die Form nicht zu streng wirken zu lassen.

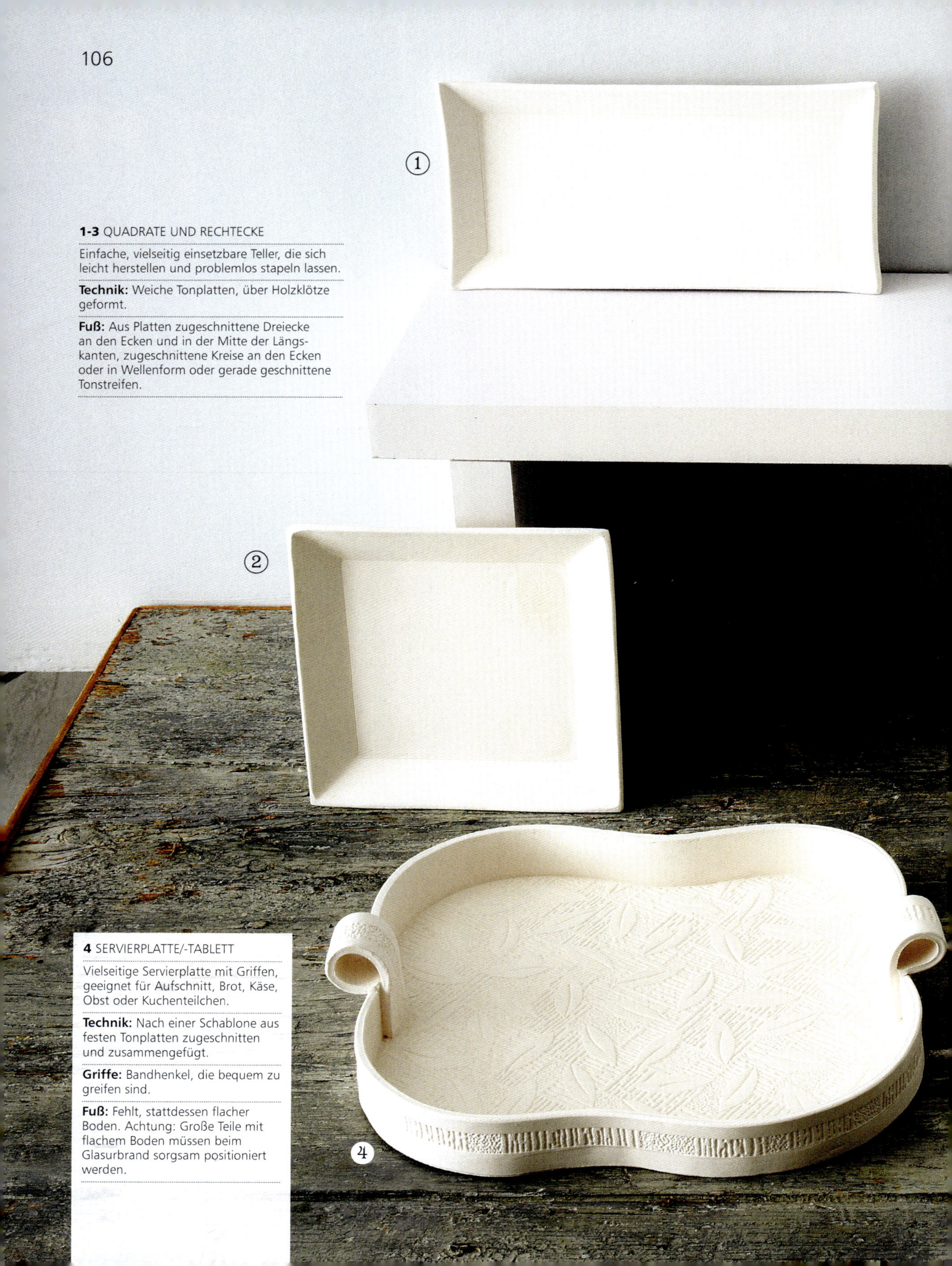

1-3 QUADRATE UND RECHTECKE

Einfache, vielseitig einsetzbare Teller, die sich leicht herstellen und problemlos stapeln lassen.

Technik: Weiche Tonplatten, über Holzklötze geformt.

Fuß: Aus Platten zugeschnittene Dreiecke an den Ecken und in der Mitte der Längskanten, zugeschnittene Kreise an den Ecken oder in Wellenform oder gerade geschnittene Tonstreifen.

4 SERVIERPLATTE/-TABLETT

Vielseitige Servierplatte mit Griffen, geeignet für Aufschnitt, Brot, Käse, Obst oder Kuchenteilchen.

Technik: Nach einer Schablone aus festen Tonplatten zugeschnitten und zusammengefügt.

Griffe: Bandhenkel, die bequem zu greifen sind.

Fuß: Fehlt, stattdessen flacher Boden. Achtung: Große Teile mit flachem Boden müssen beim Glasurbrand sorgsam positioniert werden.

Überlegungen zum Design

Varianten in Plattentechnik

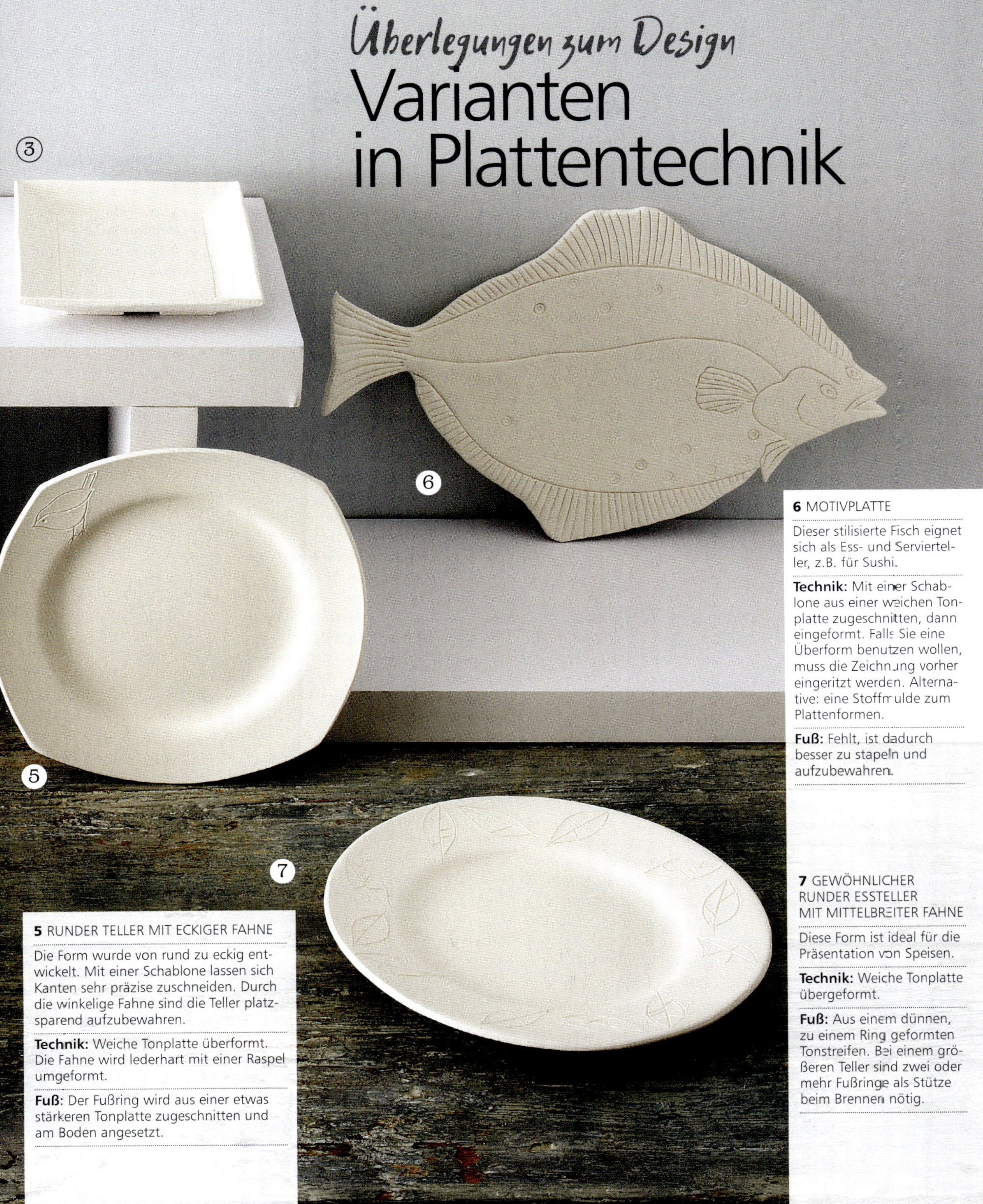

6 MOTIVPLATTE

Dieser stilisierte Fisch eignet sich als Ess- und Servierteller, z.B. für Sushi.

Technik: Mit einer Schablone aus einer weichen Tonplatte zugeschnitten, dann eingeformt. Falls Sie eine Überform benutzen wollen, muss die Zeichnung vorher eingeritzt werden. Alternative: eine Stoffmulde zum Plattenformen.

Fuß: Fehlt, ist dadurch besser zu stapeln und aufzubewahren.

5 RUNDER TELLER MIT ECKIGER FAHNE

Die Form wurde von rund zu eckig entwickelt. Mit einer Schablone lassen sich Kanten sehr präzise zuschneiden. Durch die winkelige Fahne sind die Teller platzsparend aufzubewahren.

Technik: Weiche Tonplatte überformt. Die Fahne wird lederhart mit einer Raspel umgeformt.

Fuß: Der Fußring wird aus einer etwas stärkeren Tonplatte zugeschnitten und am Boden angesetzt.

7 GEWÖHNLICHER RUNDER ESSTELLER MIT MITTELBREITER FAHNE

Diese Form ist ideal für die Präsentation von Speisen.

Technik: Weiche Tonplatte übergeformt.

Fuß: Aus einem dünnen, zu einem Ring geformten Tonstreifen. Bei einem größeren Teller sind zwei oder mehr Fußringe als Stütze beim Brennen nötig.

8 & 9 EINFACHE ESS- UND KUCHENTELLER

Der große Spiegel ist ideal für die Präsentation von Speisen. Der Boden ist flach, was das Stapeln und Aufbewahren im Schrank erleichtert.

Technik: Mit weichen Tonplatten in einer schlichten Gipsform eingeformt. Das geprägte Dekor lässt sich bei Serienfertigung leicht wiederholen.

Fuß: Die hier vorgestellten Stücke haben einen flachen Boden. Bei Bedarf können Fußringe angefügt werden.

11 & 12 UNTERTELLER

Einfache runde Unterteller mit unterschiedlich gestalteter Fahne.

Technik: Aus weicher Tonplatte über kuppelförmiger Überform gefertigt. Für die Vertiefung für die Tasse wurde eine dicke, runde Pappscheibe auf den Ton gewalzt. Aussparungen am Fahnenrand können vor dem Formen oder im lederharten Zustand vorgenommen werden.

Fuß: Ein Ring mit demselben Innendurchmesser wie die Pappscheibe, aus einer Platte ausgeschnitten.

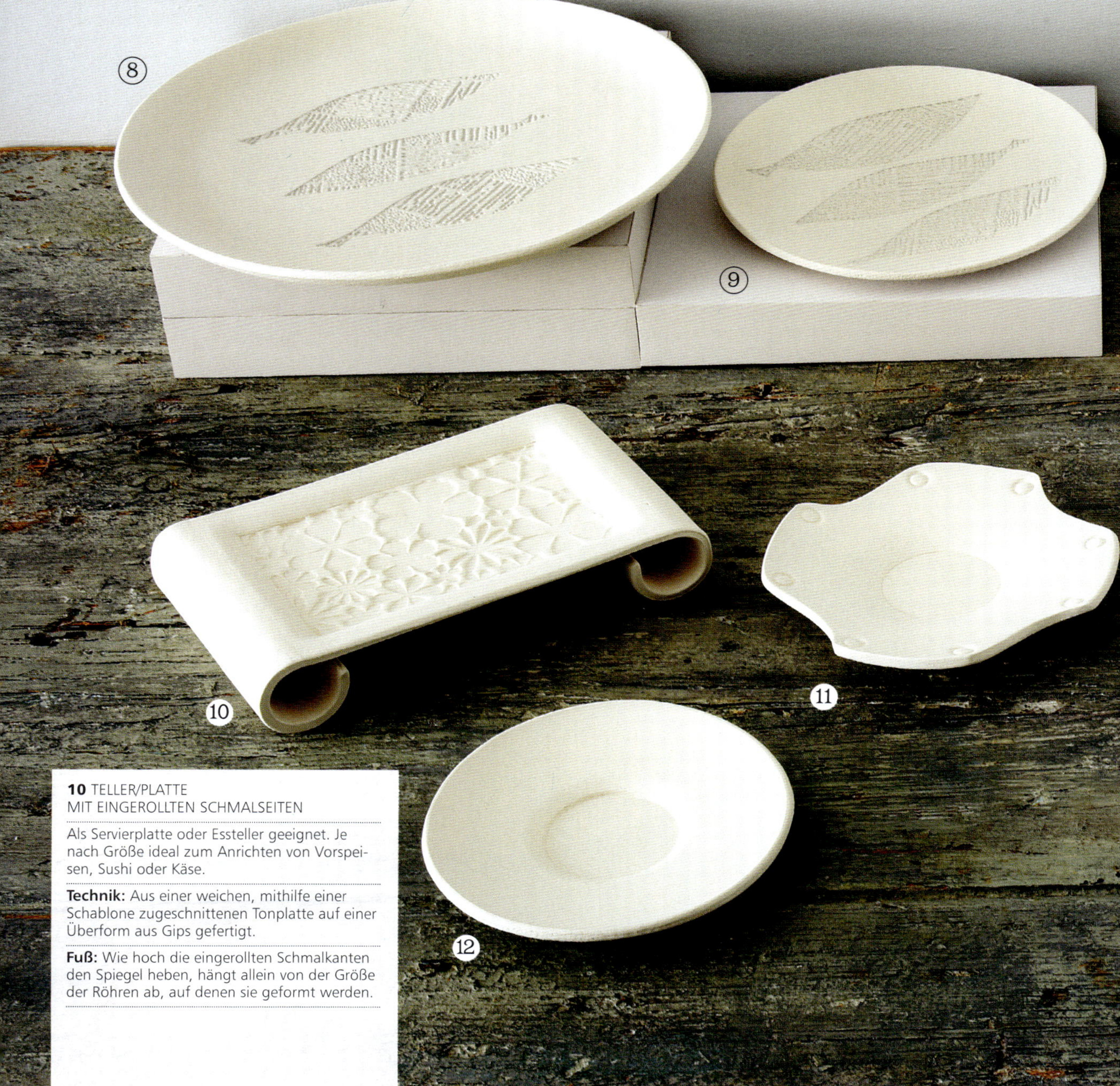

10 TELLER/PLATTE MIT EINGEROLLTEN SCHMALSEITEN

Als Servierplatte oder Essteller geeignet. Je nach Größe ideal zum Anrichten von Vorspeisen, Sushi oder Käse.

Technik: Aus einer weichen, mithilfe einer Schablone zugeschnittenen Tonplatte auf einer Überform aus Gips gefertigt.

Fuß: Wie hoch die eingerollten Schmalkanten den Spiegel heben, hängt allein von der Größe der Röhren ab, auf denen sie geformt werden.

14 GROSSE, RUNDE SERVIERPLATTE MIT BREITER FAHNE UND HENKELN

Eine vielseitig einsetzbare Servierplatte.

Technik: Aus einer weichen Tonplatte über einer hölzernen Aufsatzscheibe geformt. Die Fahne entsteht aus dem überstehenden Ton, der flach auf der Arbeitsfläche liegt.

Henkel: Die Grifföffnungen werden im lederharten Zustand eingeschnitten.

Fuß: Aus einer Tonplatte wellenförmig zugeschnittener Ring, der angesetzt wird, wenn der Ton noch auf der Überform liegt.

15 STILISIERTER FISCH

Eignet sich als Essteller oder Servierplatte.

Technik: Mithilfe einer Schablone aus einer weichen Tonplatte zugeschnitten.

Fuß: Breite Tonstreifen, die den Umriss des Fisches aufgreifen und angesetzt werden, wenn der Ton noch auf der Form liegt. Später wird überschüssiger Ton mit einer Raspel abgenommen, um die Wölbung der Servierplatte auszugleichen.

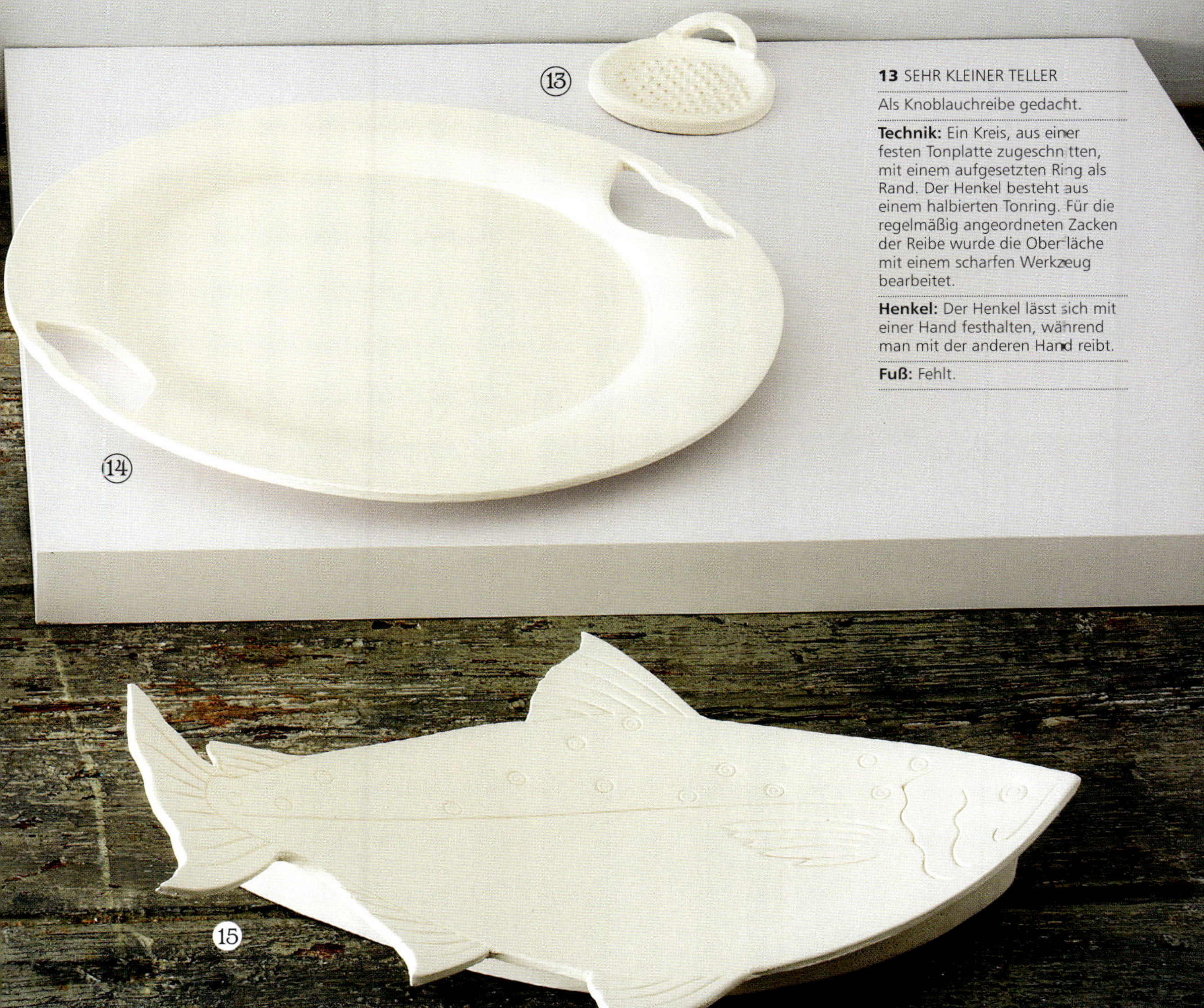

13 SEHR KLEINER TELLER

Als Knoblauchreibe gedacht.

Technik: Ein Kreis, aus einer festen Tonplatte zugeschnitten, mit einem aufgesetzten Ring als Rand. Der Henkel besteht aus einem halbierten Tonring. Für die regelmäßig angeordneten Zacken der Reibe wurde die Oberfläche mit einem scharfen Werkzeug bearbeitet.

Henkel: Der Henkel lässt sich mit einer Hand festhalten, während man mit der anderen Hand reibt.

Fuß: Fehlt.

Technik

Teller und Schalen aus Platten

Einer der Vorteile der Plattentechnik liegt darin, dass sich Teller und anderes Flachgeschirr mit einem Minimum an Ausrüstung formen lassen. Alles, was Sie außer den üblichen Werkzeugen eines Töpfers brauchen, können Sie selbst anfertigen – oder zweckentfremden. Selbst Gipsformen sind recht einfach herzustellen.

Um aus einer Tonplatte einen Teller zu machen, müssen Sie eigentlich nichts weiter tun, als V-förmige Einschnitte am Rand zu machen und die Schnittkanten zusammenzufügen. Auf diese Weise entsteht ganz von selbst ein aufsteigender Rand. Wie groß der Spiegel ist, hängt von der Größe der Einschnitte ab, sodass Sie eine Vielzahl an Gestaltungsmöglichkeiten haben.

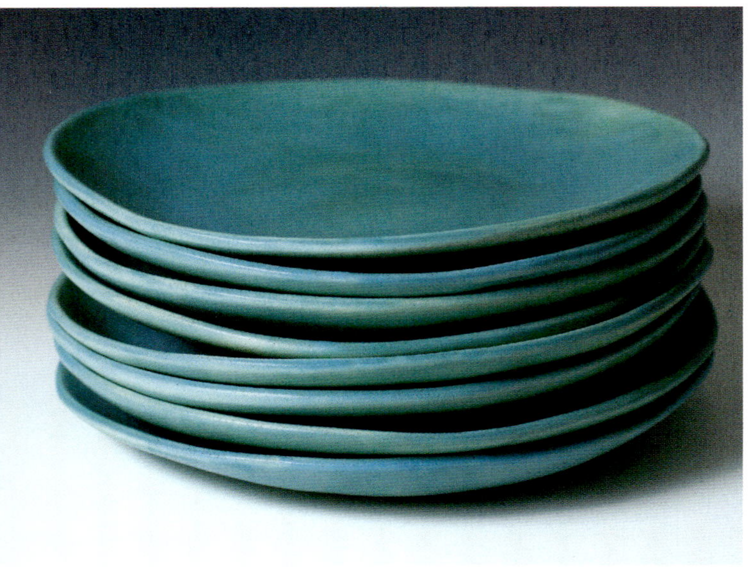

Teller aus Tonplatten von Crystal Van Wyk
Teller aus Tonplatten verziehen sich bei der Herstellung und beim Brand immer ein wenig. Bei diesen hochgebrannten, gesinterten Tellern lässt die schlichte türkisfarbene Glasur die bezaubernde Individualität jedes einzelnen Stücks besonders zutage treten.

Formen für Flachgeschirre

Hier ist eine Liste mit Gegenständen, die sich für die Herstellung von Tellern aus Tonplatten eignen.

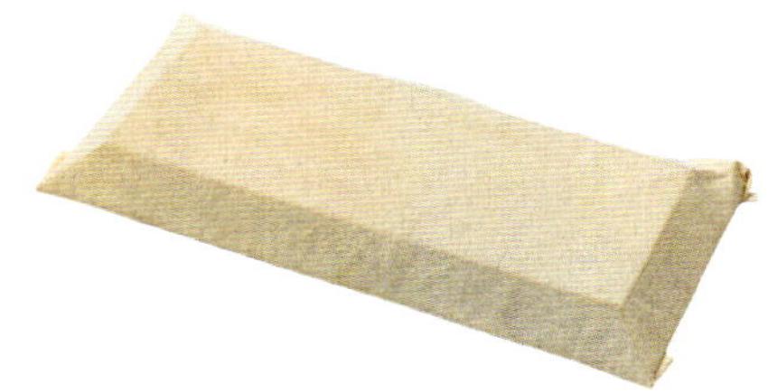

Ein- und Überformen aus Gips

Holzklötze als Überformen. Abgeschrägte Kanten bieten weitere Gestaltungsmöglichkeiten. Decken Sie die Form mit Baumwollstoff ab, damit der Ton nicht am Holz klebt.

Runde Aufsatzscheiben aus Holz. Eignen sich als Überformen für Teller.

Kleine Holzscheiben. Ideal als Überform für Unterteller.

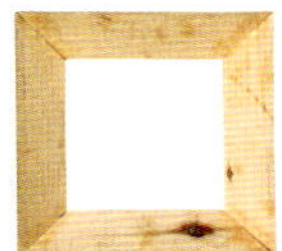
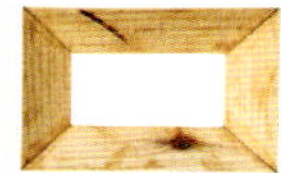
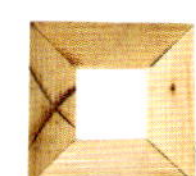

Bilderrahmen, am besten aus Holz. Eignen sich zum Ein- und Überformen.

Selbstgemachte Rahmen aus dreieckigen Profilhölzern. Im Holzhandel können Sie sich das Holz meist zuschneiden lassen, ansonsten reicht eine einfache Gehrungslade, um die Holzstücke auf Gehrung zu schneiden. Kleben und klammern Sie sie zusammen – und fertig ist die perfekte Einform.

Geschrühte Teller eignen sich hervorragend als Formen.

Weiche Tonplatten über einer runden Aufsatzscheibe

BEVOR SIE ANFANGEN

> Sie brauchen drei hölzerne Aufsatzscheiben: zwei große und eine kleinere, auf der der Tellerspiegel geformt wird. Die Breite der Fahne richtet sich danach, wieviel von der Tonplatte über der kleineren Aufsatzscheibe überhängt.

> Fertigen Sie eine Papierschablone mit Markierungen für die Position der kleineren Scheibe und eventuell anzusetzender Füße an (siehe Seite 114-115).

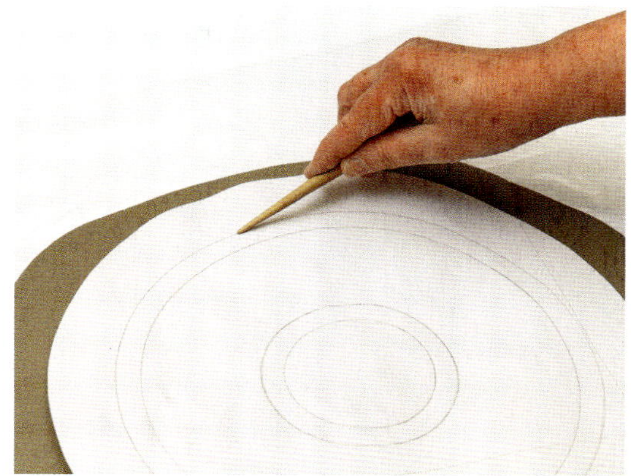

1 Walzen Sie eine große Tonplatte auf Plastikfolie aus und schneiden Sie mithilfe der Schablone einen Kreis in der erforderlichen Größe aus. Ziehen Sie die Markierungslinie für die kleine Aufsatzscheibe mit einem angespitzten Holzstab auf dem Papier nach, sodass sie auf den Ton kopiert wird.

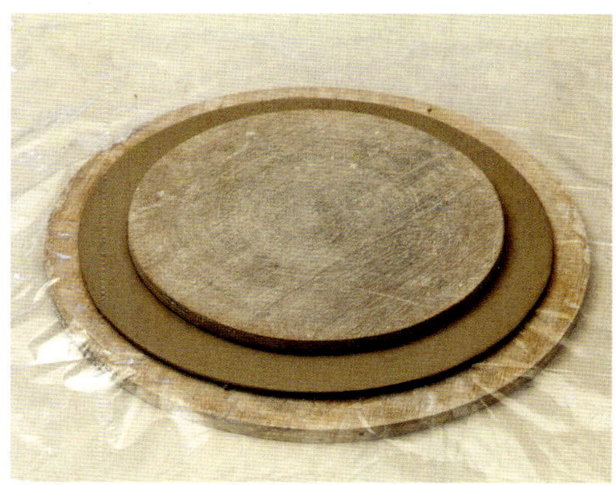

2 Heben Sie die Tonscheibe mitsamt der Plastikfolie auf eine der größeren Aufsatzscheiben. Dann legen Sie die kleine Scheibe auf den im Ton markierten Kreis.

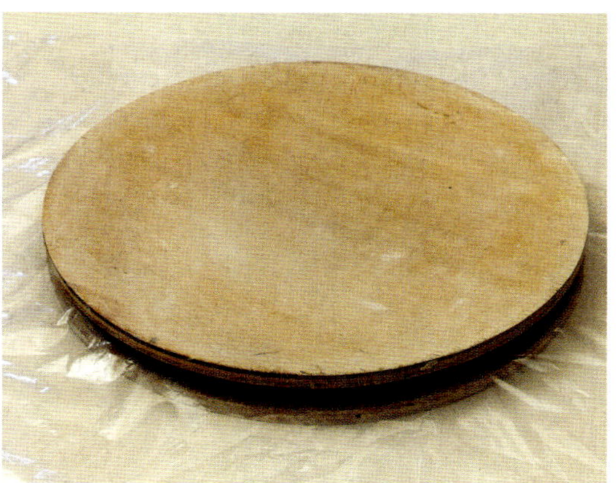

3 Legen Sie die zweite große Aufsatzscheibe auf die kleine und drehen Sie alles um. Die zuletzt aufgelegte Scheibe liegt nun unten. Nehmen Sie die zuoberst liegende Scheibe und die Plastikfolie ab, sodass der Tonkreis zum Vorschein kommt.

Fortsetzung: Teller aus Tonplatten

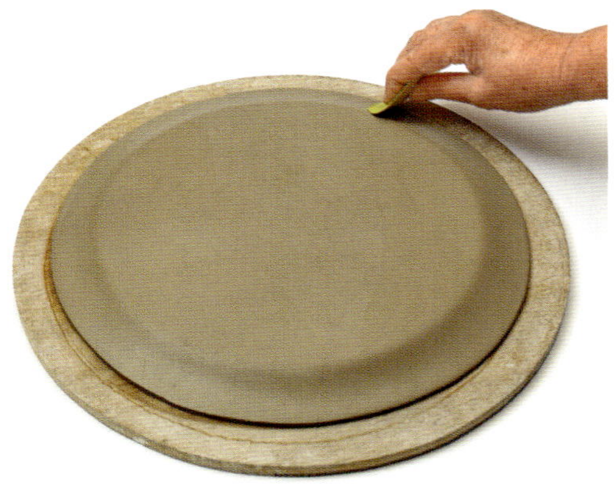

4 Mit einer biegsamen Gumminiere streichen Sie nun den überstehenden Tonrand über die Kante der kleineren Aufsatzscheibe glatt und gleichmäßig nach unten. Sie können den Tonrand auch über die Scheibenkante sacken lassen, indem Sie den gesamten Aufbau (große Scheibe und Ton über kleiner Scheibe) von oben flach herunterfallen lassen, doch dafür braucht man ein bisschen Übung. Setzen Sie nun die Füße an (siehe Seite 114-115).

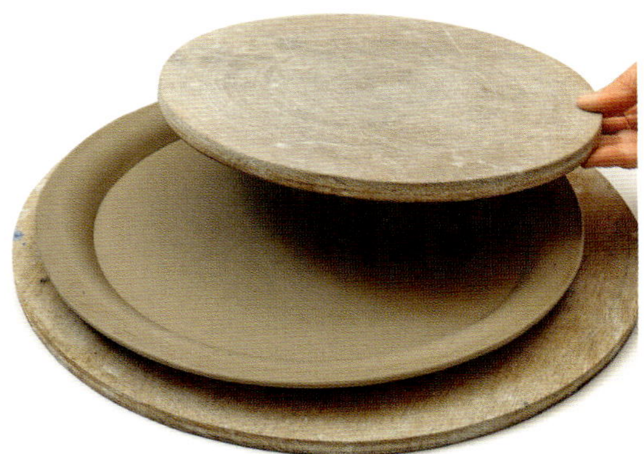

5 Lassen Sie den Teller lederhart werden. Legen Sie die andere große Aufsatzscheibe auf den Tellerboden und drehen Sie alles um, sodass der Teller richtigherum steht. Nehmen Sie vorsichtig die kleinere Aufsatzscheibe vom Spiegel.

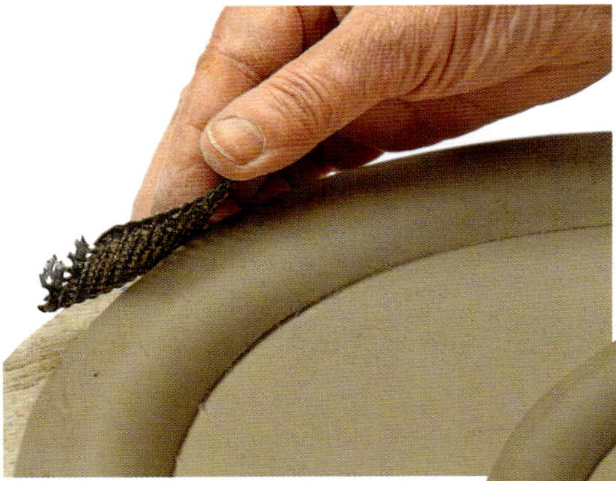

6 Korrigieren Sie kleinere Unebenheiten mit einer Raspel, dann glätten und runden Sie den Rand der Fahne mit einem Schwamm oder einer Gumminiere. In diesem Stadium können Sie auch Änderungen an der Form der Fahne vornehmen und z.B. Einschnitte machen oder Henkel anbringen.

Der glatte Tellerspiegel bietet eine ideale Grundlage für Dekore aller Art, entweder vor oder nach dem Schrühen.

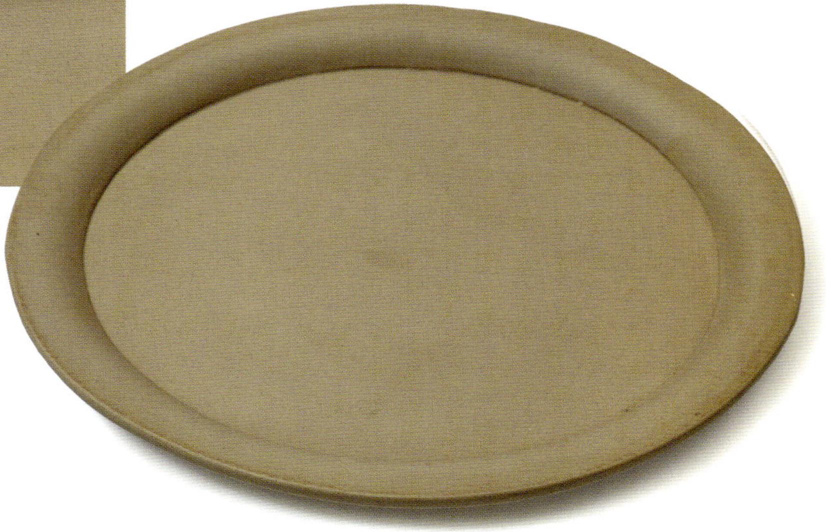

BEVOR SIE ANFANGEN

- Schrägen Sie die Kanten an einem Holzblock flach ab. Dafür brauchen Sie eine Gehrungssäge, doch im Baumarkt oder bei einem Schreiner können Sie sich die Kanten im gewünschten Winkel zuschneiden lassen. Die Tiefe der Schräge bestimmt die Tiefe des Tellers. Falls er Ihnen zu tief ist, können Sie den Tonrand später kürzen. Ein etwa 2,5 cm dicker Holzblock (vor dem Abschrägen) ist ideal.
- Hüllen Sie das Holz in Baumwollstoff, den Sie auf der Unterseite mit Klebeband befestigen.

Weiche Tonplatte über hölzerner Überform

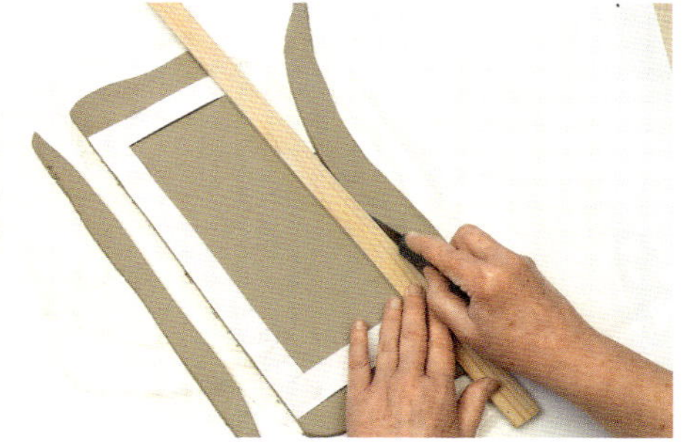

1 Walzen Sie den Ton in der gewünschten Stärke auf Plastikfolie aus und schneiden Sie ihn mithilfe eines Papierrahmens, der genau den Maßen der hölzernen Überform entspricht. Markieren Sie den Umriss der Holzfläche (ohne Schräge) im Ton. Diese Linie stellt den Übergang von Spiegel zu Fahne dar.

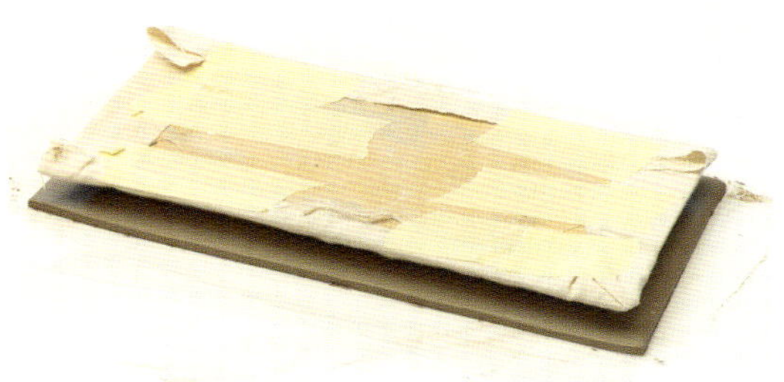

2 Stellen Sie den Holzblock mittig auf den Ton. Heben Sie die Plastikfolie hoch, damit der Ton nicht verrutscht, drehen Sie die Form vorsichtig um und stellen Sie sie auf eine Holzplatte, sodass der Tellerrand zugänglich bleibt.

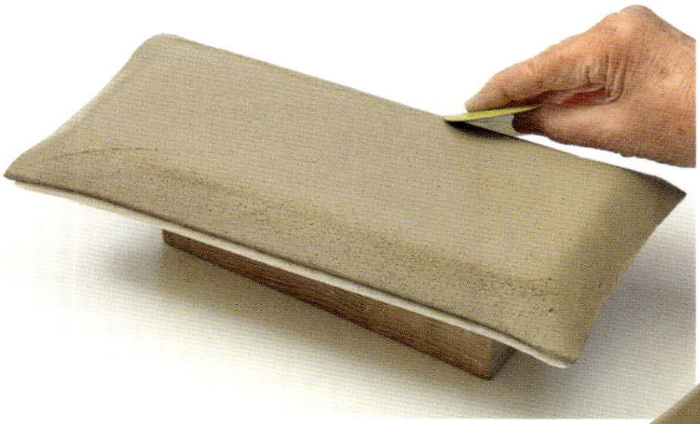

3 Mit einer Gumminiere streichen Sie den Tonrand behutsam auf die Schräge der Form. Achten Sie vor allem an den Ecken darauf, dass sich der Ton nicht verzieht. Fügen Sie eventuell Füße an (siehe Seite 114–115). Lassen Sie den Teller lederhart werden, bevor Sie ihn von der Form nehmen, die Kanten mit einer Raspel angleichen und mit einem feuchten Schwamm glätten.

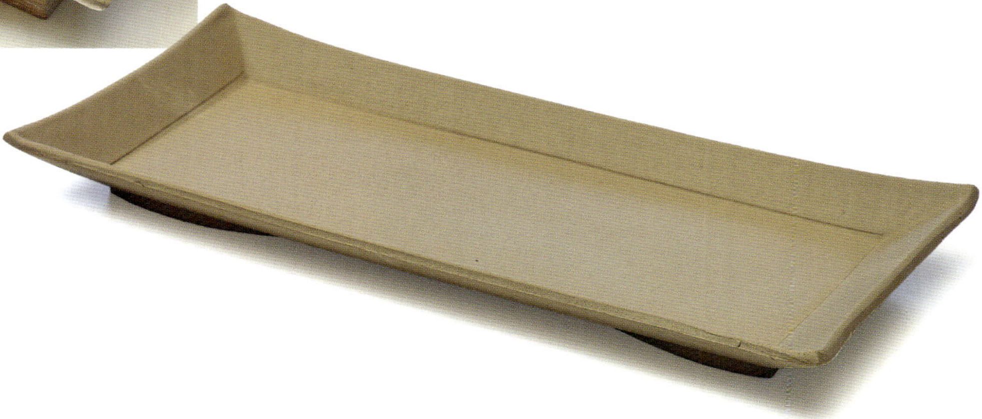

Solche Teller sind in der Küche unglaublich nützlich und durch ihre Form leicht zu verstauen. Mit etwas Geschick lassen sich auch verschiedene Größen im Küchenschrank stapeln, was ungemein praktisch ist.

Technik

Füße aus Platten

Bei Flachgeschirr aus Platten werden die Füße angesetzt und nicht durch Aushöhlen herausgearbeitet wie bei gedrehten Formen. Auch bei gedrehten Stücken können die Füße angefügt werden, doch meist ist es schneller, sie abzudrehen, vor allem bei größeren Serien. Manche Keramiker entscheiden sich für gedrehte, umgeformte oder gezogene Füße, die im lederharten Zustand angesetzt werden.

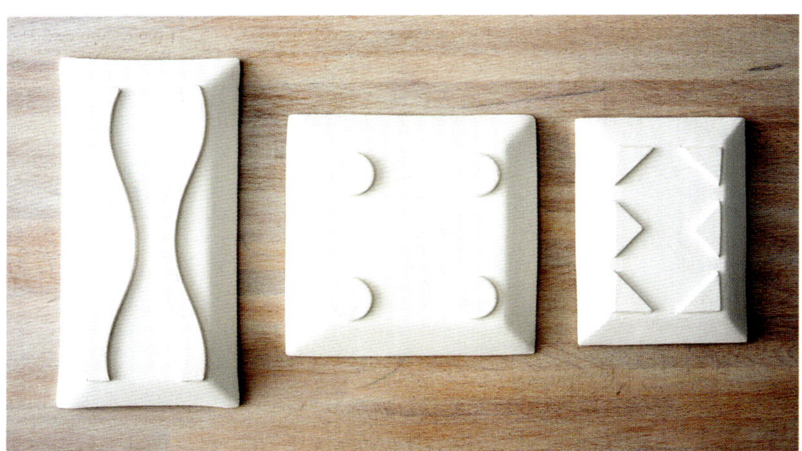

BEVOR SIE ANFANGEN

- Fertigen Sie eine Schablone von zwei Ringen an, die den doppelten Fußring bilden, am besten, wenn Sie die Schablone für den Teller oder die Platte machen.
- Keksausstecher in gestaffelten Größen sind sehr nützlich, um kleine Ringe und andere Formen vor allem für Unterteller akkurat anzufertigen. Meist gibt es sie in Sets zu sechs Stück, sodass Sie viele Variationsmöglichkeiten haben.

Bei Tellern und Platten in Plattentechnik können Sie Ihrer Kreativität bei den Füßen freien Lauf lassen: Von einfachen Kreisen bis hin zu außergewöhnlichen und abstrakten Formen ist alles möglich. Wichtig ist jedoch in jedem Fall, dass die Verbindung zwischen Fuß und Boden sicher ist, daher müssen die Ansatzstellen vor dem Zusammenfügen immer aufgeraut und mit Schlicker bestrichen werden.

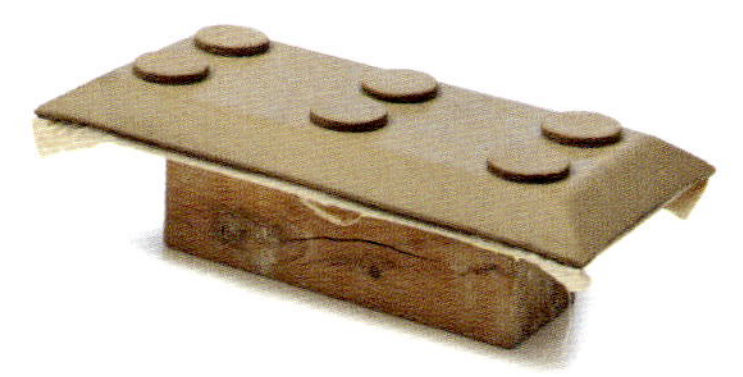

Einfache Kreise
Damit die Kreise die gleiche Stärke haben wie der Teller, werden sie nach dem Formen aus Plattenresten ausgeschnitten. Mit einem Ausstecher werden sie alle gleich groß. Markieren Sie die Ansatzstellen am Boden des Tellers, rauen Sie sie auf und bestreichen Sie sie mit Schlicker, bevor Sie sie ansetzen.

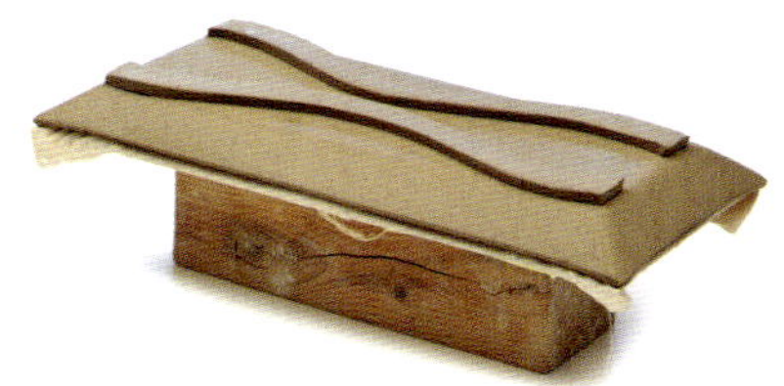

Wellen
Nicht alle Streifen müssen gerade sein! Schneiden Sie mit einer Schablone zwei oder mehr wellige Streifen zu. Die Wellen können längs oder quer verlaufen oder einen Rahmen bilden. Rauen Sie die Ansatzstellen auf und schlickern Sie sie, bevor Sie sie zusammenfügen.

Doppelter Fußring aus Platten für eine große Platte

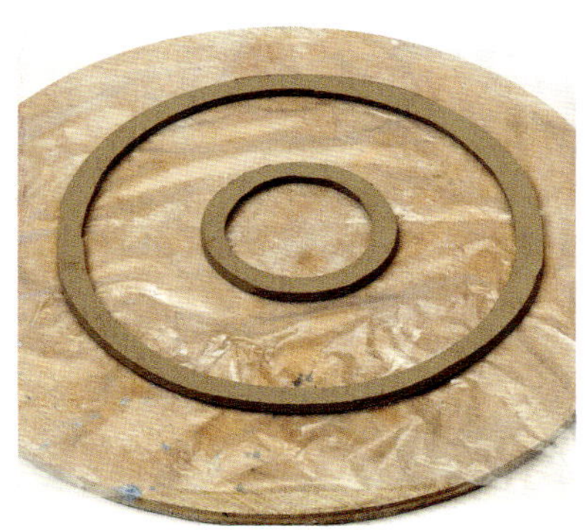

1 Walzen Sie eine große Tonplatte in der gewünschten Stärke auf einer Plastikfolie aus. Legen Sie die Schablonen auf, markieren Sie die Umrisse im Ton und schneiden Sie vorsichtig den Ton ringsum aus. Lassen Sie die Ringe auf der Folie liegen.

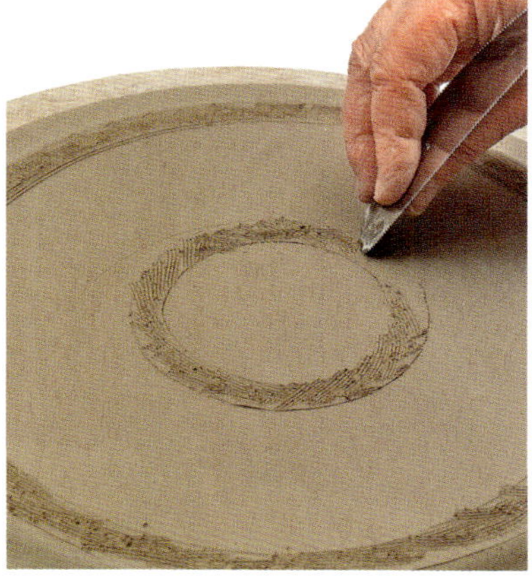

2 Markieren Sie mit denselben Schablonen die entsprechenden Stellen auf dem Tellerboden. Rauen Sie die Ansatzstellen auf dem Boden und der Oberseite der Ringe mit einem gezahnten Werkzeug aus und schlickern Sie sie.

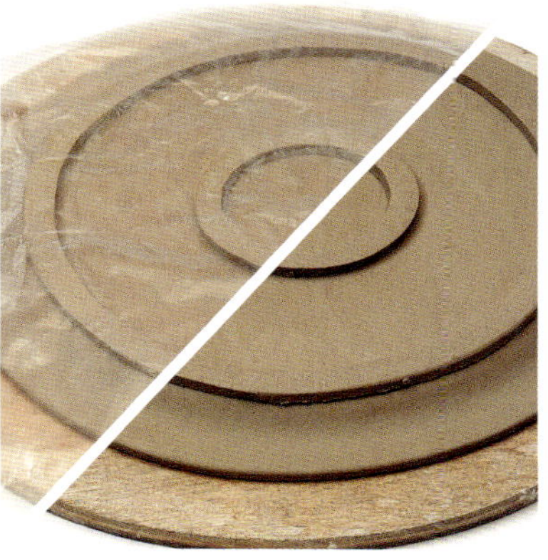

3 Drehen Sie die Plastikfolie mit den Ringen darauf um und bringen Sie die Ringe in Position auf dem Tellerboden. Die Ringe sollten normalerweise auf der Plastikfolie haften. Nehmen Sie die Folie erst ab, wenn die Ringe richtig positioniert sind. Legen Sie eine hölzerne Aufsatzscheibe über die Ringe, drücken Sie sie leicht an und entfernen Sie überschüssigen Schlicker.

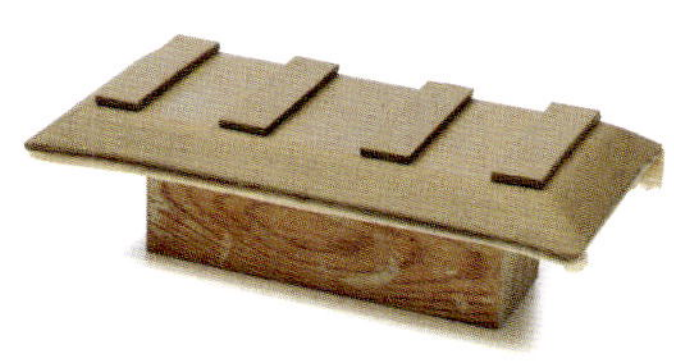

Streifen
Schneiden Sie einen gleichmäßig breiten Streifen zu, vierteln Sie ihn und befestigen Sie die Abschnitte in regelmäßigen Abständen nebeneinander auf dem Boden der Platte.

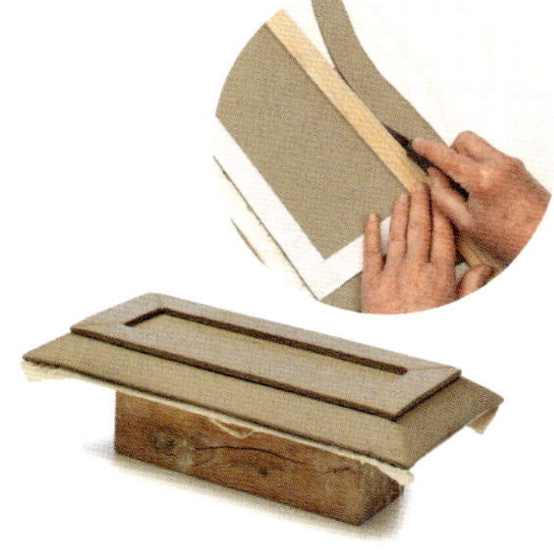

Rahmen
Schneiden Sie mit einem Lineal Streifen in gleicher Breite zu. Schrägen Sie die Ecken ab und fügen Sie die Streifen zu einem Rahmen zusammen. Rauen Sie die Ansatzstellen an, schlickern Sie sie und setzen Sie den Rahmen an.

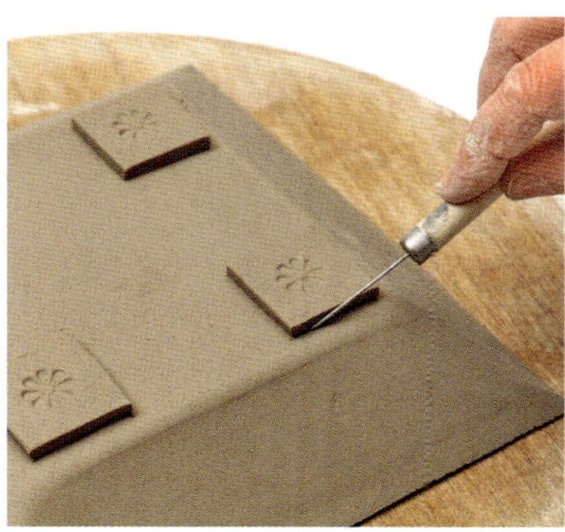

Quadrate
Es ist eine gute Idee, die Gestaltung der Füße an der Form des Tellers zu orientieren. Noch schöner ist es jedoch, wenn man am Boden ein hübsches Prägemuster entdeckt. Machen Sie es, bevor Sie die Füße ansetzen.

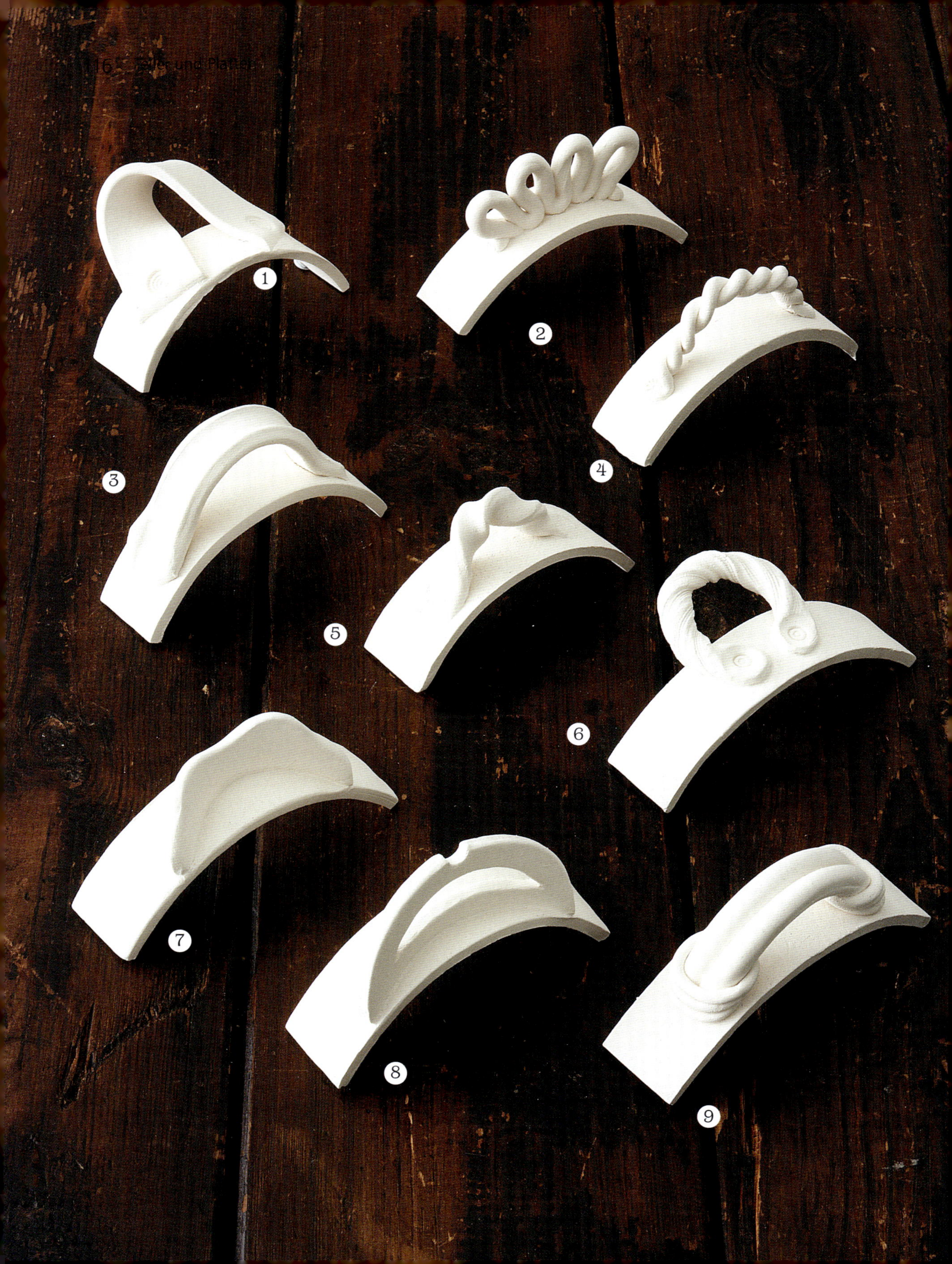
1
2
3
4
5
6
7
8
9

Überlegungen zum Design

Henkel – rollen, zuschneiden, ziehen

1 BANDHENKEL

Ein einfacher Bandhenkel bietet vielfältige Gestaltungsmöglichkeiten. Hier ist ein Ende mit der Außen- und das andere Ende mit der Innenseite angesetzt. Ein kleines Prägemuster ist hübsch und verstärkt die Haftung.

Passt zu Servierplatten und kann entweder auf oder unter der Fahne angesetzt werden, sodass die Platte bequemer hochzuheben ist.

2 IN SCHLAUFEN GELEGTER WULST

Dieser Griff besteht aus einem relativ dünnen, runden Wulst, der zu mehreren aneinanderliegenden Schlaufen geformt wurde. Sie können die Schlaufen zu den Enden hin kleiner werden lassen und sie auf dem Rand oder an der Wandung anbringen.

Passt zu Servierplatten. Bei einer breiten Fahne kann der Griff an den Fahnenrand gesetzt werden, bei flachen Platten mit sehr schmaler Fahne sieht es gut aus, wenn der Griff rechtwinklig zum Rand angesetzt wird.

3 GEZOGENER HENKEL

An einem einfachen gezogenen Henkel lassen sich große, tiefe Servierplatten bequem greifen. Setzen Sie ihn auf die Außenkante der Wandung oder auf die Fahne, wenn sie breit genug ist.

Passt zu großen Servierplatten im rustikalen Stil, unabhängig von der Herstellungstechnik.

4 DOPPELTER WULST

Zwei dünne, miteinander verdrehte Wülste ergeben einen besonders stabilen Henkel. Je nach Stil der Servierplatte können die Wülste auch dicker sein. Sie können auch erst verzwirbeln und dann mit einer Holzwalze mit gleichmäßigem Druck ein wenig abflachen.

Passt zu rustikalen Servierplatten. Sie können sie auf dem Rand, an der Wandung ansetzen oder auch an der Unterseite der Platte anbringen.

5 GEZOGEN UND GEDREHT

Beim Ziehen ist der Ton besonders formbar, weil dabei mehr Wasser als sonst benutzt wird. Daher ist diese Methode ideal für verdrehte Henkel, die aus einem dünnen, gezogenen Tonstreifen hergestellt und an den Enden an der Servierplatte befestigt werden.

Passt zu rustikalen Servierplatten im Landhausstil. Kann an der Außenwand einer flachen Schale so angebracht werden, dass der Henkel nach oben zeigt, oder an der Unterseite der Fahne, wenn sie breit genug ist.

6 GEZOGEN, GERILLT UND GEDREHT

Der dünne, gezogene Wulst wird der Länge nach geritzt und dann gedreht. Diese Methode eignet sich auch für stabilere Henkel aus dicken Wülsten.

Passt zu rustikalen Servierplatten im Landhausstil mit muschelförmig geschweiftem Rand, unabhängig von der Herstellungstechnik. Besonders gut sieht es aus, wenn sich die Schlaufen jeweils über einer Aussparung befinden.

7 STILISIERTE PLATTE

Dieser stilisierte Griff wurde mithilfe einer Schablone aus einer Tonplatte ausgeschnitten. Als Alternative ließe sich dieser Umriss aus der Fahne schneiden, wenn sie breit genug ist. Dieser Griff, der für die Außenwand einer flachen Servierplatte gedacht ist, wurde gerundet, er kann aber auch ohne Rundung als Erweiterung der Fahne an den Rand gesetzt werden.

Passt zu unregelmäßig geformten, in Plattentechnik gefertigten Serviertellern und Tabletts.

8 FLACHER BOGEN

Stechen Sie den Außendurchmesser eines Kreises mit einer Ausstechform mit glattem oder gewelltem Rand aus einer Tonplatte aus. Mit einem weiteren Ausstecher stechen Sie aus diesem Kreis einen kleineren Kreis aus, sodass ein Ring entsteht. Die Breite hängt von der Größe des zweiten Ausstechers ab. Gestalten Sie die Kanten nach Wunsch. Dieser Henkel wurde gekrümmt, kann aber auch flach angesetzt werden.

Passt zu jeder Art von Servierplatte, vor allem aber zu abstrakten Formen. Wählen Sie die Befestigung, die am besten zum Stil der Platte passt, entweder seitlich oder nach oben abstehend.

9 DOPPELWULST

Hier wurden zwei Wülste der Länge nach aneinandergefügt. Die Enden wurden an der Wandung befestigt und dann mit sehr dünnen Wülsten umwickelt. Der Henkel erinnert dadurch an einen Korbhenkel.

Passt zu Servierplatten aus verwobenen Wülsten, die den Stil der Henkel aufgreifen ist aber auch für alle anderen Formen und Herstellungsarten geeignet.

Technik

Henkel für flache Platten

Eigentlich ist eine Servierplatte nichts anderes als ein Tablett aus Ton: eine große ebene Fläche, auf der Speisen angerichtet und serviert werden. Daher sollte sie bequem anzuheben sein. Henkel gehören jedoch nicht nur aus praktischen Gründen dazu, sondern runden die gesamte Form und ihre Gestaltung ab.

Bei Servierplatten, die in Plattentechnik gefertigt werden, ist es das Einfachste, die Henkel an den Korpus anzuschneiden und sie so zum Teil der Form zu machen. Dazu müssen sie von Anfang an eingeplant werden. Außerdem sind dazu eine besonders breite Fahne oder ein hoher Rand nötig, um die Henkel daraus zuzuschneiden.

Auch wenn die Servierplatte aus Tonplatten hergestellt ist, können die Henkel auch aus Wülsten gefertigt oder gezogen werden, da sich alle Techniken mischen lassen. Das Wichtigste ist, dass sie gut greifbar und stabil genug sind, um ihren Zweck zu erfüllen.

Servierplatte mit Henkeln
von Jacqui Atkin
Das farbige Dekor der texturierten Platten aus weißem Irdenwareton entstand durch unterschiedliche Techniken mit Unterglasurfarbe der Serie Velvet, u.a Malen, Schmirgeln und Farbauftrag mit dem Schwamm, bevor eine transparente Glasur aufgetragen wurde. Gebrannt bis 1120°C im Elektroofen.

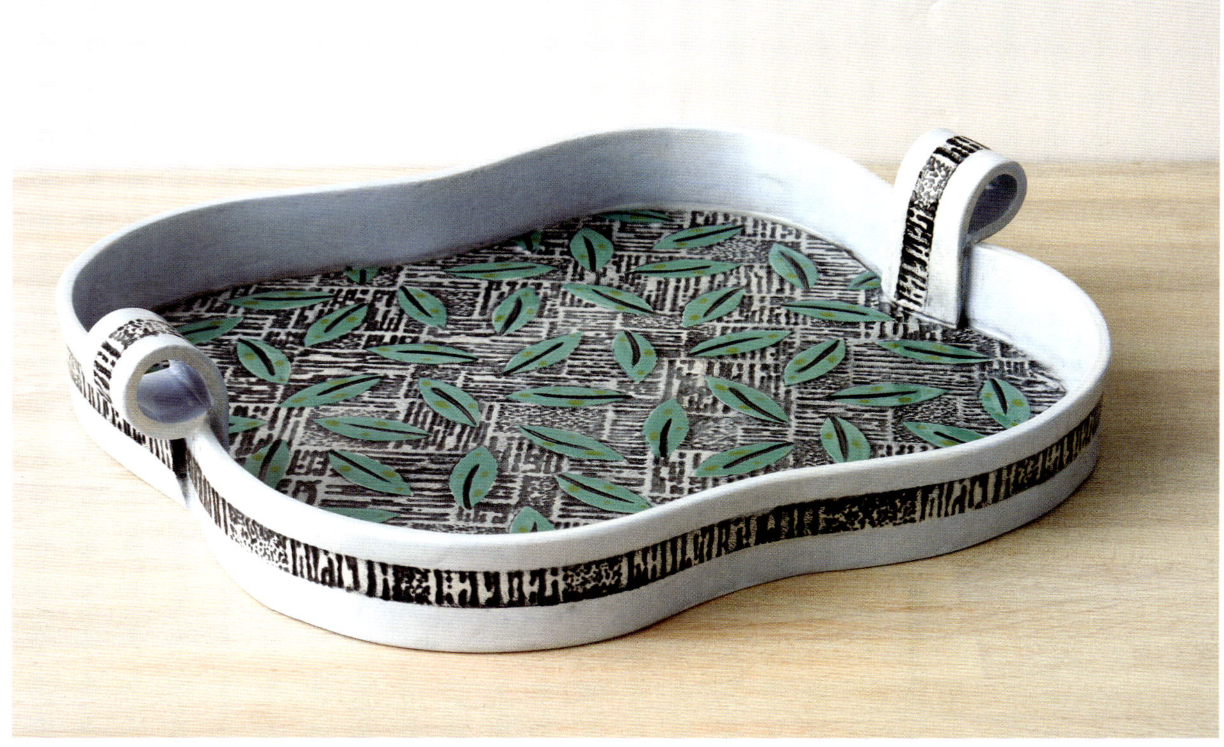

Henkel aus Platten – schnell und einfach

Aus Tonplatten lassen sich schöne und einzigartige Henkel herstellen. Hier zeigen wir Ihnen einfache Beispiele für den Anfang. Um für sicheren Halt zu sorgen, rauen Sie alle Ansatzstellen auf und schlickern sie vor dem Ansetzen.

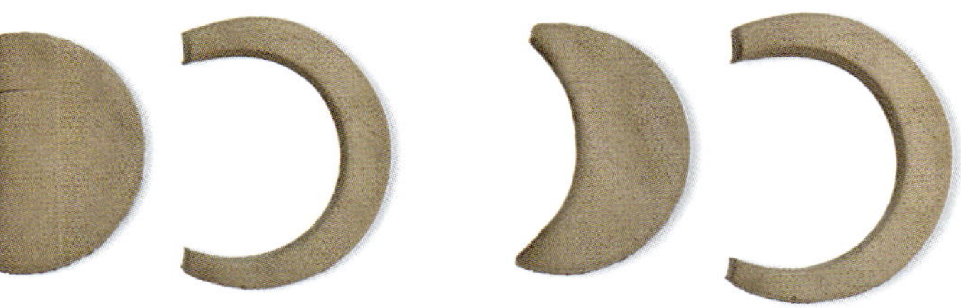

Ausgestochene Schlaufen

Mit zwei unterschiedlich großen Ausstechformen schneiden Sie einen Halbkreis aus einer Tonplatte, die dieselbe Stärke hat wie für die Herstellung der Servierplatte. Dadurch entstehen gleich zwei mögliche Henkel: eine Schlaufe und ein Halbmond. Schlaufen können als horizontale Verlängerung der Fahne oder vertikal auf der Kante angesetzt werden. Aus dem Halbkreis lässt sich eine schmale Mondsichel zuschneiden, die ebenso angesetzt wird wie eine geschlossene Form.

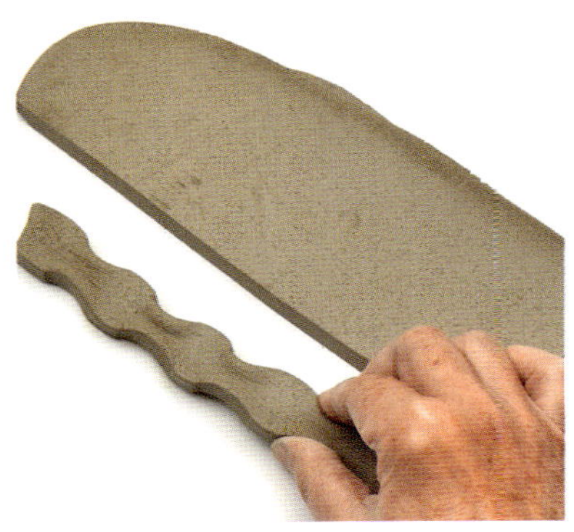

Streifen mit Wellenrand

Walzen Sie eine Tonplatte aus, die etwas dicker ist als die für die Servierplatte. Schneiden Sie einen etwa 2,5 cm breiten Streifen daraus zu. Fahren Sie mit Daumen und Zeigefinger an der Oberseite der Längskanten entlang, um sie zu glätten und zu runden. Drehen Sie den Streifen um und wiederholen Sie diesen Schritt. Dann drücken Sie die Seiten in regelmäßigen Abständen zusammen. Der Henkel kann nun gebogen oder anderweitig geformt werden, um ihn dem Stil der Platte anzupassen.

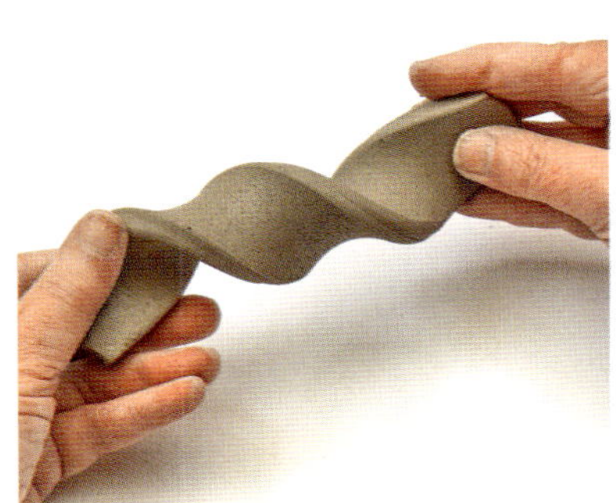

Verdrehter Henkel

Für diesen besonders stabilen Henkel folgen Sie der Anleitung für den Streifen mit Wellenrand und glätten Sie die Kanten wie beschrieben. Halten Sie dann ein Ende gut fest, während Sie das andere drehen. In der Mitte sollte mindestens eine volle Umdrehung entstehen, nach Wunsch auch mehr. Befestigen Sie den Henkel so an der Servierplatte, dass die Spiralmitte ein wenig höher liegt als der Spiegel.

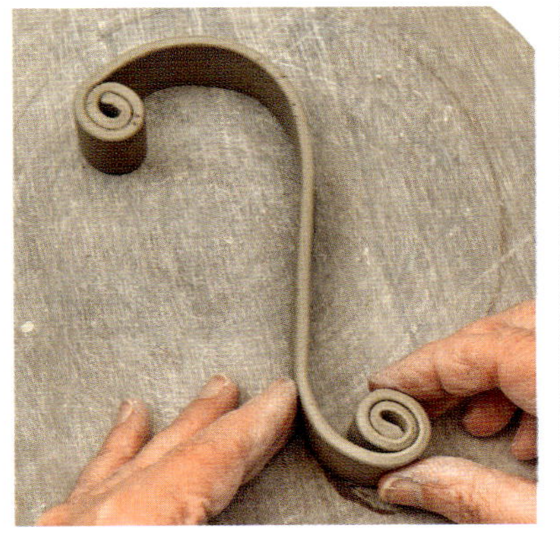

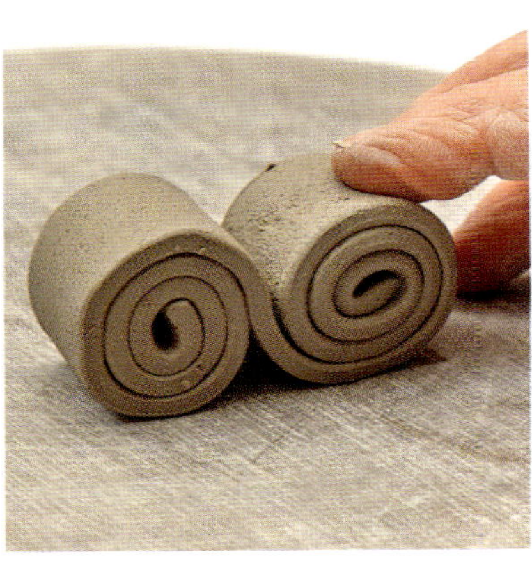

Spiralhenkel

Auch hier folgen Sie zunächst der Anleitung für den Streifen mit Wellenrand. Nach dem Ausschneiden und Glätten formen Sie ein umgedrehtes „S", nachdem Sie die Enden ein Stück aufgerollt haben. Der Henkel kann aufrecht stehend auf dem Spiegel der Servierplatte angebracht oder seitlich als Verlängerung angesetzt werden. Die Enden können in derselben Richtung oder gegenläufig aufgerollt werden wie bei unserem Beispiel. Wenn Sie beide Enden aufrollen, bis die Spiralen aneinanderstoßen, entsteht ein kompakter Griff, der am besten seitlich an der Servierplatte angebracht wird. Nach Möglichkeit sollten die Spiralen von oben zu sehen sein.

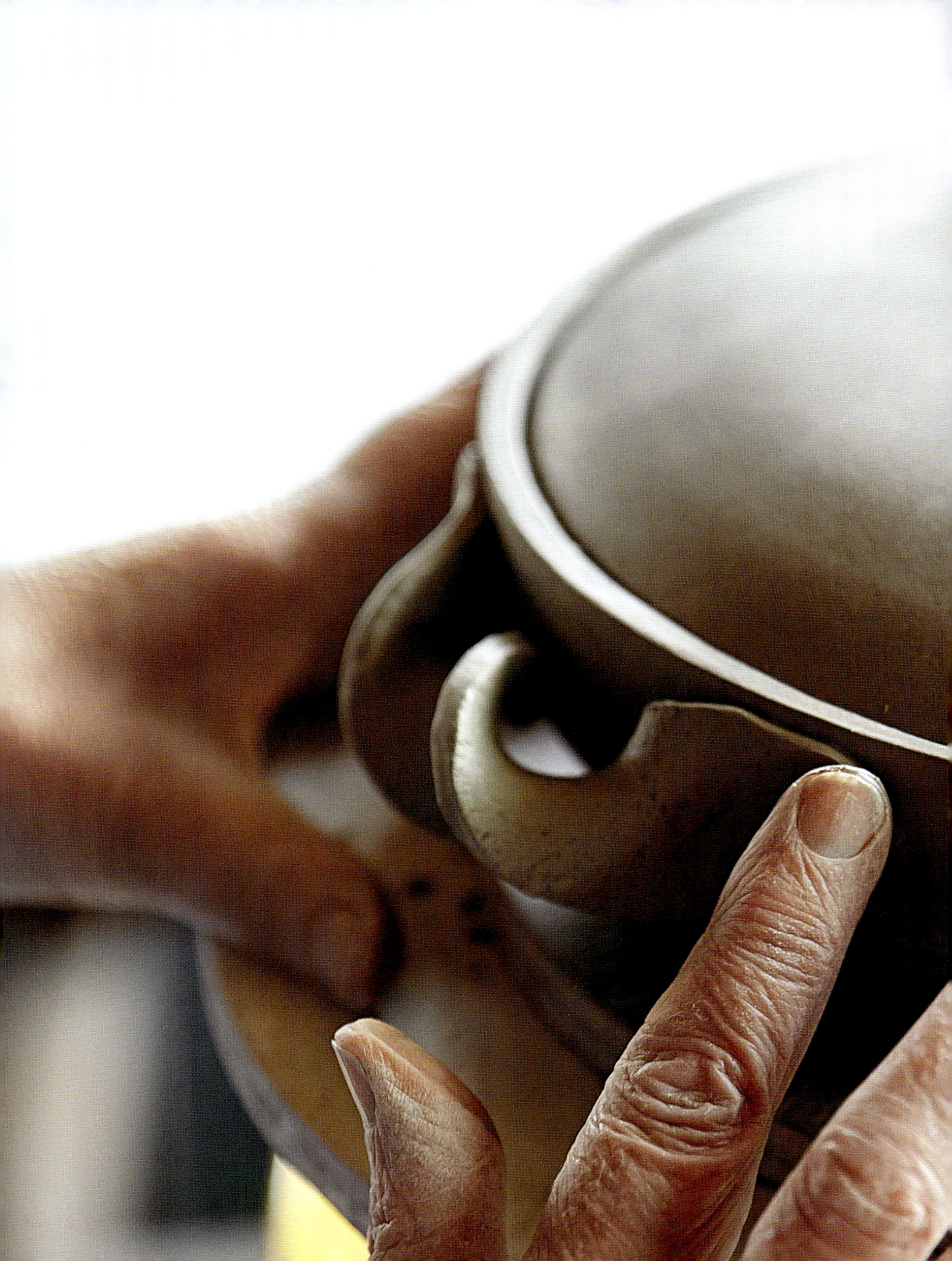

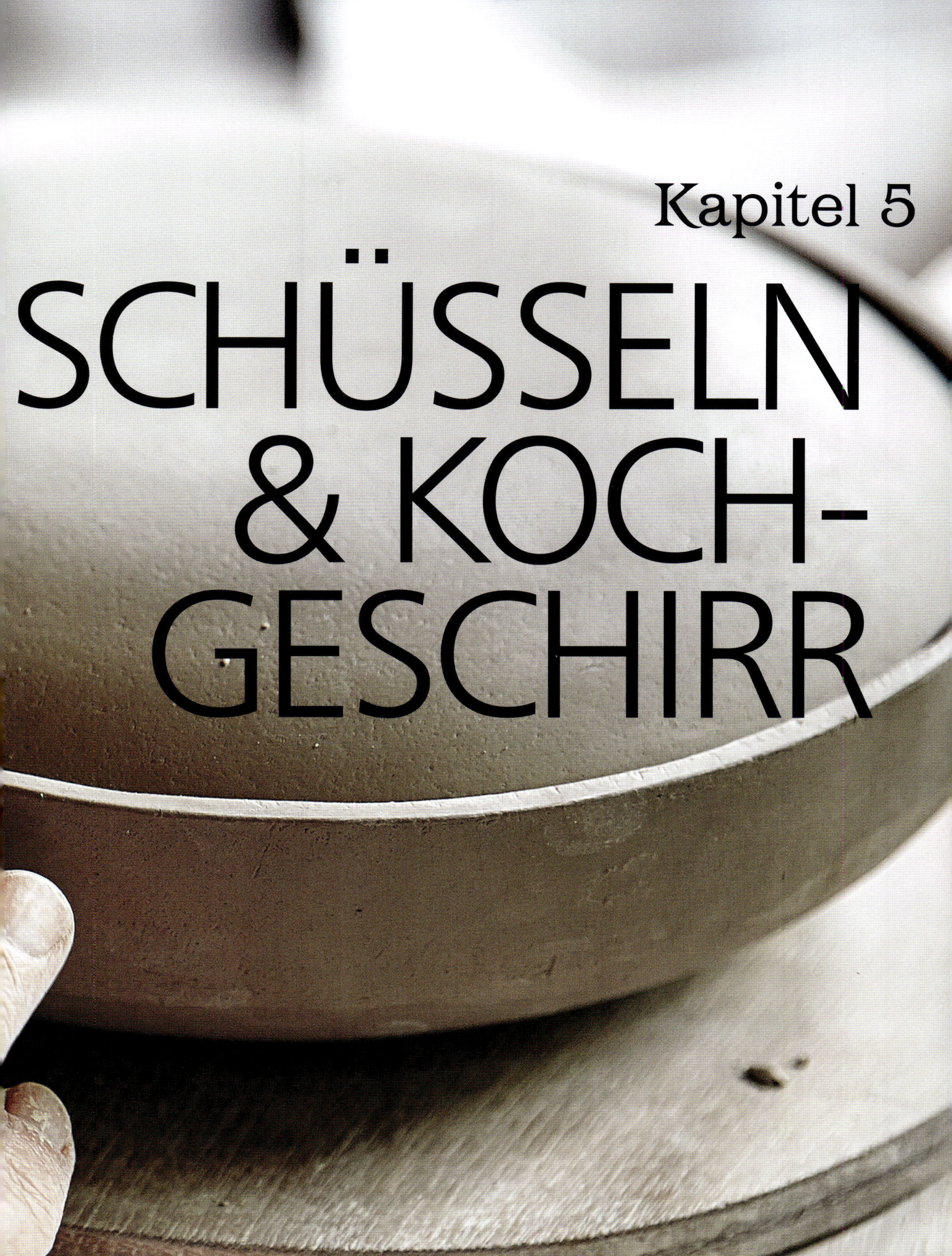

Kapitel 5

SCHÜSSELN & KOCH-GESCHIRR

Schüsseln & Kochgeschirr

Überlegungen zum Design

Schüsseln und Schalen in den unterschiedlichsten Größen und Formen gibt es sicherlich in jedem Haushalt: Salatschüsseln, Müslischalen, Obstschalen, Suppenschüsseln – um nur einige zu nennen. Keramikern bieten sie schier endlose Gestaltungsmöglichkeiten und es macht Spaß, genau die Schüsseln und Schalen zu fertigen, die man braucht.

Die Schüssel

Schüsseln sind unglaublich praktisch und es kann wunderbar sein, sie aus Ton zu fertigen. Seit Urzeiten stellt der Mensch Schüsseln her und dennoch bieten sich immer wieder Möglichkeiten, die Form neu zu interpretieren.

Türkisfarbene Porzellanschüssel
von Annie Greenwood
Die schlichte türkisfarbene Glasur verleiht dieser Schüssel eine zeitlose Eleganz und strahlt Ruhe und Zurückhaltung aus. Gleichzeitig sieht man an diesem einfachen Gefäß, wie wirkungsvoll man es gestalten kann, ohne seine Funktionalität einzuschränken.

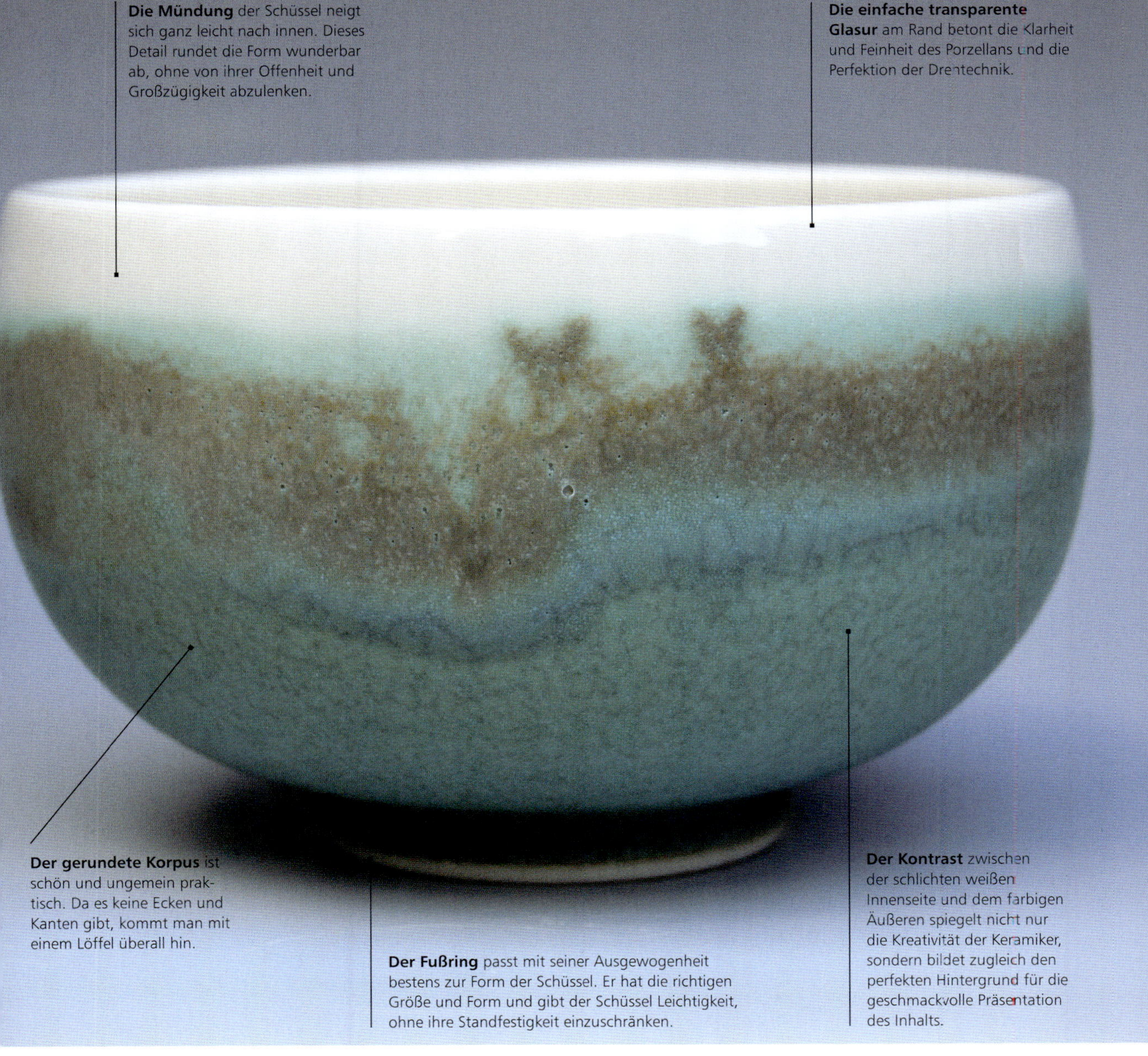

Die Mündung der Schüssel neigt sich ganz leicht nach innen. Dieses Detail rundet die Form wunderbar ab, ohne von ihrer Offenheit und Großzügigkeit abzulenken.

Die einfache transparente Glasur am Rand betont die Klarheit und Feinheit des Porzellans und die Perfektion der Drehtechnik.

Der gerundete Korpus ist schön und ungemein praktisch. Da es keine Ecken und Kanten gibt, kommt man mit einem Löffel überall hin.

Der Fußring passt mit seiner Ausgewogenheit bestens zur Form der Schüssel. Er hat die richtigen Größe und Form und gibt der Schüssel Leichtigkeit, ohne ihre Standfestigkeit einzuschränken.

Der Kontrast zwischen der schlichten weißen Innenseite und dem farbigen Äußeren spiegelt nicht nur die Kreativität der Keramiker, sondern bildet zugleich den perfekten Hintergrund für die geschmackvolle Präsentation des Inhalts.

Schale und Schüssel

Manchmal sind die einfachen Dinge die beeindruckendsten und dieses Crudité-Set ist ein gutes Beispiel dafür. Beide Teile erfüllen zusammen eine bestimmte Funktion, doch sie können auch jedes für sich benutzt werden. Das schlichte, minimale Dekor nimmt sich zurück, sodass nichts von den Speisen ablenkt, die darin serviert werden. Dank seiner zurückhaltenden Gestaltung lässt sich das Set mühelos mit anderem Geschirr kombinieren.

Die klassisch geformte Schüssel ist so groß, dass neben der Schale auch die Gemüsesticks problemlos Platz finden.

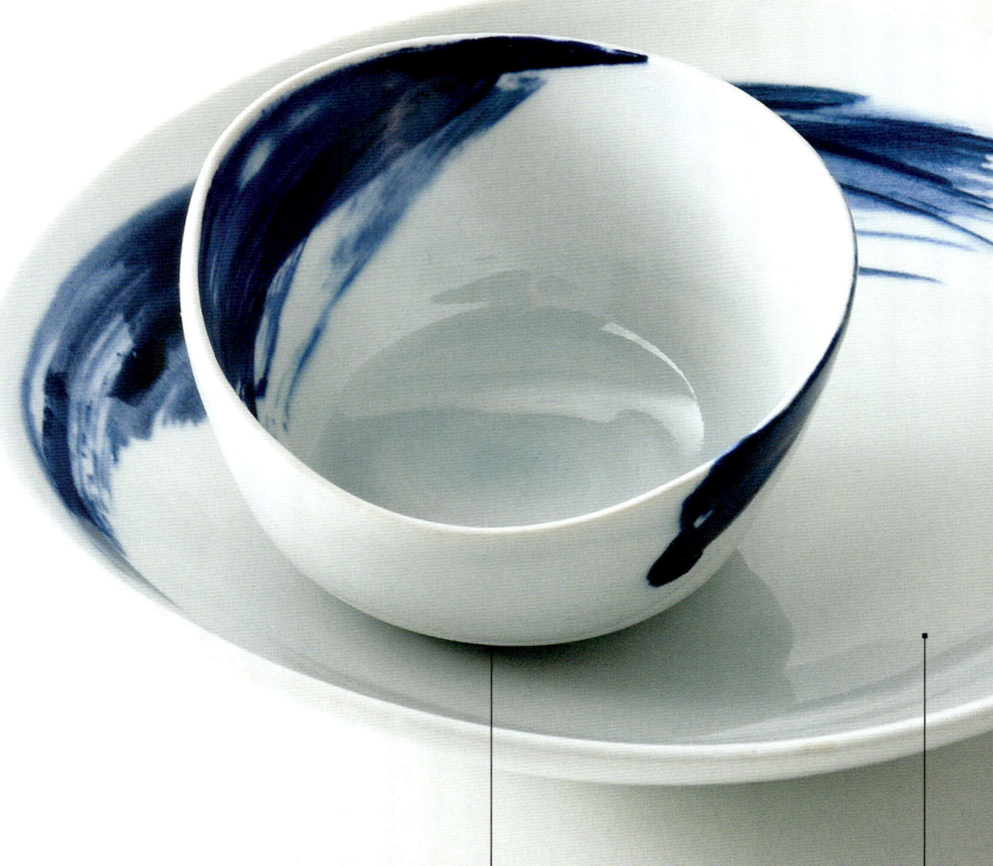

Durch den schwungvollen Pinselstrich bildet das Dekor von Schüssel und Schale eine visuelle Einheit und betont ihre Zusammengehörigkeit als Set. Beide Teile wirken jedoch auch jedes für sich.

Die Form der gedrehten kleinen Schale verleiht ihr Individualität und visuelle Spannung, ohne ihre Funktionalität zu beeinträchtigen.

Ein weißer Hintergrund ist ideal für die Präsentation von Speisen. Alle Farben passen zu Weiß, daher ist Porzellanmasse ideal. Sie braucht nur eine klare Glasur, was eine Serienfertigung enorm vereinfacht.

Crudité-Set von Elaine Tian, aus englischem Porzellan gedreht und bis Kegel 10 im gasbetriebenen Ofen reduzierend gebrannt.

Bevor Sie Schalen und Schüsseln für den eigenen Bedarf drehen, ist es sinnvoll zu überlegen, wofür Sie sie brauchen. Eine Schüssel für alle Gelegenheiten dürfte z.B. nicht zu groß und nicht zu klein sein, damit sie sich sowohl für süße als auch für herzhafte Speisen eignet. Wenn heiße Speisen darin serviert werden sollen, muss sie einen sicheren Stand haben, wie Sie ihn mit einem großen Fußring erreichen. Solche wichtigen Details wirken sich nicht nur auf die Gestaltung, sondern auch auf die Funktionalität der Schüssel aus. Gründliche Analysen und Überlegungen zu Form und Größe tragen dazu bei, dass Sie genau die Schüssel fertigen, die Ihren Bedürfnissen entspricht und schön aussieht.

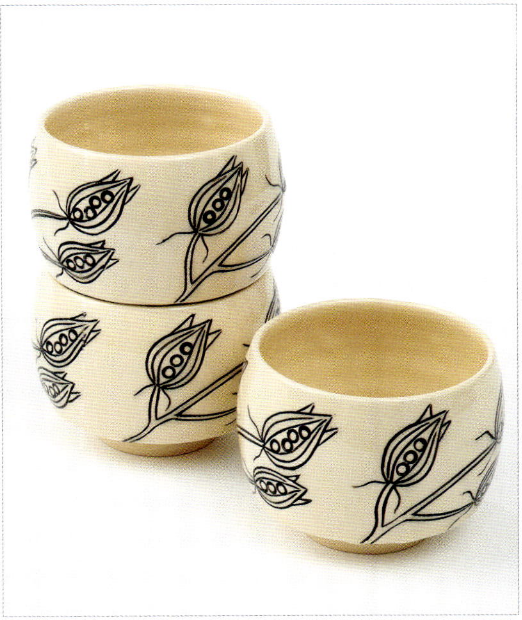

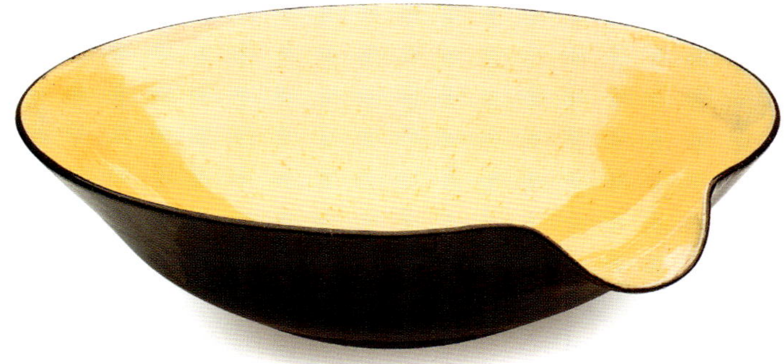

Stapelbare Schalen von Jacqui Atkin
Die Notwendigkeit, die Schalen zu stapeln, war Teil der Designplanung. Das schlichte Pflanzenmuster ist vielseitig und durch ihre Form eignen sich die Schalen sowohl für Müsli als auch für Suppe oder Nachtisch.

Gießschale von Sally-Jo Bond
Diese wundervolle Schale ist breit und flach und hat eine Schnaupe. Sie ist aus Terrakottaton gedreht und innen mit weißer Engobe und honigfarbener Glasur überzogen. Die Glasurfarbe bildet einen schönen Kontrast zum Ton.

Fragen, die Sie sich stellen sollten

Wie wird die Schale/Schüssel verwendet?

Orientieren Sie sich daran, wie Sie Schüsseln im Moment benutzen. Das gibt Ihnen Hinweise auf die Funktion, die Sie anstreben.

Welche Form soll die Schüssel haben?

Wollen Sie eine neutrale, vielseitig einsetzbare Schüssel für den Alltag haben? Oder lieber eine Auswahl an Schüsseln für Nudeln, Müsli, Nachtisch usw.? Danach richtet sich, für welche Form und Größe Sie sich entscheiden.

Möchte ich mehr als eine Schüssel?

Wieviele Schüsseln brauche ich? Wäre es sinnvoll, wenn sie einen Deckel hätten? Sollten sie so aussehen wie das restliche Geschirr oder können sie ganz anders gestaltet sein?

Wieviel Platz ist im Schrank?

Sie sollten in Betracht ziehen, dass es bei ungleichen Geschirrgrößen schwierig ist, die Teile zu stapeln. Haben Sie genügend Platz im Schrank?

Wie robust müssen meine Schüsseln sein?

Im Familienalltag können Schüsseln sehr beansprucht werden, daher sollten sie hart im Nehmen sein. Sollen die Schüsseln koch- und spülmaschinenfest sein? Von diesen Überlegungen hängt es ab, welchen Ton und welche Brenntemperatur Sie wählen. Je höher die Temperatur, desto robuster ist das Gefäß.

Überlegungen zum Design

Gedrehte Varianten

1 RUNDE SCHÜSSEL MIT SCHNAUPE

Die Schüssel hat eine gebräuchliche Größe, die Schnaupe fügt jedoch eine weitere Verwendungsmöglichkeit hinzu. Der auskragende Rand lässt die Form offen und großzügig erscheinen.

Fuß: Ein gewöhnlicher gedrehter Fußring gibt der Form Stabilität.

Verwendung: Eine ideale Rührschüssel, auch gut geeignet, wenn Flüssigkeit getrennt und abgegossen werden muss.

2 OVALE SCHÜSSEL

Wandung und Boden dieser Schüssel wurden separat gedreht und im lederharten Zustand zusammengefügt. In diesem Stadium wird das Oval geformt. Für die Umformung muss der Boden größer gedreht werden.

Henkel: Die Henkel werden an der Wandung gezogen und zu einer Schlaufe gebogen, die über den Rand der Wandung herausragt und knapp über dem Boden angesetzt.

Fuß: Flacher, mit gewelltem Draht abgeschnittener Boden.

Verwendung: Kochfeste Ofenform.

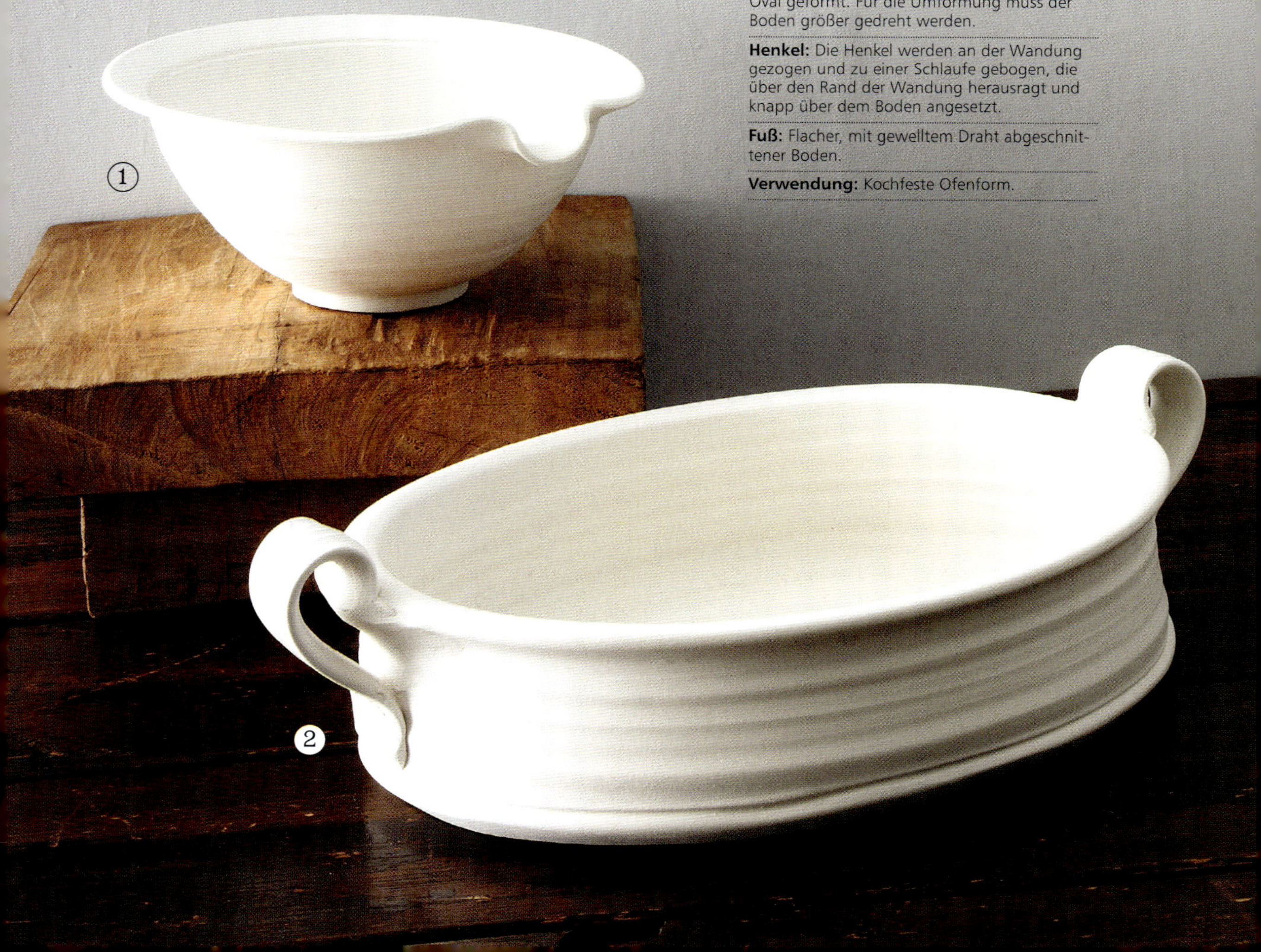

①

②

3 BAUCHIGE SCHÜSSEL

Diese traditionell geformte Schüssel wirkt offen und großzügig. Die Innenseite ist glatt, an der Außenseite sind die charakteristischen Drehrillen sichtbar. Der leicht nach innen geneigte Rand rundet die Form perfekt ab.

Fuß: Der angedrehte Fußring gibt der Form Leichtigkeit.

Verwendung: Vielseitig verwendbare Schüssel.

4 DECKELSCHÜSSEL

Eine kleine Schüssel mit gerader Wandung, die sich an der Mündung leicht öffnet. Die integrierte Deckelauflage gibt dem Deckel Halt.

Deckel: Gedreht, mit einem stilisierten Vogel als Knauf.

Fuß: Unkomplizierter, flacher Boden.

Verwendung: Ideale Ofenschüssel für Einzelportionen.

5 BAUCHIGE SCHÜSSEL MIT AUSKRAGENDEM RAND

Diese Schüssel hat eine traditionelle Form. An der sich weitenden Mündung kann man sie gut greifen. Die Breite des Randes deutet auf unterschiedliche Verwendungsmöglichkeiten hin. Mit einem breiten Rand ist die Schüssel ideal für Nudelgerichte.

Fuß: Gedrehter Fuß, der die Schüssel leichter erscheinen lässt.

Verwendung: Vielseitig verwendbar als Ess- oder Servierschüssel.

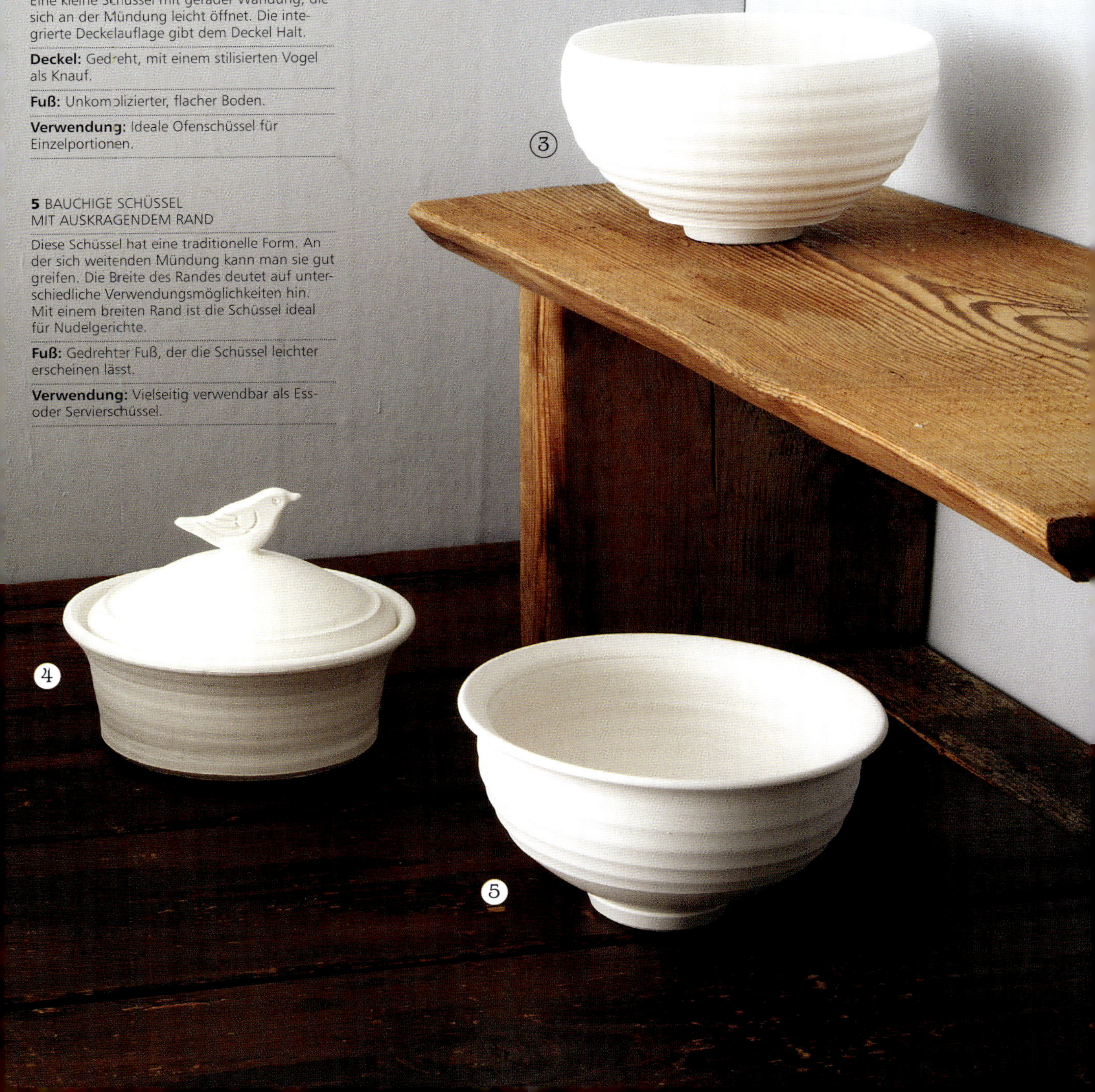

3

4

5

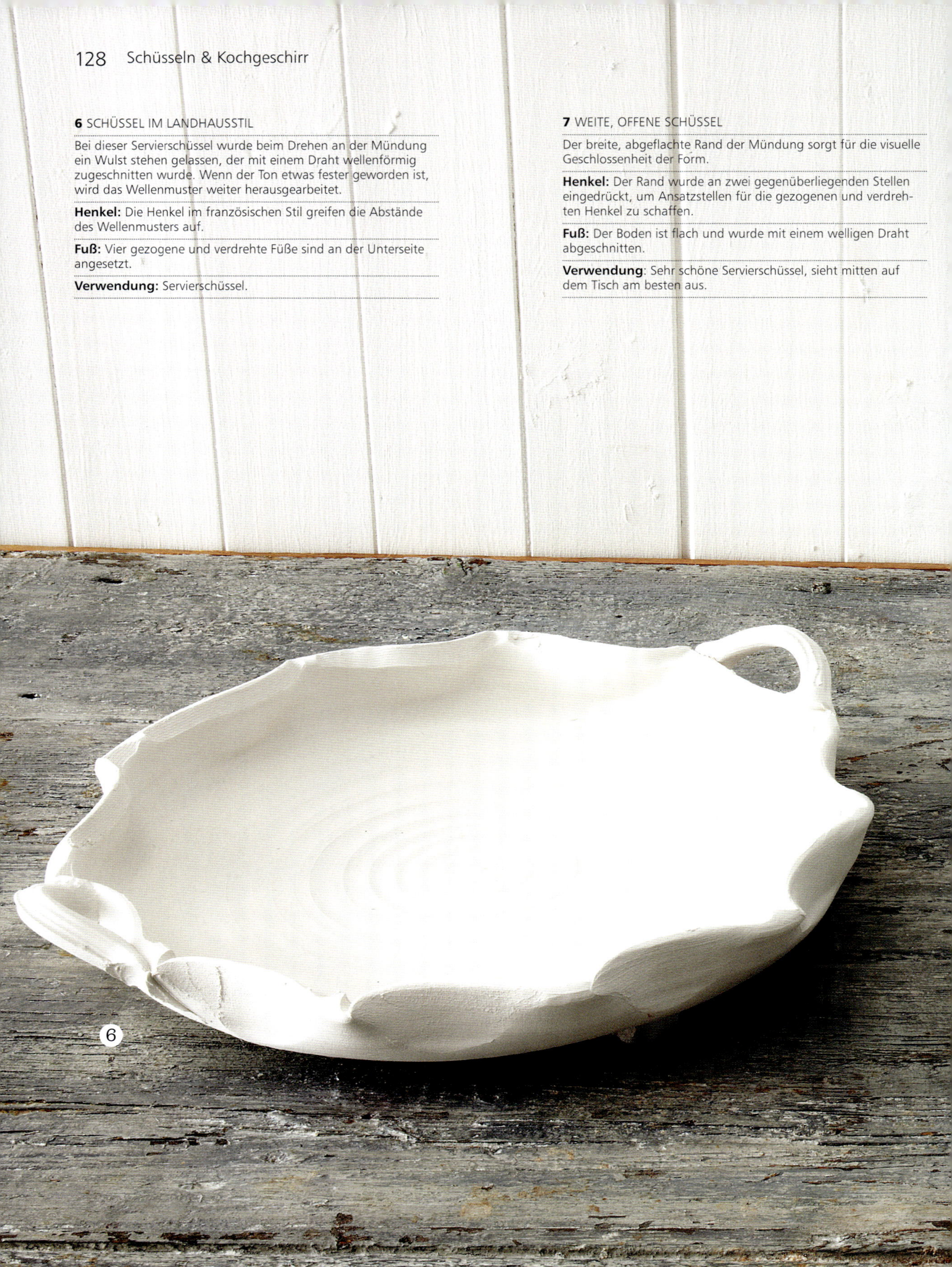

6 SCHÜSSEL IM LANDHAUSSTIL

Bei dieser Servierschüssel wurde beim Drehen an der Mündung ein Wulst stehen gelassen, der mit einem Draht wellenförmig zugeschnitten wurde. Wenn der Ton etwas fester geworden ist, wird das Wellenmuster weiter herausgearbeitet.

Henkel: Die Henkel im französischen Stil greifen die Abstände des Wellenmusters auf.

Fuß: Vier gezogene und verdrehte Füße sind an der Unterseite angesetzt.

Verwendung: Servierschüssel.

7 WEITE, OFFENE SCHÜSSEL

Der breite, abgeflachte Rand der Mündung sorgt für die visuelle Geschlossenheit der Form.

Henkel: Der Rand wurde an zwei gegenüberliegenden Stellen eingedrückt, um Ansatzstellen für die gezogenen und verdrehten Henkel zu schaffen.

Fuß: Der Boden ist flach und wurde mit einem welligen Draht abgeschnitten.

Verwendung: Sehr schöne Servierschüssel, sieht mitten auf dem Tisch am besten aus.

6

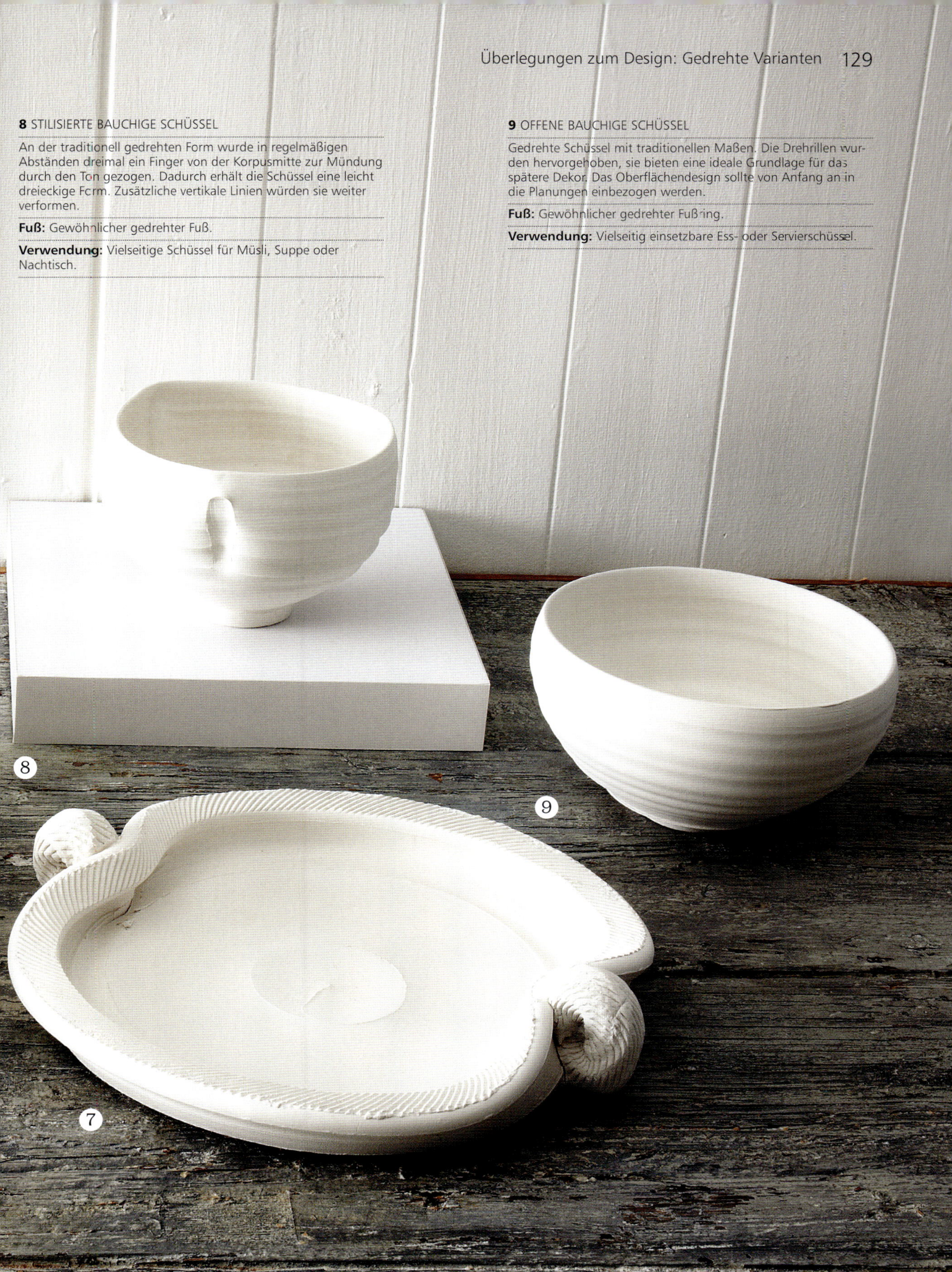

8 STILISIERTE BAUCHIGE SCHÜSSEL

An der traditionell gedrehten Form wurde in regelmäßigen Abständen dreimal ein Finger von der Korpusmitte zur Mündung durch den Ton gezogen. Dadurch erhält die Schüssel eine leicht dreieckige Form. Zusätzliche vertikale Linien würden sie weiter verformen.

Fuß: Gewöhnlicher gedrehter Fuß.

Verwendung: Vielseitige Schüssel für Müsli, Suppe oder Nachtisch.

9 OFFENE BAUCHIGE SCHÜSSEL

Gedrehte Schüssel mit traditionellen Maßen. Die Drehrillen wurden hervorgehoben, sie bieten eine ideale Grundlage für das spätere Dekor. Das Oberflächendesign sollte von Anfang an in die Planungen einbezogen werden.

Fuß: Gewöhnlicher gedrehter Fußring.

Verwendung: Vielseitig einsetzbare Ess- oder Servierschüssel.

8

9

7

Technik

Gedrehte Schüssel

Schüsseln sind wahre Verwandlungskünstler. Denken Sie nur daran, wofür wir sie im Alltag benutzen: Natürlich essen, rühren und kochen wir in Schüsseln, doch oft bewahren wir auch Büroklammern oder Haustürschlüssel darin auf – um nur einige Dinge zu nennen!

Eine einzige Schüssel für alles gibt es eigentlich nicht. Daher haben die meisten Leute eine ganze Reihe von Schüsseln. Bevor Sie mit dem Drehen beginnen, machen Sie sich Gedanken über ihre Verwendung und die Aufbewahrung.

Wenn der Platz in Ihrem Küchenschrank knapp bemessen ist, ist es vielleicht sinnvoll, einen vielseitig verwendbaren Geschirrsatz zu machen, der z.B. für Frühstück, Mittagessen oder Nachtisch geeignet ist. Bei der Gestaltung sollte auch die Möglichkeit berücksichtigt werden, die Schüsseln zu stapeln. Es spart viel Platz, wenn man sie ineinanderstellen kann. Vor allem Rührschüsseln nehmen reichlich Raum ein. Außerdem ist es hilfreich, eine bestimmte Schüsselform in unterschiedlichen Größen zur Hand zu haben.

BEVOR SIE ANFANGEN

> Schüsseln können direkt auf dem Scheibenkopf gedreht werden. Um Verformungen beim Transfer zu vermeiden, können Sie auch auf einer Aufsatzscheibe drehen.

> Der Schlüssel zum Erfolg liegt darin, den Boden so stabil zu machen, dass er der Wölbung des Korpus Halt geben kann, und auch, um den Fußring später von der umgedrehten Schüssel abzudrehen.

> Anders als bei Zylindern liegt das Augenmerk beim Drehen von Schüsseln auf der Innenseite. Die Außenseite wird bearbeitet, wenn die Schüssel umgedreht werden kann.

Eine Schüssel mit weiter Öffnung drehen

1 Zentrieren Sie den Ton in Pilzform, greifen Sie mit den Fingern unter den „Hut" und ziehen Sie den Korpus hoch. Lassen Sie am Boden genug Ton, um der Wand Halt zu geben. Stützen Sie die Finger der einen Hand mit den Fingern der anderen Hand. Brechen Sie den Ton bis zur erforderlichen Tiefe auf, lassen Sie aber am Boden eine gerundete Mulde stehen.

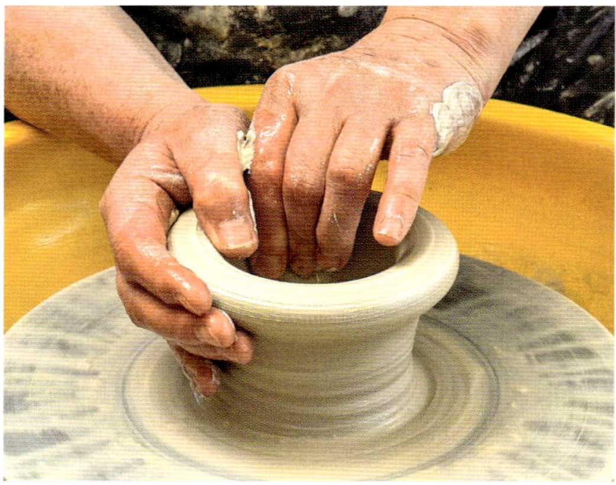

2 Ziehen Sie den Korpus mit dem Zangengriff hoch. Gehen Sie von der Mitte nach oben und leicht nach außen, sodass sich der Ton trichterförmig öffnet. Wölben Sie die Finger der einen Hand von außen um den Korpus und legen Sie den Daumen über den Rand, um die Form mittig zu halten. Die andere Hand arbeitet unmittelbar daneben im Zangengriff.

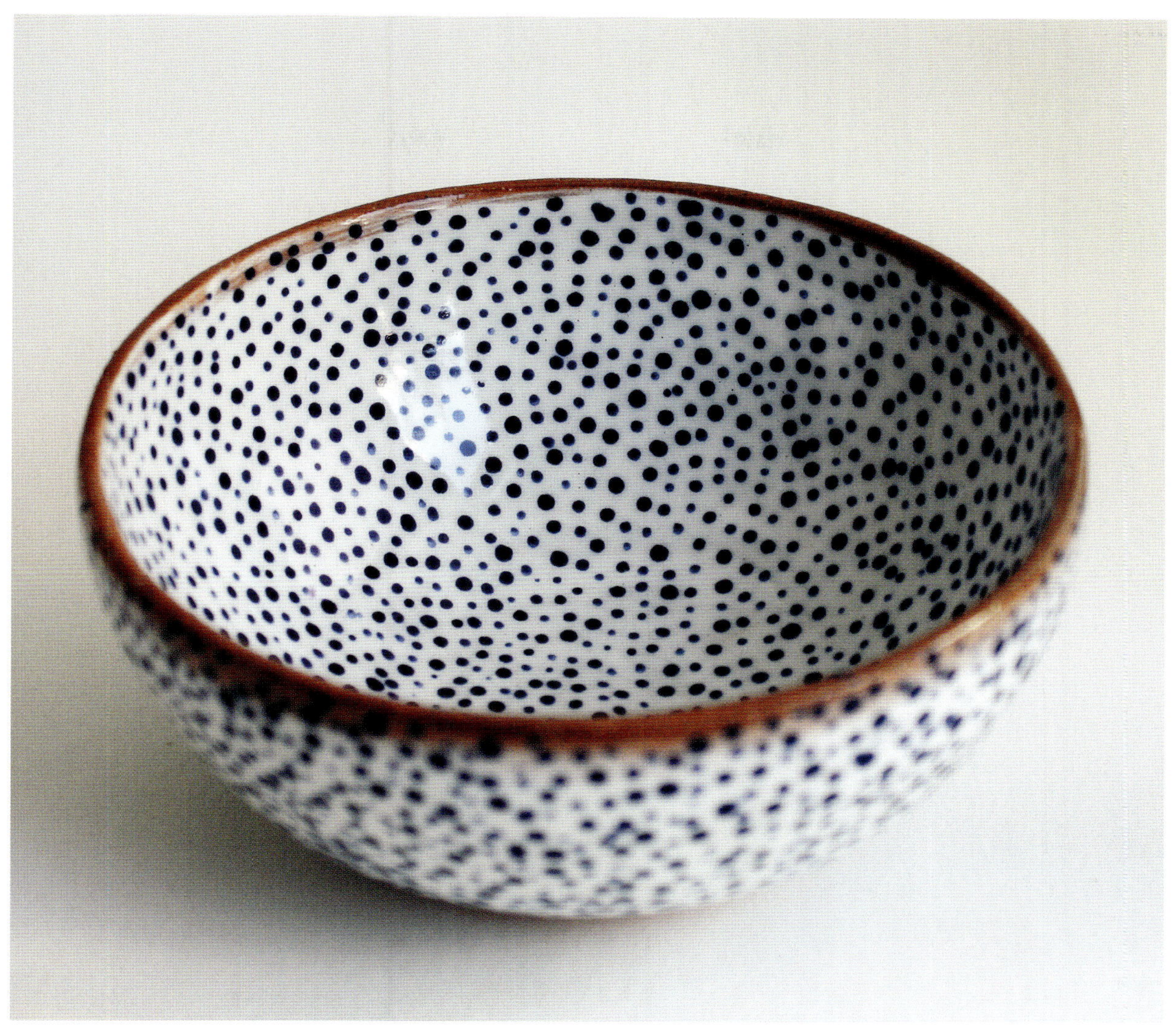

Gedrehte Schale der Serie „Constellation" von Paige Jarman
Beim Drehen dieser 5 cm hohen und 11 cm weiten Schale wurde weißer Schlicker auf die Oberfläche aufgetragen. Das Dekor entstand mit kobaltblauer Unterglasurfarbe unter einer transparenten Glasur. Der Rand in der Tonfarbe bildet einen schönen Kontrast dazu.

Ungefähre Größe und Gewicht bei gedrehten Schüsseln

Gegenstand	Durchmesser	Tongewicht
Kleine Schüssel für Müsli und Nachtisch	15 cm	ca. 550 g
Mittelgroße Schüssel für Suppe und Nudeln	25 cm	ca. 1500 g
Große Schüssel zum Rühren und für Salat	30 cm	ca. 2500 g

Die Gewichtsangaben beziehen sich auf ungebrannten Drehton, die Maße beziehen sich auf die gebrannten Stücke.

Fortsetzung: Eine Schüssel mit weiter Öffnung

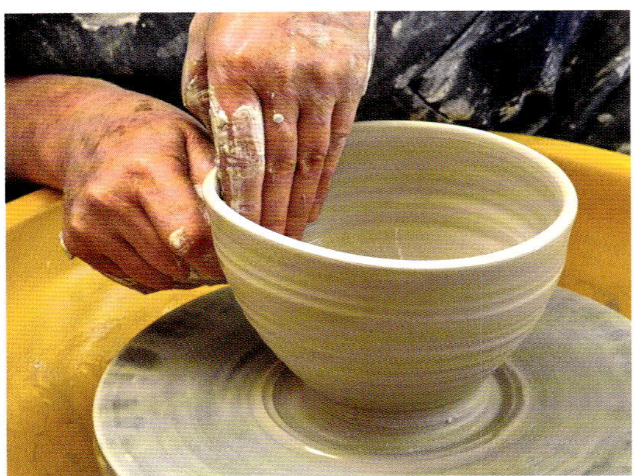

3 Formen Sie die Schüsselmündung so schnell wie möglich mit der Knöchelzugtechnik (Seite 191). Dabei darf sich der Korpus nicht zu sehr nach außen öffnen, sondern muss seine Wölbung beibehalten. Verdichten Sie den Rand, indem Sie ihn mit Daumen und Zeigefinger vorsichtig in den Zangengriff nehmen und mit dem Zeigefinger der anderen Hand Druck auf den Rand ausüben.

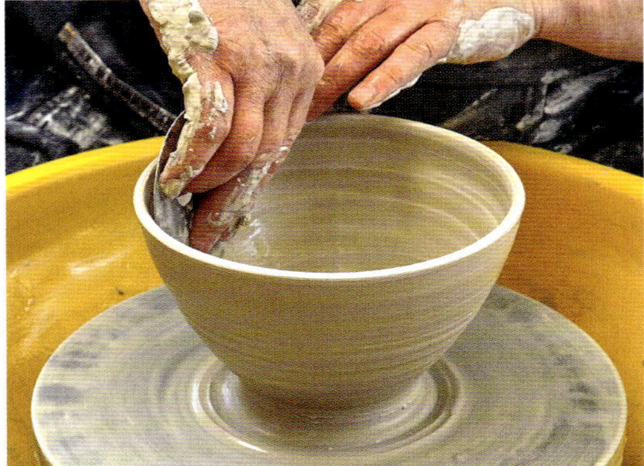

4 Fahren Sie erst mit einem Schwamm, dann mit einer Drehschiene oder Niere über die Innenseite, um sie zu glättten und überschüssigen Schlicker zu entfernen. Mit der Drehschiene können Sie die Form weiter bearbeiten. Dabei sollten Sie den Ton jedoch nicht zu sehr strapazieren.

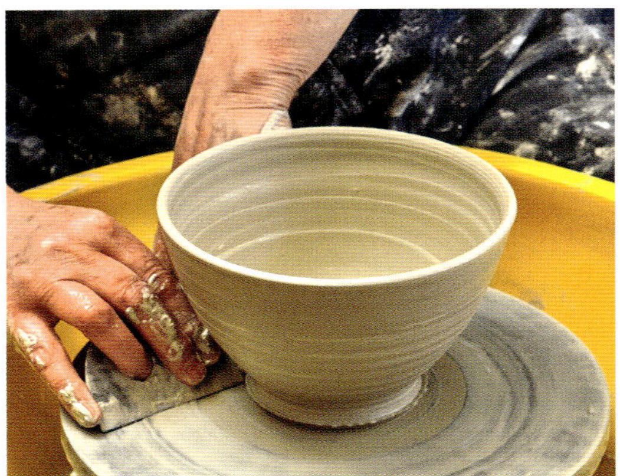

5 Wischen Sie das Wasser vom Scheibenkopf und entfernen Sie den überschüssigen Ton an der Außenseite der Schüssel mit einer Drehschiene vom Boden. Lassen Sie dabei genug Material für den Fußring stehen, der im lederharten Zustand abgedreht wird. Schneiden Sie die Schüssel von der Scheibe und stellen Sie sie vorsichtig auf eine Aufsatzscheibe.

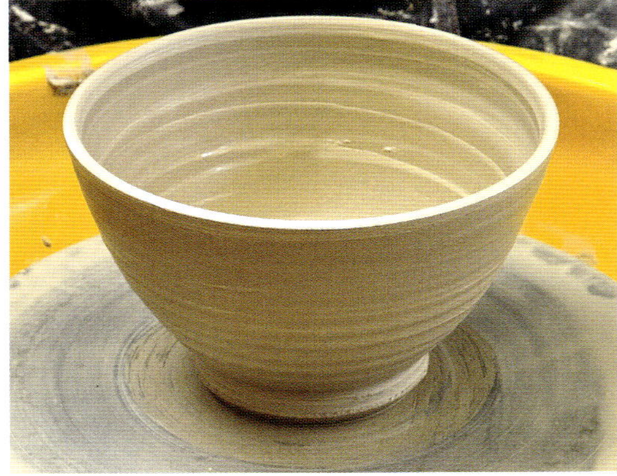

Die fertige Schüssel zeigt ein ausgewogenes Verhältnis von Größe und Gewicht und eignet sich ebenso als Rührschüssel wie als Salatschüssel: Ein nützliches Teil, das in keinem Haushalt fehlen sollte.

Veränderungen an der Form

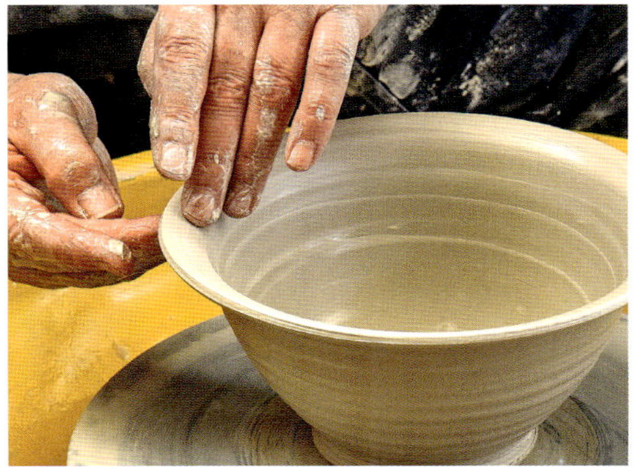

1 Die Grundform der Schüssel lässt sich bei Bedarf leicht verändern. Um den Rand weiter auskragen zu lassen, biegen Sie die Wand zwischen den Fingern beider Hände nach außen. Wölben Sie die Wand dabei eher leicht nach oben als einfach nur zur Seite.

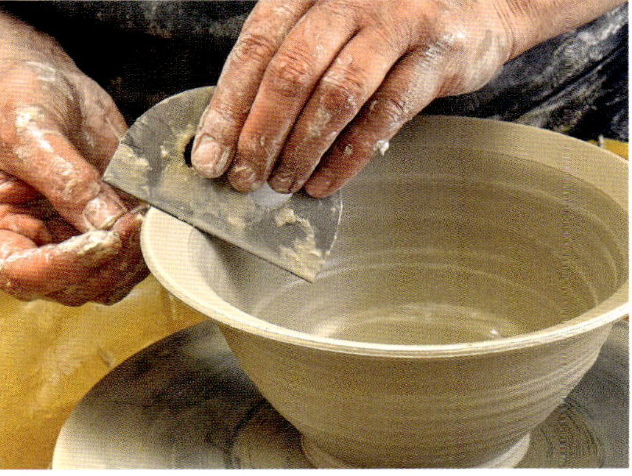

2 Stützen Sie die Unterseite des Randes mit den Fingern einer Hand, während Sie die flache Kante einer Drehschiene behutsam über die Oberseite gleiten lassen, um die Form deutlicher herauszuarbeiten und Schlickerreste zu entfernen.

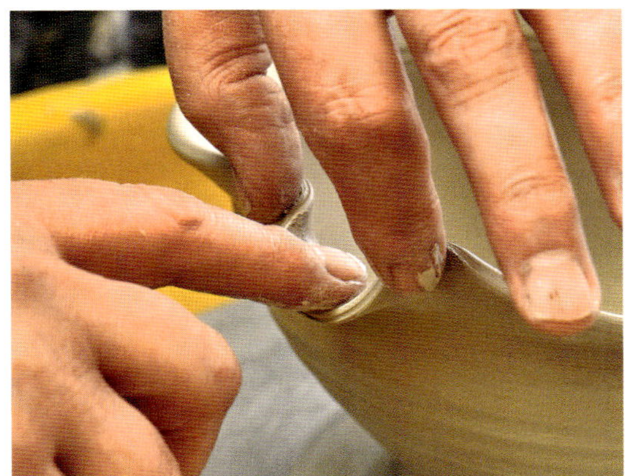

3 Um eine Schnaupe zu formen, stützen Sie den Rand mit Daumen und Zeigefinger einer Hand und greifen mit dem angefeuchteten Zeigefinger der anderen Hand dazwischen, um den Ton vorsichtig vorzuziehen. Sie könnten auch Kerben für Essstäbchen machen, Henkel ausschneiden oder ansetzen oder Löcher in den Korpus stechen und einen Durchschlag machen.

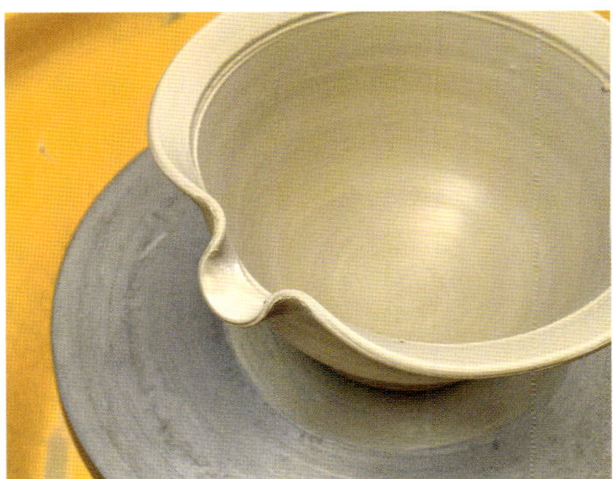

Die Schnaupe ist ideal zum Gießen, kann aber auch als Ablage für einen kleinen Schneebesen oder eine Suppenkelle dienen.

Überlegungen zum Design

Varianten in Wulsttechnik

1 SCHÜSSEL MIT FAHNE

Der Korpus wurde aus runden Wülsten in einer Eindrückform gefertigt. Für die Fahne wurde ein abgeflachter Wulst zu einem Ring geformt und dann auf eine kuppelförmige Überform gelegt. Dann wurden Korpus und Fahne zusammengefügt.

Fuß: Gewöhnlicher Fußring aus einem runden Wulst. Die Ansatzkanten wurden sorgfältig verstrichen, um die Kanten zu begradigen.

Verwendung: Klassische Suppen- oder Nudelschüssel.

2 RUNDE SERVIERSCHÜSSEL MIT HENKELN

Der runde, offene Boden wurde in einer Eindrückform gefertigt, während die Wand aus einem abgeflachten Wulst besteht. Von außen ist die Wulsttechnik erkennbar, die Innenwand wurde jedoch geglättet. Ein texturierter Wulst bildet den Rand.

Fuß: Der weite, flache Boden macht einen Fuß überflüssig.

Verwendung: Servierschüssel oder Schüssel für Obst usw.

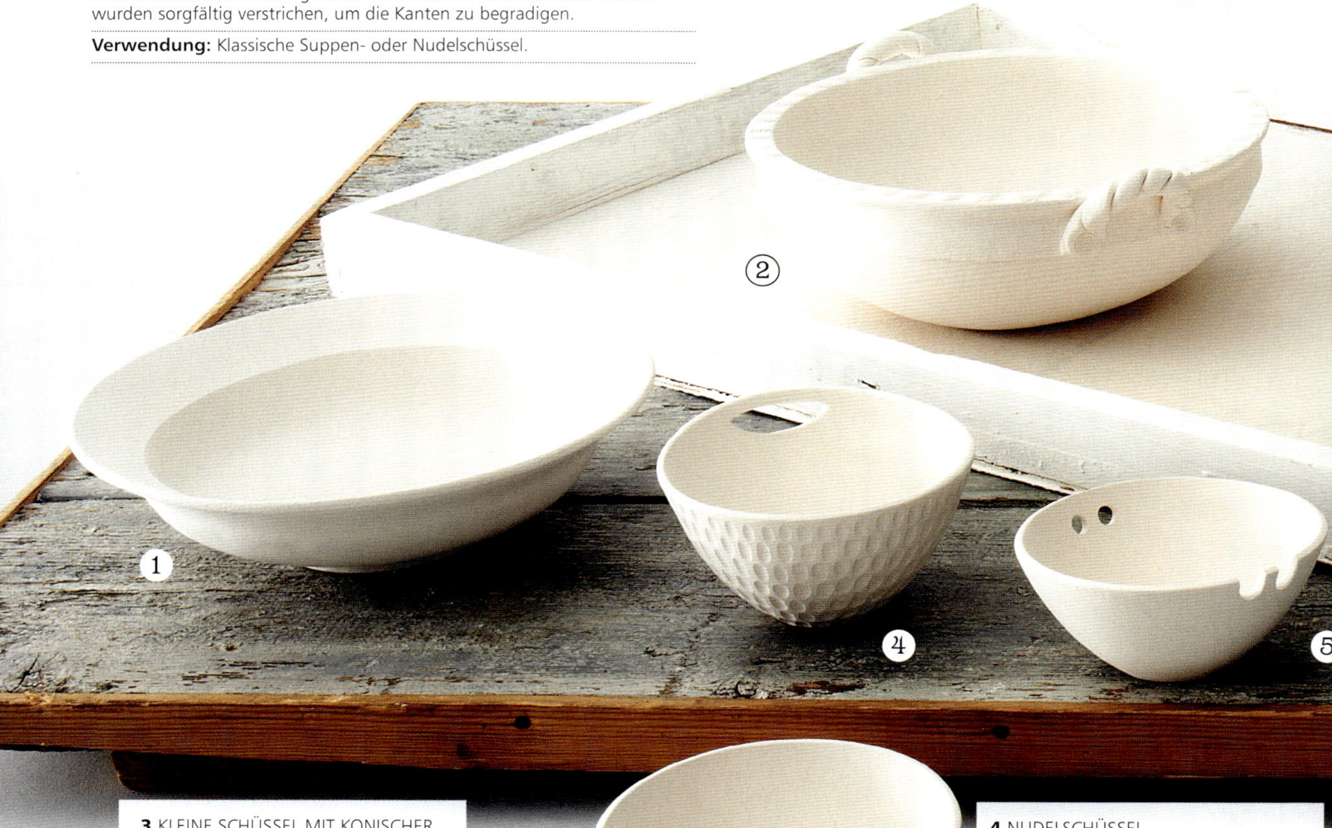

3 KLEINE SCHÜSSEL MIT KONISCHER WANDUNG

Der Boden wurde mit Daumendrucktechnik gefertigt, die Wandung aus runden oder flachen Wülsten aufgebaut. Eine Formschablone hilft, die Form zu halten, und erleichtert die Serienfertigung.

Fuß: Flacher Boden, ein einfacher Wulst kann jedoch als Fußring angesetzt werden.

Verwendung: Müsli- oder Nachtischschüssel. Lässt sich gut stapeln.

4 NUDELSCHÜSSEL

Hat eine höhere Wandung als Schüssel Nr. 3, eine gut zu greifende Aussparung dient als Henkel.

5 SCHÜSSEL FÜR ESSSTÄBCHEN

Löcher und Aussparungen für Essstäbchen legen den Verwendungszweck fest.

6 GROSSE SERVIERSCHÜSSEL

Der Boden wurde eingeformt, die Wand aus flachen Wülsten aufgebaut. Mit ihrem etwas unregelmäßigen Rand und den beiden Kerben weicht sie von der runden Grundform ab.

Fuß: Fußring aus einem abgeflachten Wulst.

Verwendung: Ideal z.B. für größere Mengen Salat.

7 SCHÜSSEL MIT QUADRATISCHER MÜNDUNG

Der Boden wurde mithilfe einer Schablone aus einer Tonplatte zugeschnitten, die Wand ist aus flachen Wülsten aufgebaut. Ein texturierter Wulst, der der Länge nach geritzt und dann verdreht wurde, bildet den Rand.

Fuß: Flacher Boden.

Verwendung: Servierschüssel für heiße und kalte Speisen.

8 MITTELGROSSE SCHÜSSEL

Auf den eingeformten Boden wurden abgeflachte Wülste angesetzt. Der auskragende Rand besteht aus einem abgeflachten, zu einem Ring geformten Wulst.

Fuß: Flacher Boden ohne Fußring.

Verwendung: Vielseitig verwendbare Schüssel – ideal als Rühr- oder Salatschüssel.

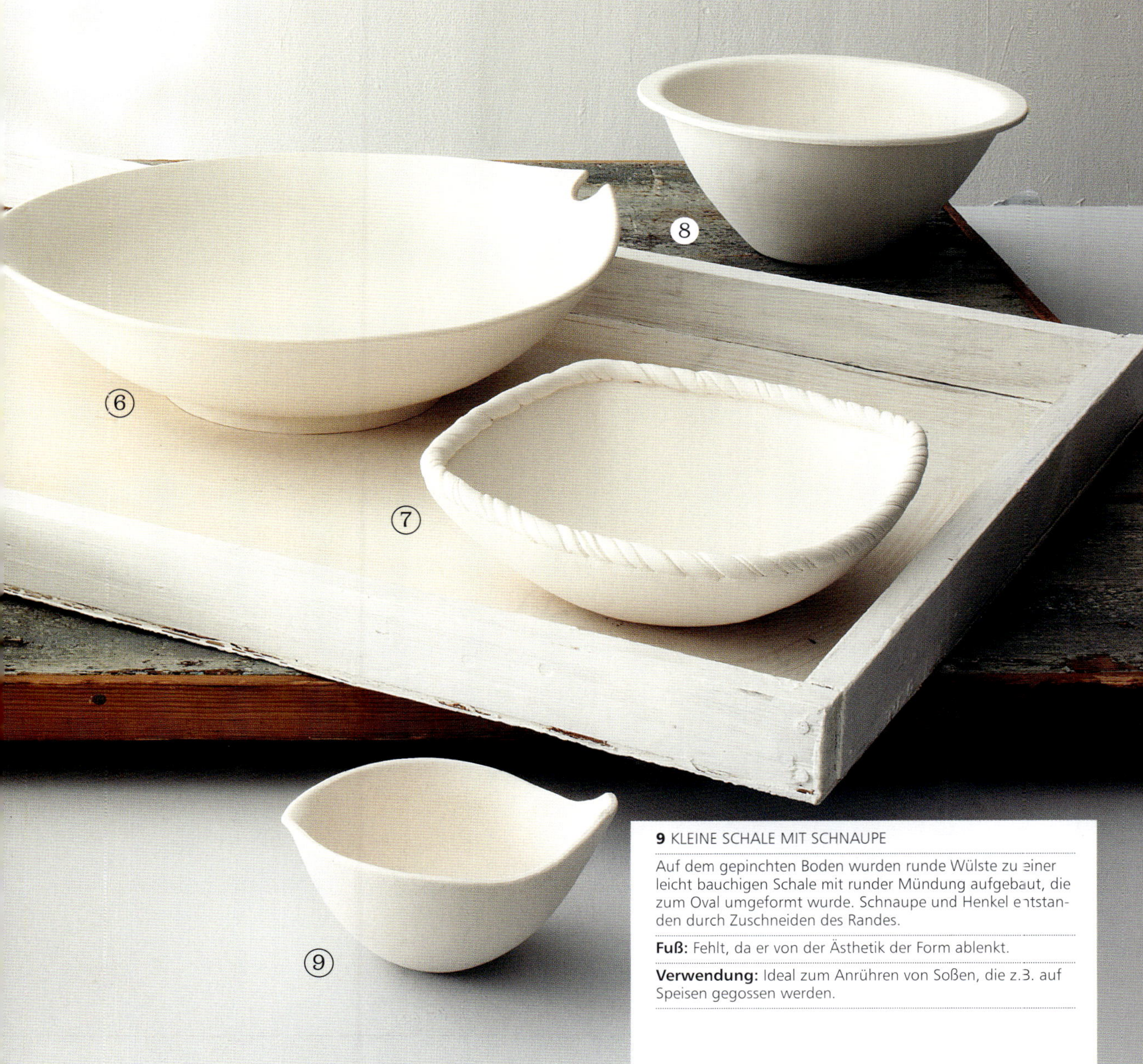

9 KLEINE SCHALE MIT SCHNAUPE

Auf dem gepinchten Boden wurden runde Wülste zu einer leicht bauchigen Schale mit runder Mündung aufgebaut, die zum Oval umgeformt wurde. Schnaupe und Henkel entstanden durch Zuschneiden des Randes.

Fuß: Fehlt, da er von der Ästhetik der Form ablenkt.

Verwendung: Ideal zum Anrühren von Soßen, die z.B. auf Speisen gegossen werden.

Technik

Schüssel in Wulsttechnik

Es ist durchaus üblich, beim Töpfern mehrere Verfahren miteinander zu kombinieren und z.B. Details aus Tonplatten oder -wülsten an einen gedrehten oder eingeformten Korpus anzufügen. Bei Tassen, Bechern und Schalen wird der Boden oft in Daumendrucktechnik hergestellt.

Wenn Sie ein Gefäß aus Wülsten aufbauen, das einen flachen Boden haben soll, ist es sinnvoll und zeitsparend, mit einer Tonplatte zu beginnen. Bei einem Boden aus Wülsten besteht die Gefahr, dass er reißt, wenn die Wülste nicht gleichmäßig trocknen.

Schale aus Wülsten
von Ann Marie Cooper
Diese Schale wurde aus handgeformten Wülsten in einer Eindrückform gefertigt. Die Außenseite ist unglasiert, damit das Muster zur Geltung kommt. Die Zwischenräume wurden durch eingeriebene Oxide betont. Durch die einfache Glasur auf der Innenseite ist die Schale für Lebensmittel geeignet. Der unregelmäßige Rand ist ein hübsches Detail. Steinzeugton, im Elektroofen oxidierend gebrannt.

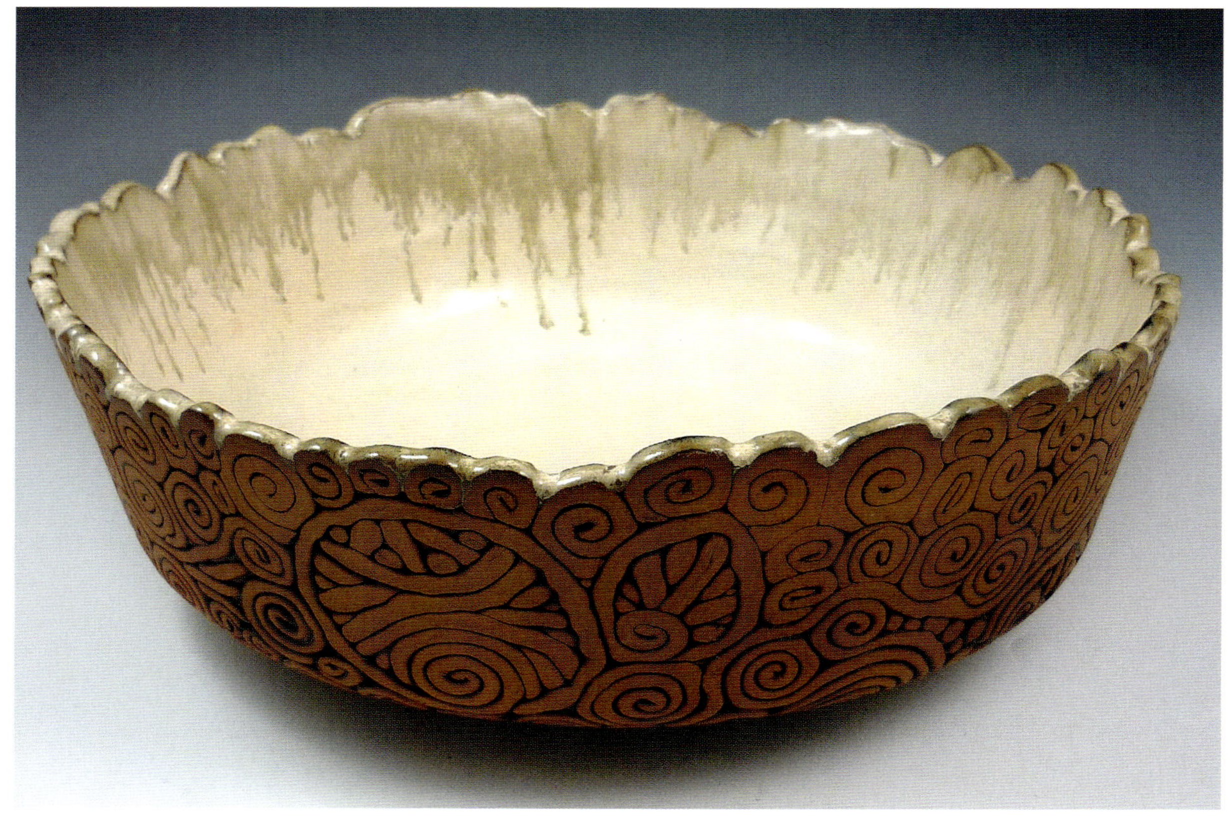

BEVOR SIE ANFANGEN

- Planen Sie Ihre Schüssel. Fertigen Sie eine Vorlage an, nach der Sie den Boden zuschneiden und die Ihnen eine Vorstellung von der Größe gibt.
- Bei größeren Schüsseln brauchen Sie zwei Bretter oder Aufsatzscheiben in ausreichender Größe – eigentlich selbstverständlich, doch oft genug lässt man sich von seiner Begeisterung mitreißen und bedenkt nicht alle praktischen Aspekte. Wichtig ist natürlich auch, dass Ihr Ofen groß genug ist, um das Stück darin zu brennen.

Flache Schüssel in Platten- und Wulsttechnik

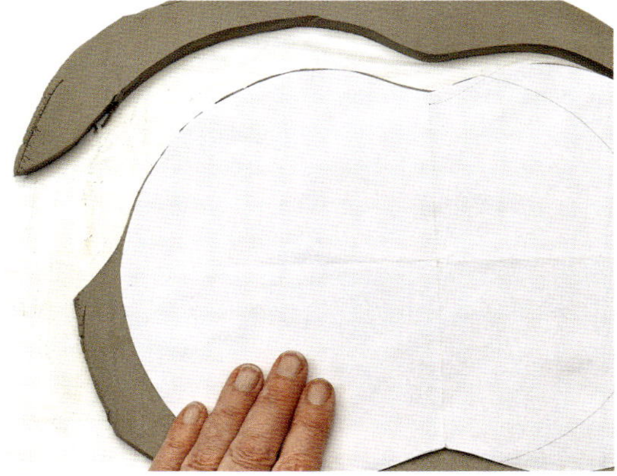

1 Walzen Sie auf einer Plastikfolie eine Tonplatte für den Boden aus. Für größere Schüsseln ist eine Plattenstärke von 6 mm empfehlenswert. Schneiden Sie den Boden nach der Vorlage aus und entfernen Sie die Plattenreste, lassen Sie den Boden jedoch auf der Plastikfolie liegen.

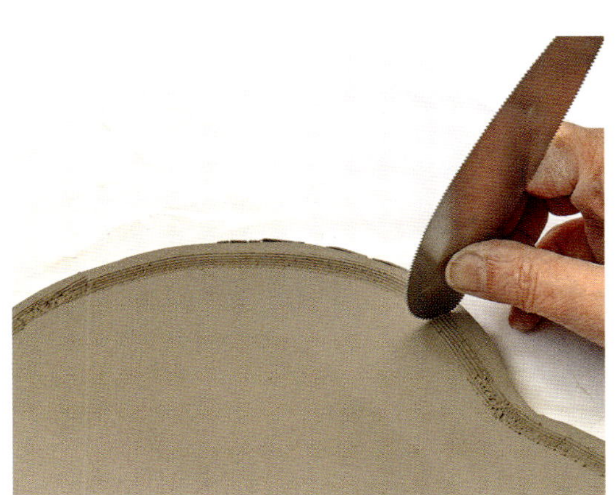

2 Legen Sie den Boden auf eine hölzerne Aufsatzscheibe. Dafür nehmen Sie ihn auf der Plastikfolie auf und drehen Sie ihn um. Normalerweise haftet der Ton an der Folie und fällt nicht herunter. Rauen Sie die Ansatzlinie des ersten Wulstes mit einer gezahnten Drehschiene oder einem ähnlichen Werkzeug an. Halten Sie dabei einen Abstand von 6 mm von der Kante ein.

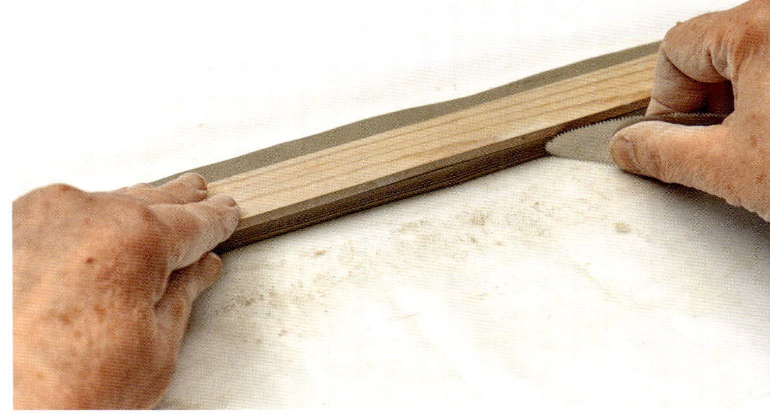

3 Fertigen Sie einen dicken, gleichmäßigen Tonwulst an. Die Länge richtet sich nach der Größe des Bodens. Versuchen Sie einen Wulst zu machen, der für den gesamten Umfang reicht. Notfalls können Sie auch zwei Wülste aneinanderfügen. Flachen Sie den Wulst ab (siehe Seite 208). Legen Sie eine Holzleiste auf den Wulst, schneiden Sie eine gerade Kante zu und rauen Sie sie wie auf dem Foto auf.

Fortsetzung: Schüssel in Wulsttechnik

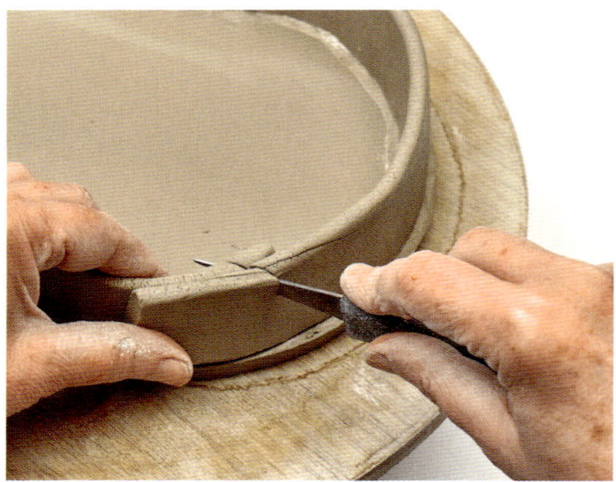

4 Schlickern Sie die Ansatzlinien an Boden und Wulst. Stellen Sie den Wulst etwa 6 mm vom Rand aufrecht auf den Boden. Überlappen Sie die Enden und machen Sie mit schräg angesetzter Klinge einen vertikalen Schnitt durch beide Tonlagen. Rauen Sie die Schnittkanten auf, schlickern Sie sie und fügen Sie sie sorgfältig zusammen. Glätten Sie die Naht mit einer Niere.

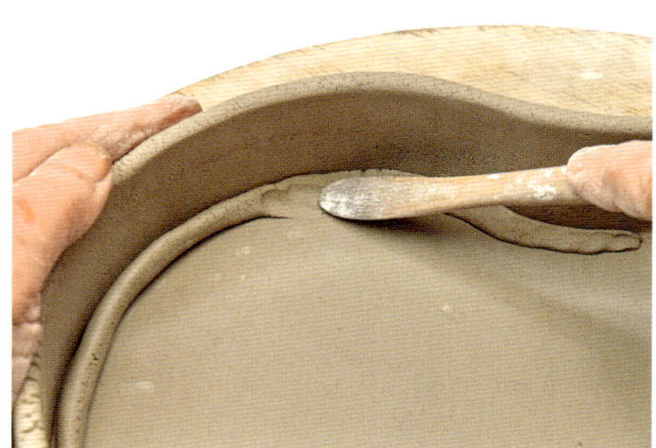

5 Verstärken Sie die innere Ansatznaht mit einem weichen Tonwulst, den Sie mit der Fingerspitze oder einem Modellierholz verstreichen. Dann entfernen Sie allen überschüssigen Ton und glätten die Oberfläche mit einer Niere oder Drehschiene. Stützen Sie die Wand mit der anderen Hand von außen, damit sich die Form nicht verzieht.

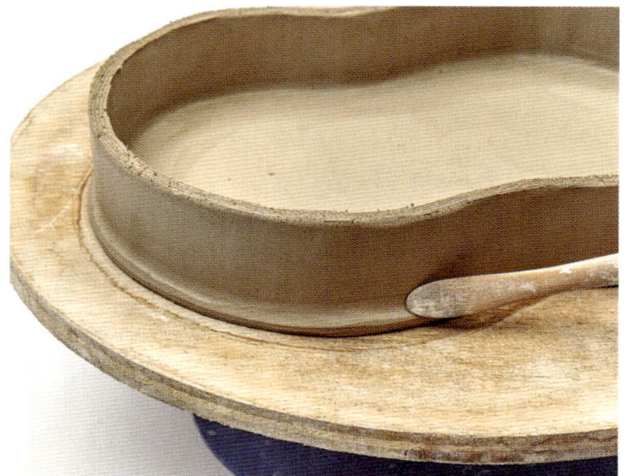

6 Ebnen Sie die Oberkante der Wand mit einer Raspel und rauen Sie sie mit einem gezahnten Werkzeug auf. Versäubern Sie nun den äußeren Wandansatz mit einem Modellierholz oder einer Niere mit einer kleinen Kerbe, die man zum Runden von Kanten benutzt. Bei Bedarf verstärken Sie den Ansatz mit einem dünnen Tonwulst, meist ist dieser Schritt jedoch nicht nötig. Zum Schluss glätten und runden Sie die Kante mit dem Finger.

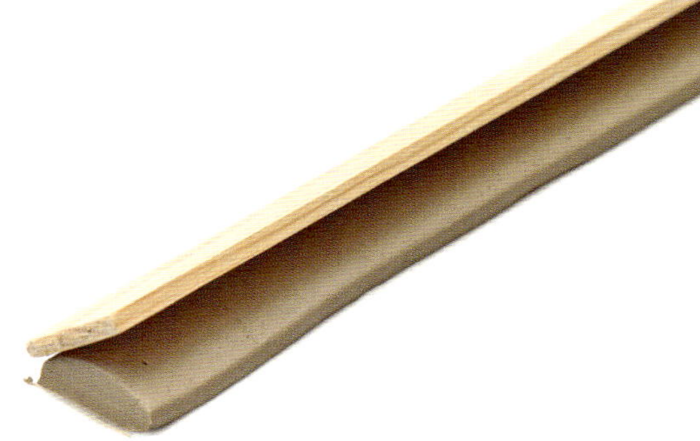

7 Wenn Sie eine tiefere Schüssel brauchen, fügen Sie einen zweiten Wulst so an wie den ersten. Verstärken Sie den Ansatz innen und außen mit Tonwülsten und schaben Sie den überschüssigen Ton ab, bis die Wand glatt ist. Für den Kragen flachen Sie einen weiteren langen Wulst auf einer Plastikfolie ab, der den gesamten Umfang abdeckt. Legen Sie eine Holzlatte darauf, wippen Sie sie vor und zurück, um den Wulst zu runden und an den Rändern abzuflachen, und schneiden Sie dann den überschüssigen Ton an den Rändern ab. Glätten Sie die Kanten mit dem Finger.

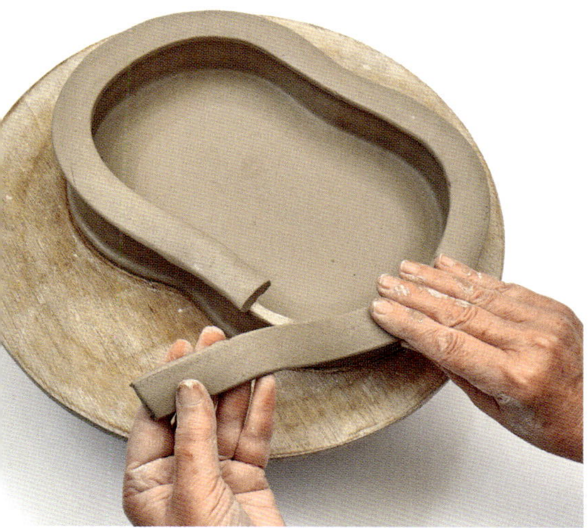

8 Drehen Sie den Kragenwulst mit der Plastikfolie um und rauen Sie die Unterseite auf. Schlickern Sie dann den Rand der Schüssel und die Unterseite des Wulstes und bringen Sie ihn in Position (siehe Foto). Lassen Sie die Enden überlappen und schneiden Sie sie diagonal ab, bevor Sie sie aufrauen und schlickern. Wenn es geht, verstärken Sie die innenliegende Ansatzkante mit einem dünnen Tonwulst, doch dieser Schritt ist nicht unbedingt nötig.

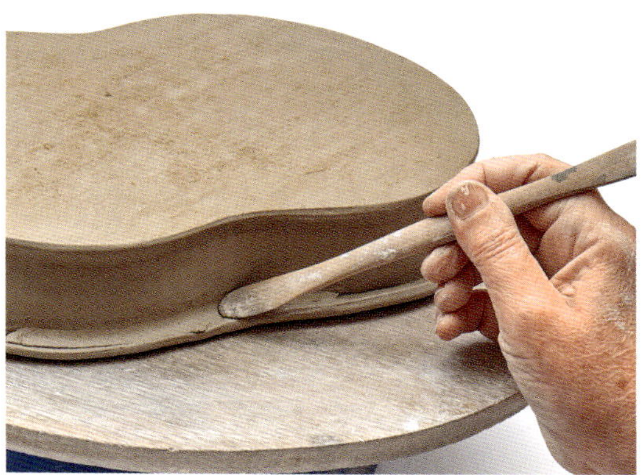

9 Legen Sie eine weitere Aufsatzscheibe auf die Schüssel und drehen Sie alles zusammen um, sodass Sie die Unterseite des Kragenwulstes bearbeiten können. Verstärken Sie die Ansatznaht mit einem weichen Tonwulst und verstreichen und glätten Sie sie mit der Fingerspitze oder einem Modellierholz.

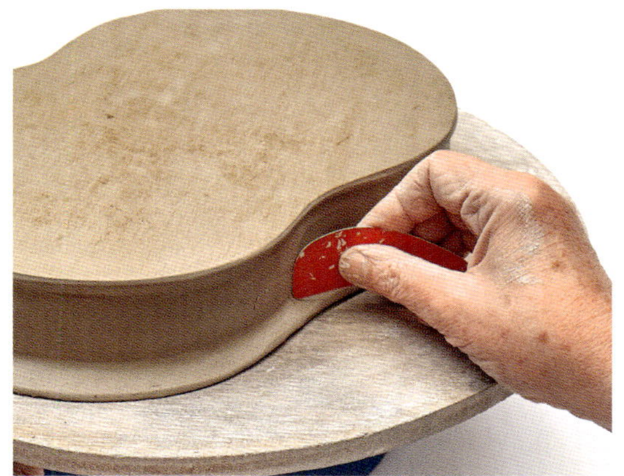

10 Die Außenwand der Schüssel wird mit einer Drehschiene oder einem ähnlichen Werkzeug geglättet, die Kante der Bodenplatte dagegen mit dem Finger oder einer Gumminiere. Zum Trocknen drehen Sie die Schüssel um.

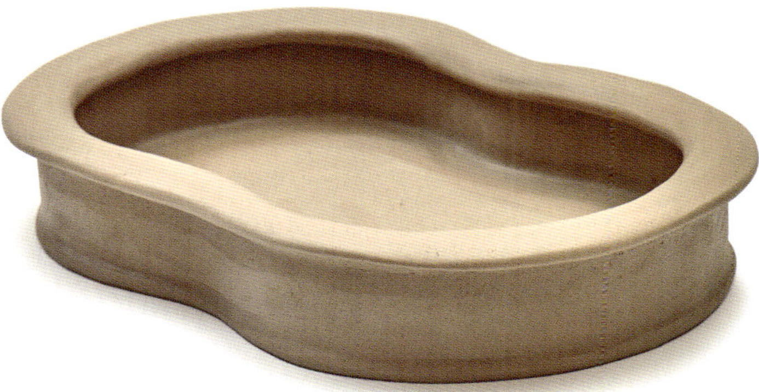

Durch den breiten Rand kann der Inhalt nicht aus der Schüssel schwappen. Außerdem kann man Servierbesteck darauf ablegen und die Schüssel daran hochheben, was besonders bei heißen Speisen nützlich ist.

①

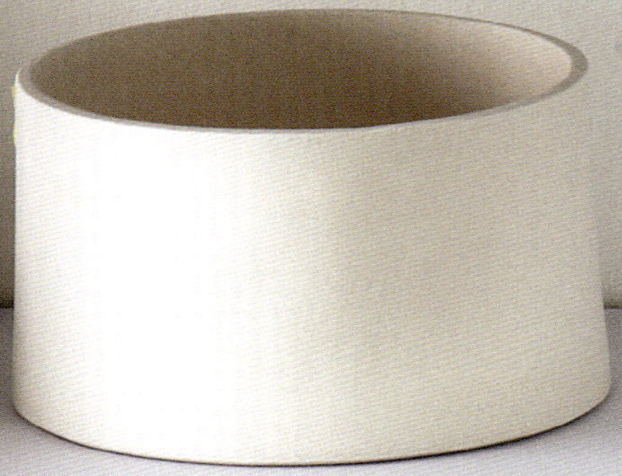

1 RECHTECKIGE SERVIERSCHALE

Diese schlichte Schale wurde ganz in einer gewöhnlichen Eindrückform aus Gips gefertigt. Das geht schnell und lässt sich jederzeit wiederholen.

Henkel: Die breiten Bandhenkel sind zu Schlaufen geformt und bilden eine visuelle Linie mit dem Rand.

Fuß: Fehlt, kann aber aus einer Platte zugeschnitten und angesetzt werden.

Verwendung: Servierschale für heiße und kalte Speisen.

2 ZYLINDRISCHE SCHÜSSEL

Diese praktische Schüssel lässt sich aus weichen Tonplatten so rasch und einfach herstellen, dass man ruhig eine ganze Serie in unterschiedlichen Größen fertigen sollte.

Fuß: Fehlt. Der minimalistische Stil kommt ganz ohne Fuß aus.

Verwendung: Ideal für Salat, aber auch für andere Speisen geeignet.

②

Überlegungen zum Design

Varianten in Plattentechnik

3 & 4 SERVIERSCHALEN IN BLATTFORM

Diese Art von Schale lässt sich schnell fertigen. Sie wird nach einer Vorlage aus einer weichen Tonplatte zugeschnitten und über einer gewölbten Überform gekrümmt. Die Füße werden in diesem Stadium angefügt.

Henkel: Der Blattstiel lässt sich bequem greifen, daher kein anderer Henkel.

Fuß: Die Füße bestehen aus drei gleichgroßen Wülsten.

Verwendung: Für alle Speisen geeignet, die keinen Rand brauchen.

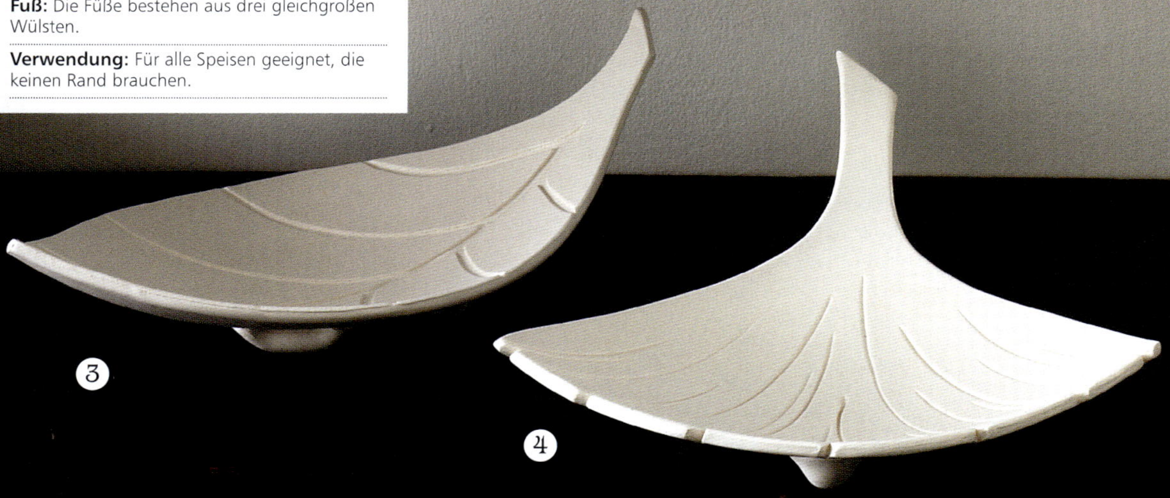

③

④

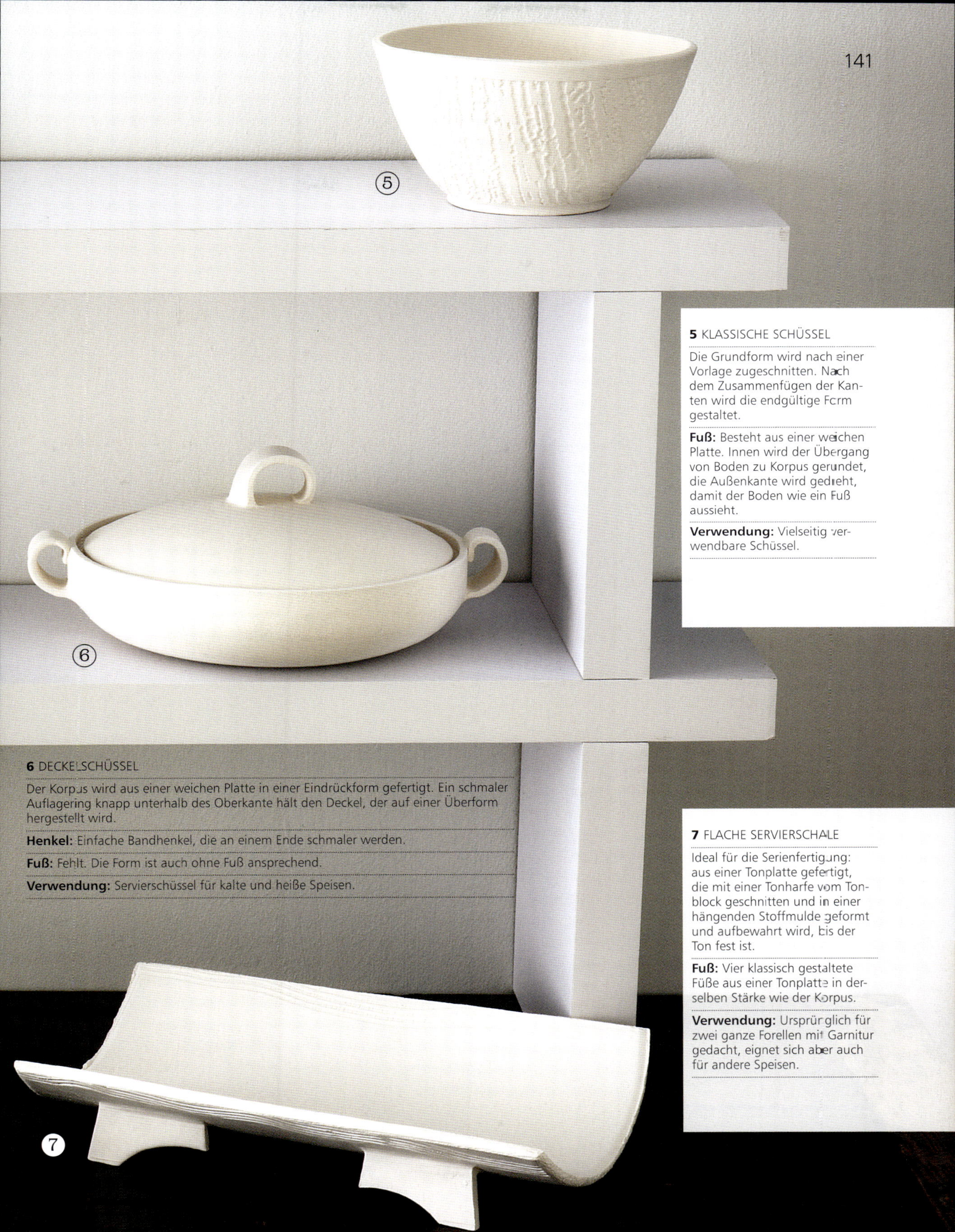

5 KLASSISCHE SCHÜSSEL

Die Grundform wird nach einer Vorlage zugeschnitten. Nach dem Zusammenfügen der Kanten wird die endgültige Form gestaltet.

Fuß: Besteht aus einer weichen Platte. Innen wird der Übergang von Boden zu Korpus gerundet, die Außenkante wird gedreht, damit der Boden wie ein Fuß aussieht.

Verwendung: Vielseitig verwendbare Schüssel.

6 DECKELSCHÜSSEL

Der Korpus wird aus einer weichen Platte in einer Eindrückform gefertigt. Ein schmaler Auflagering knapp unterhalb des Oberkante hält den Deckel, der auf einer Überform hergestellt wird.

Henkel: Einfache Bandhenkel, die an einem Ende schmaler werden.

Fuß: Fehlt. Die Form ist auch ohne Fuß ansprechend.

Verwendung: Servierschüssel für kalte und heiße Speisen.

7 FLACHE SERVIERSCHALE

Ideal für die Serienfertigung: aus einer Tonplatte gefertigt, die mit einer Tonharfe vom Tonblock geschnitten und in einer hängenden Stoffmulde geformt und aufbewahrt wird, bis der Ton fest ist.

Fuß: Vier klassisch gestaltete Füße aus einer Tonplatte in derselben Stärke wie der Korpus.

Verwendung: Ursprünglich für zwei ganze Forellen mit Garnitur gedacht, eignet sich aber auch für andere Speisen.

Technik

Schale in Plattentechnik

Mit einer Gipsform können Sie Teller, Schalen und andere Gefäße in Windeseile fertigen – und oft genug lassen sich mit einer einzigen Form Dinge herstellen, für die sie eigentlich gar nicht gedacht ist. So kann man mit einer einfachen Eindrückform für Schüsseln auch Krüge oder Teekannen, Vasen und viele andere Sachen machen. Die Grundform lässt sich durch Platten oder Wülste erweitern oder mit allen möglichen Techniken verändern.

Sie müssen diese Gipsformen noch nicht einmal selbst herstellen. In den meisten Fachgeschäften finden Sie eine große Bandbreite unterschiedlicher Formen und Größen, die Sie Ihren Bedürfnissen anpassen können. Das nachfolgend vorgestellte Projekt beweist es: Mit einer Eindrückform für Teller entsteht eine Servierschüssel mit Deckel. Sowohl die Schüssel als auch der Deckel werden mithilfe derselben Gipsform gefertigt, sodass sie perfekt aufeinander passen.

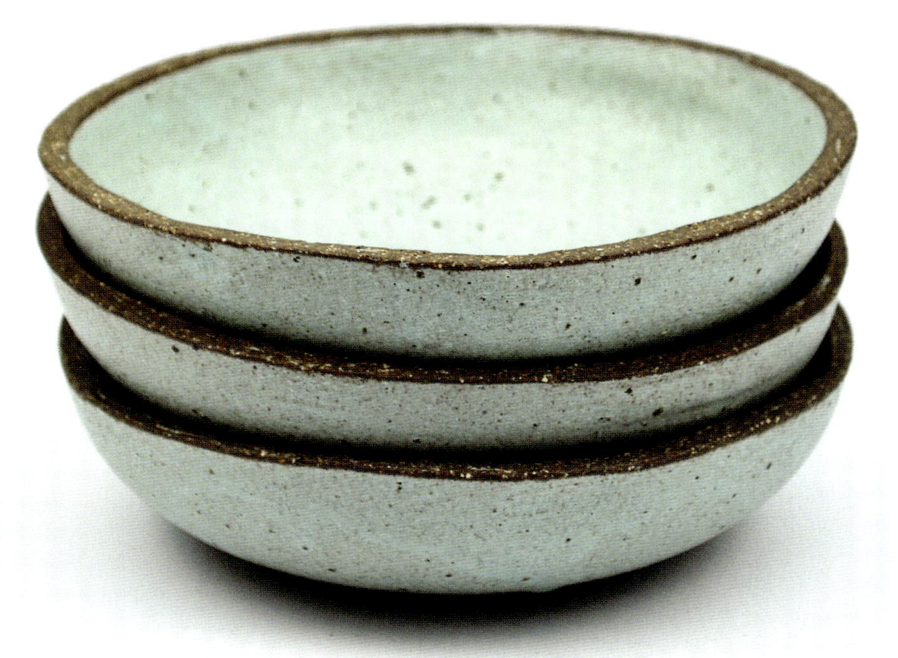

Schalen aus Tonplatten
von Susan Simonini
Diese rustikalen Schalen gehören zu einer ganzen Geschirrserie. Sie wurden mit der Platten- und Pinchtechnik hergestellt und hoch gebrannt (Oxidationsbrand bis Kegel 10). Sie zeigen deutlich, wie wirkungsvoll eine einfache Technik eingesetzt werden kann.

BEVOR SIE ANFANGEN

- Das wichtigste Kriterium bei der Wahl einer Gipsform ist ihre Funktionalität. Mit einer einfachen Form lässt sich schneller und variantenreicher arbeiten. Weite, offene Formen sind besonders vielseitig.
- Eine Eindrückform ist meist leichter zu handhaben als eine Überform, doch das sollte Sie nicht davon abhalten, das Überformen auszuprobieren.
- Sie können natürlich auch eine andere Form verwenden als die, die hier gezeigt wird.

Deckelschüssel aus Platten

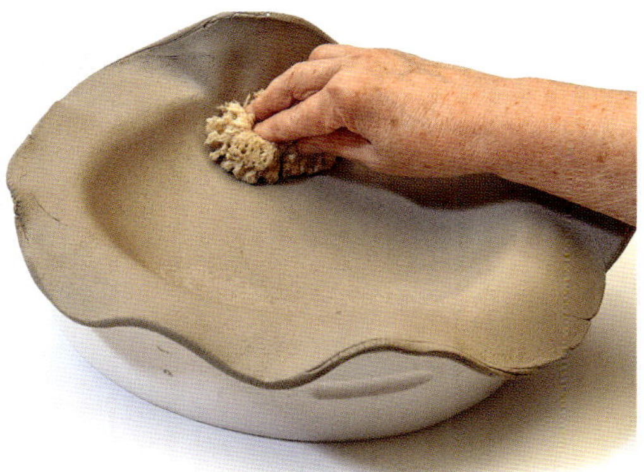

1 Walzen Sie eine Platte aus, die die ganze Form ausfüllt. Am besten walzen Sie sie auf einer Plastikfolie aus. Der Ton haftet an der Folie, die Ihnen die Möglichkeit gibt, die Position der Tonplatte in der Form zu korrigieren und sich dann leicht abziehen lässt. Streichen Sie den Ton mit einem leicht angefeuchteten Schwamm in die Form und glätten Sie dann die Oberfläche mit einer Gumminiere.

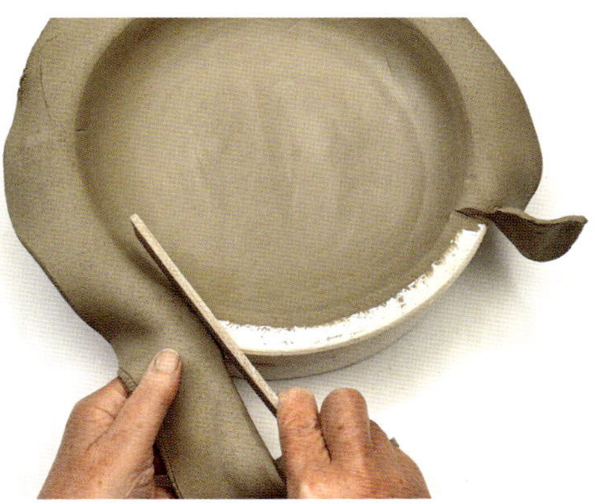

2 Stellen Sie die Form auf eine Ränderscheibe und entfernen Sie den überschüssigen Ton mit einer Holzlatte. Wenn Sie die schmale, flache Kante der Latte auf den Gipsrand legen und sie geradehalten, während Sie die Ränderscheibe drehen, löst sich der Ton leicht und der Rand wird glatt und gleichmäßig. Bewahren Sie die Tonreste unter einer Plastikfolie auf, damit sie nicht austrocknen. Sie brauchen sie später für die Griffe.

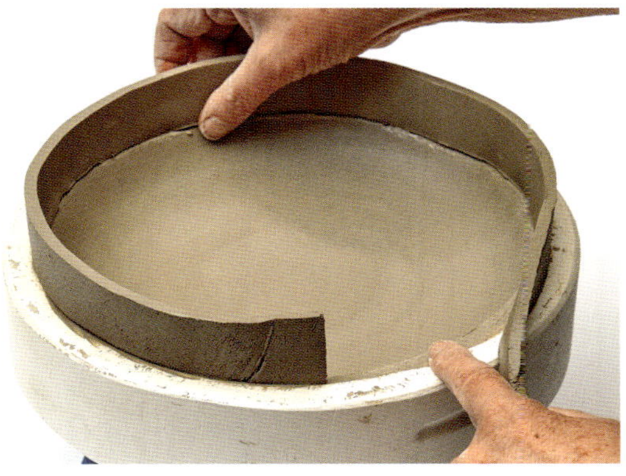

3 Walzen Sie eine weitere Platte aus und schneiden Sie einen Streifen daraus zu, der um den ganzen Umfang der Gipsform passt. Nehmen Sie eine breite Holzlatte als Vorlage. Rauen Sie eine Längskante an, während die Latte noch auf dem Ton liegt. Rauen Sie auch den Rand der Schüssel in der Gipsform auf. Dabei darf der Gips nicht angekratzt werden. Schlickern Sie die Ansatzkanten und setzen Sie den Tonstreifen an.

Fortsetzung: Deckelschüssel aus Platten

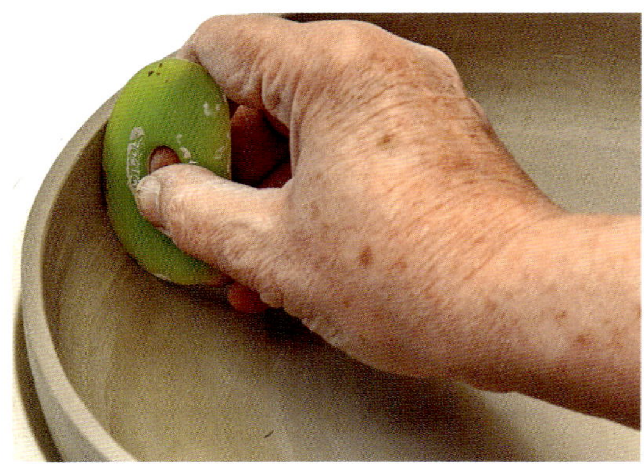

4 Verstärken Sie die innere Ansatznaht mit einem weichen Tonwulst und verstreichen Sie ihn mit der Fingerspitze oder einem Modellierholz. Entfernen Sie überschüssigen Ton und glätten Sie die Innenseite mit einer weichen Drehschiene, mit der Sie zugleich kleine Korrekturen an der Form vornehmen können. Durch den Rand der Gipsform müsste die Oberkante eigentlich gerade sein. Geringfügige Unebenheiten lassen sich mit einer Raspel begradigen.

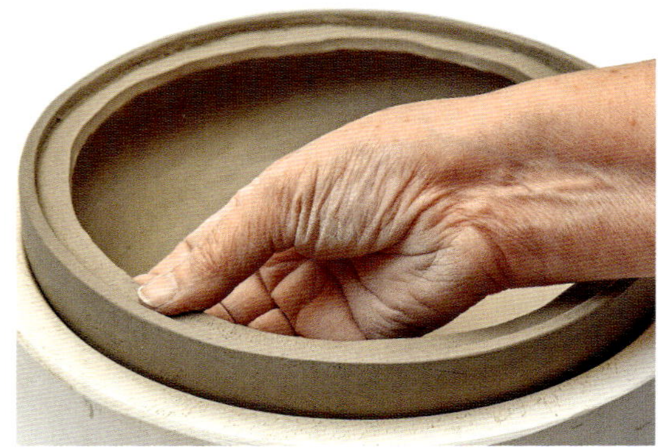

5 Um die Wandung zu erhöhen, gehen Sie so vor, wie in den Schritten 3 und 4 beschrieben. Schneiden Sie dann aus derselben Platte wie die Erhöhung einen schmalen Streifen für die Deckelauflage zu, der höchstens 6 bis 13 mm breit sein sollte. Rauen Sie die Ansatzlinie etwa 6 mm unterhalb der Oberkante an, ebenso eine Kante der Deckelauflage. Schlickern Sie die Ansatzstellen und drücken Sie die Deckelauflage an. Entfernen Sie überschüssigen Schlicker und verstärken Sie nach Möglichkeit die innere Ansatznaht mit einem weichen Tonwulst.

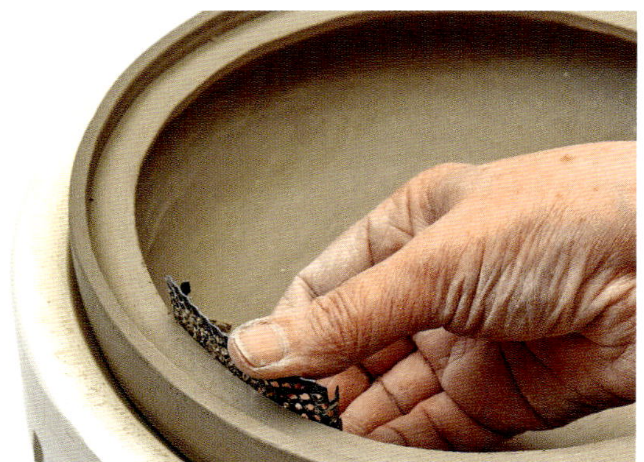

6 Lassen Sie die Schüssel in der Gipsform und die Gipsform auf der Ränderscheibe. Bearbeiten Sie die Kante der Deckelauflage mit einer Raspel. Machen Sie sie bei Bedarf etwas schmaler. Die Deckelauflage muss den Deckel tragen können, sie darf aber nicht so weit in die Mündung ragen, dass sie die Form dominiert. Wenn Sie mit allem zufrieden sind, stürzen Sie die Schüssel aus der Gipsform auf ein Brett. Falls nötig, versäubern Sie die äußere Ansatznaht mit einem weichen Tonwulst und glätten Sie den Übergang mit einer Drehschiene.

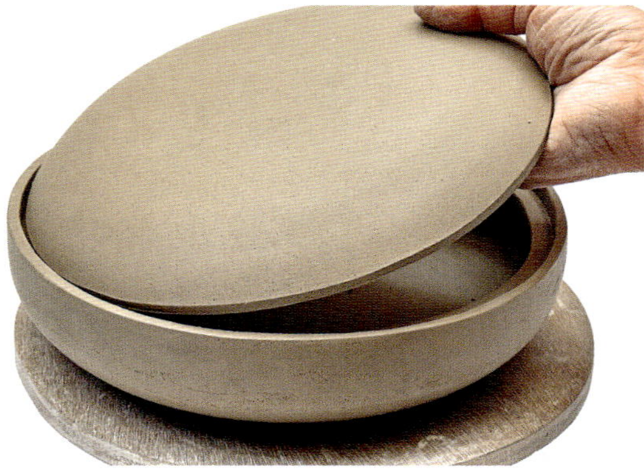

7 Walzen Sie eine weitere Tonplatte aus und legen Sie sie wie bei der Schüssel in die Eindrückform. Trocknen Sie den Ton in der Form mit einem Fön, bis er dieselbe Festigkeit hat wie die Schüssel, dann stürzen Sie sie auf ein Brett. Probieren Sie aus, wie der Deckel auf die Schüssel passt. Er ist zu groß, aber auf diese Weise bekommen Sie ein Gefühl dafür, wie viel Ton Sie abschälen müssen. Legen Sie den Deckel wieder auf und kürzen Sie den Rand nach und nach. Prüfen Sie zwischendurch immer wieder, ob er passt. Lassen Sie ihn auf der Schüssel trocknen.

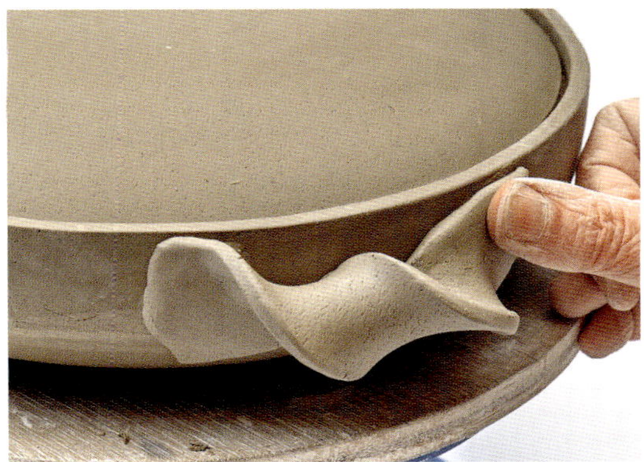

8 Aus den Resten der Platten für die Schüssel machen Sie die Henkel. Ein einfacher, gedrehter Tonstreifen ergibt einen stabilen und praktischen Henkel für eine Schüssel wie diese. Achten Sie darauf, dass die Ansatzstellen genau gegenüberliegen. Rauen Sie die Ansätze an, schlickern Sie sie und setzen Sie sie an. Wenn Sie an den Henkelenden zwei kleine Muster prägen, verstärken Sie die Haftung der Henkel am Korpus. Fertigen Sie einen weiteren gedrehten Streifen für den Deckel und befestigen Sie ihn wie die Henkel. Lassen Sie die Schüssel mit dem Deckel auf der Mündung trocknen.

Tipps für den Gebrauch von Formen

Bei der Arbeit mit Gipsformen sind scharfe oder spitze Werkzeuge wie Messer tabu! Der Gips kann leicht absplittern und die Form beschädigen, außerdem darf kein Gips in den Ton geraten. Gips im Ton kann nach dem Brennen zu Explosionen führen.

In einer Gipsform trocknet der Ton recht schnell, weil der Gips Wasser aus der Oberfläche aufnimmt, mit der er in Kontakt kommt. Sie können den Trockenprozess beschleunigen, indem Sie die sichtbaren Tonflächen mit einem Fön trocknen. Dabei muss die Form jedoch bewegt werden. Trocknen Sie nur so lange, bis sich der Ton fest anfühlt. Dieser Punkt ist schnell überschritten, danach lässt sich der Ton nicht mehr verarbeiten.

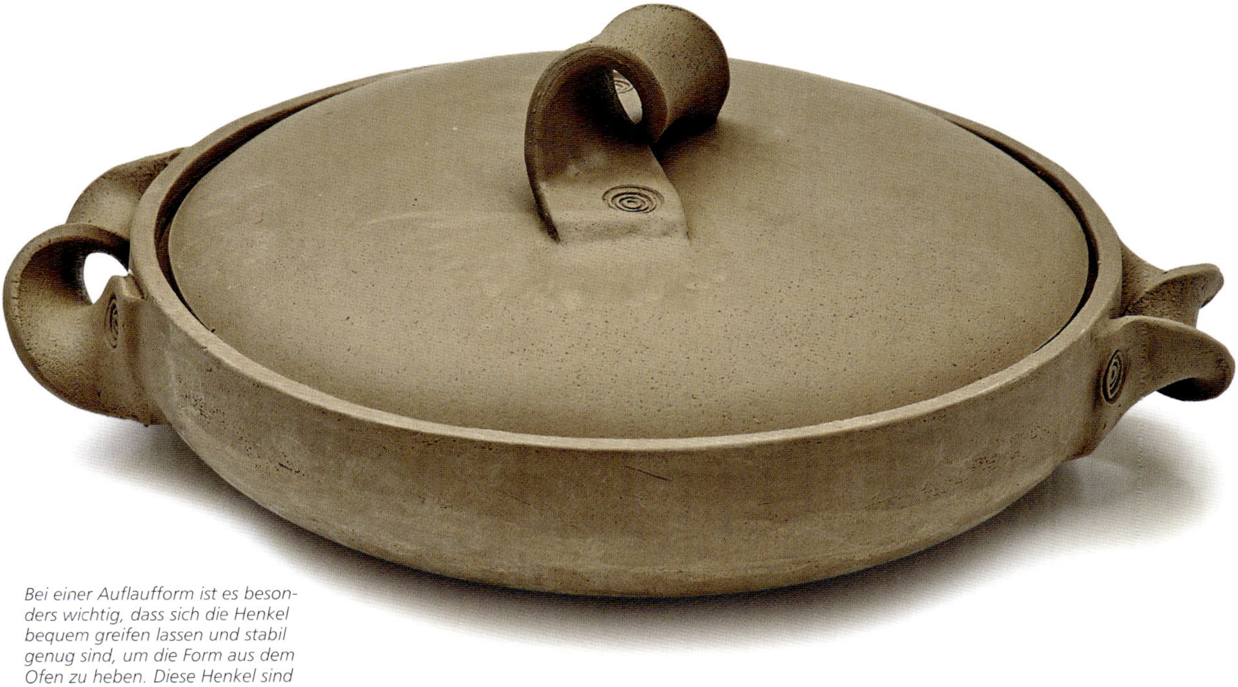

Bei einer Auflaufform ist es besonders wichtig, dass sich die Henkel bequem greifen lassen und stabil genug sind, um die Form aus dem Ofen zu heben. Diese Henkel sind ideal und die kleinen Prägemuster an den Ansatzstellen passen sehr gut zu der schlichten Gestaltung.

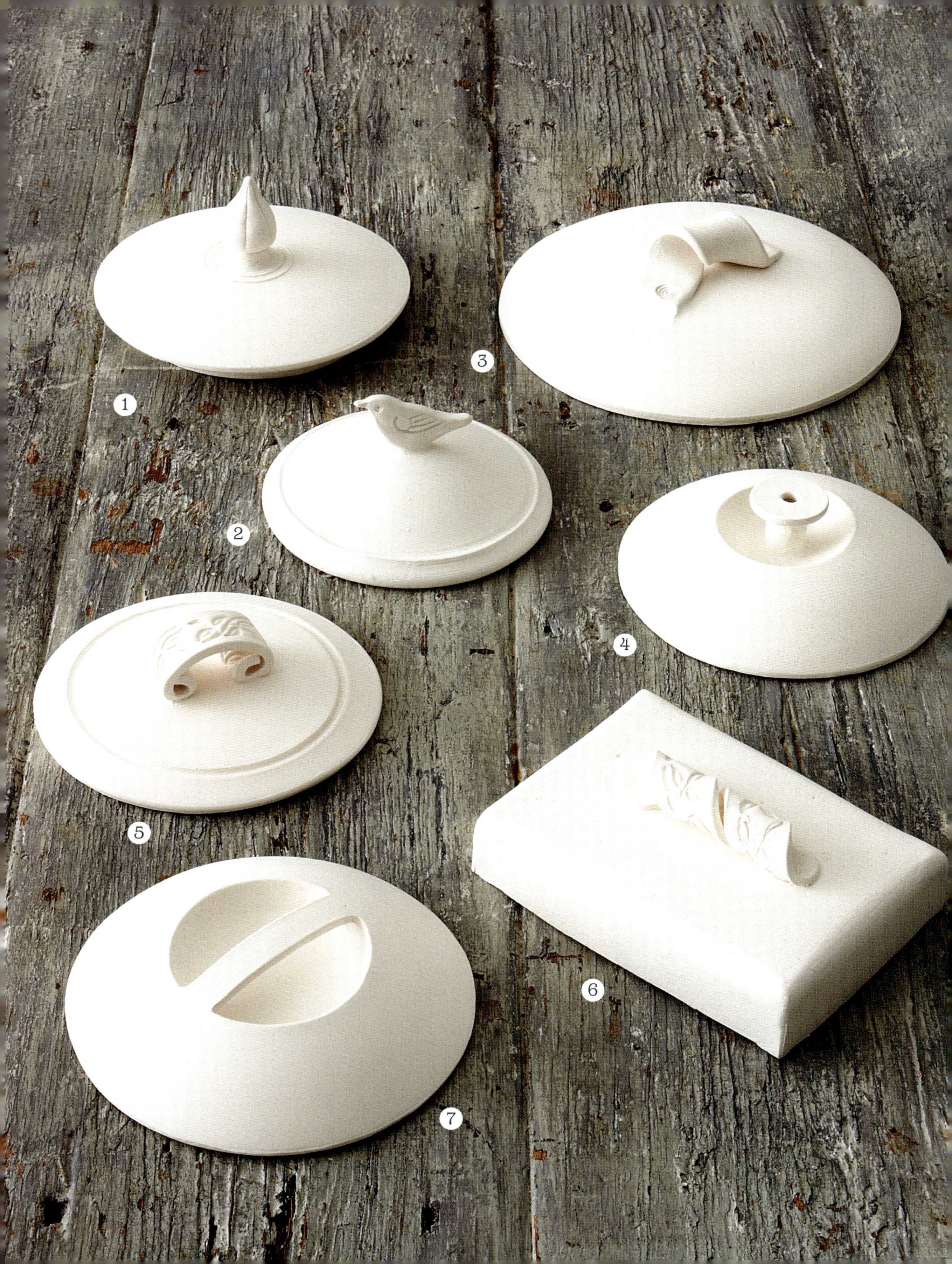
3
1
2
4
5
6
7

Überlegungen zum Design
Deckel – zuschneiden, einformen, drehen

1 AUS PLATTE ZUGESCHNITTEN

Für diesen runden Deckel wird ein Kreis aus einer ausgewalzten Tonplatte ausgeschnitten, der auf einer gewölbten Überform seine Kuppelform erhält. Der Deckel sitzt auf der Mündung der Schüssel, eine Steckzarge hält ihn in Position.

Knauf: Der stilisierte Knauf wird in Daumendrucktechnik aus einer kleinen Tonkugel geformt und später mit einem Modellierholz der Länge nach eingeritzt. Bei einem hohlen Deckel wie diesem sollte ein Loch durch den Deckel in den Knauf gebohrt werden, damit beim Brennen Dampf entweichen kann.

2 GEDREHTER EINLEGEDECKEL

Dieser Deckel ist für eine kleine Auflaufform oder Servierschüssel gedacht. Er sitzt auf der Deckelauflage an der Mündung. Der Rand der Kuppelform wird durch einen schlichten Kreis betont.

Knauf: Der dekorative Knauf wird aus einer kleinen Tonkugel geformt. Die Linien werden mit einer Töpfernadel gezogen.

3 EINGEFORMTER EINLEGEDECKEL

Dieser Deckel ist so gestaltet, dass er zu einer schlichten Schüssel mit niedriger Wandung und flachem Boden passt. Schüssel und Deckel werden in derselben Eindrückform gefertigt, die eigentlich für Teller gedacht ist – ein gutes Beispiel für die Vielseitigkeit von Gipsformen.

Knauf: Ein einfacher Bandhenkel, der gedreht und an den Enden am Deckel angesetzt wird. Er lässt sich bequem greifen.

4 ZUSAMMENGESETZTER EINLEGEDECKEL

Dieser Deckel besteht aus zwei Teilen, die mit unterschiedlichen Formen gefertigt werden. Eine runde eingeformte Tonscheibe mit einer kreisrunden Aussparung in der Mitte bildet den Hauptteil. Eine viel kleinere Schüsselform wird an der Unterseite angesetzt, während die Tonscheibe noch in der Form liegt. Dadurch entsteht die konkave Mulde, in der der Knauf befestigt wird. Der Deckel liegt auf einem Auflagering an der Mündung.

Knauf: Eine kurze, um einen Rundstab geformte Röhre, auf der eine flache Scheibe befestigt wird. Deckel und Scheibe werden durchbohrt, damit beim Brennen Dampf entweichen kann.

5 EINLEGEDECKEL MIT VERZIERTEM GRIFF

Dieser Deckel, der auf einem Auflagerand an der Mündung liegt, wird aus einer Tonscheibe auf einer Überform gefertigt. Eine Rille am Rand betont die Schlichtheit des Deckels und bietet interessante Möglichkeiten für das Dekor.

Griff: Unter dem texturierten Bandhenkel mit eingerollten Enden ist Platz für die Finger, sodass sich der Deckel bequem hochheben lässt.

6 DECKEL AUS WEICHER TONPLATTE

Aus einer einzigen Tonplatte gefertigt. An den Ecken werden vier kleine Quadrate ausgeschnitten und die Kanten zusammengefügt. Dadurch entstehen sanft gerundete Kanten – bei einer aus festen Platten zusammengesetzten Form wären die Kanten hart und präzise. Der Deckel passt zu einer flachen, rechteckigen Schale mit hochgebogenem Rand, die ihm Halt gibt.

Griff: Aus einer Platte ausgeschnittener texturierter Streifen, der um einen Rundstab gewickelt und mit den Enden am Deckel befestigt wird.

7 EINGEFORMTER DECKEL

Die Grundform wird in einer Eindrückform gefertigt. Für den Griff werden zwei Halbkreise mit einem 10 cm breiten Streifen dazwischen aus der Platte geschnitten, bevor sie in die Form gelegt wird. Der konkave Teil des Deckels kann ein- oder übergeformt oder gepincht werden, muss aber an der Unterseite des Deckels angesetzt werden, solange er in der Eindrückform liegt.

Henkel: Der angeschnittene Henkel kann dekorativer gestaltet werden. Für die halbkreisförmigen Aussparungen benutzen Sie am besten eine Schablone.

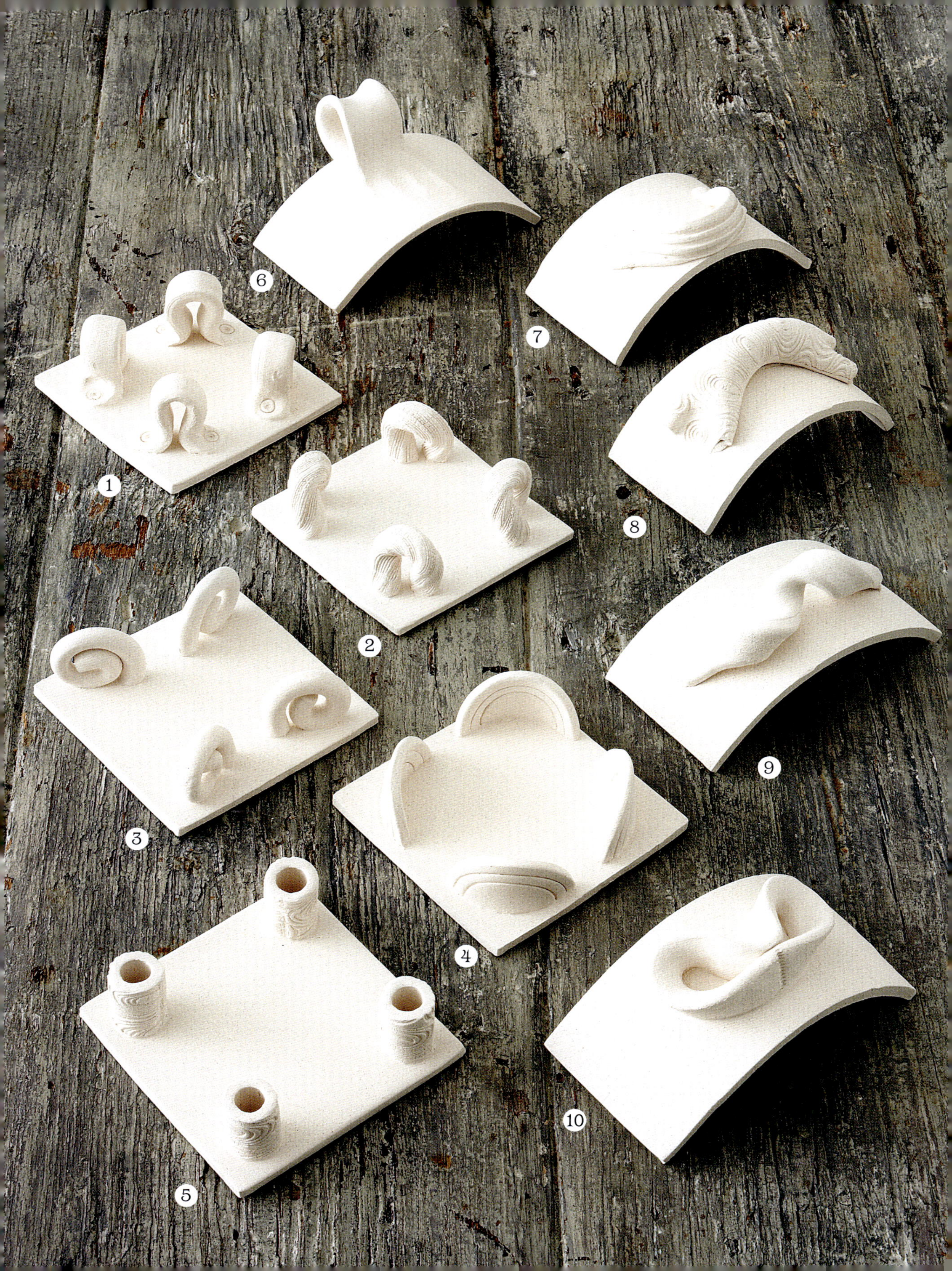
6
7
1
8
2
9
3
4
10
5

Überlegungen zum Design

Knäufe & Füße – rollen, zuschneiden, ziehen

1 GEZOGENE FÜSSE

Ein gezogener Tonstrang wird in vier gleiche Abschnitte zerteilt, die zu Schlaufen geformt und mit den Enden an der Unterseite eines Gefäßes angesetzt werden. Die Größe der Schlaufen richtet sich nach der Gestaltung der Form.

Passen zu rustikalen Schüsseln oder tiefen Tellern, eignen sich aber auch für Teekannen und andere Gefäße, unanhängig von der Herstellungstechnik.

2 GEZOGEN UND VERDREHT

Die interessante Textur entsteht durch Verdrehen eines gezogenen Tonstrangs mit längs verlaufenden Rillen. Die Strangstücke werden zu Schlaufen geformt, die Enden etwas versetzt angarniert.

Passen zu großen gedrehten Schüsseln im rustikalen Stil, aber auch zu Teekannen und anderen Gefäßen.

3 FÜSSE AUS WÜLSTEN

Diese zu engen Schnecken aufgerollten Wülste sind überraschend stabil. Sie passen am besten zu Gefäßen aus Irdenwareton, der nicht so hoch gebrannt wird. Bei höheren Temperaturen kann es passieren, dass das Gefäß um die Füße herum zusammensackt.

Passen zu Tassen, Bechern und Teekannen, größere Formate passen zu Tellern, Schüsseln und anderen großen Gefäßen.

4 Füße aus Platten

Mit einer Ausstechform werden Kreise aus einer Tonplatte gestochen, halbiert und gekrümmt, bevor sie am Boden des Gefäßes angestetzt werden. Hier sind sie mit Rillen versehen, sie können aber auch texturiert oder ohne Dekor verwendet werden.

Passen zu stilisierten Schalen, Kannen und anderen Gefäßen aus Platten. Sie sind in der Größe variabel und lassen sich leicht anpassen. Hier sind sie besonders groß, damit man die Details erkennen kann.

5 RÖHRENFÜSSE

Robuste Füße für besonders schwere Gefäße. Eine Tonplatte wird um einen dünnen Rundstab zu einer Röhre geformt, die in gleichgroße Abschnitte unterteilt wird. Sie müssen die Füße nicht so hoch machen wie auf dem Foto, sondern können sie in der Länge an die Proportionen Ihres Gefäßes anpassen.

Passen zu allen Gefäßen und allen Herstellungstechniken.

6 GEZOGENER HENKEL

Bei kochfestem Geschirr brauchen Sie besonders massive und stabile Griffe oder Henkel. Hier wurde ein flach gezogener Strang zu einer Schlaufe geformt und so am Korpus angesetzt, dass der Henkel ein Stück über den Gefäßrand heinausragt. Nach dem Angarnieren wurden die Kanten leicht zusammengedrückt, sodass eine Kehle entstand.

Passt zu Auflaufformen und anderen offenen Gefäßen wie großen Schüsseln.

7 KLASSISCHER GEZOGENER HENKEL

Aus einem gezogenen Strang gefertigt und mit dem Daumennagel oder einem Werkzeug der Länge nach gerillt. In dieser traditionellen Form wird er mit den Enden und einer Längskante so angarniert, dass er einen Griff bildet, der den Fingern sicheren Halt bietet.

Passt zu allen gedrehten Gefäßen wie Auflaufformen, aber auch zu anderen Gefäßen, unanbhängig von der Fertigungstechnik.

8 HOHLER GRIFF

Für den Griff wird eine Röhre aus einer dünnen, texturierten Tonplatte gefertigt, die um einen dünnen Stab gewickelt wird. Dann wird der Stab entfernt, die Röhre wird gebogen und an den Enden bis auf einen Luftdurchlass zwischen Daumen und Zeigefinger zusammengedrückt.

Passt zu Schüsseln, Auflaufformen und anderem Küchengeschirr, unabhängig von der Herstellungstechnik.

9 GRIFF AUS GEDREHTEM WULST

Ein leicht abgeflachter Wulst wird um einen Rundstab gedreht und dann mit den Enden an den Korpus gesetzt. Die Windungen sorgen für gute Griffigkeit.

Passt zu allen Arten von Gefäßen, unabhängig von der Herstellungstechnik.

10 GEZOGEN UND GEBOGEN

Dieser Griff besteht aus einem breiten gezogenen Tonstrang, dessen Enden schlaufenförmig zur Mitte gebogen sind. Sie müssen angeraut, geschlickert und angedrückt werden, bevor der Griff am Gefäß angarniert wird. Er wird mit einer Längsseite angebracht, sodass er auch bei schwereren Gefäßen guten Halt bietet.

Passt zu gedrehten Auflaufformen und anderem Ofengeschirr. Lässt sich mit Gefäßen aller Art kombinieren, unabhängig von der Herstellungstechnik.

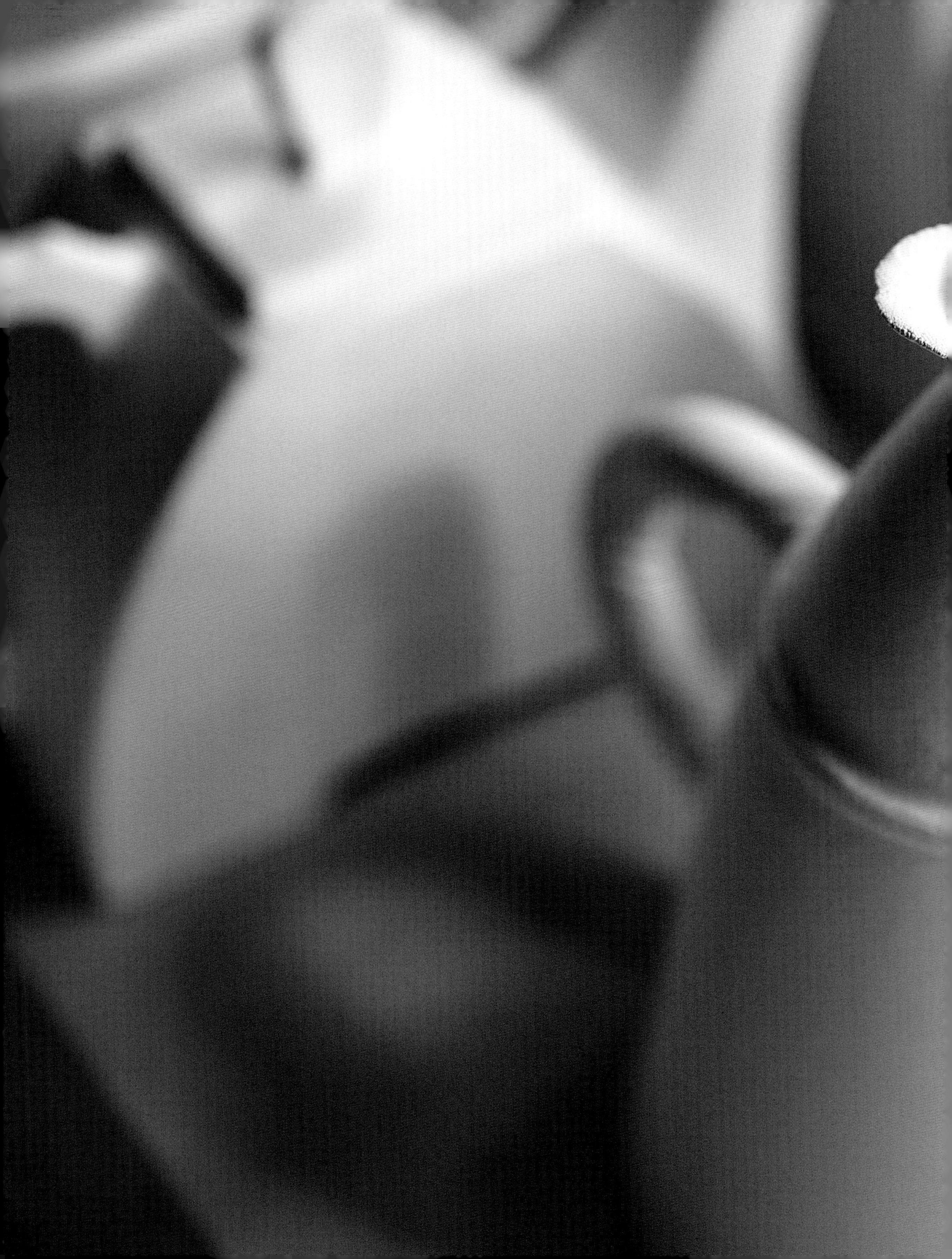

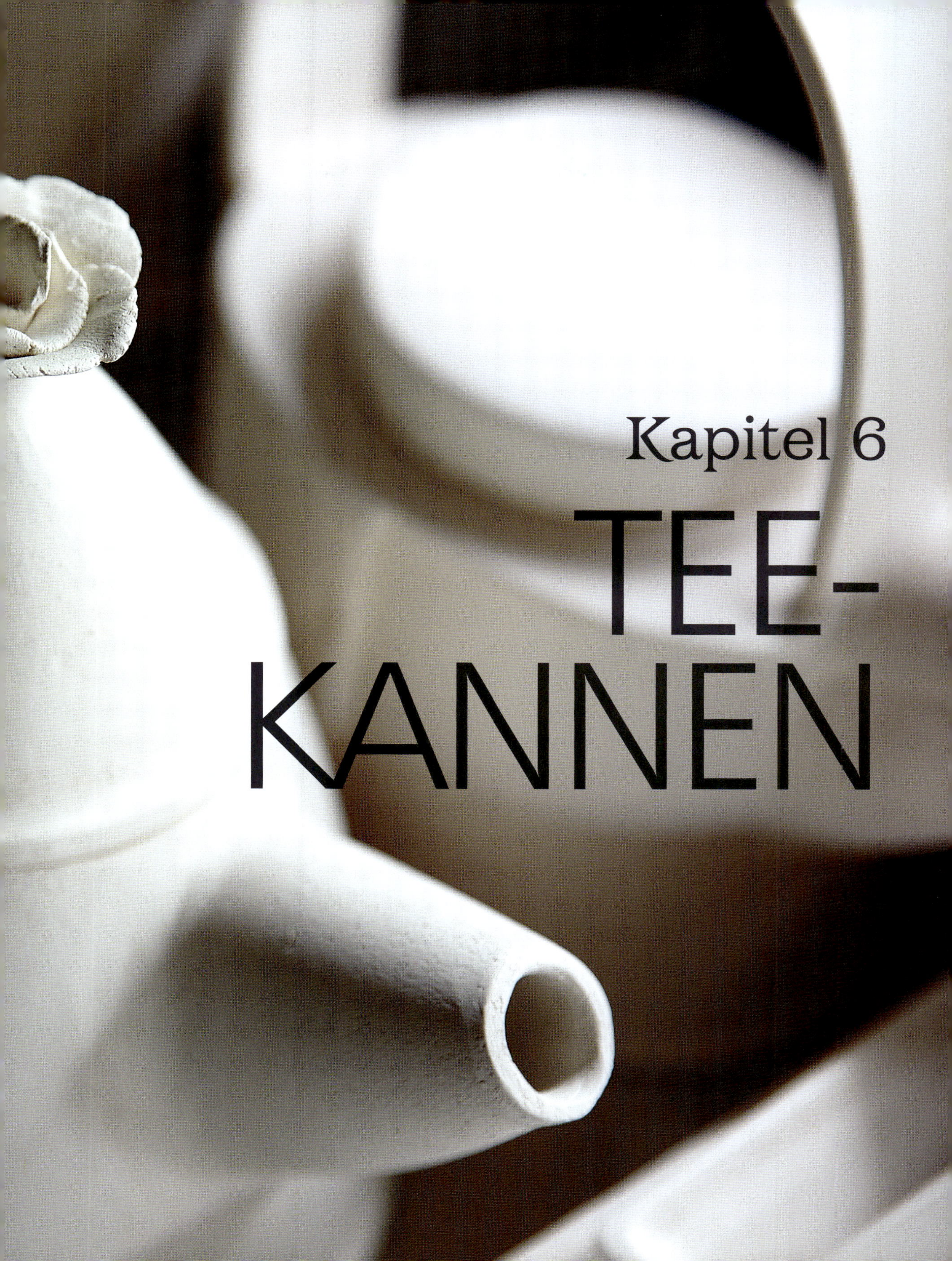

Kapitel 6

TEE-KANNEN

Teekannen

Überlegungen zum Design

In unserer schnellebigen Zeit mag man eine Teekanne für überflüssig halten, aber Tee schmeckt tatsächlich so viel besser, wenn er in einer richtigen Kanne zubereitet wird. Grund genug, eine schöne Teekanne zu erschaffen.

Die gedrehte Teekanne

Für viele Menschen ist die tägliche Teestunde ein liebgewonnenes Ritual, während dem Tee selbst bisweilen sogar Heilkräfte nachgesagt werden. Ein so wundervolles Getränk verdient, in einem wundervollen Gefäß serviert zu werden.

Der schöne, orientalisch anmutende Deckel hat keinen Knauf, dafür aber einen breiten Rand, sodass man ihn bequem greifen kann. Durch die große Öffnung lässt sich die Kanne gut reinigen.

Das schlichte Dekor wirkt spontan und dramatisch und gibt der Teekanne einen üppigen Anstrich.

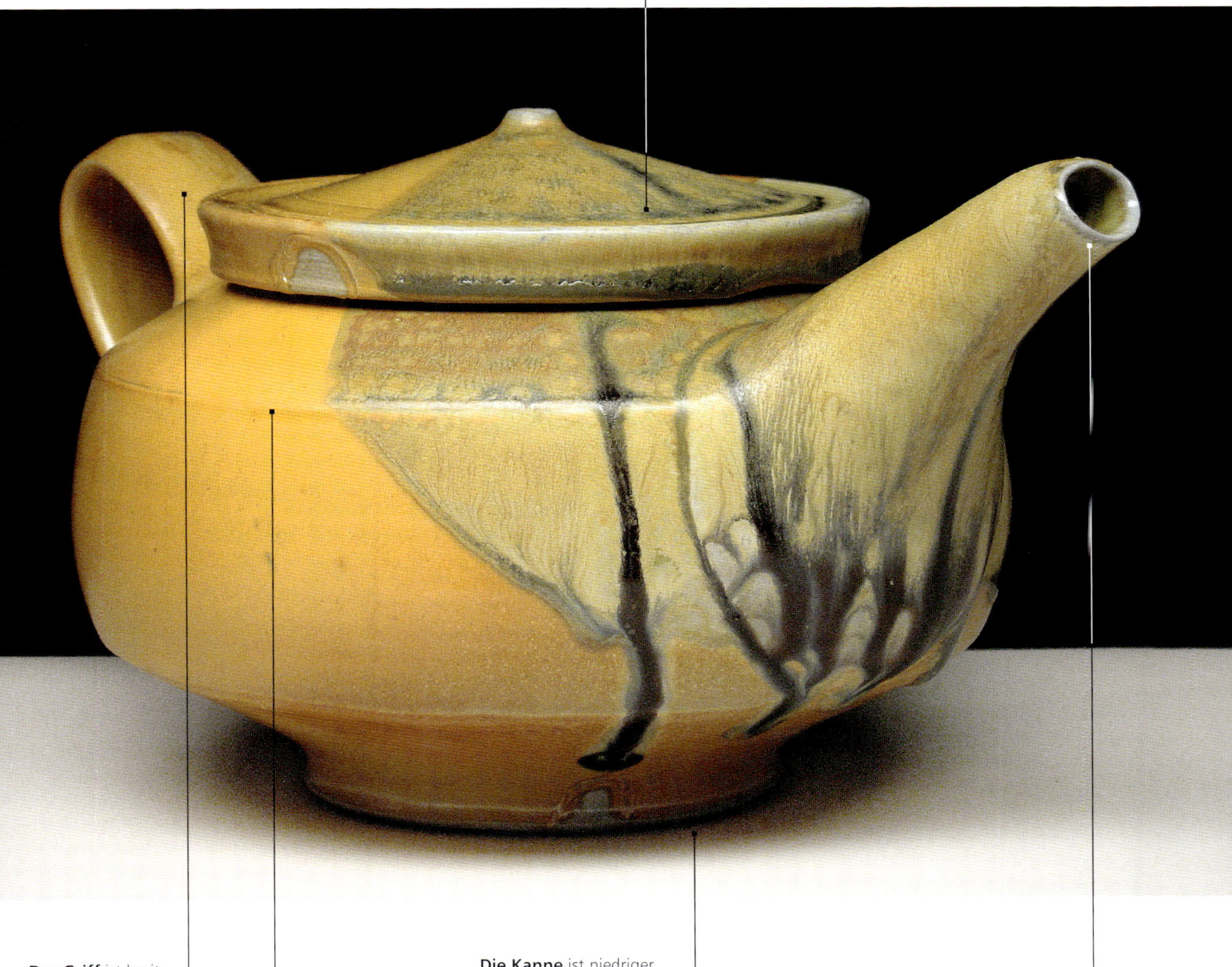

Der Griff ist breit und stabil und passt sich den Proportionen der Kanne perfekt an.

Der klare Übergang von Schulter zu Korpus rundet die Form auf wunderbare Weise ab.

Die Kanne ist niedriger als die meisten Teekannen, durch ihre Breite fasst sie aber mehrere Tassen Tee.

Der Fußring spiegelt die Proportionen des Deckels und lässt die gedrungene Form leicht und ausgewogen erscheinen.

Die Tülle ist so angebracht, dass die Öffnung über dem Deckel liegt. So läuft nichts über beim Füllen.

Teekanne für die ganze Familie

Eine Teekanne für den täglichen Gebrauch muss robust und praktisch sein. Idealerweise sollte sie vier bis sechs Tassen Tee fassen.

Der Deckel sitzt sicher auf dem Stülpdeckelrand des Korpus. Durch die weite Öffnung lässt sich die Kanne leicht reinigen.

Der Bandhenkel ist stabil, bequem zu greifen und schwingt so weit aus, dass man sich die Finger nicht am heißen Korpus verbrennt.

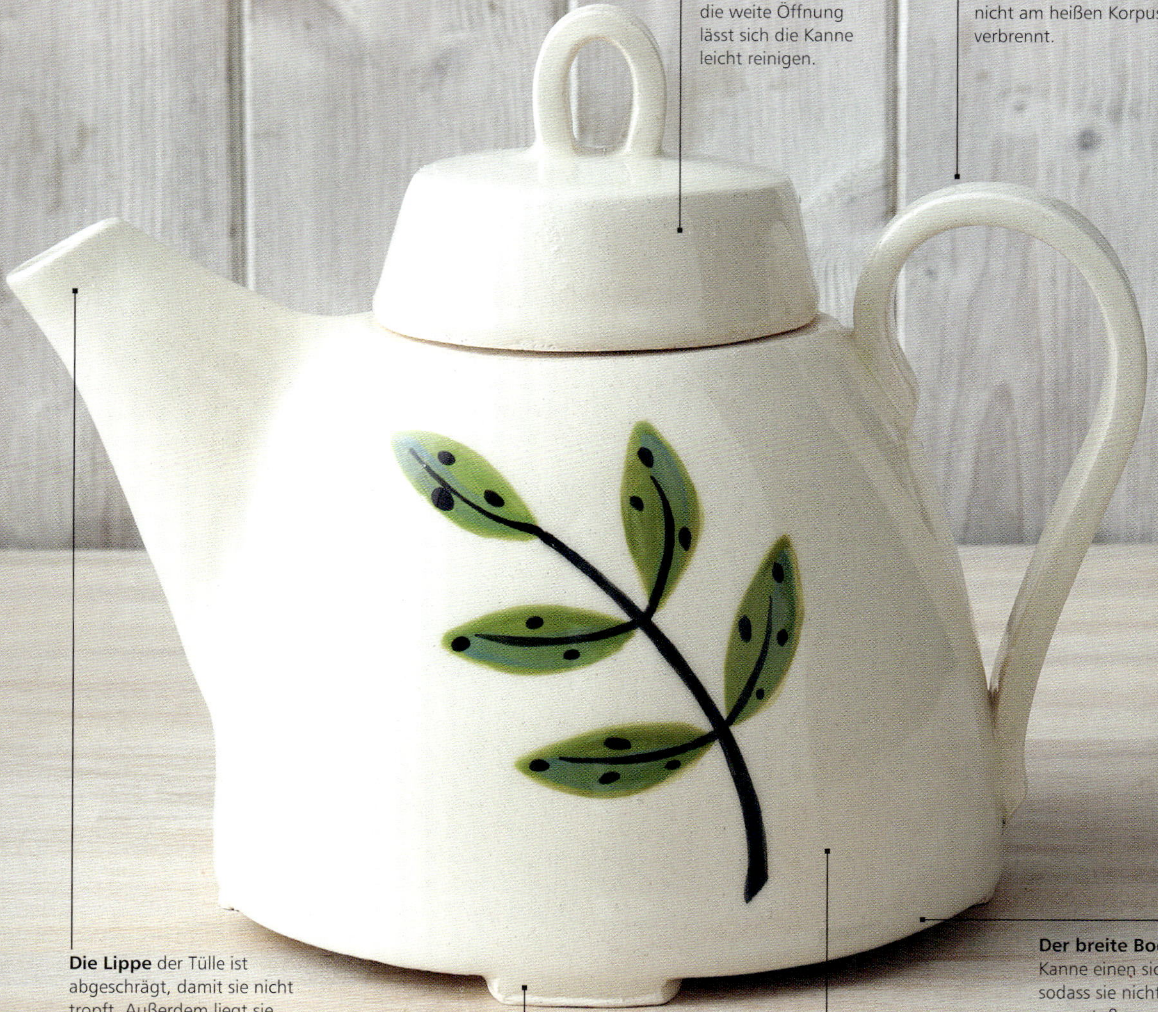

Die Lippe der Tülle ist abgeschrägt, damit sie nicht tropft. Außerdem liegt sie höher als der Wasserspiegel in der Kanne, sodass keine Flüssigkeit versehentlich herausschwappt.

Der breite Boden gibt der Kanne einen sicheren Stand, sodass sie nicht so leicht umgestoßen werden kann.

Vier einfache Plattenfüße verringern die Auflagefläche, der heiße Boden kommt also nicht unmittelbar mit der Tischplatte in Berührung.

Der Korpus wurde als Kegelstumpf aus Wülsten aufgebaut. Die Form ist gut zum Warmhalten von Flüssigkeiten.

Die Teekanne aus Irdenwareton mit ihrem schlichten Dekor aus Unterglasurfarbe auf cremefarbenem Hintergrund sieht frisch und sauber aus.

Eine gute Teekanne zu besitzen ist etwas Wundervolles, eine gut funktionierende Teekanne zu erschaffen ist sehr befriedigend. Wie oft erfreuen wir uns in einem Restaurant oder Café am Anblick einer Designerkanne, nur um gleich darauf festzustellen, dass der Tee herausschwappt, wenn man die Kanne anhebt, dass die Tülle nach dem Gießen tropft, der Henkel unpraktisch und die Kanne nur schwer zu greifen ist oder der Deckel nicht sicher sitzt.

Diese Probleme lassen sich vermeiden, wenn man ein paar Regeln beherzigt, die sowohl für gedrehte als auch für aufgebaute Formen gelten. Auf den folgenden Seiten zeigen wir Ihnen, wie Sie eine Teekanne nach diesen Grundregeln drehen oder aus Wülsten oder Platten aufbauen.

Teekanne mit Schnitzdekor von Mayumi Yamashita
Es gibt Gefäße, die geradezu zu singen scheinen, so schön sind sie anzusehen. Diese Teekanne ist ein Beispiel dafür. Sie ist aus weißem Steinzeugton mit einem schlichten, geschnitzten Dekor, das durch eine mattweiße Glasur betont wird. Henkel, Deckel und Tülle passen wunderbar zu der herrlichen Rundung des Korpus.

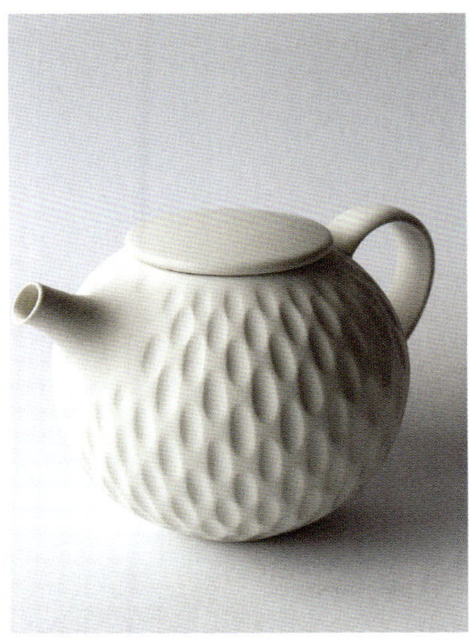

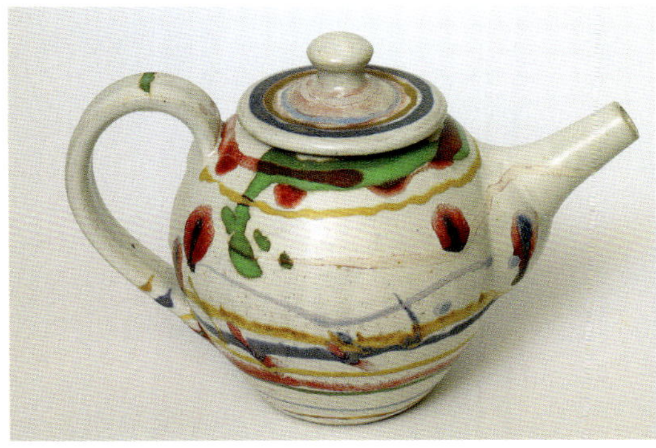

Teekanne von Chris Barnes
Traditionell geformte Teekanne aus Steinzeugton, gedreht und im Gasofen reduzierend gebrannt. Auf einer weißen Feldspatglasur als Hintergrund wirken die willkürlichen farbigen Akzente munter und lustig.

Fragen, die Sie sich stellen sollten

Wie groß soll meine Teekanne sein?

Das hängt davon ab, wieviele Teetrinker Sie auf einmal versorgen wollen. Wenn Sie alleine Tee trinken, reicht eine Kanne mit zwei Tassen, für eine Familie dagegen brauchen Sie eine Kanne, die bis zu sechs Tassen oder mehr fasst.

Was ist das beste Fertigungsverfahren?

Eine Teekanne zu drehen erfordert Übung, wenn Sie also in diesem Bereich noch nicht die nötige Erfahrung haben, sollten Sie sich für die Aufbautechnik entscheiden. Wenn Sie auf der Töpferscheibe fertigen wollen, sehen Sie hier einige Größen und Maße zur Orientierung:

Teekanne für vier Tassen

Tongewicht: 0,7 kg

Höhe der fertigen Kanne: 11 cm

Durchmesser Öffnung: 7 cm

Runder Deckel: 0,14 kg Ton

Teekanne für sechs Tassen

Tongewicht: 1,1 kg

Höhe der fertigen Kanne: 14 cm

Durchmesser Öffnung: 9 cm

Runder Deckel: 0,20 kg Ton

Zusätzlich brauchen Sie Ton für Tülle und Griff.

Bei der Aufbautechnik ist die Gestaltung von so vielen Faktoren abhängig, dass sich solche Richtwerte nicht angeben lassen.

Welchen Ton sollte ich verwenden?

Die Tonsorte ist eine Frage der persönlichen Vorlieben. Wichtig ist nur, dass Sie eine Glasur nehmen, die nicht reißt.

Die Brenntemperatur ist ein weiterer entscheidender Faktor. Je höher Sie in einem Eletroofen brennen, desto teurer wird es.

Überlegungen zum Design

Gedrehte Varianten

1 KONISCHE TEEKANNE

Der Korpus verjüngt sich kegelförmig und schließt mit einem Stülpdeckelrand ab. Der schräg geformte Deckel ist kopfüber als Schale gedreht und setzt die Linie des Korpus fort.

Tülle: Der offene Tüllenkanal ist ein interessantes gestalterisches Detail.

Henkel und Fuß: Der höchste Punkt des gezogenen Bandhenkels bildet eine Linie mit der Lippe der Tülle. Der flache Kannenboden ist mit einem gewellten Draht abgeschnitten.

2 ZYLINDRISCHE TEEKANNE

Die leichten Einschnürungen am zylindrischen Korpus entstehen beim Drehen mit einer hölzernen Drehschiene. Der Deckel liegt auf einem Stülpdeckelrand an der Korpusmündung.

Tülle: Übliche Form und Größe.

Henkel und Fuß: Flacher Boden, mit gezwirbeltem Draht abgeschnitten, verdrehte Wülste formen Ösen für einen Holz- oder Metallhenkel.

3 KLEINE, RUNDE TEEKANNE

Hübsche, kugelförmige Kanne mit konkavem Kragen und zur gleichen Zeit gedrehtem eingesetztem Deckel.

Tülle: Die Öffnung an der Lippe ist ein interessantes Detail.

Henkel und Fuß: Der Henkel ist an der Kanne gezogen, die Ansatzstellen sind abgeflacht. Die Kanne hat einen standardmäßigen Fußring.

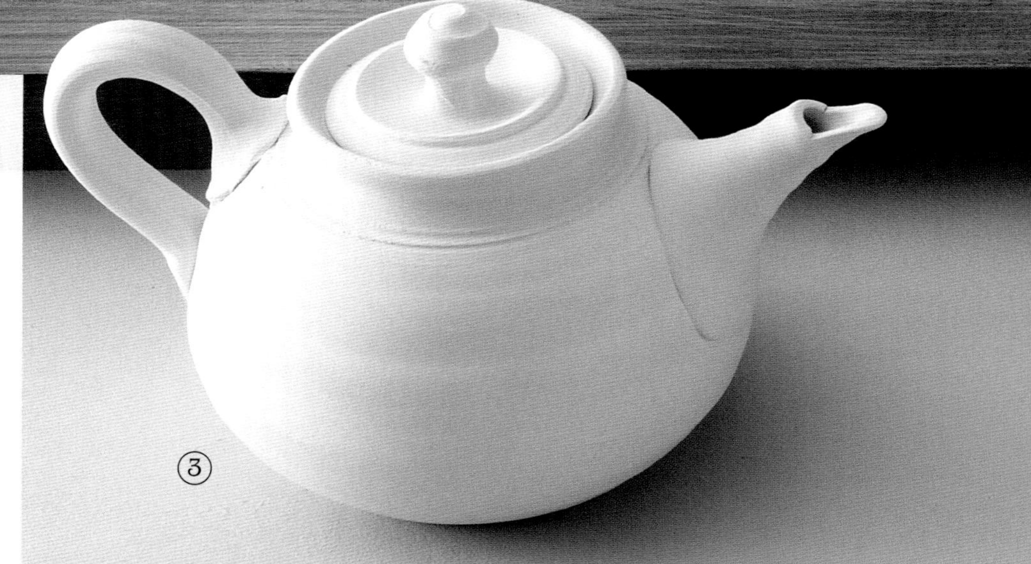

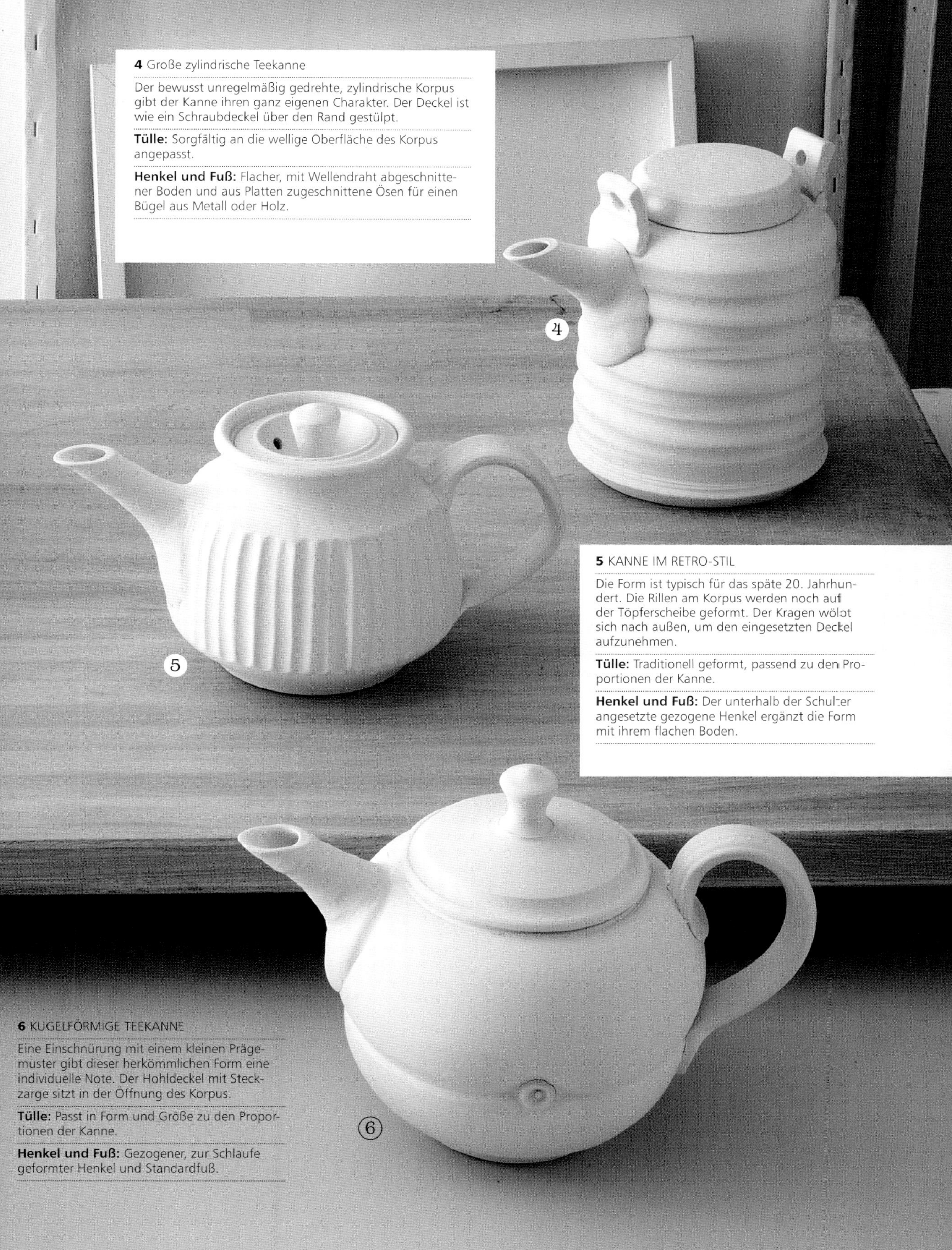

4 Große zylindrische Teekanne

Der bewusst unregelmäßig gedrehte, zylindrische Korpus gibt der Kanne ihren ganz eigenen Charakter. Der Deckel ist wie ein Schraubdeckel über den Rand gestülpt.

Tülle: Sorgfältig an die wellige Oberfläche des Korpus angepasst.

Henkel und Fuß: Flacher, mit Wellendraht abgeschnittener Boden und aus Platten zugeschnittene Ösen für einen Bügel aus Metall oder Holz.

5 KANNE IM RETRO-STIL

Die Form ist typisch für das späte 20. Jahrhundert. Die Rillen am Korpus werden noch auf der Töpferscheibe geformt. Der Kragen wölbt sich nach außen, um den eingesetzten Deckel aufzunehmen.

Tülle: Traditionell geformt, passend zu den Proportionen der Kanne.

Henkel und Fuß: Der unterhalb der Schulter angesetzte gezogene Henkel ergänzt die Form mit ihrem flachen Boden.

6 KUGELFÖRMIGE TEEKANNE

Eine Einschnürung mit einem kleinen Prägemuster gibt dieser herkömmlichen Form eine individuelle Note. Der Hohldeckel mit Steckzarge sitzt in der Öffnung des Korpus.

Tülle: Passt in Form und Größe zu den Proportionen der Kanne.

Henkel und Fuß: Gezogener, zur Schlaufe geformter Henkel und Standardfuß.

Technik

Gedrehte Teekanne

Teekannen aus Ton zu fertigen ist sicherlich eine Herausforderung, weil Sie Korpus, Tülle, Deckel, Henkel und Fußring in unterschiedlichen Techniken herstellen. Wichtig ist, alle Bestandteile in ein und derselben Sitzung zu machen, sodass sie alle zur gleichen Zeit trocknen und die Gefahr von Rissen an den Ansatzstellen gemindert wird. Diese Bestandteile müssen in ihren Proportionen zueinander passen, daher sind sorgfältige Planungen nötig.

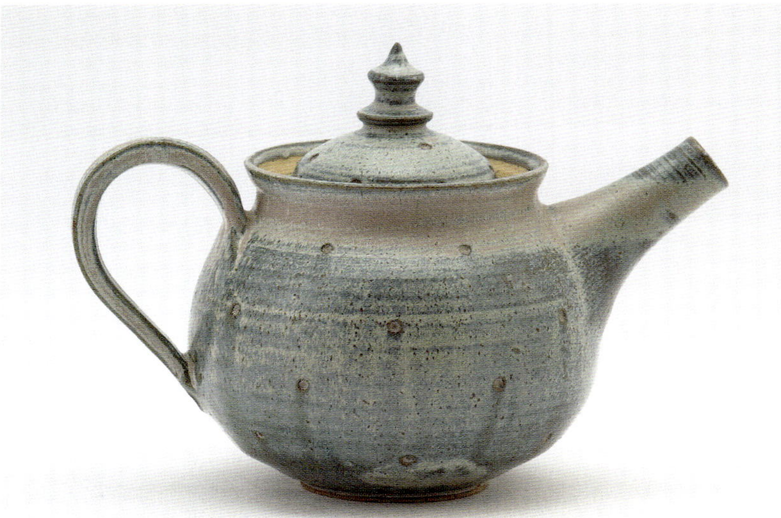

Bei einer gedrehten Teekanne muss der Korpus so dick sein, dass der Inhalt längere Zeit heiß bleibt. Außerdem muss er plötzlichen Temperaturänderungen standhalten und der Henkel sollte so geformt sein, dass sich die Kanne bequem heben lässt. Die Lippe der Tülle muss höher liegen als die Öffnung der Kanne oder der Wasserspiegel der vollen Kanne.

Gedrehte Teekanne
von Michelle Daniels
Am schlichten Prägedekor des Korpus bilden sich „Glasurnasen", die das Muster betonen. Der Deckel mit seinem hübschen Knauf erinnert an eine Pagode. Die Kanne wurde bei Steinzeugtemperatur gebrannt.

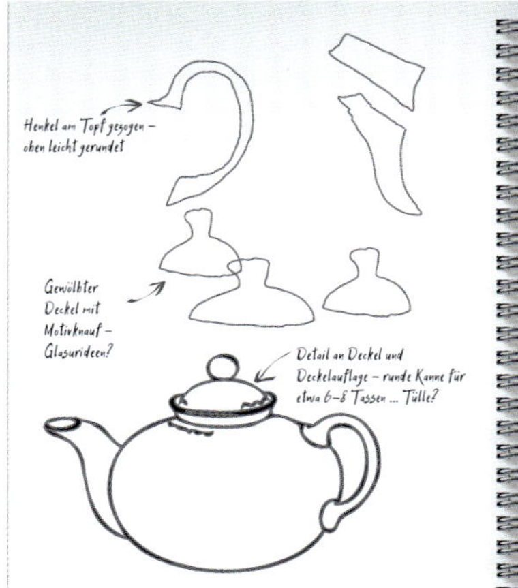

Skizzieren Sie Ihre Ideen

- Legen Sie Größe und Form des Korpus fest – rund, zylindrisch, konisch usw. – und zeichnen Sie einige Alternativen auf.
- Überlegen Sie, wie die Tülle aussehen soll, und skizzieren Sie die Korpusalternativen mit unterschiedlichen Tüllen.
- Gehen Sie mit Deckel, Griff und den anderen Details ebenso vor, bis Ihnen alle Einzelheiten gefallen.

Gedrehte Teekanne: Korpus

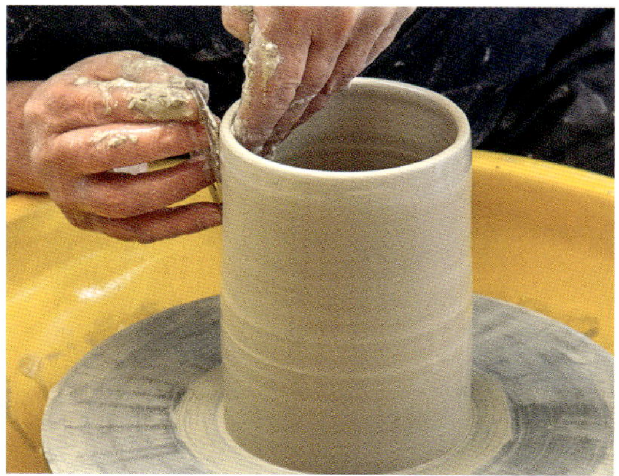

1 Zentrieren Sie den Ton auf dem Scheibenkopf (siehe Seite 188) und drehen Sie einen einfachen Zylinder. Der Boden sollte etwa die endgültige Größe haben (denken Sie aber daran, dass noch Ton abgenommen wird, wenn Sie den Fußring abdrehen).

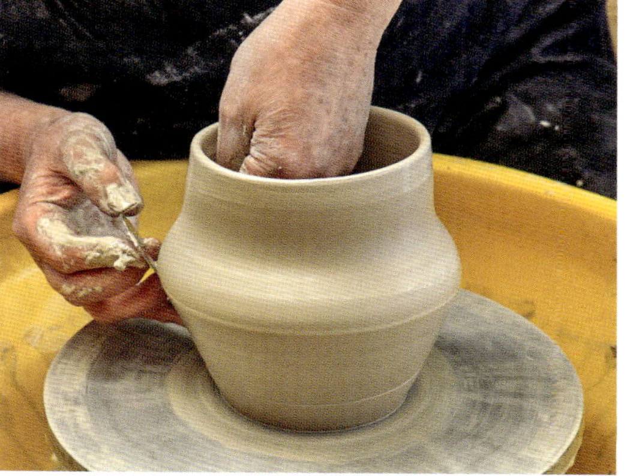

2 Wölben Sie den Korpus, indem Sie mit einer Hand im Innern des Zylinders Druck ausüben. Mit der anderen Hand ziehen Sie den Ton von außen hoch, entweder mit dem Knöchel des Zeigefingers oder einer Drehschiene wie hier auf dem Foto.

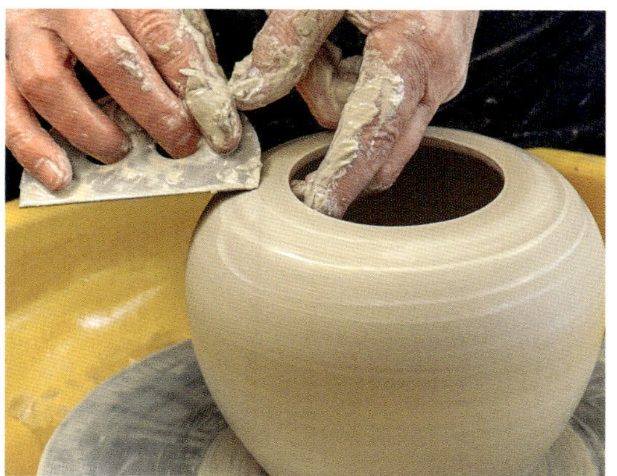

3 Verengen Sie die Mündung, indem Sie den Korpus von innen stützen und von außen mit der Drehschiene bearbeiten. Wenn die Öffnung die gewünschte Größe hat, drehen Sie mit der Spitze der Drehschiene die Deckelauflage als leicht erhabenen Wulst an. Auf dieselbe Weise können Sie auch eine Einschnürung am Korpus anbringen.

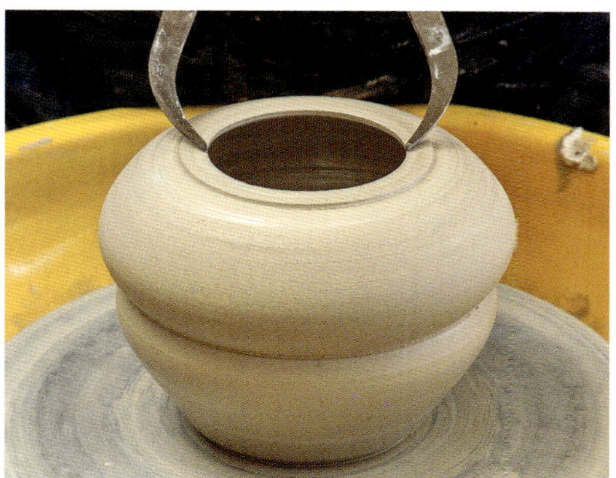

4 Wenn Sie mit der Form zufrieden sind, entfernen Sie überschüssiges Wasser und Ton mit einem Schwamm im Innern und am Fuß des Korpus. Messen Sie die Öffnung mit einem Tastzirkel. Dieses Maß brauchen Sie, um den Deckel passend zu machen.

Gedrehte Teekanne: Deckel

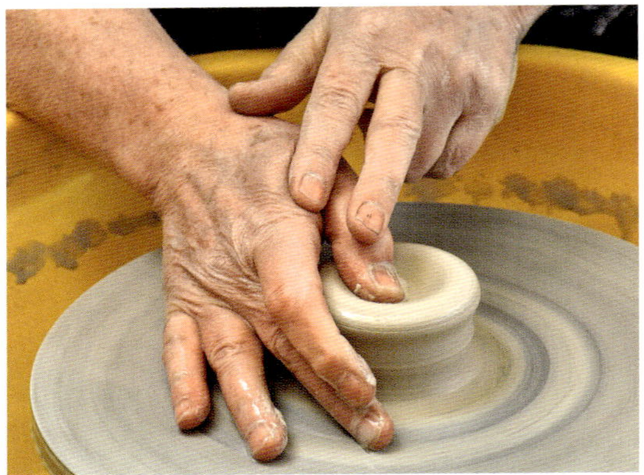

1 Zentrieren Sie eine kleine Tonkugel direkt auf dem Scheibenkopf. Dann drücken Sie mit dem Daumen in die Mitte, sodass ein Kringel entsteht. Mit den Fingern der anderen Hand stützen Sie den Daumen und üben zusätzlichen Druck aus.

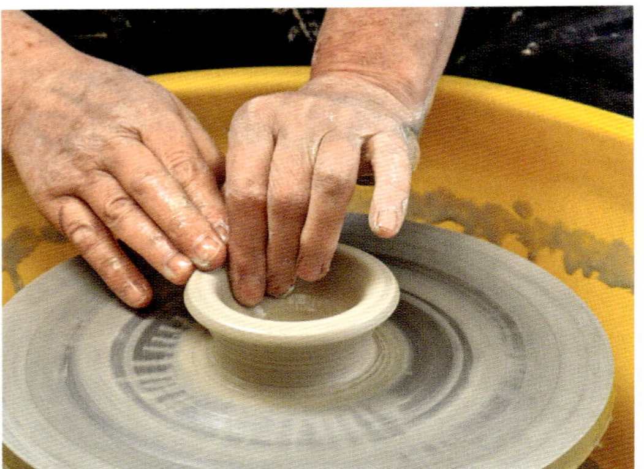

2 Brechen Sie den Ton weiter auf, so wie Sie es beim Drehen einer Schüssel mit rundem Boden machen (siehe Seite 130-132). Ziehen Sie die Wand hoch. Dabei lassen Sie einen dickeren Wulst als üblich am Rand stehen. Wenn die Form bis zur gewünschten Größe aufgebrochen ist, begradigen Sie den Rand behutsam mit den Fingern.

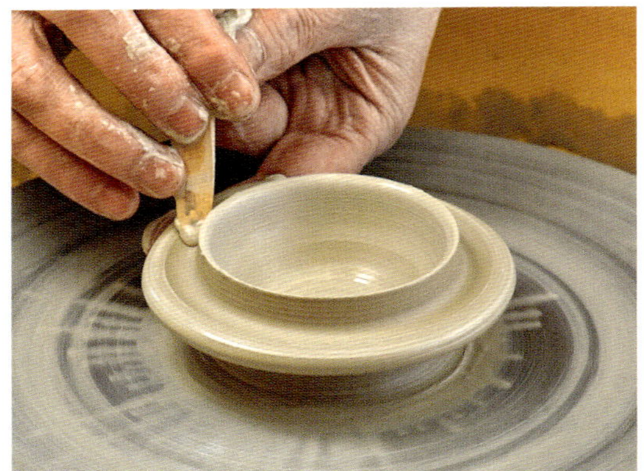

3 Richten Sie sich beim Durchmesser des Randes nach den Maßen, die Sie an der Öffnung genommen haben. Stützen Sie die Unterseite mit einem Finger, während Sie mit einer Drehschiene oder einem hölzernen Werkzeug in den Tonwulst drücken und ihn dabei in Auflagering und Steckzarge teilen. Korrigieren Sie die Form des äußeren Randes und versäubern Sie die Kanten.

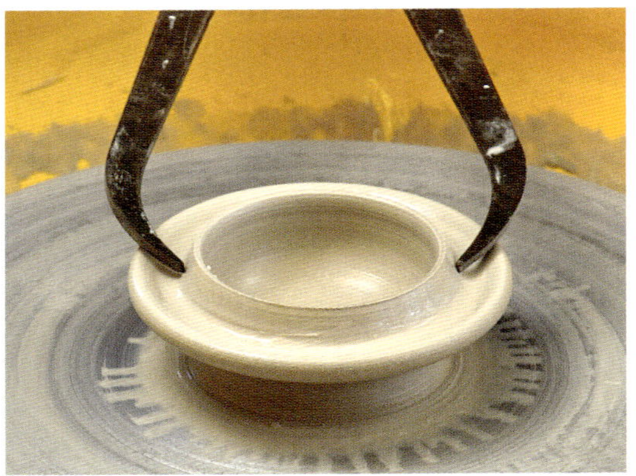

4 Messen Sie die Steckzarge des Deckels mit dem Tastzirkel und passen Sie die Größe gegebenenfalls an. Entfernen Sie Ton und Schlicker vom Boden des Deckels. Schneiden Sie den Deckel vom Scheibenkopf und stellen Sie ihn auf ein Brett.

Gedrehte Teekanne: Tülle

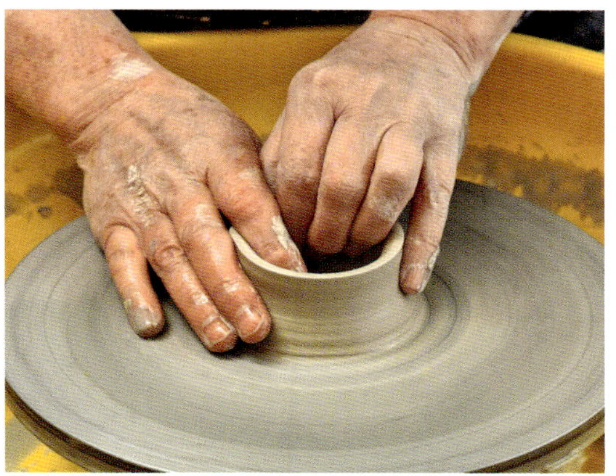

1 Zentrieren Sie eine kleine Tonkugel und brechen Sie sie zu einer zylindrischen Form auf. Halten Sie die Hände so, wie Sie es auf dem Foto sehen. Achten Sie darauf, dass die Form eher konisch als gerade wird. Die Wände dürfen nicht nach außen gehen.

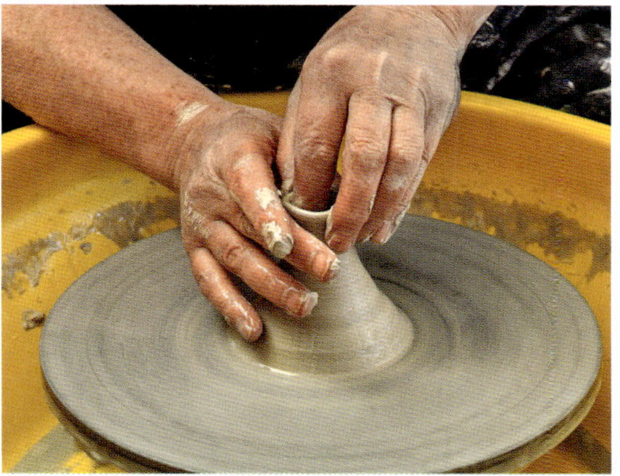

2 Formen Sie die Spitze der Tülle, indem Sie mit Finger und Daumen einer Hand die Wand hochziehen und mit der anderen Hand nach innen drücken.

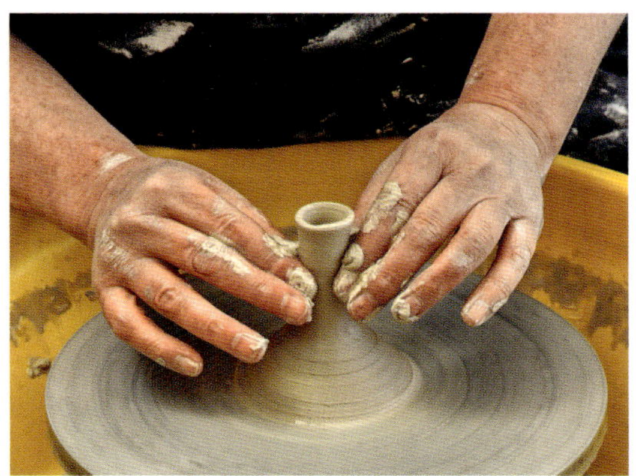

3 Verengen und verlängern Sie die Tülle mit Daumen und Zeigefinger beider Hände im Klammergriff, wie Sie es auf dem Foto sehen können.

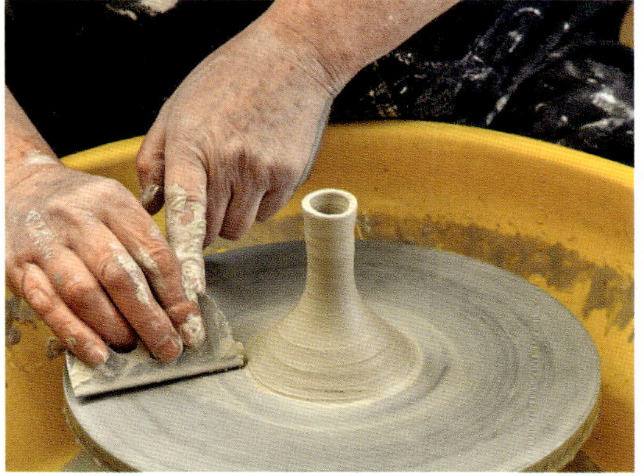

4 Wenn Sie mit Form und Größe zufrieden sind, entfernen Sie mit einer Drehschiene überschüssigen Ton und Schlicker von der Oberfläche der Tülle und dann vom Scheibenkopf. Schrägen Sie dann den Boden der Tülle an, schneiden Sie sie von der Scheibe und stellen Sie sie auf ein Brett.

Gedrehte Teekanne: Montage

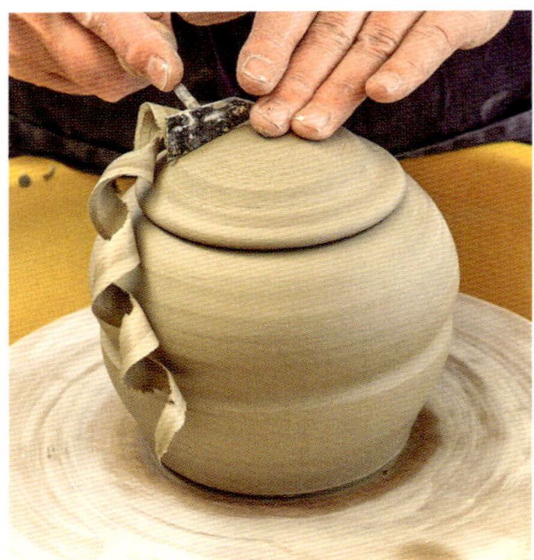

1 Befestigen Sie die Aufsatzscheibe mit der Teekanne wieder auf dem Scheibenkopf. Setzen Sie den Deckel auf die Kanne. Mit einer Modellierschlinge oder einem Abdreheisen schälen Sie Ton von der Oberseite ab, um die Kuppelform der Innenseite aufzugreifen. Arbeiten Sie von oben nach unten, bis etwa 1 cm oberhalb vom Rand.

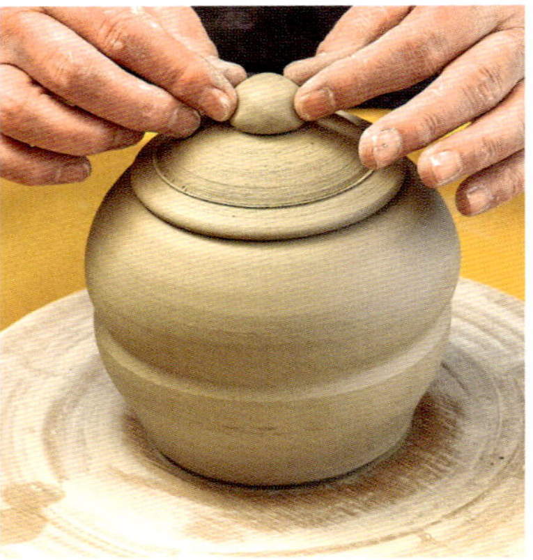

2 Rauen Sie die Ansatzstelle für den Knauf auf und schlickern Sie sie. Formen Sie eine kleine Tonkugel und lassen Sie sie auf die Arbeitsfläche fallen, um sie an einer Seite abzuflachen. Setzen Sie sie auf den Deckel und drehen Sie sie mit den Fingerspitzen in die gewünschte Form. Benutzen Sie dabei möglichst wenig Wasser. Wischen Sie überschüssiges Wasser ab und machen Sie dann mit einem Lochschneider ein kleines Loch in den Deckel, durch das Dampf entweichen kann.

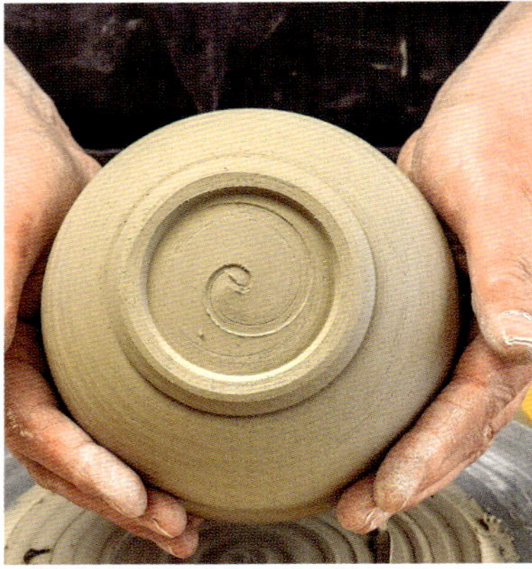

3 Schneiden Sie die Teekanne von der Aufsatzscheibe, nehmen Sie den Deckel ab und schneiden Sie den Fußring in den Boden (siehe Seite 38-39).

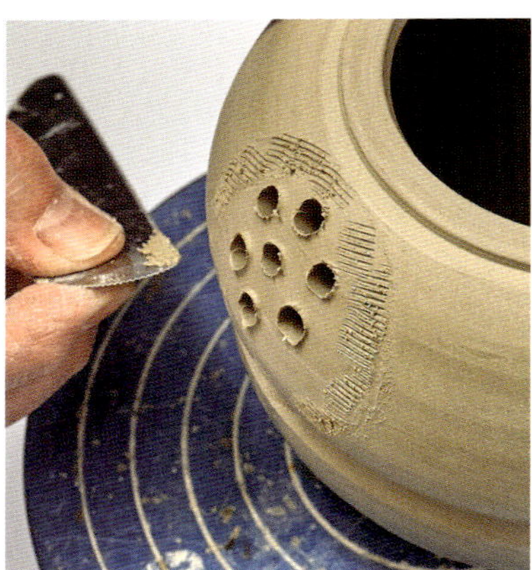

4 Markieren Sie die Ansatzstelle für die Tülle und machen Sie mit einem Lochschneider Filterlöcher in den Korpus. Versäubern Sie die Löcher an der Innenseite, damit keine scharfen Kanten übrig bleiben.

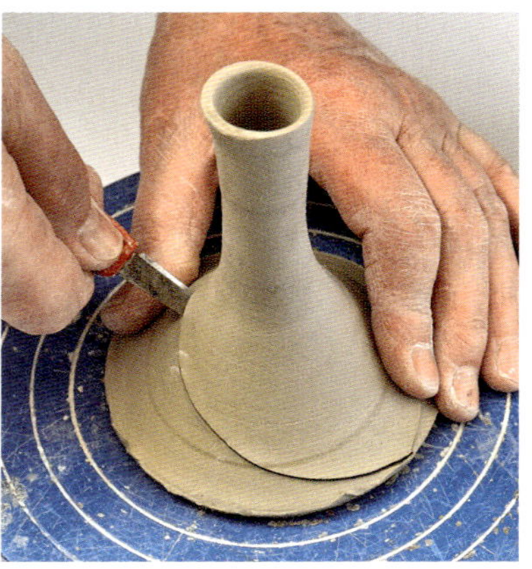

5 Bereiten Sie die Tülle vor: Machen Sie einen schrägen Schnitt, sodass unterhalb der Tülle mehr Ton übrig ist als oberhalb.

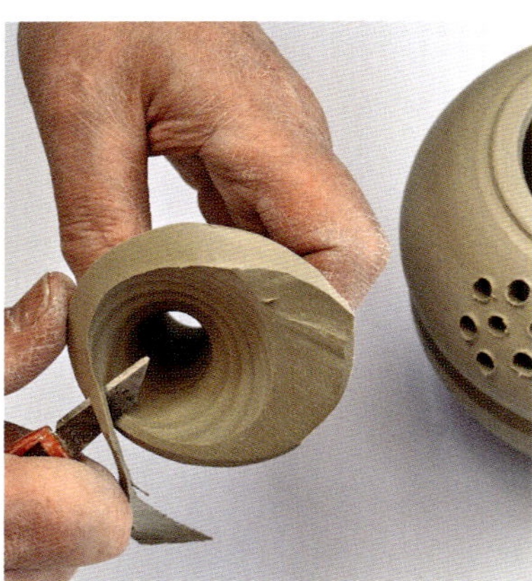

6 Schneiden Sie das untere Ende der Tülle an der Innenseite bei, damit sie flacher auf dem Korpus sitzt.

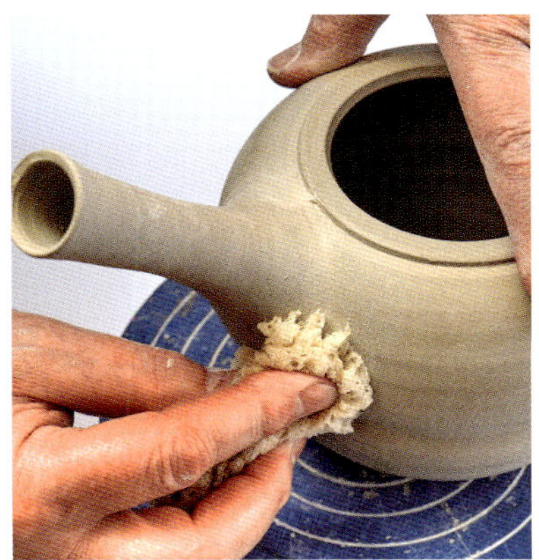

7 Rauen Sie den unteren Rand der Tülle und die entsprechende Stelle am Korpus auf. Schlickern Sie den Ansatz und setzen Sie die Tülle auf. Vergewissern Sie sich, dass sie dicht auf dem Korpus sitzt. Verstreichen Sie den Übergang mit einem feuchten Schwamm und nehmen Sie überschüssigen Schlicker ab.

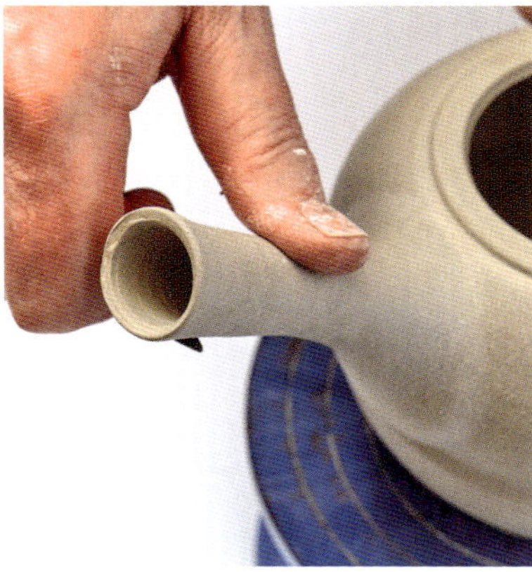

8 Passen Sie die Länge der Tülle an die Proportionen der Kanne an. Glätten Sie die Schnittkante mit einem angefeuchteten Finger, um das Fließverhalten zu verbessern.

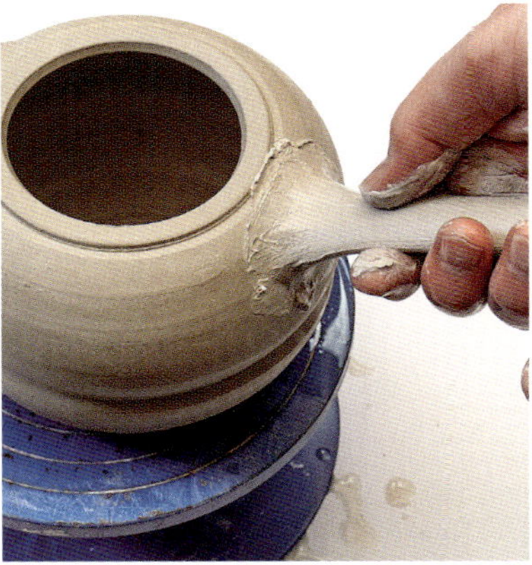

9 Rauen Sie genau gegenüber der Tülle den Ansatz des Henkels an. Schlickern Sie die Stelle und drücken Sie einen dicken Tonwulst darauf. Glätten Sie den Übergang von Wulst und Korpus. Stützen Sie den Wulst mit einer Hand, während Sie ihn zwischen Daumen und Zeigefinger der anderen Hand ziehen, bis er die gewünschte Form und Dicke hat. Befeuchten Sie die Finger vorher.

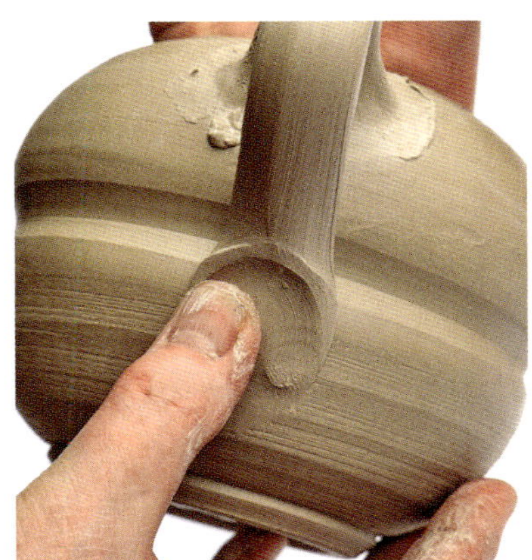

10 Biegen Sie den Henkel in die gewünschte Form, kneifen Sie den überschüssigen Ton ab und setzen Sie das untere Ende des Henkels an. Es kann hilfreich sein, die Henkelansätze vorher zu markieren, aufzurauen und zu schlickern, um sicherzugehen, dass sie genau übereinander liegen. Glätten Sie den Übergang von Henkel und Korpus, wischen Sie überschüssigen Schlicker ab und drücken Sie zum Schluss mit dem Daumen einen kleinen Grat in den unteren Ansatz.

Die fertige Kanne mit Deckel, Tülle und Henkel ist schön anzusehen, ausgewogen in der Gestaltung und praktisch im Gebrauch.

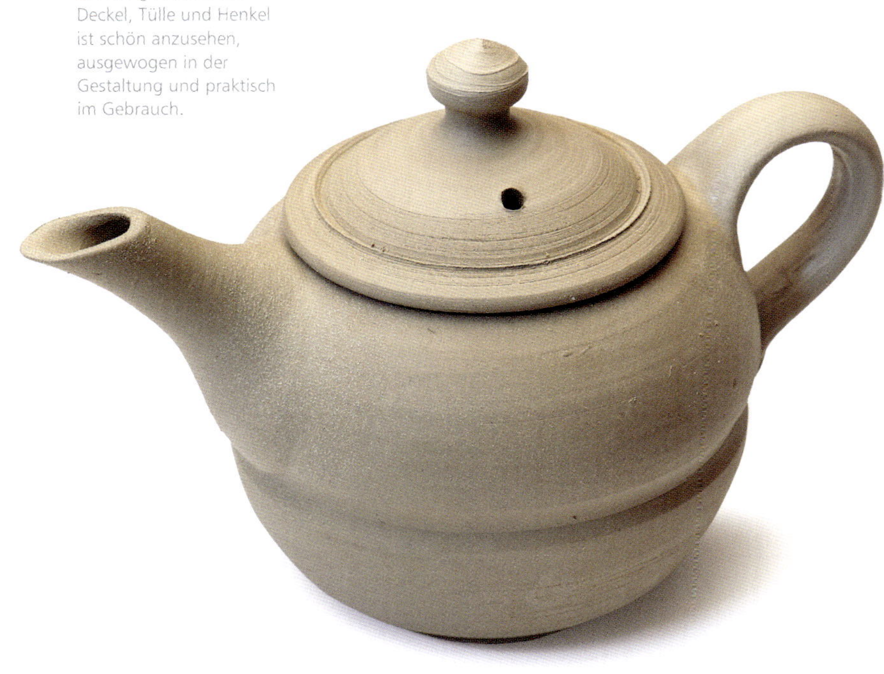

Überlegungen zum Design

Varianten in Wulsttechnik

1 TEE-/KAFFEEKANNE MIT ELEGANTER TÜLLE UND SCHNÖRKELHENKEL

Korpus und Deckel sind aus Wülsten auf einem in Daumendrucktechnik gefertigten Boden/ Schale aufgebaut. Ein Wulst mit übereinandergeschlagenen Enden bildet den Knauf.

Tülle: Setzt tief am Korpus an. Sie muss oberhalb des Flüssigkeitsspiegels in der Kanne enden, um gut zu gießen.

Henkel und Fuß: Der aus Wülsten geformte Henkel wurde vor dem Angarnieren aus drei Teilen zusammengesetzt. Der Fußring besteht aus einem einfachen Wulst.

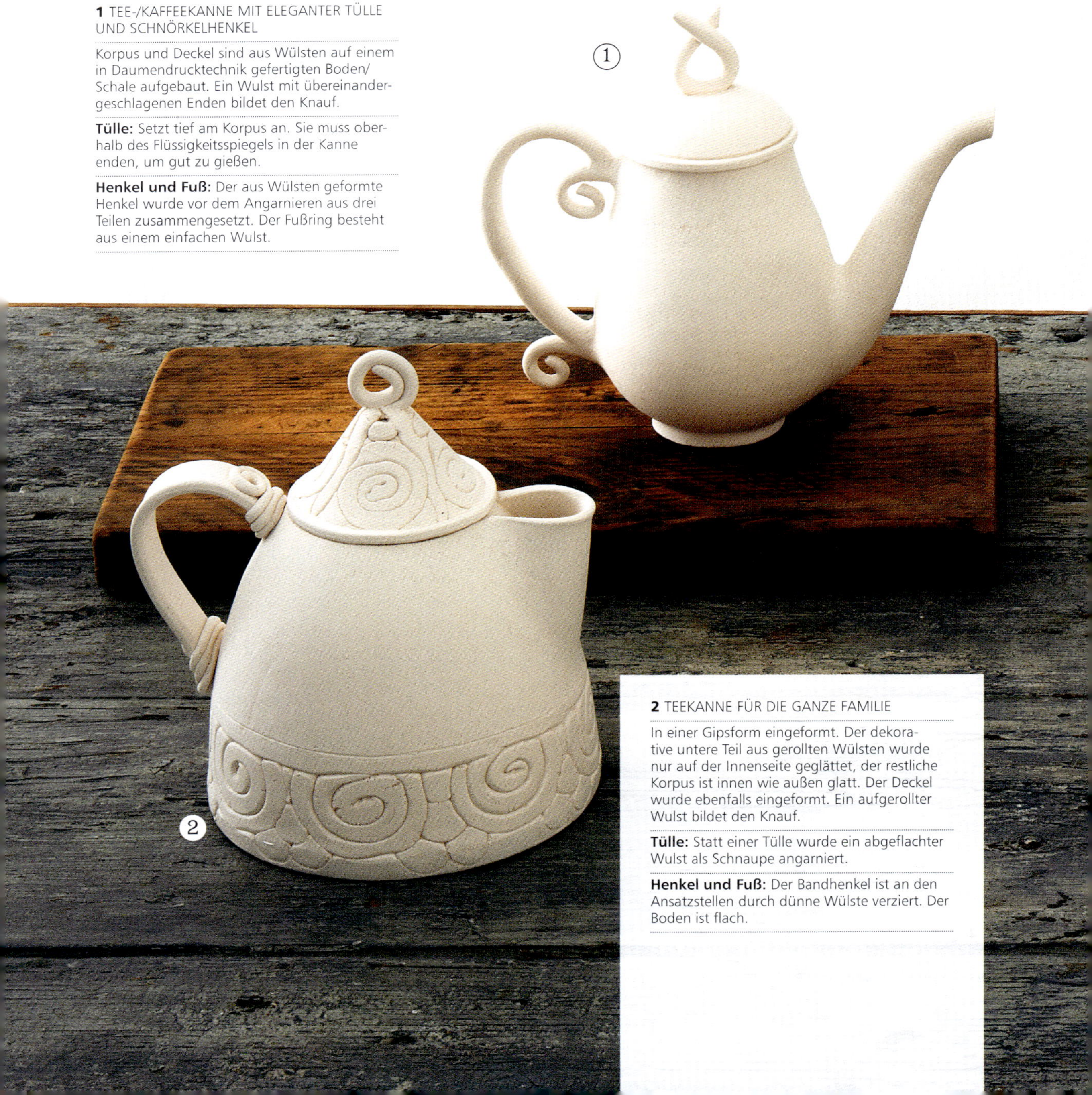

①

②

2 TEEKANNE FÜR DIE GANZE FAMILIE

In einer Gipsform eingeformt. Der dekorative untere Teil aus gerollten Wülsten wurde nur auf der Innenseite geglättet, der restliche Korpus ist innen wie außen glatt. Der Deckel wurde ebenfalls eingeformt. Ein aufgerollter Wulst bildet den Knauf.

Tülle: Statt einer Tülle wurde ein abgeflachter Wulst als Schnaupe angarniert.

Henkel und Fuß: Der Bandhenkel ist an den Ansatzstellen durch dünne Wülste verziert. Der Boden ist flach.

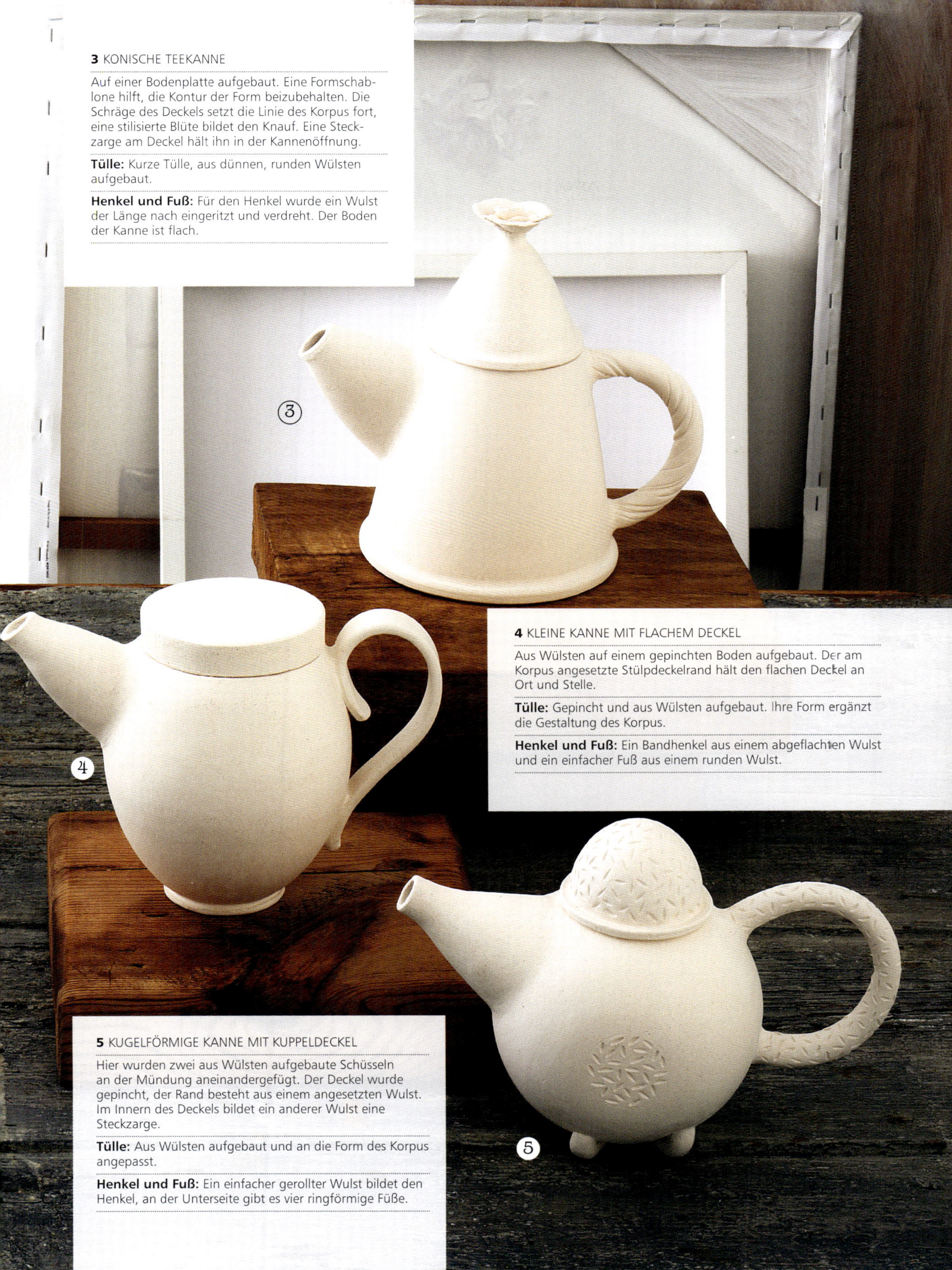

3 KONISCHE TEEKANNE

Auf einer Bodenplatte aufgebaut. Eine Formschablone hilft, die Kontur der Form beizubehalten. Die Schräge des Deckels setzt die Linie des Korpus fort, eine stilisierte Blüte bildet den Knauf. Eine Steckzarge am Deckel hält ihn in der Kannenöffnung.

Tülle: Kurze Tülle, aus dünnen, runden Wülsten aufgebaut.

Henkel und Fuß: Für den Henkel wurde ein Wulst der Länge nach eingeritzt und verdreht. Der Boden der Kanne ist flach.

4 KLEINE KANNE MIT FLACHEM DECKEL

Aus Wülsten auf einem gepinchten Boden aufgebaut. Der am Korpus angesetzte Stülpdeckelrand hält den flachen Deckel an Ort und Stelle.

Tülle: Gepincht und aus Wülsten aufgebaut. Ihre Form ergänzt die Gestaltung des Korpus.

Henkel und Fuß: Ein Bandhenkel aus einem abgeflachten Wulst und ein einfacher Fuß aus einem runden Wulst.

5 KUGELFÖRMIGE KANNE MIT KUPPELDECKEL

Hier wurden zwei aus Wülsten aufgebaute Schüsseln an der Mündung aneinandergefügt. Der Deckel wurde gepincht, der Rand besteht aus einem angesetzten Wulst. Im Innern des Deckels bildet ein anderer Wulst eine Steckzarge.

Tülle: Aus Wülsten aufgebaut und an die Form des Korpus angepasst.

Henkel und Fuß: Ein einfacher gerollter Wulst bildet den Henkel, an der Unterseite gibt es vier ringförmige Füße.

Technik

Teekanne aus Wülsten

Die Vielseitigkeit der Wulsttechnik macht sie ideal für komplexere Formen, da sich der Ton den gestalterischen Bedürfnissen anpasst. Mithilfe von Konturschablonen oder Formschablonen können Keramiker, die nach schlichter Gestaltung streben, stilvolle Gefäße aus runden oder abgeflachten Wülsten formen. Die Technik selbst erfordert kaum Hilfsmittel oder Werkzeuge und eignet sich daher für alle, die gerade anfangen, mit Ton zu arbeiten und ihn kennenzulernen.

Teekannen bestehen aus vielen Einzelteilen, daher gehören sie sicherlich zu dem schwierigeren Bereichen der Keramik. Und daher ist es ungemein befriedigend, eine gute Kanne zu gestalten und zu fertigen. Neben der ansprechenden Gestaltung braucht eine gute Kanne jedoch auch einen stabilen Henkel, an dem man sie auch dann noch bequem anfassen kann, wenn sie mit heißem Tee gefüllt ist. Und sie braucht einen Deckel, der passt und nicht herunterfällt.

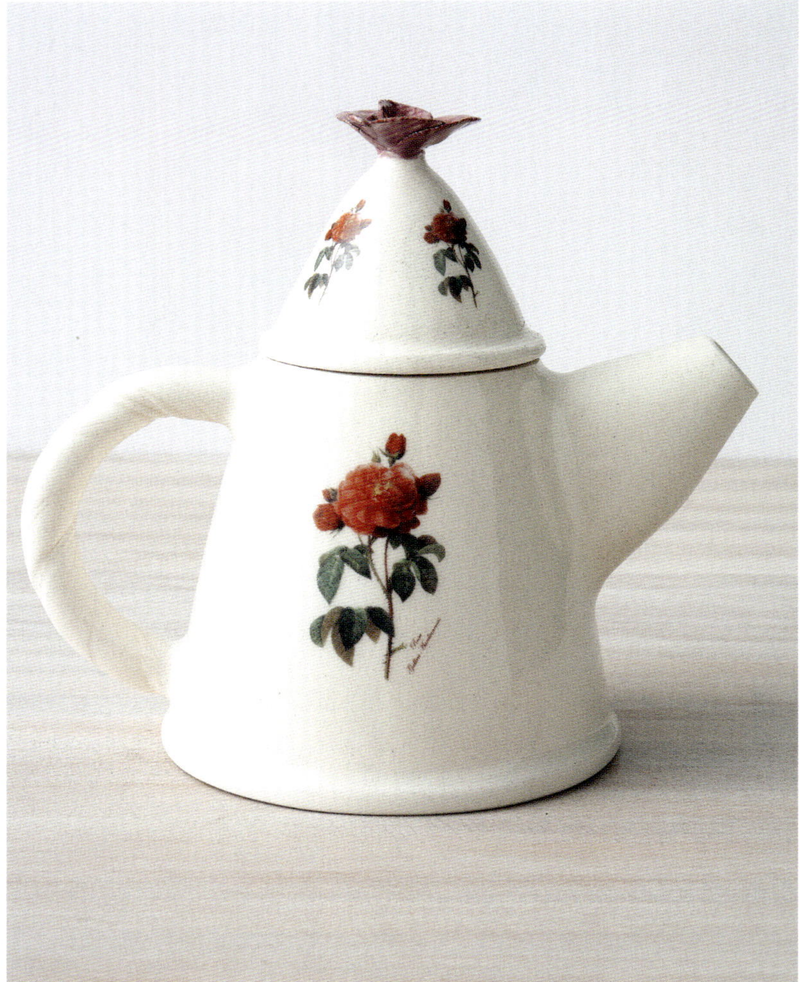

Teekanne aus Wülsten
von Jacqui Atkin
Aus weißem Irdenwareton und mit einer einfachen klaren Glasur versehen. Das Dekor aus handelsüblichen Abziehbildern greift den Knauf auf dem Deckel auf, eine stilisierte Blüte. Glasurbrand im Elektroofen bis 1120°C. Die Abziehbilder wurden später bei 730°C aufgebrannt.

BEVOR SIE ANFANGEN

- Schneiden Sie eine Formschablone für die Korpuskontur aus dünner Faserplatte oder fester Pappe zu (siehe Seite 186).
- Bereiten Sie mehrere abgeflachte Wülste vor (siehe Seite 208). Bewahren Sie sie zwischen Lagen von Plastikfolie auf, damit sie nicht austrocknen, bis Sie sie brauchen.
- Schneiden Sie den Boden in der gewünschten Größe aus einer Tonplatte aus, dann legen Sie ihn auf eine Aufsatzscheibe.
- Der Deckel wird auf einer Überform modelliert, Sie können aber auch eine Eindrückform nehmen. Wenn Sie keine Form zur Hand haben, improvisieren Sie, z.B. mit einer Schüssel oder einem Wok. Es ist hilfreich, die einzuformende Platte auf ein Stück Plastikfolie zu legen, damit der Ton nicht an der Form haftet.

Teekanne aus Wülsten

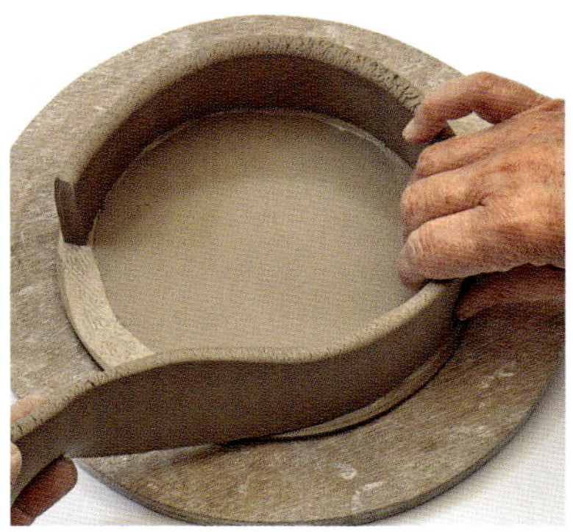

1 Rauen Sie den äußeren Rand des Bodens und eine der Wulstkanten auf und schlickern Sie sie. Lassen Sie die Schmalkanten des Wulstes überlappen. Schneiden Sie mit einem schräg angesetzten Messer durch beide Lagen und fügen Sie die Kanten aneinander, nachdem Sie sie aufgeraut und geschlickert haben.

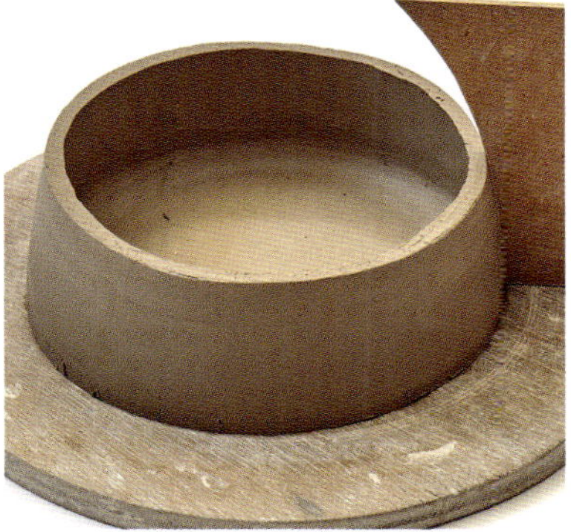

2 Verstärken Sie die Ansatznaht der Wandung von innen mit einem weichen Tonwulst. Verstreichen Sie ihn gut mit einer Drehschiene oder einer Gumminiere. Prüfen Sie die Kontur mithilfe der Formschablone, die Sie von außen anlegen und um die ganze Wandung führen. Nehmen Sie kleine Korrekturen vor. Ist die Form zu klein, weiten Sie sie durch behutsames Pinchen am Rand. Ist sie zu groß, machen Sie zwei oder mehr V-förmige Einschnitte und fügen Sie die Kanten auf die übliche Weise zusammen.

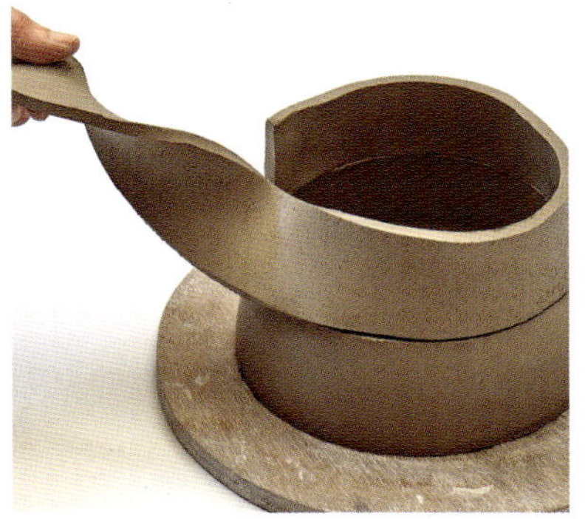

3 Begradigen Sie den Rand mit einer Raspel, bevor Sie ihn aufrauen, schlickern und dann den nächsten Wulst anfügen. Wenn Sie den abgeflachten Wulst zu einem Halbkreis krümmen, weitet er die Form, wenn Sie den konkaven Rand ansetzen. Setzen Sie ihn am konvexen Rand an, verengt er die Form. Verstärken Sie die Ansatznaht außen wie innen mit sehr dünnen, weichen Tonwülsten. Schaben Sie überschüssigen Ton mit einer Drehschiene ab und glätten Sie die Oberfläche. Prüfen Sie die Form mit der Formschablone und korrigieren Sie sie gegebenenfalls.

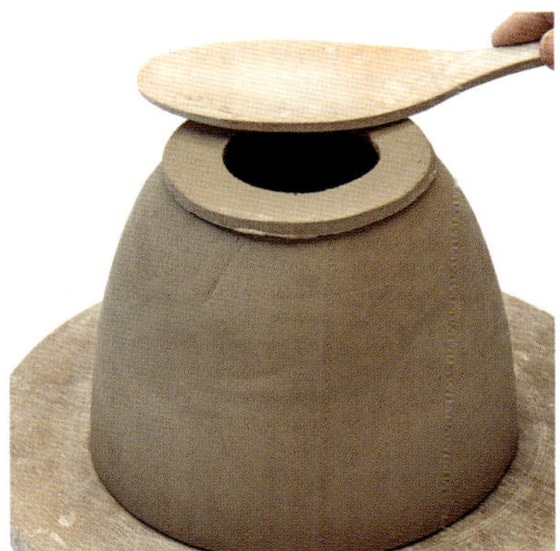

4 Bauen Sie den Korpus bis zur gewünschten Höhe auf, dann begradigen Sie den Rand mit einer Raspel. Schneiden Sie aus einer Tonplatte einen Kreis zu, der auf die Kannenöffnung passt. Dazu können Sie die Kanne kopfüber auf die Platte stellen und den Umfang der Öffnung mit einer Nadel markieren. Schneiden Sie aus der Kreismitte einen Kreis aus, der Ihnen Zugang zum Innern der Kanne erlaubt. Setzen Sie den Kreis auf die übliche Weise an die Öffnung. Klopfen Sie ihn mit einem Schlagholz fest und glätten Sie den Übergang.

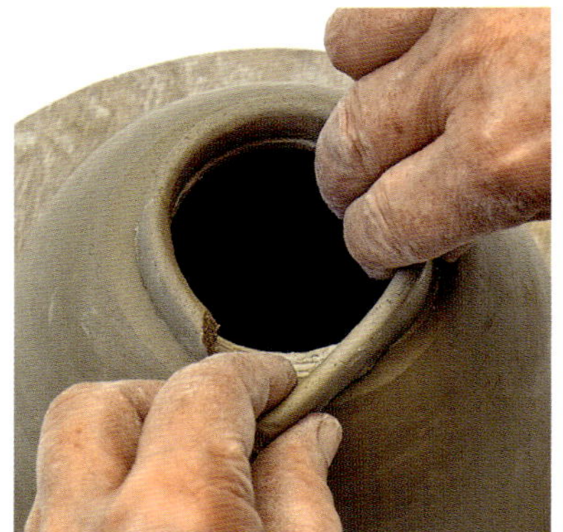

5 Formen Sie an der Kannenöffnung eine Stülpdeckelzarge aus einem dünnen, abgeflachten Wulst. Um eine gerade Ansatzkante zu bekommen, schneiden Sie an einer Holzlatte entlang und rauen die Kante an, während die Latte noch auf dem Ton liegt. Rauen Sie die Ansatzstelle an der Korpusöffnung an und schlickern Sie beides, bevor Sie die Deckelzarge anfügen. Lassen Sie die Enden überlappen, machen Sie einen schrägen Schnitt und fügen Sie die Schnittkanten zusammen.

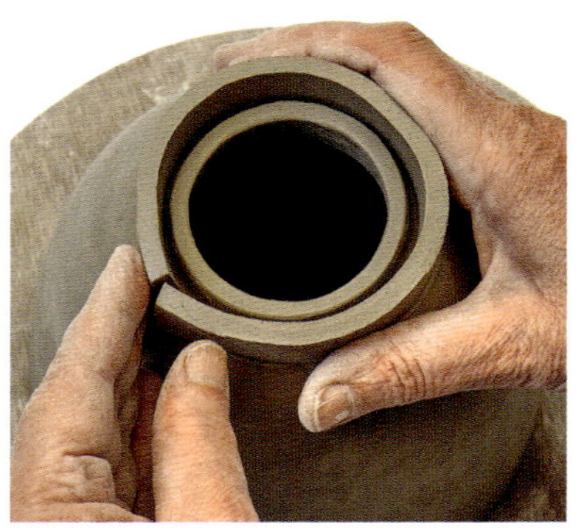

6 Für den Deckel flachen Sie einen weiteren Wulst ab. Er sollte etwas breiter sein als die Deckelzarge. Legen Sie ihn nicht zu eng um die Deckelzarge an der Kannenöffnung, da der Ton noch schrumpft. Fügen Sie die Enden zusammen und glätten Sie die Ansatzstelle.

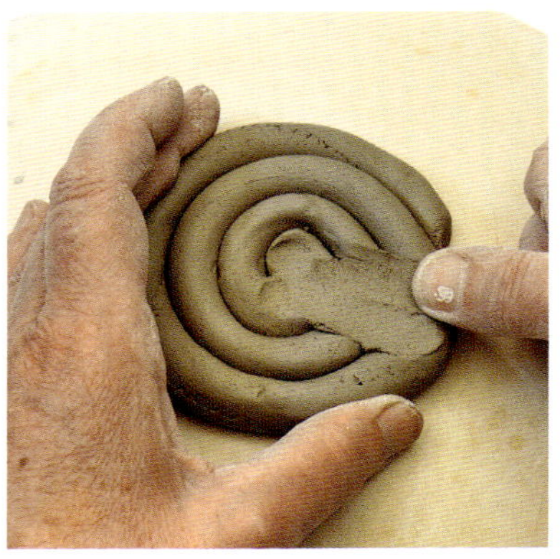

7 Für die Oberseite des Deckels rollen Sie auf einer Plastikfolie einen runden Wulst zu einer Schnecke auf, die ein wenig größer sein sollte als der Ring aus dem vorangegangenen Schritt. Streichen Sie den Ton erst mit dem Finger, dann mit einer Drehschiene glatt und legen Sie den Ton auf eine kuppelförmige Überform. Decken Sie sie mit Plastik ab, damit der Ton nicht haftet.

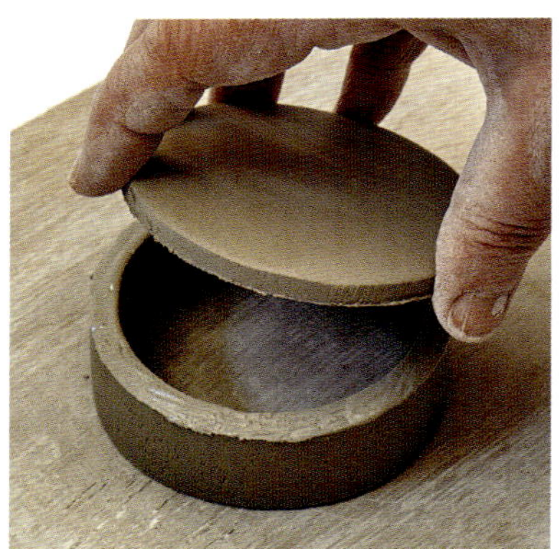

8 Setzen Sie die kuppelförmige Tonplatte auf den Tonring, nachdem Sie alle Ansatzkanten aufgeraut und geschlickert haben. Sichern Sie die Naht von innen mit einem weichen Tonwulst, verstreichen Sie ihn und glätten Sie die Naht von außen.

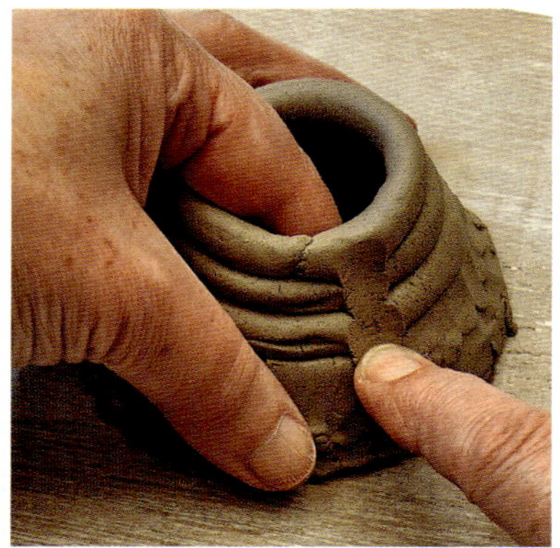

9 Für die Tülle rollen Sie einen langen, mitteldicken Wulst, den Sie zu einer dichten, sich nach oben verjüngenden Spirale aufbauen. Arbeiten Sie auf einer Aufsatzscheibe auf einer Ränderscheibe. Verstreichen Sie die Wülste wie auf dem Foto. Setzen Sie bei Bedarf weitere Wülste an, bis die Tülle die gewünschte Form und Größe hat. Glätten Sie die Außenseite mit einer Drehschiene oder Niere, dann nehmen Sie die Tülle hoch und glätten behutsam die Innenseite.

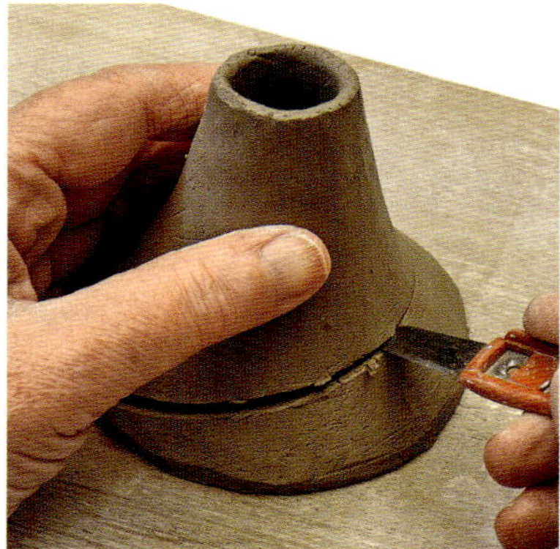

10 Halten Sie die Tülle an den Korpus, um abschätzen zu können, wie Sie den unteren Rand zuschneiden müssen, um sie gut anzupassen. Das geht nur nach Augenmaß. Stellen Sie sie dann auf ein Brett, halten Sie sie mit einer Hand fest und schneiden Sie mit der anderen die Ansatzkante in Form. Meist müssen Sie einen Halbkreis abschneiden, damit die Tülle nach schräg oben zeigend an den Korpus gesetzt werden kann. Die Oberkante der Tülle muss höher liegen als der Flüssigkeitspegel bei gefüllter Kanne.

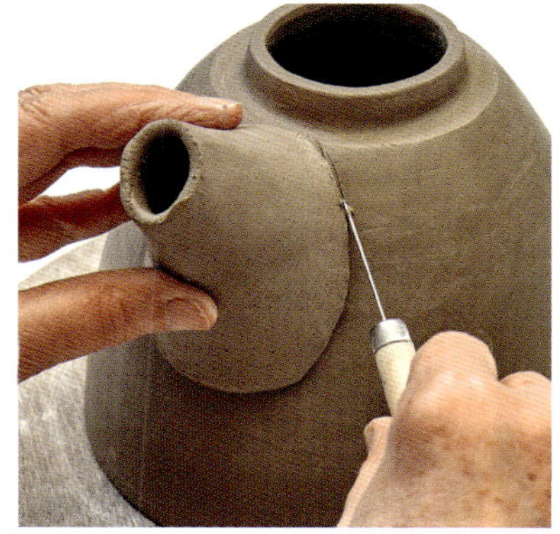

11 Halten Sie die Tülle an den Korpus und markieren Sie die Ansatzstelle mit einer Nadel. Stellen Sie die Tülle beiseite und zeichnen Sie eine Parallellinie hinein, die der Dicke der Tüllenwand entspricht. Machen Sie mit einem Lochschneider Filterlöcher innerhalb dieser zweiten Linie – sechs bis acht sollten reichen. Säubern Sie die Lochkanten von innen mit einem weichen Pinsel und entfernen Sie die Tonkrümel aus dem Innern des Korpus.

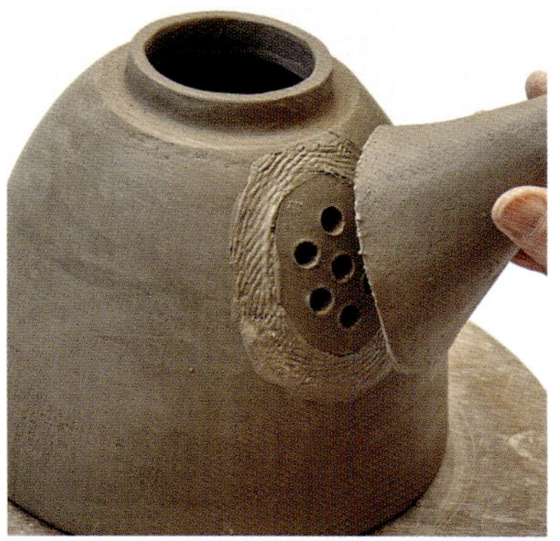

12 Setzen Sie die Tülle an, nachdem Sie die Ansatzlinie auf dem Korpus und die Ansatzlinie an der Tülle angeraut und geschlickert haben. Wenn möglich, stützen Sie von innen mit einer Hand, während Sie mit der anderen die Tülle andrücken. Halten Sie die Tülle ein paar Sekunden fest, bis Sie sicher sind, dass sie festsitzt. Verstärken Sie die Ansatznaht mit einem weichen Tonwulst. Verstreichen Sie ihn und wischen Sie gegebenenfalls mit einem feuchten Schwamm darüber.

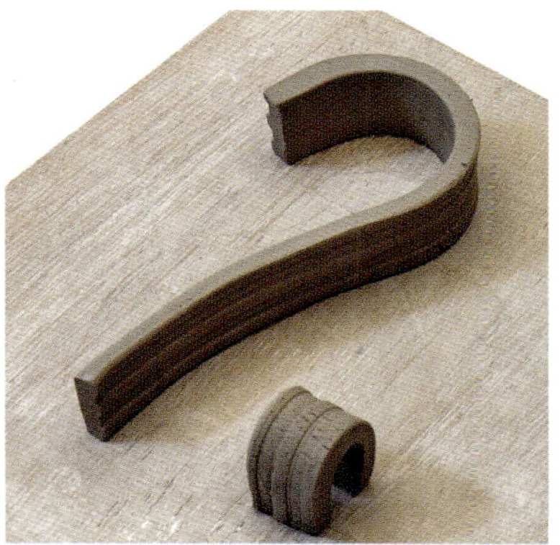

13 Für den Henkel rollen Sie einen Wulst und flachen ihn ab. Schneiden Sie die Längskanten mit einer Holzlatte gerade. Fahren Sie mit dem Finger über die Kanten, um sie zu glätten und sie etwas zu runden, und drücken Sie bei Bedarf mit der Holzkante Linien in den Ton. Biegen Sie den Henkel zur gewünschten Form. Messen Sie die Länge am Korpus ab. Aus dem Wulstrest machen Sie die Schlaufe für den Deckelknauf. Härten Sie Henkel und Knauf ein wenig mit dem Fön, sodass sie sich nicht verformen und leichter anzubringen sind.

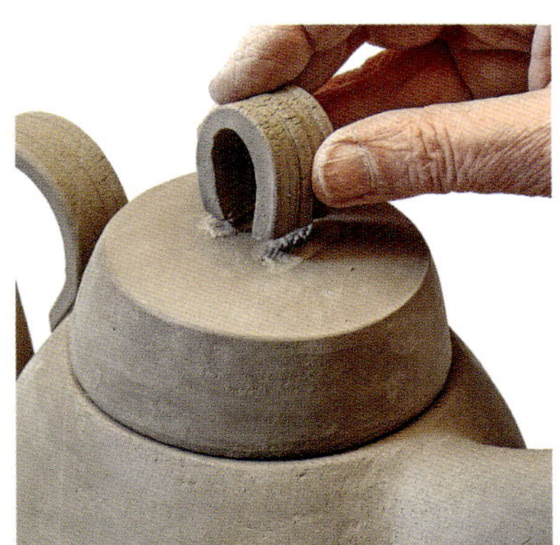

14 Markieren Sie den Ansatz des Henkels gegenüber der Tülle und garnieren Sie ihn an, nachdem Sie die entsprechenden Stellen angeraut und geschlickert haben. Eventuell müssen Sie den Henkelansatz mit winzigen Tonwülsten verstärken, die sorgfältig verstrichen werden müssen. Entfernen Sie alle Ton- und Schlickerreste. Den Deckelknauf bringen Sie auf dieselbe Weise an. Versuchen Sie zu diesem Zeitpunkt nicht, die Kanne am Henkel anzuheben!

Eine Kanne für die ganze Familie – groß genug und praktisch, vom Henkel bis zum Deckel.

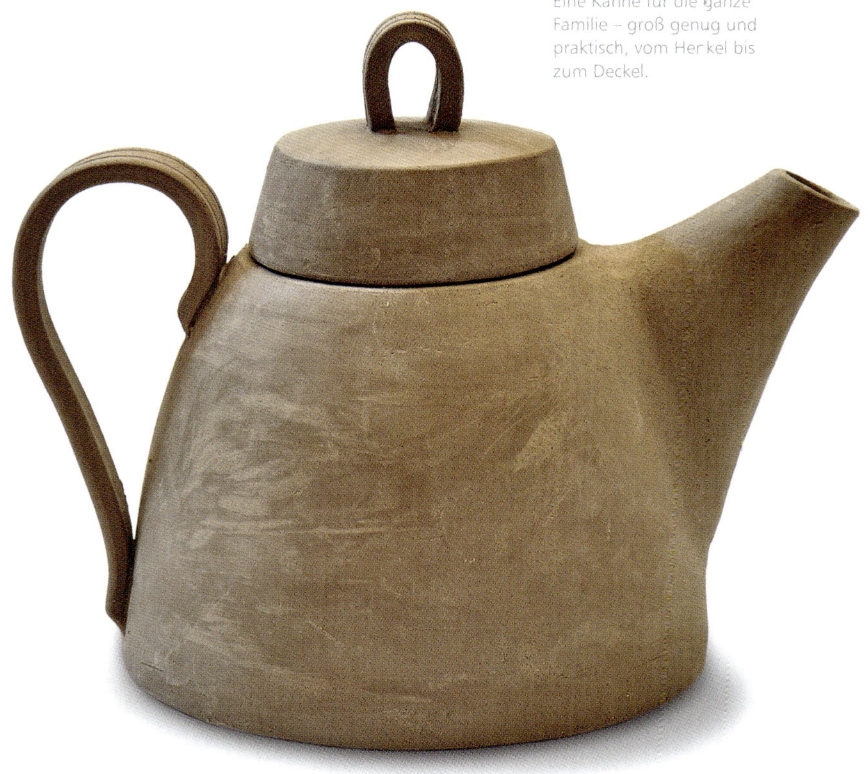

Überlegungen zum Design
Varianten in Plattentechnik

1 VIERSEITIGE KANNE AUS FESTEN PLATTEN

Aus vier gleichgroßen Elementen zusammengesetzt. Der Deckel mit Steckzarge sitzt auf der viereckigen Öffnung. Der Knauf rundet die Gestaltung ab.

Tülle: Aus dreieckigen Elemente zusammengefügt.

Henkel und Fuß: Der Bandhenkel passt zur Form des Korpus und setzt die visuelle Linie der Tülle fort. Der Boden mit vier Standflächen wurde auf einer kuppelförmigen Überform gefertigt.

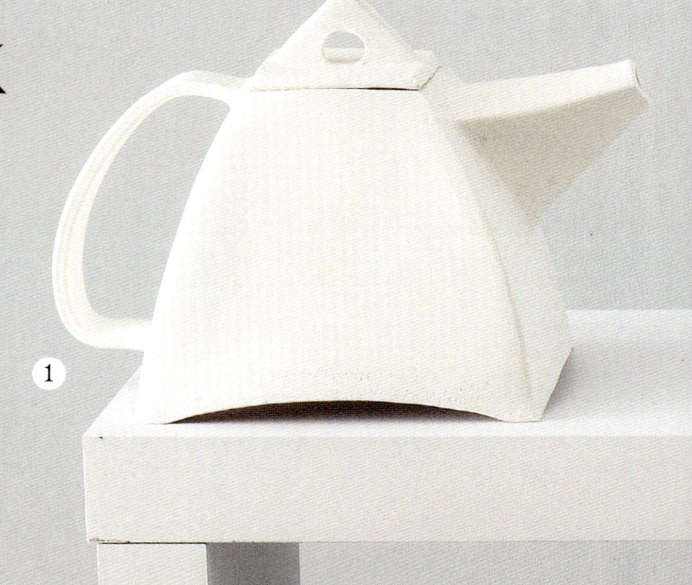

1

2

2 MITTELGROSSE KANNE AUS WEICHEN PLATTEN

Aus zwei an den Kanten überlappenden Platten gefügt. Der trommelförmige Deckel sitzt auf einer hohen Stülpdeckelzarge am Korpus.

Tülle: Kegelförmig aus einer weichen Tonplatte geformt, dann beigearbeitet und auf die gewünschte Größe geschnitten. Die Öffnung liegt ein wenig höher als die Oberkante des Korpus.

Henkel und Fuß: Der Bandhenkel ist stabil und sicher, der flache Boden ist kippsicher.

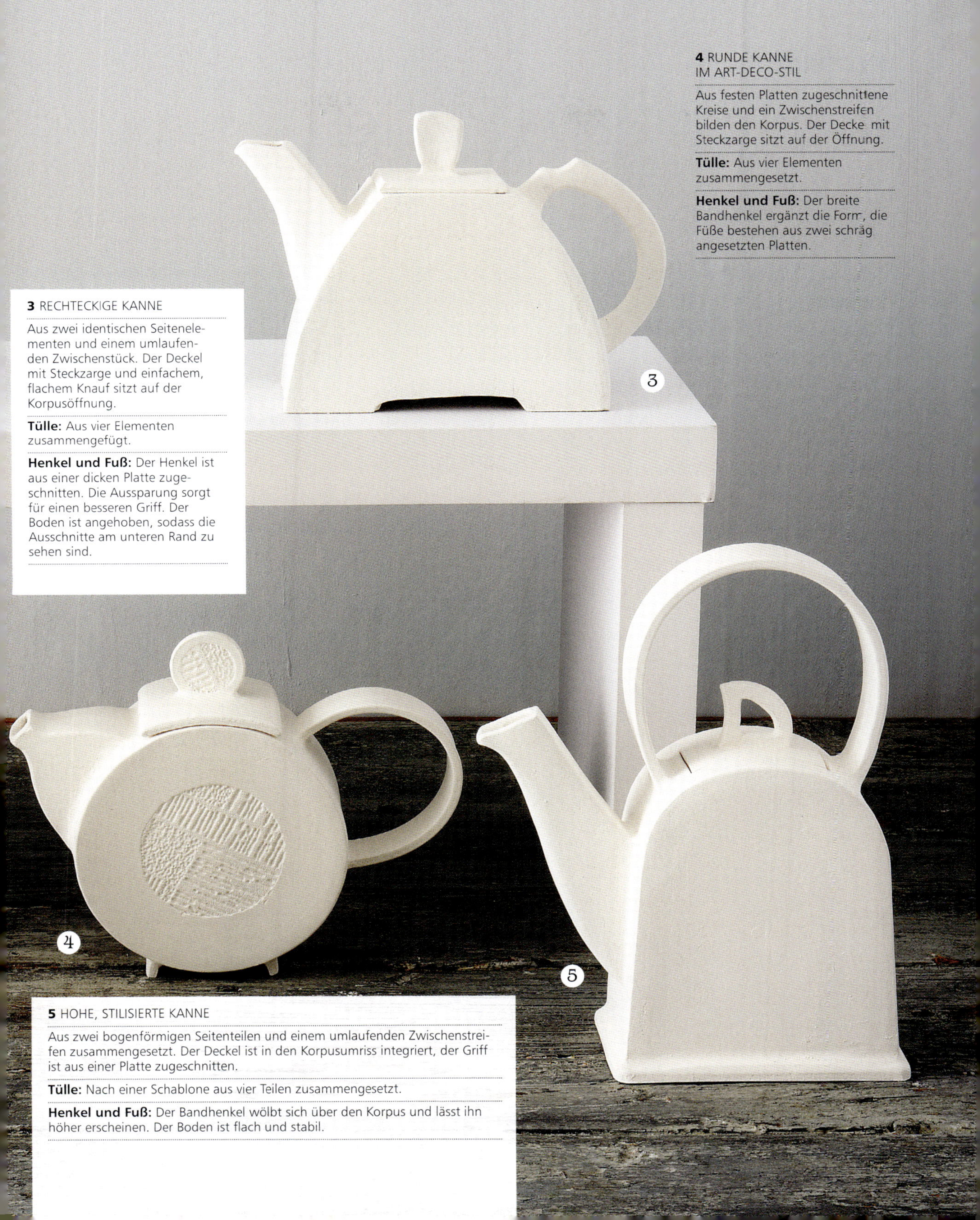

4 RUNDE KANNE IM ART-DECO-STIL

Aus festen Platten zugeschnittene Kreise und ein Zwischenstreifen bilden den Korpus. Der Deckel mit Steckzarge sitzt auf der Öffnung.

Tülle: Aus vier Elementen zusammengesetzt.

Henkel und Fuß: Der breite Bandhenkel ergänzt die Form, die Füße bestehen aus zwei schräg angesetzten Platten.

3 RECHTECKIGE KANNE

Aus zwei identischen Seitenelementen und einem umlaufenden Zwischenstück. Der Deckel mit Steckzarge und einfachem, flachem Knauf sitzt auf der Korpusöffnung.

Tülle: Aus vier Elementen zusammengefügt.

Henkel und Fuß: Der Henkel ist aus einer dicken Platte zugeschnitten. Die Aussparung sorgt für einen besseren Griff. Der Boden ist angehoben, sodass die Ausschnitte am unteren Rand zu sehen sind.

5 HOHE, STILISIERTE KANNE

Aus zwei bogenförmigen Seitenteilen und einem umlaufenden Zwischenstreifen zusammengesetzt. Der Deckel ist in den Korpusumriss integriert, der Griff ist aus einer Platte zugeschnitten.

Tülle: Nach einer Schablone aus vier Teilen zusammengesetzt.

Henkel und Fuß: Der Bandhenkel wölbt sich über den Korpus und lässt ihn höher erscheinen. Der Boden ist flach und stabil.

Technik

Teekanne aus Platten

Mit der Plattentechnik lassen sich klare, kantige Formen fertigen, aber auch runde, organische Formen, je nachdem, welche Konsistenz der Ton hat, wenn die Teile zusammengefügt werden. Teekannen aus festen Platten haben naturgemäß schärfere Kanten, weil der Ton bereits einen guten Teil seiner Flexibilität eingebüßt hat. Weichere Platten dagegen lassen sich noch formen, sodass daraus gerundete Konturen entstehen.

Das Wichtigste an einer Teekanne ist ihre Funktionalität, daher gelten bei der Plattentechnik dieselben Prinzipien wie bei gedrehten Kannen (siehe Seite 158-165). Allerdings bringen Platten auch Ansatznähte mit sich – und die können leicht reißen. Es ist also wesentlich, dass sie sorgfältig zusammengefügt werden.

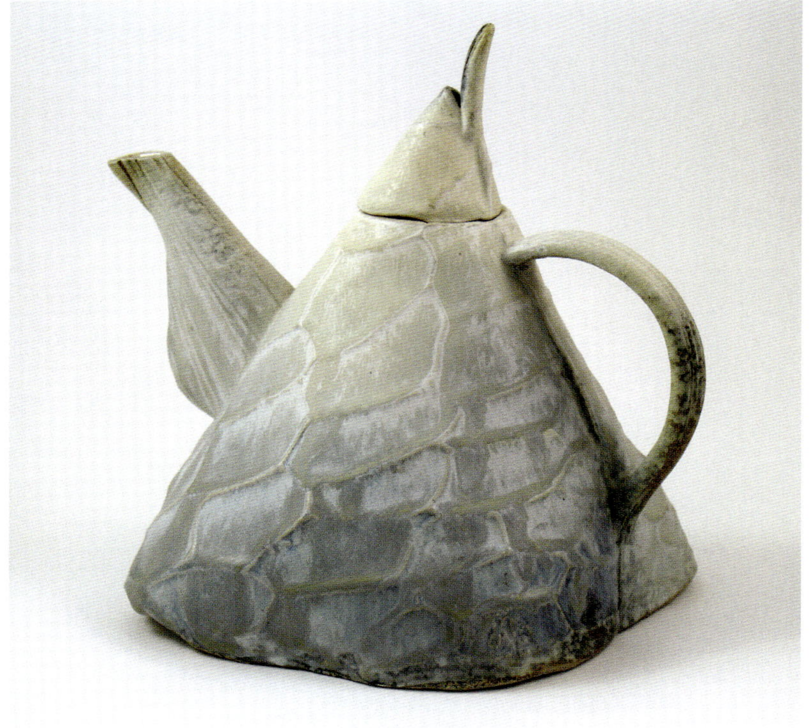

Teekanne aus der „Sand"-Serie
von Matthew Mulholland
Diese ungewöhnliche Kanne ist aus texturierten und gedehnten Steinzeugplatten gefertigt. Der Deckel hat eine gedrehte Steckzarge und die Oberfläche wurde mit Lithium- und Kobaltglasuren besprüht, bevor die Kanne bis Kegel 6 oxidierend gebrannt wurde.

TIPPS

- Skizzieren Sie Ihre Ideen für Teekannen aus Plattentechnik ebenso wie für gedrehte Kannen (siehe Seite 158). Experimentieren Sie mit Proportionen und Formen, bis Ihnen die Gestaltung gefällt.
- Weichere Platten brauchen Unterstützung bei der Konstruktion. Zusammengeknülltes Zeitungspapier bietet sich an, um Hohlräume auszufüllen. Beim Brennen verbrennt es.
- Schaumstoff- oder Holzstützen verhindern, dass der weiche Ton zusammensackt, müssen aber entfernt werden, sobald er sich selbst tragen kann, um die Schwindung nicht zu behindern.
- Tonformen als Stützen haben den Vorteil, dass sie genau an die Gefäßform angepasst werden können.

BEVOR SIE ANFANGEN

- Fertigen Sie eine Schablone aus dünner Pappe und setzen Sie die Einzelteile provisorisch zusammen. Nehmen Sie sie dann wieder auseinander und legen Sie sie beiseite, bis Sie die Tonelemente ausschneiden.
- Walzen Sie eine Tonplatte aus, die nach Möglichkeit groß genug ist, alle Teile daraus zuzuschneiden. Sonst walzen Sie zur gleichen Zeit eine gleichdicke Platte aus.
- Lassen Sie die Platte fast lederhart werden, bevor Sie die Teile ausschneiden. Die Seitenteile müssen noch formbar sein, um sich runden zu lassen.
- Drehen Sie die Platte von Zeit zu Zeit um, damit sie gleichmäßig fest wird.

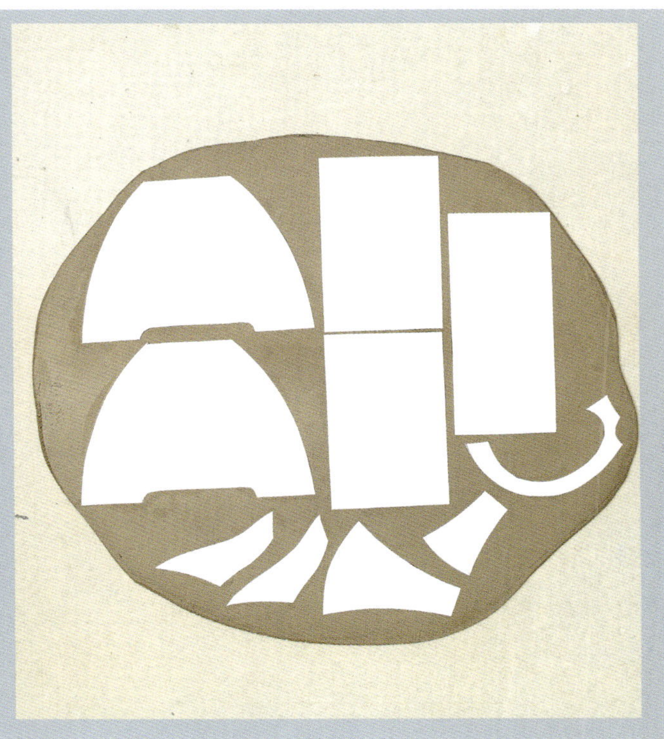

Teekanne aus Platten

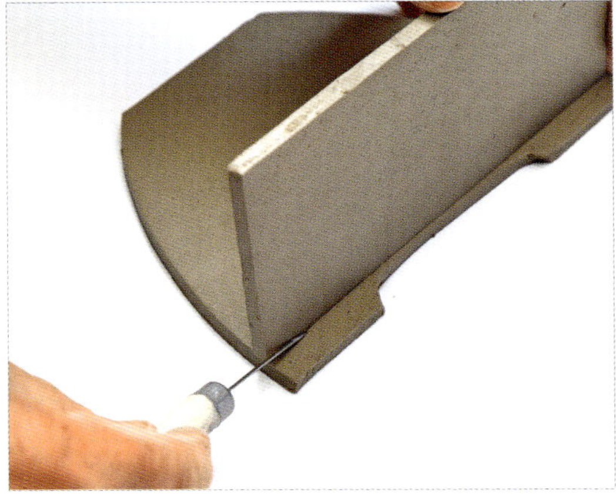

1 Markieren Sie die Ansatzlinie für den zurückgesetzten Boden, indem Sie ihn an einem Seitenteil anlegen und an der Ober- und Unterseite mit einer Nadel entlangfahren. Rauen Sie die Ansatzstelle auf.

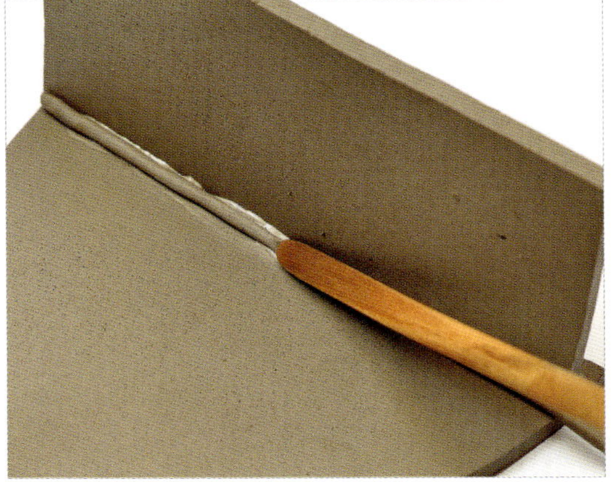

2 Schlickern Sie die Ansatzkanten, dann fügen Sie sie zusammen. (Halten Sie die Bodenplatte einen Augenblick in Position und drücken Sie sie leicht an.) Verstärken Sie die Ansatznaht mit einem weichen Tonwulst, den Sie mit einem Modellierholz verstreichen.

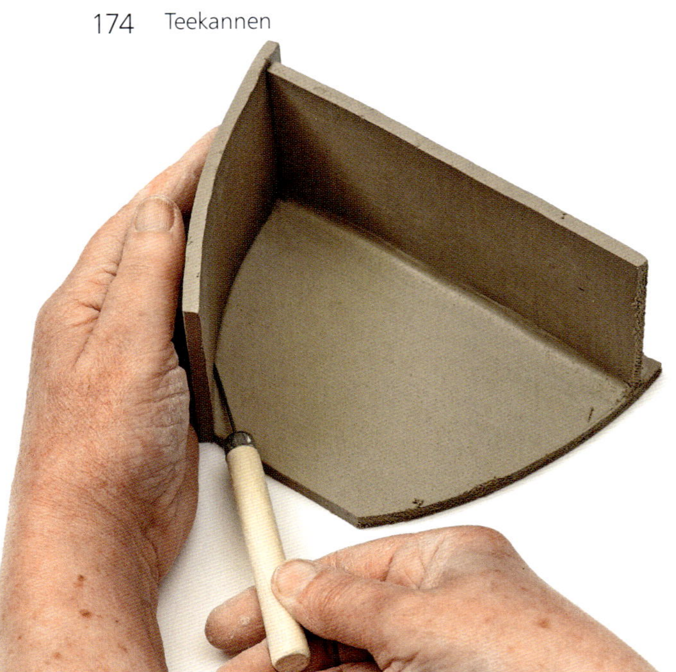

3 Setzen Sie ein Seitenteil an die Außenkante der Konstruktion und biegen Sie es in die richtige Form. Um dieses und die restlichen Teile zusammenzufügen, markieren Sie jeweils die Ansatzstelle, rauen sie auf, schlickern sie, fügen die Elemente zusammen und verstärken den Ansatz mit weichem Ton.

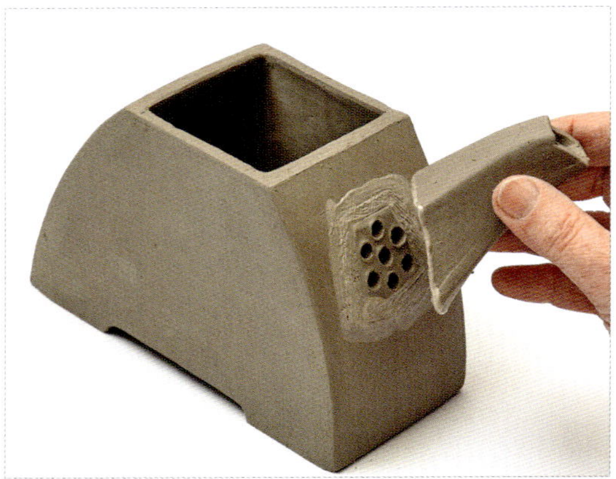

4 Bauen Sie die Tülle auf, indem Sie die vier Elemente zusammenfügen. Markieren Sie den Tüllenansatz am Korpus und machen Sie mit einem Lochschneider Filterlöcher innerhalb des markieren Bereichs. Rauen Sie die entsprechenden Stellen auf und schlickern Sie sie, bevor Sie die Tülle ansetzen. Vestärken Sie den Ansatz mit weichem Ton.

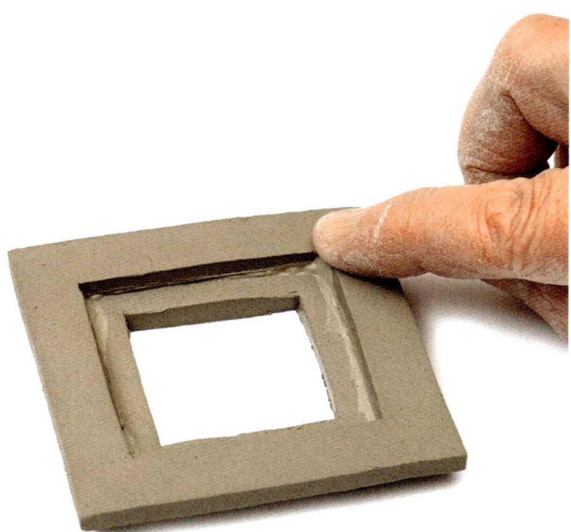

5 Fügen Sie die beiden Teile für Kannenöffnung und Deckelauflage zusammen. Das kleinere Element wird unter dem größeren angesetzt. Rauen Sie alle Ansatzstellen auf, schlickern Sie sie und setzen Sie sie zusammen. Entfernen Sie den überschüssigen Schlicker.

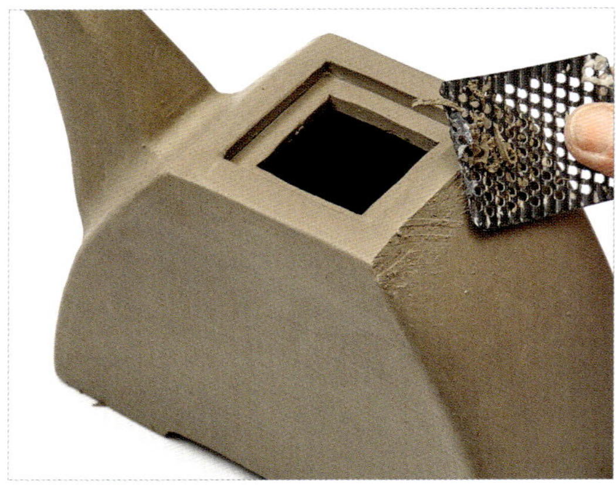

6 Setzen Sie Kannenöffnung und Deckelauflage mit der üblichen Technik an und bearbeiten Sie die Form mit einer Raspel, mit der Sie gegebenenfalls überschüssigen Ton abnehmen. Glätten Sie die bearbeiteten Flächen mit einer Drehschiene oder Niere.

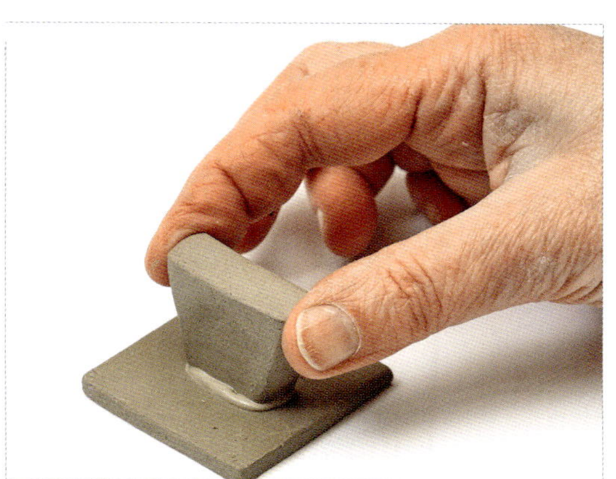

7 Setzen Sie den Knauf auf den Deckel und machen Sie seitlich davon ein kleines Luftloch. Hier greift der Knauf die Form der Kanne auf, Sie können aber natürlich auch eine andere Form wählen.

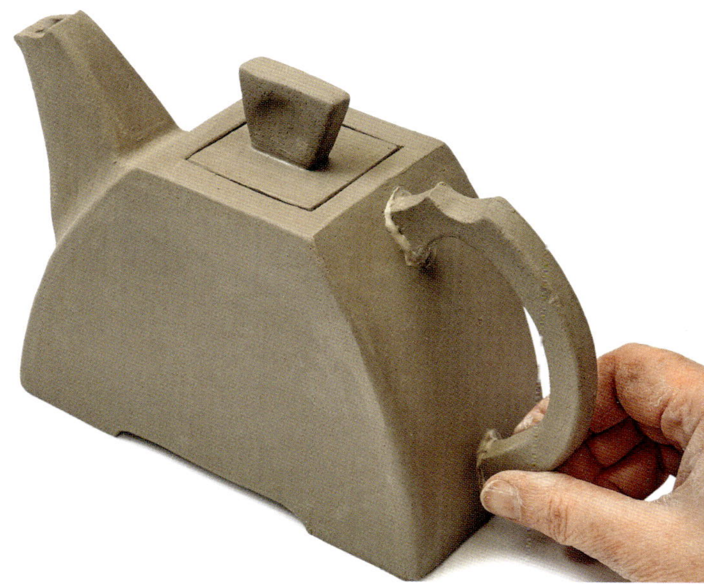

8 Zum Schluss markieren Sie den Ansatz des Henkels gegenüber der Tülle. Garnieren Sie den Henkel an und verstärken Sie die Ansatzstellen gegebenenfalls mit winzigen Tonwülsten, die Sie sorgfältig mit dem Korpus und dem Henkel verstreichen.

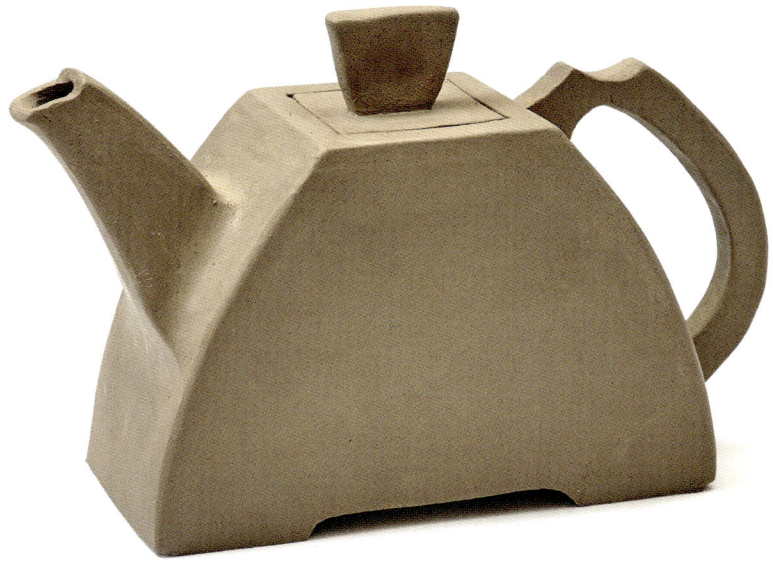

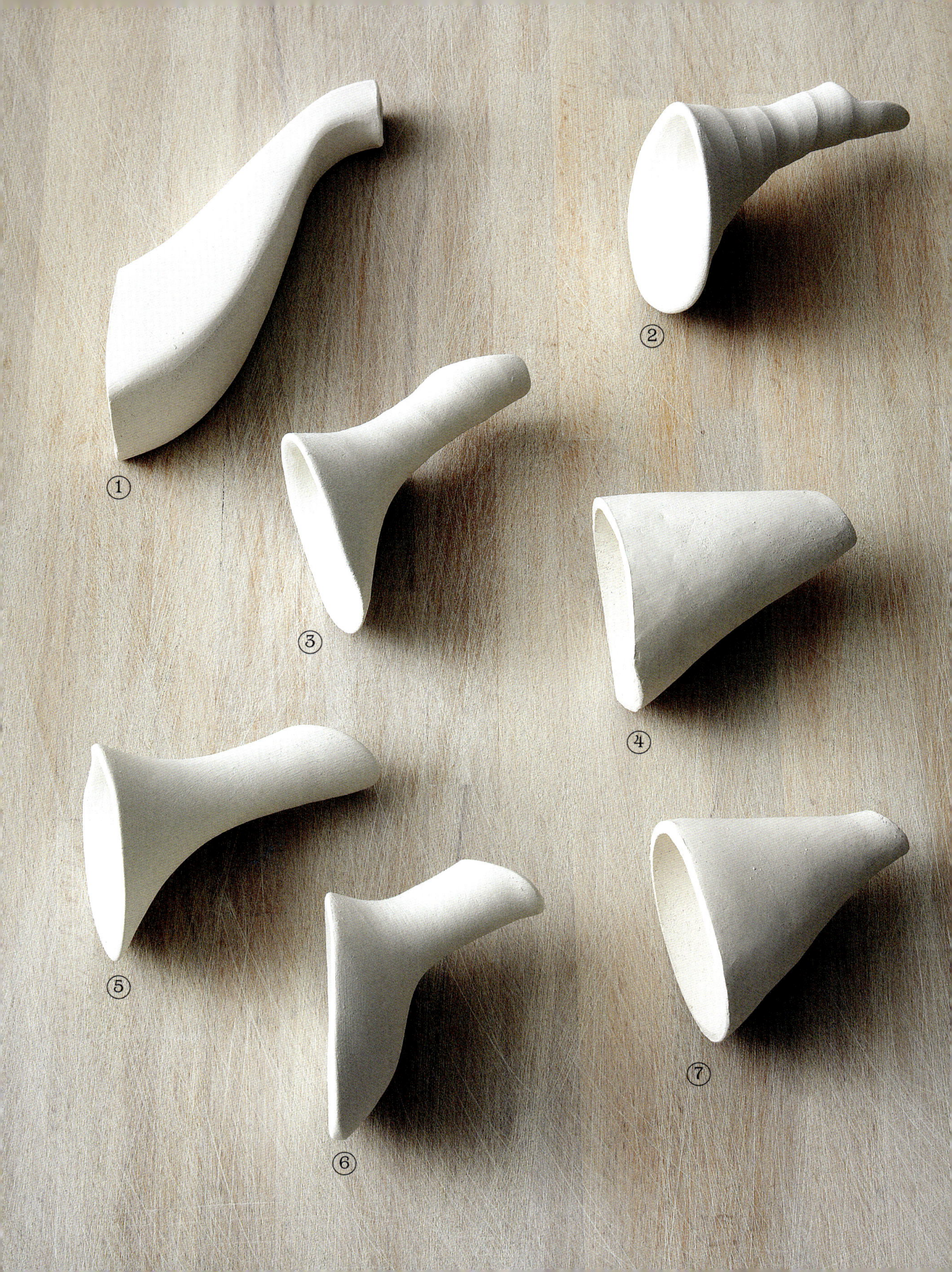
①
②
③
④
⑤
⑥
⑦

Überlegungen zum Design

Tüllen – modellieren und drehen

1 LANGE TÜLLE IN AUFBAUTECHNIK

Eine lange, schlanke Tülle mit klar definierten Kanten, die aus vier mittelfesten Elementen zusammengesetzt ist. Um die Rundungen annehmen zu können, muss der Ton noch ein wenig formbar sein.

Passt zu großen und eleganten Tee- oder Kaffeekannen mit ähnlichen Detail und Proportionen, unabhängig von der Herstellungstechnik.

2 GEDREHTE TÜLLE MIT STILISIERTER LIPPE

Die Tülle ist kurz und schmal mit lockeren, deutlich sichtbaren Drehrillen auf der Außenseite. Sie wird zunächst lang gedreht und dann auf die passende Größe zurechtgeschnitten, wenn der Boden der Kanne fertiggestellt ist.

Passt zu ähnlich locker gedrehten Kannen, vor allem aber zu einfachen zylindrischen Formen.

3 GEDREHTE TÜLLE MIT OFFENER LIPPE

Diese Tülle ähnelt dem vorangegangenen Modell, ist aber etwas kürzer und in der Mitte noch schmaler. Die Oberfläche wurde stärker geglättet, sodass die Drehrillen weniger sichtbar sind. Das obere Ende ist offen, die äußerste Kante der Tülle gerade abgeschnitten.

Passt zu traditionell geformten Kannen mit rundlichem oder zylindrischem Korpus.

4 KURZE TÜLLE IN AUFBAUTECHNIK

Die kurze, oval geformte Tülle ist am Ansatz weit und großzügig, verengt sich zur Lippe hin stark. Sie sitzt fast im rechten Winkel am Korpus, ist aus dünnen runden Wülsten geformt, die rund aufgebaut und dann zum Oval umgeformt werden, nachdem die Oberflächen beigearbeit worden sind.

Passt zu ovalen Kannen aus Wülsten oder Platten.

5 KURZE TÜLLE MIT GEWEITETER LIPPE

Eine kurze, aber robuste Tülle, die dicker ist als die Modelle 2 und 3. Diese Tülle ist traditionell gedreht und gearbeitet. Die Lippe ist schräg angeschnitten, um die Fließqualität zu verbessern. An der Oberfläche sind alle Spuren der Herstellungsmethode beseitigt.

Passt zu allen gedrehten Kannen, unabhängig vom Stil.

6 GEDRUNGENE, GEDREHTE TÜLLE

Diese gedrehte Tülle ist rund und sehr kurz. Sie hat eine bauchige Wölbung, die zum Stil des Korpus passt. An das gedrungene Mittelstück schließt sich eine traditionell geschnittene Lippe an, die ein wenig nach unten gebogen ist, was die Fließeigenschaften verbessert.

Passt zu kleinen bauchigen Kannen für zwei oder drei Tassen Tee.

7 GEDRUNGENE TÜLLE IN AUFBAUTECHNIK

Eine kurze robuste Tülle mit stilisierter Öffnung, mit einer Schablone aus einer weichen Tonplatte zugeschnitten. Durch die Konsistenz des Tons lässt sich die Spitze der Tülle leicht formen, sobald die Ansatznaht geschlossen ist.

Passt zu kleinen, in Aufbautechnik gefertigten Kannen mit bauchigem Korpus.

Technik

Gedrehte Tüllen

Die Tülle einer Kanne verlangt besondere Aufmerksamkeit. Ihre Konstruktion kann mit allerlei Schwierigkeiten aufwarten. Sie muss im richtigen Winkel angesetzt werden und die richtige Länge aufweisen, damit keine heiße Flüssigkeit aus der Kanne schwappt. Die Lippe sollte eine bestimmte Form aufweisen, um nicht zu tröpfeln.

Die Proportionen der Tülle sind nicht nur ein ästhetischer Aspekt, sondern wirken sich auch auf ihre Funktionsfähigkeit aus. Wie die Tülle aussehen soll, können Sie nur entscheiden, während Sie an der Kanne arbeiten. Wenn Sie bestimmte Grundsätze beherzigen, haben Sie größere Chancen auf Erfolg.

Gedrehte Tüllen

Hier stellen wir Ihnen einige Varianten vor, die Ihnen vielleicht bei Ihrer Entscheidung helfen.

Spiralige Oberfläche

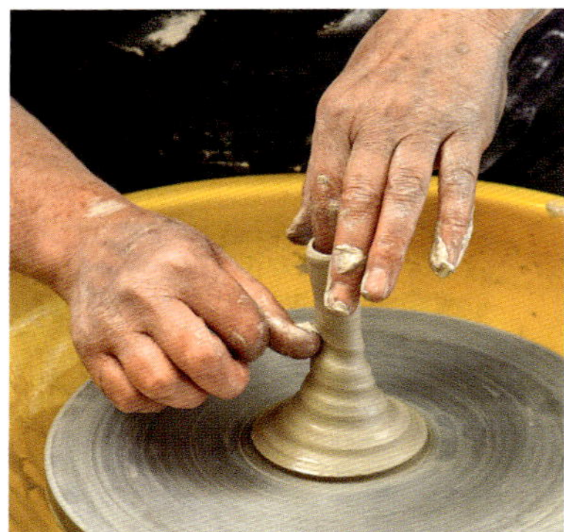

Das Spiralmuster gibt der Tülle eine individuelle Note. Es ist nicht dasselbe wie die Herstellung einer verdrehten Tülle an der Töpferscheibe, sondern eher eine Art der Oberflächenbearbeitung. Stecken Sie einen Zeigefinger in die Tülle, damit sich die Form nicht verzieht, drehen Sie die Scheibe relativ langsam und fahren Sie dabei mit dem Daumen der anderen Hand von unten nach oben. Das Muster lässt sich nicht korrigieren, daher muss es beim ersten Mal funktionieren.

Traditionell gebogen

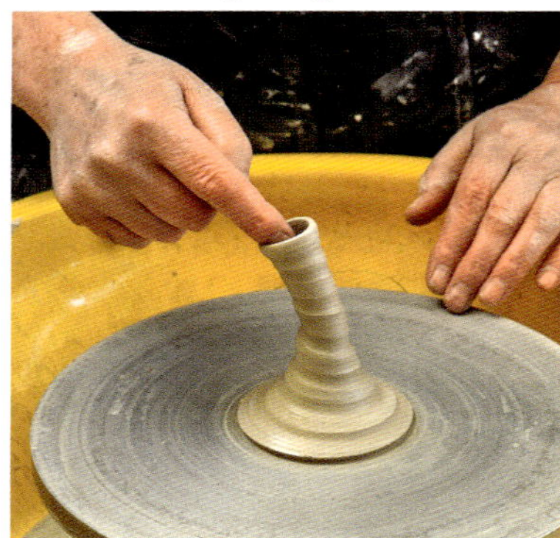

Gebogene Tüllen werden meist länger gezogen, weil sie durch die Krümmung an Länge verlieren. Außerdem sind sie oft für größere Kannen gedacht. Um die Krümmung herzustellen, stecken Sie einfach den Finger in die fertig gedrehte Tülle und biegen sie in die gewünschte Form. Am besten machen Sie das, solange die Tülle auf der Töpferscheibe steht und der Ton noch weich ist.

Info: Gedrehte Tüllen

- Für Tüllen braucht man meist nicht viel Ton, 225 g reichen normalerweise.
- Drehen Sie die Tüllen immer größer als benötigt, da sie immer noch angepasst werden müssen.
- Drehen Sie unterschiedlich geformte Tüllen in allen möglichen Größen und heben Sie sie als Ansichtsexemplare auf. Sie können sie auch schrühen, um sie haltbarer zu machen.
- Wenn Sie sich für eine Tüllenform entschieden haben, drehen Sie ein paar zusätzliche Exemplare, für den Fall, dass Sie einen Fehler beim Angarnieren machen.
- Drehen Sie die Tüllen so glatt und langsam wie möglich, sonst besteht die Gefahr, dass sich die Tülle verzieht, vor allem bei hochbrennenden Tonen.
- Die Spitze der Tülle muss immer höher liegen als der Flüssigkeitspegel in der Kanne, damit der heiße Tee oder Kaffee nicht versehentlich herausschwappt.

Unterschiedliche Grundformen

Hier wird die Tülle zum Oval umgeformt. Sie eignet sich vor allem für hohe Tee- oder Kaffeekannen. Der Boden der Tülle wird vor dem Angarnieren schräg angeschnitten, wie bei allen anderen Tüllen auch.

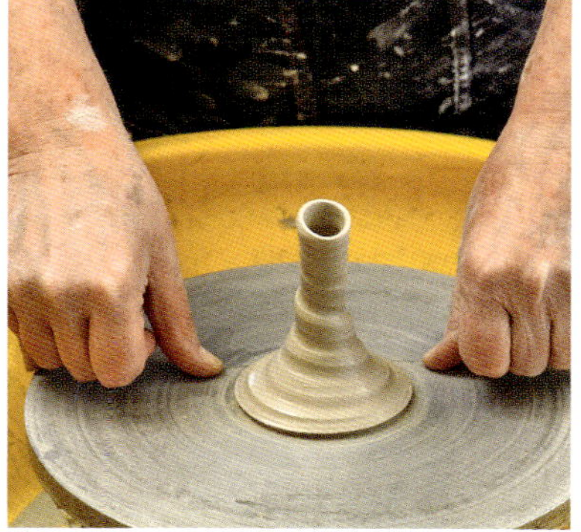

1 Schneiden Sie die gedrehte Tülle von der Scheibe.

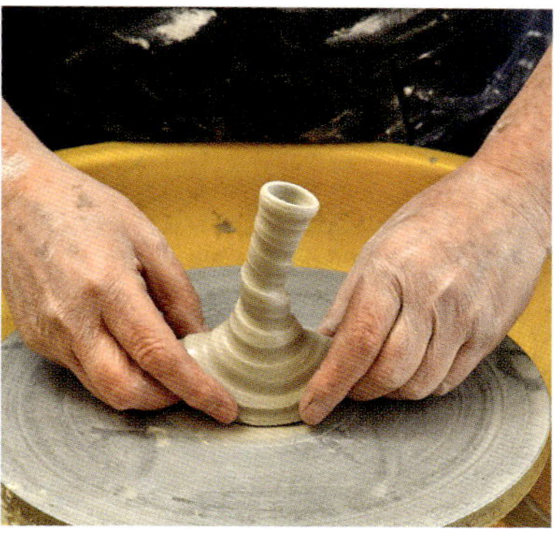

2 Drücken Sie den Boden der Tülle behutsam zum Oval, solange der Ton formbar ist.

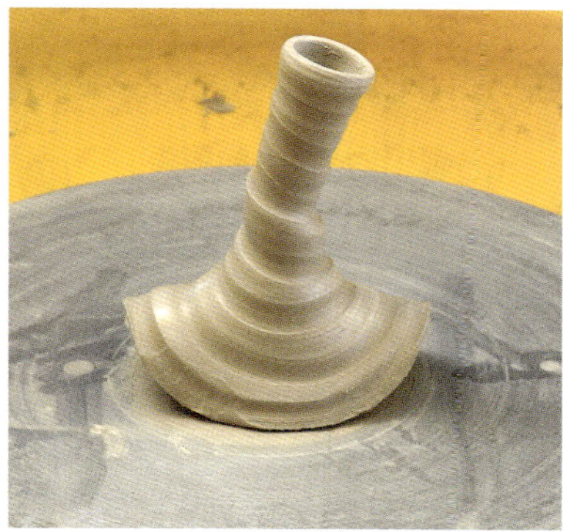

3 Die fertige Tülle.

Moderne Tüllenform

Diese Art der Tülle passt sehr gut zu zylindrischen Kannen mit klaren Konturen.

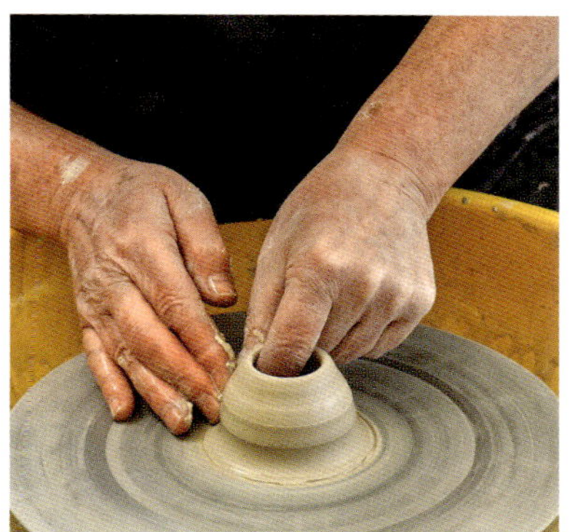

1 Drehen Sie einen kleinen Zylinder, der sich nach oben leicht verengt. Solche Tüllen haben meist eine recht weite Öffnung. Entfernen Sie den Schlicker auf der Oberfläche und glätten Sie die Drehrillen mit einer Drehschiene. Die Tülle sollte ganz glatt sein. Schneiden Sie mit der Kante der Drehschiene eine kleine Schräge am Boden der Tülle zu und entfernen Sie überschüssigen Ton und Schlicker vom Scheibenkopf.

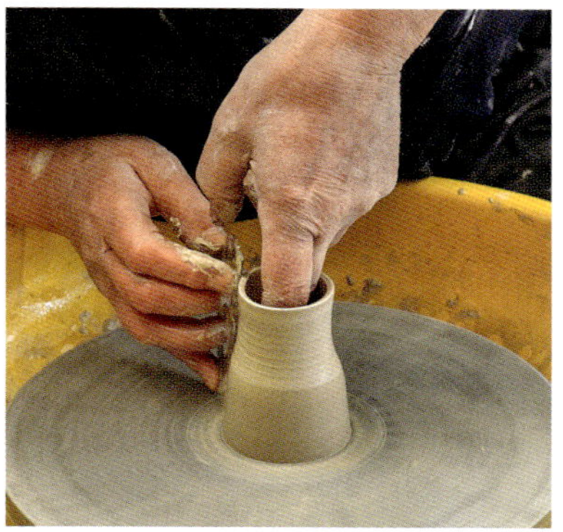

2 Während die Tülle noch auf der Scheibe steht, drücken Sie mit einer Drehschiene oder einem ähnlichen Werkzeug leicht gegen die Wand, erst an der einen, dann an der anderen Seite. Dabei entsteht die Form einer 8, mit einer kleineren und einer etwas größeren Schlaufe. Schneiden Sie die Tülle von der Scheibe und lassen Sie sie auf einem Brett fest werden.

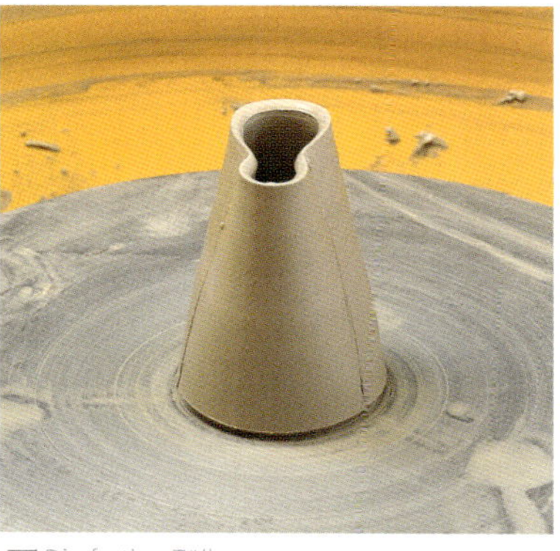

3 Die fertige Tülle.

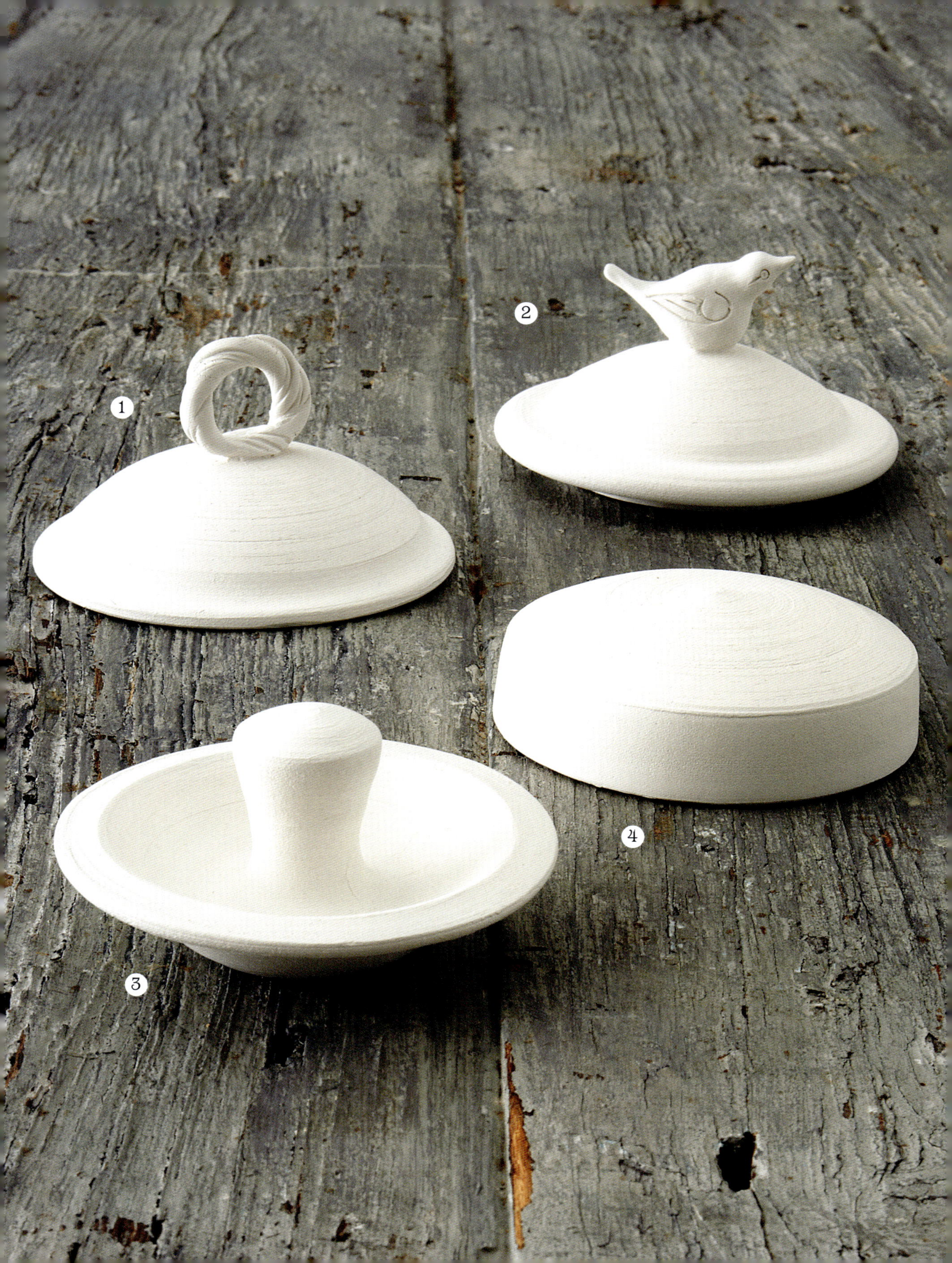
2
1
4
3

Überlegungen zum Design
Tüllen – modellieren und drehen

1 EINLEGEDECKEL: GEDREHT, MIT WULSTGRIFF

Dieser Deckel sitzt in einem Deckelfalz an der Kannenmündung. Diese Art der Deckelpassung ist typisch für Kannen oder Schüsseln mit verengter Öffnung, durch die Getränke oder Speisen ihre Temperatur länger halten. Die Kuppelform des Deckels entsteht beim Drehen.

Griff: Ein mit längs verlaufenden Rillen verzierter Wulst wird verdreht, bevor er auf den Deckel gesetzt wird. Ein solcher Griff kann auch gezogen werden.

2 DECKEL MIT STECKZARGE, AUFBAU- UND DREHTECHNIK

Durch die Steckzarge wird der Deckel in der Kannenmündung gehalten. Der Deckel selbst liegt auf dem Kannenrand und ragt ein wenig darüber hinaus, sodass kein Staub in den Spalt zwischen Deckel und Öffnung eindringen kann. Die Kuppelform des Deckels ist gedreht.

Knauf: Eine zu einem Vogel modellierte Tonkugel mit eingeritzten Details.

3 KONKAVER DECKEL IN DREHTECHNIK

Diese Art von Deckel wird in einem Arbeitsgang gefertigt. Meist wird er vom Stock gedreht, d.h. dass mehrere Deckel nacheinander hergestellt werden. Die Deckelauflage ist ein wenig angeschrägt. Diese Deckel kommen normalerweise ohne Abdrehen aus.

Knauf: Der Knauf wird angedreht, nicht angesetzt. Hier hat er eine traditionelle Form, es gibt aber auch andere Gestaltungsmöglichkeiten.

4 STÜLPDECKEL

Diese Art von Deckel wird über eine Stülpdeckelzarge an der Kannenmündung gesetzt, die ihn festhält. Die schlichte Form mutet ein wenig orientalisch an und bietet zugleich guten Schutz vor Staub und Schmutz. Eine tiefere Version könnte zugleich als Trinkschale dienen.

Knauf: Fehlt hier, kann aber bei Bedarf angarniert werden.

Technik

Kannendeckel

Den meisten Keramikern ist es lästig, immer wieder kleine Tonportionen abzuwiegen, um daraus einen Kannendeckel zu drehen. Vor allem bei der Serienfertigung empfiehlt sich daher eine Methode, die man „vom Stock drehen" nennt. Dabei werden mehrere Gegenstände, darunter Schüsseln, Tüllen und Deckel, von einem einzigen Tonzylinder gedreht.

Einliegender Deckel für einen Deckelfalz

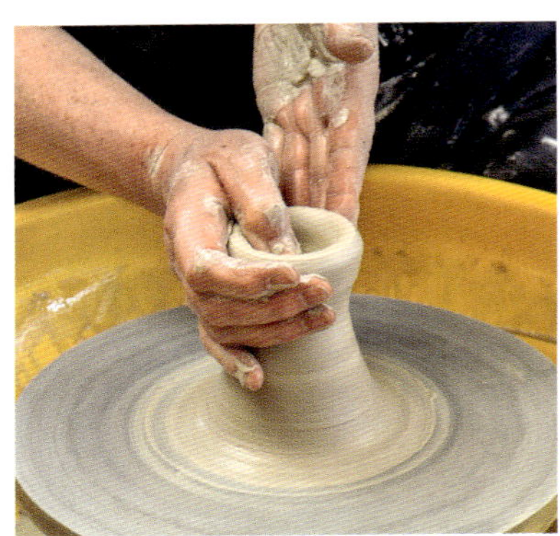

1 Zentrieren Sie einen großen Tonklumpen zu einem Kegel. Er sollte einen breiten Boden haben und nicht zu spitz zulaufen. Drücken Sie den Kegel wie auf dem Foto knapp unterhalb der Spitze ein wenig zusammen und flachen Sie die Spitze ab, bis sie die Form eines Türknaufs hat. Legen Sie die Finger der rechten Hand um die Verengung, während der Daumen behutsam von oben in den Ton drückt, um ihn aufzubrechen. Mit der anderen Hand stützen Sie den Ton und halten ihn zentriert.

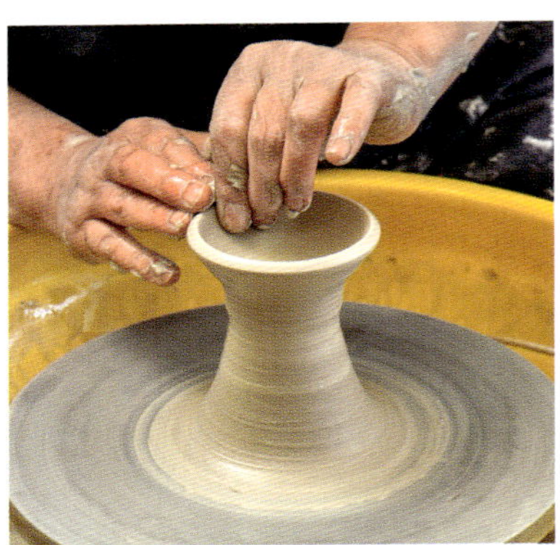

2 Formen Sie eine kleine Schüssel. Ziehen Sie den Ton mit der linken Hand im Zangengriff hoch, während die rechte Hand die Form von außen stützt. Die Hände liegen dabei dicht nebeneinander. Lassen Sie am Rand einen kleinen Wulst stehen.

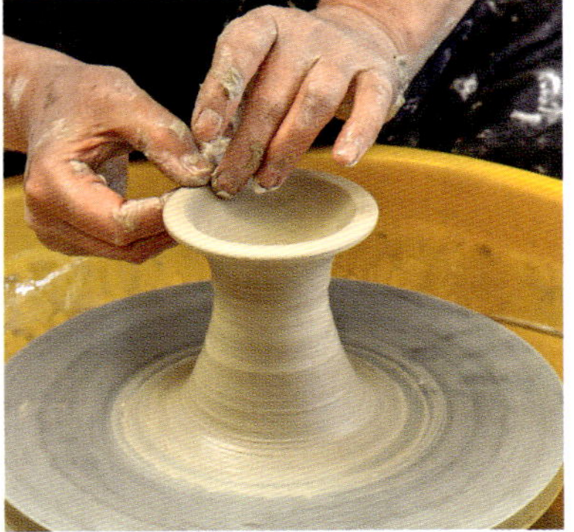

3 Nehmen Sie den Wulst vorsichtig zwischen Daumen und Zeigefinger einer Hand, sodass er nach außen verläuft. Mit der anderen Hand stützen Sie und halten den Deckel in Form, während der Rand gedreht wird. Lassen Sie eine Drehschiene über den Rand gleiten, um sicherzugehen, dass er glatt und eben ist. Messen Sie den Deckel mit einem Tastzirkel nach und nehmen Sie gegebenenfalls kleine Anpassungen vor.

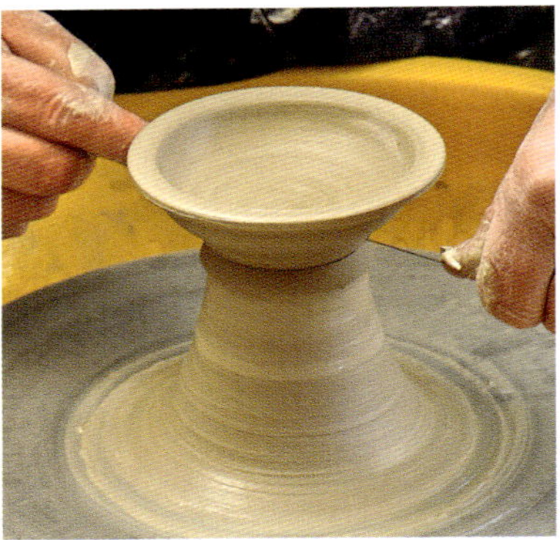

4 Mit einer Drehschiene oder einem scharfen Werkzeug machen Sie nun eine Rille in den Tonzylinder, wo der Deckel vom Stock geschnitten werden soll. Nehmen Sie innen und außen überschüssigen Schlicker mit einem Schwamm ab. Spannen Sie einen Schneidedraht zwischen beiden Händen und ziehen Sie ihn an der markierten Linie vorsichtig durch den Ton. Stellen Sie den Deckel auf ein Brett und lassen Sie ihn lederhart werden, bevor Sie ihn abdrehen und den Knauf anbringen (siehe Seite 162).

Deckel mit integriertem Knauf

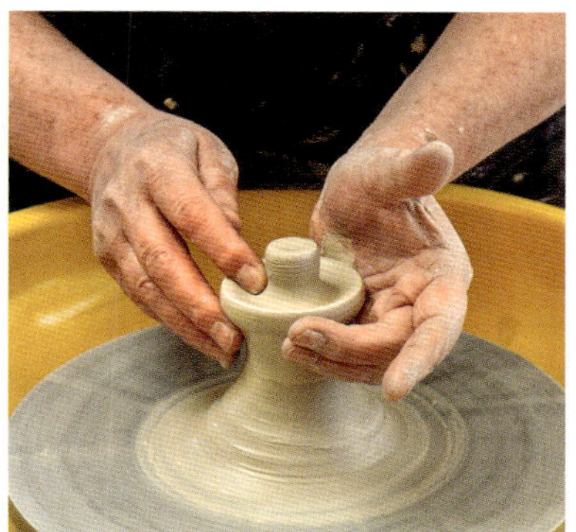

1 Folgen Sie zunächst Schritt 1 der nebenstehenden Anleitung, um den Stock zu zentrieren. Dieser Deckel wird wie ein Unterteller mit einem Knauf in der Mitte geformt, daher müssen Sie als Erstes Korpus und Knauf voneinander trennen. Wölben Sie die linke Hand von außen um die Form, während Sie mit dem rechten Zeigefinger in den Ton drücken, um eine trennende Rille zwischen Knauf und Deckelrand entstehen zu lassen.

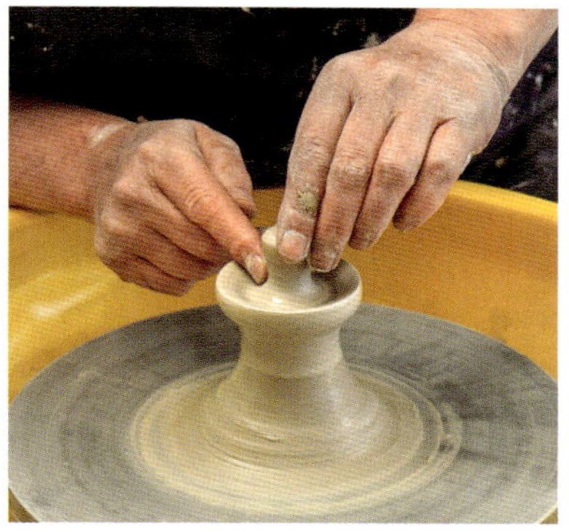

2 Widmen Sie sich nun dem Knauf und formen Sie ihn so, wie es Ihnen gefällt. Das ist nicht ganz einfach, da Sie nur mit einem Finger arbeiten können, um die Kontur zu modellieren, während Daumen und Zeigefinger der anderen Hand das obere Ende zentriert halten. Versuchen Sie, schnell vorzugehen und wenig Wasser zu benutzen: Sie müssen zugleich behutsam und entschlossen arbeiten.

Ein paar Tipps

- Oft ist es hilfreich, gleich eine ganze Reihe von Deckeln mit denselben Maßen zu drehen. Auf diese Weise haben Sie gleich Ersatz zur Hand, falls Sie beim Abdrehen oder Angarnieren etwas falsch machen. Außerdem gehen Deckel leicht kaputt.
- Zentrieren Sie den Tonzylinder neu, wenn Sie ein Stück abgeschnitten haben.
- Prüfen Sie zwischendurch die Maße mit dem Tastzirkel und vergleichen Sie sie mit den Maßen der Kanne.
- Wenn Sie nach den Deckeln noch Ton übrig haben, drehen Sie ein paar Schüsseln, statt den zentrierten Ton zu verschwenden.

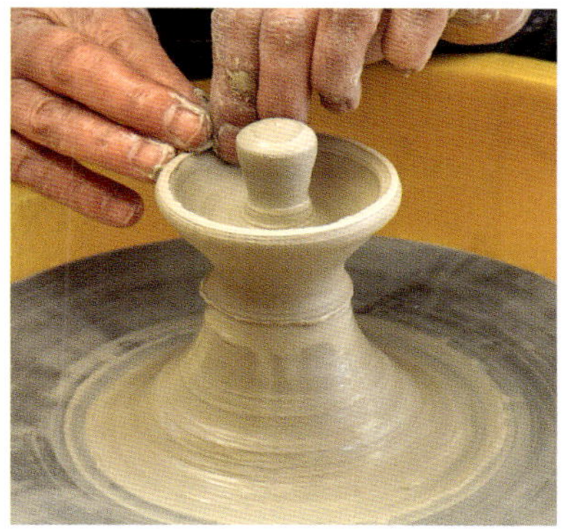

3 Nun weiten Sie den Ton um den Knauf zu einem Unterteller. Nehmen Sie den Ton mit einer Hand in den Zangengriff, während die andere Hand den Rand gerade hält. Messen Sie den Deckel mit dem Tastzirkel und nehmen Sie gegebenenfalls Anpassungen vor.

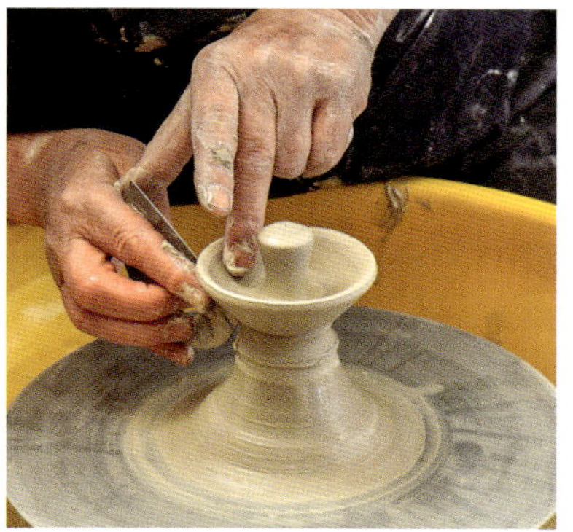

4 Bearbeiten Sie behutsam die Unterseite des Deckels mit einer Drehschiene, um die Form zu definieren und überschüssigen Ton abzunehmen. Stützen Sie von innen mit den Fingern. Machen Sie dann mit der Drehschiene einen V-förmigen Einschnitt an der Stelle, wo der Deckel vom Stock geschnitten werden soll. Der Schnitt, mit dem der Deckel vom Stock geschnitten wird, muss akkurat sein, weil Sie den Deckel nicht abdrehen können.

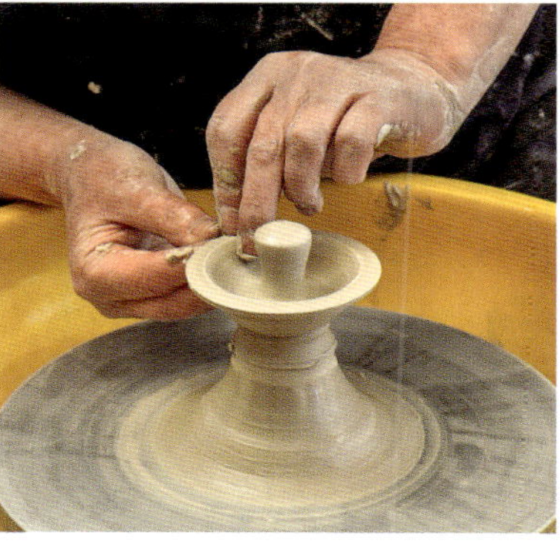

5 Flachen Sie zum Schluss den äußeren Rand ein wenig zwischen Daumen und Zeigefinger ab, damit der Deckel sicher im Falz an der Kannenmündung sitzt. Mit einem Schwamm nehmen Sie behutsam überschüssigen Schlicker von der Oberfläche, dann schneiden Sie den Deckel vom Stock. Dabei drehen Sie die Scheibe langsam. Gehen Sie dabei vor wie bei dem einliegenden Deckel. Lassen Sie den Deckel auf einem Brett fest werden. Er muss nicht abgedreht werden.

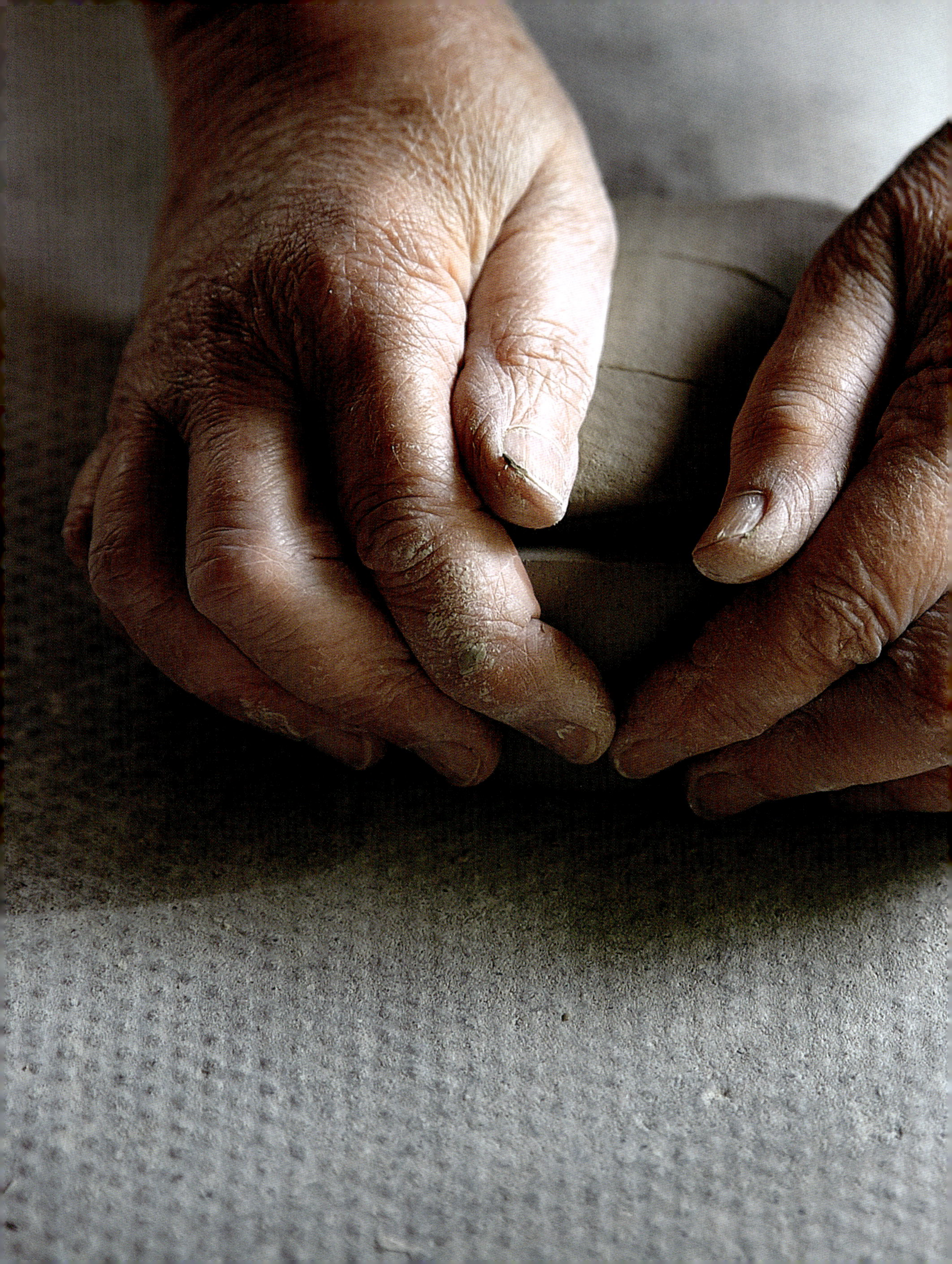

Kapitel 7

HERSTELLUNGS-TECHNIKEN

Formen, Schablonen & Profile

Mit Hilfsformen, Schablonen und Profilen können Sie fast jede erdenkliche Form herstellen. Mit ihrer Hilfe werden in Aufbautechnik gefertigte Gefäße ebenso akkurat wie gedrehte Becher, Schalen und Kannen. Mit Profilen lassen sich auch gedrehte Formen individuell gestalten.

Formen

Man unterscheidet zwischen Eindrück- und Überformen. Im Fachhandel gibt es spezielle Gipsformen, doch natürlich eignen sich viele alltägliche Gegenstände zum Abformen, die gar nicht unbedingt dafür gedacht sind.

Gegenstände zum Abformen

Pappröhren

- Je nach Größe für unterschiedliche Gefäße geeignet.
- Zum Abformen von Tassen, Bechern, Krügen, Schalen.
- Sie können sie mit Ton umwickeln oder Teile wie Schnaupen oder Henkel vor dem Angarnieren darauf formen.

Holzklötze

- Für kantige Tassen, Becher, Krüge oder Schalen geeignet. Sie lassen sich mit Ton umwickeln wie eine Pappröhre, sodass Sie nicht so viele Ansatznähte schließen müssen.
- 5 x 5 cm große Holzklötze sind ideal für Tassen.

Konturschablonen: Wulsttechnik

Mit Konturschablonen oder Formschablonen lässt sich die Form eines in Wulsttechnik aufgebauten Gefäßes kontrollieren. Dabei gibt die Schablone die Kontur des Gefäßes vor. Sie besteht meist aus festem Material wie Pappe, MDF-Platten oder Acrylplatten. Die Konturen für Projekte in diesem Buch finden Sie auf Seite 217.

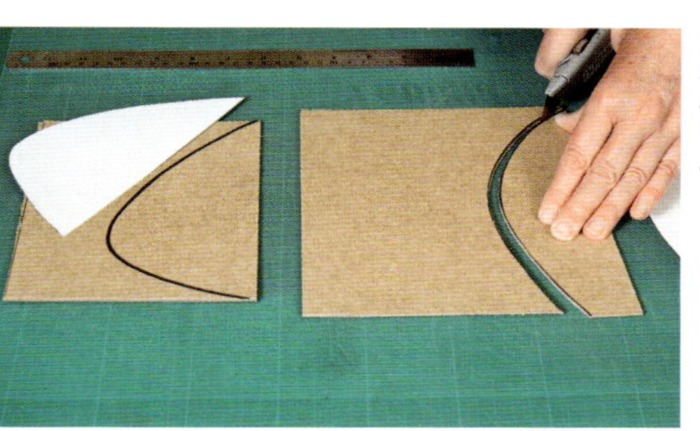

Mit einer Konturschablone gerät ein aus Wülsten aufgebautes Gefäß nicht aus der Form.

Was Sie bedenken sollten

- Die Schablone sollte so groß sein, dass Sie sie bequem greifen können. Machen Sie die Probe, indem Sie das Brett oder die Pappe in die Hand nehmen, bevor Sie die Kontur aufzeichnen und ausschneiden.
- Zeichnen Sie die Kontur mit schwarzem Filzstift, nicht mit Bleistift auf. Die Linie ist leichter zu erkennen.
- Die Unterkante der Schablone muss gerade sein und bündig mit dem Brett abschließen, auf dem Sie das Gefäß aufbauen.
- Zur Formkontrolle stellen Sie die Schablone auf das Brett, auf dem Sie das Gefäß aufbauen, und ziehen Sie sie vorsichtig an der Wandung entlang. Das Brett sollte möglichst auf einer Ränderscheibe stehen. Korrigieren Sie sofort alle Unregelmäßigkeiten.

Schablonen und Profile beim Drehen

Mit Schablonen und Profilen können Sie einem gedrehten Gefäß eine individuelle Note verleihen. Sie lassen sich leicht herstellen und benutzen. Die meisten Keramiker haben eine Auswahl an Profilen für Gefäßfüße und -ränder zur Hand und können sogar Serien kleiner Gefäße mithilfe einer Konturschablone drehen.

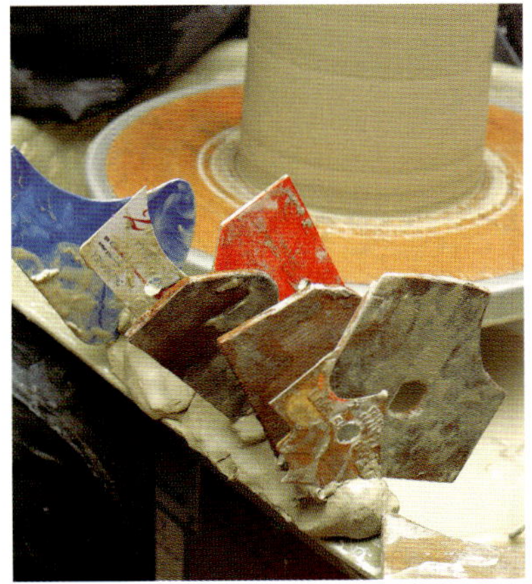

1 Schablonen und Profile können gleich beim ersten Drehen verwendet werden. Wenn der Ton lederhart ist, soll das Profil scharfkantiger werden. Metall, Holz oder Plastik lassen sich am einfachsten durch den Ton ziehen – alte Kreditkarten sind ideal! Schneiden Sie einfach die gewünschte Kontur in die Karte und schleifen Sie die Schnittkante glatt.

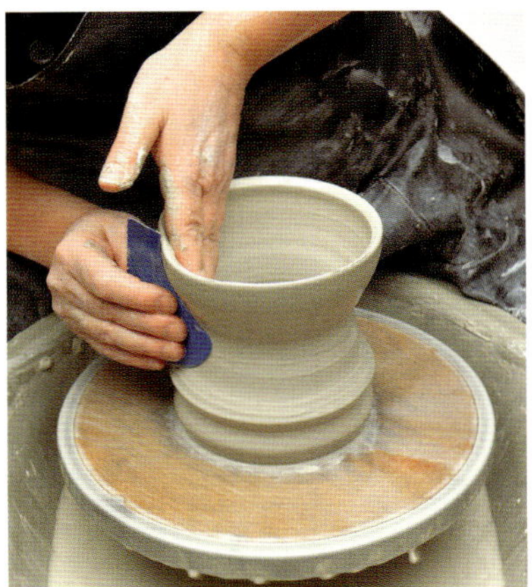

2 Beim Drehen pressen Sie die Schablone gegen die Gefäßwand, sodass der weiche Ton genau die Kontur annimmt. Am besten drücken Sie die Schablone mehrmals fest, aber sanft an und fügen zwischendurch Wasser hinzu, um ein perfektes Ergebnis zu erzielen. Beim Abdrehen ist eine Metallschablone hilfreich.

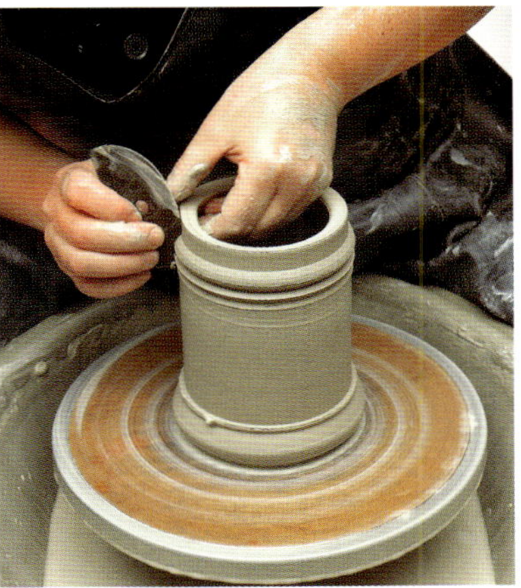

3 Sie können die Kontur variieren, indem Sie die Formschiene beim Drehen in unterschiedlichen Winkeln ansetzen. Dabei drückt die linke Hand den Ton von innen vorsichtig in die Kontur der Schablone. Mit ein wenig Wasser verhindern Sie, dass die Schablone den Ton mitzieht.

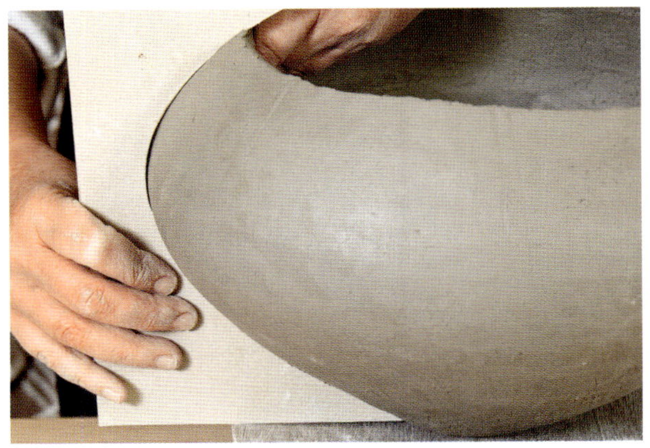

Schieben Sie die Profilschablone mit der Unterkante über das Brett an die Gefäßwand und ziehen Sie sie vorsichtig daran entlang, um die Form zu prüfen.

Schablonen und Plattentechnik

Bei der Plattentechnik dienen Schablonen einfach als Umrissvorlage für Gefäße wie Kannen, Tassen, Becher, Schalen und Schüsseln. In diesem Buch werden sie für unterschiedliche Projekte verwendet. Es lohnt sich, die Schablonen aus haltbarem Material herzustellen, z.B. aus fester Pappe oder Acrylplatten.

Ich habe mir angewöhnt, Schablonen zu beschriften und zu nummerieren und Einzelteile, die zusammengehören, in einem Ordner aufzubewahren. Es empfiehlt sich auch, ein Original anzufertigen und davon Kopien zu machen, falls Sie die Schablone häufig benutzen. Auf Seite 216 finden Sie einige Vorlagen für Projekte in diesem Buch.

Technik: Drehen

Das Drehen ist sicherlich die Fertigungstechnik, die am schwierigsten zu lernen und zu beherrschen ist. Ständiges Üben und Erfahrung sind natürlich hilfreich, doch bisweilen reichen schon ein paar einfache Tipps – wie Hinweise auf die richtige Handhaltung – , um den Einstieg zu erleichtern. Nachfolgend finden Sie jede Menge dieser Tipps und viele nützliche Informationen.

Den Ton zentrieren

Das Drehen funktioniert nur, wenn der Ton richtig zentriert ist. Hier zeigen wir Ihnen Schritt für Schritt, wie es geht.

Den Ton auf der Scheibe positionieren

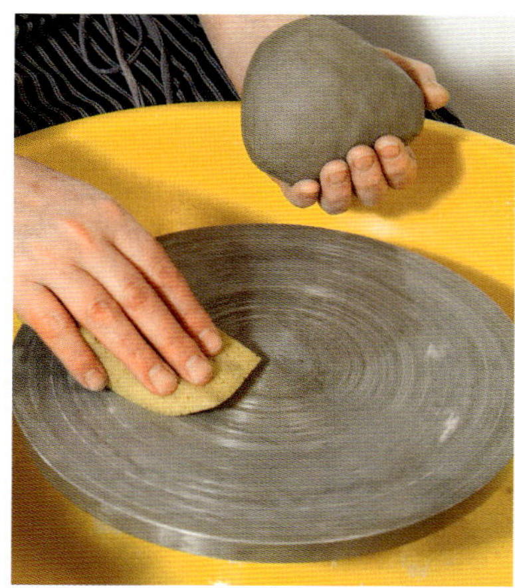

1 Der Scheibenkopf muss sauber, staubfrei und feucht sein, damit der Ton auf der Scheibe haftet. Wischen Sie die Scheibe mit einem feuchten Schwamm ab, aber nehmen Sie nicht zu viel Wasser, da der Ton sonst durch die zunehmende Rotation heruntergeschleudert wird.

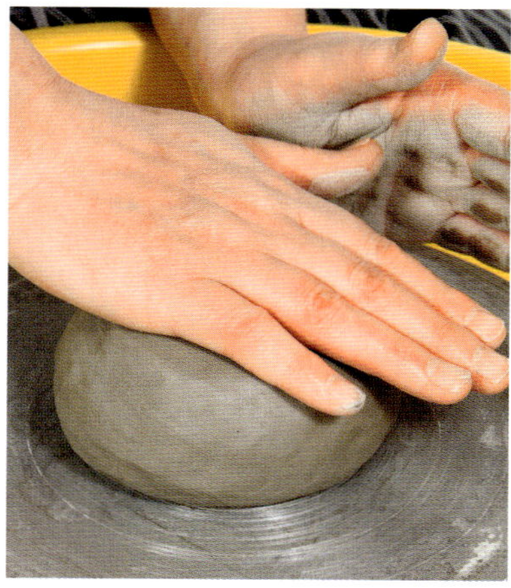

2 Beim Zentrieren sollte sich die Scheibe schnell drehen, beim Aufbrechen und Hochziehen des Korpus verlangsamen Sie das Tempo. Versuchen Sie, den Ton rasch zu zentrieren, weil Sie ihn sonst zu sehr bearbeiten. Nehmen Sie sich aber ruhig die Zeit, die Technik zu erlernen, bevor Sie zum nächsten Schritt weitergehen.

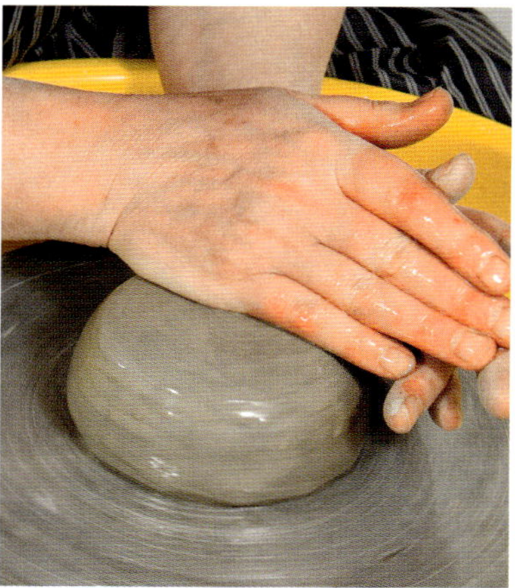

3 Legen Sie den linken Arm auf den Rand der Spritzschutzwanne. Mit der Linken stützen Sie den Tonklumpen von der Seite. Auch der rechte Arm liegt auf dem Rand, sodass die Handkante von oben auf den Ton einwirken kann. Rücken und Schultern sind angespannt, die Ellbogen liegen eng am Körper.

Den Ton zentrieren

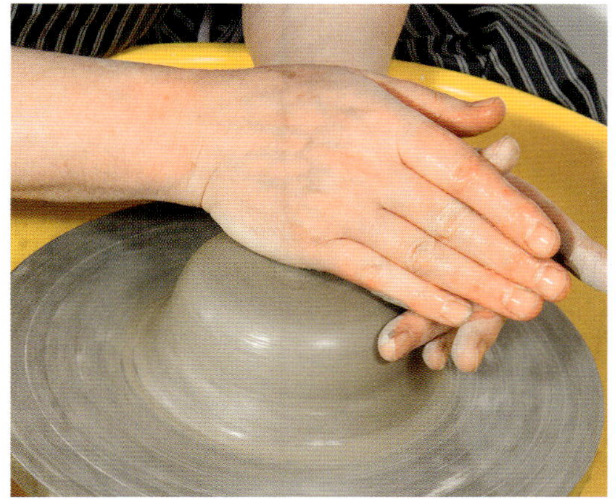

1 Mit der folgenden Technik können Sie jede Tonmenge zentrieren, wenn der Ton auf der Scheibe positioniert ist. Setzen Sie die Scheibe in Bewegung und tröpfeln Sie etwas Wasser auf den Ton.

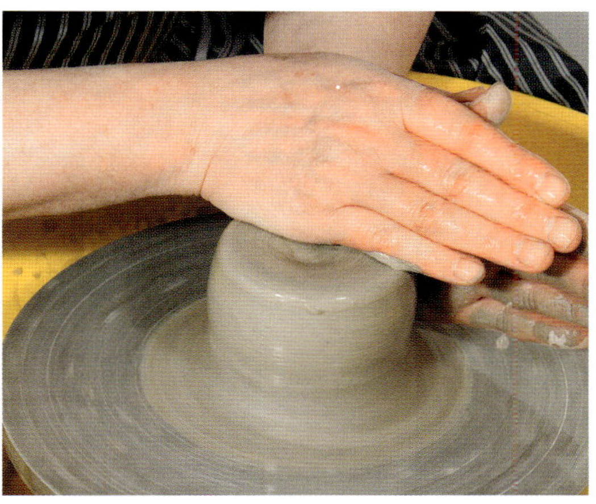

2 Drücken Sie die linke Hand seitlich gegen den Ton und ziehen Sie ihn hoch.

Den Ton aufbrechen

Beim nächsten Schritt wird der Ton aufgebrochen, d. h. es wird eine Vertiefung in den zentrierten Tonklumpen gearbeitet, sodass der Boden und die Wand des Gefäßes entstehen.

Beginnen Sie mit dem Daumen

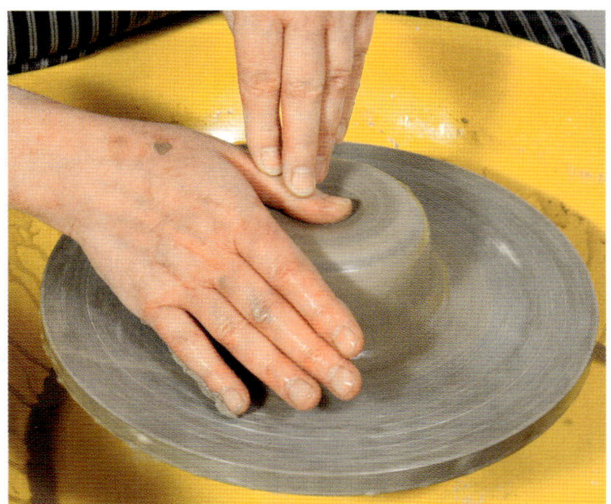

1 Legen Sie den rechten Daumen flach auf die Mitte des Tonklumpens. Mit den Fingern der linken Hand üben Sie zusätzlichen Druck auf den Daumen aus. Drücken Sie den Daumen in den Ton, sodass der Ton die Form eines Kringels annimmt.

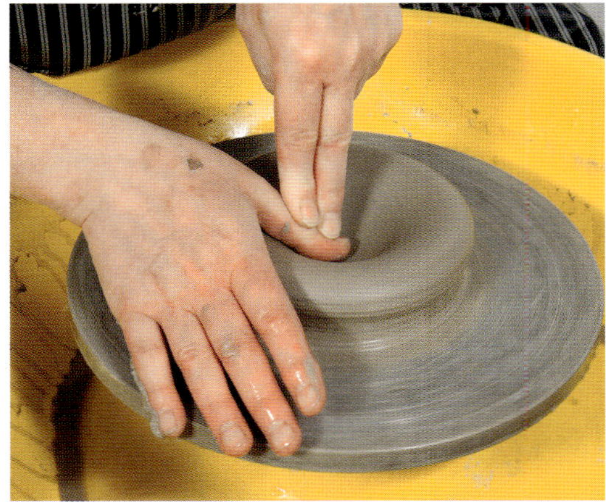

2 Nun können Sie das Innere des Tonklumpens sehen und die Tiefe abschätzen. Das hilft Ihnen, den Ton zentriert zu halten. Versuchen Sie nicht, den Ton aufzubrechen, indem Sie in der Mitte ein vertikales Loch bohren – halten Sie den Daumen flach! Denken Sie daran, den Ton von Zeit zu Zeit anzufeuchten.

Drei Handhaltungen beim Aufbrechen des Tons

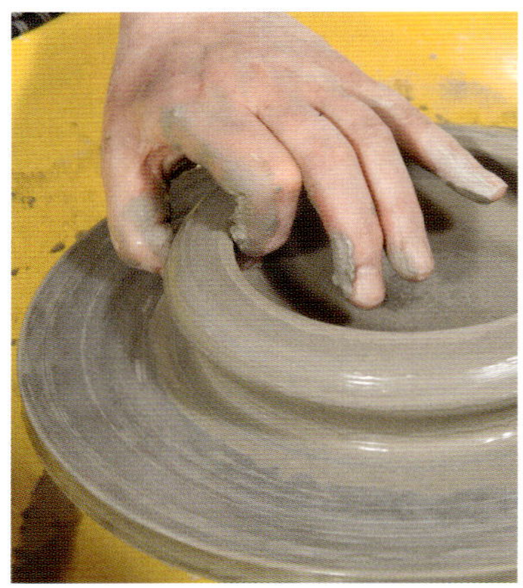

1 Führen Sie den linken Zeigefinger von innen und den linken Daumen von außen wie eine Zange um die Gefäßwand und ziehen Sie sie vorsichtig ein paar Zentimeter höher.

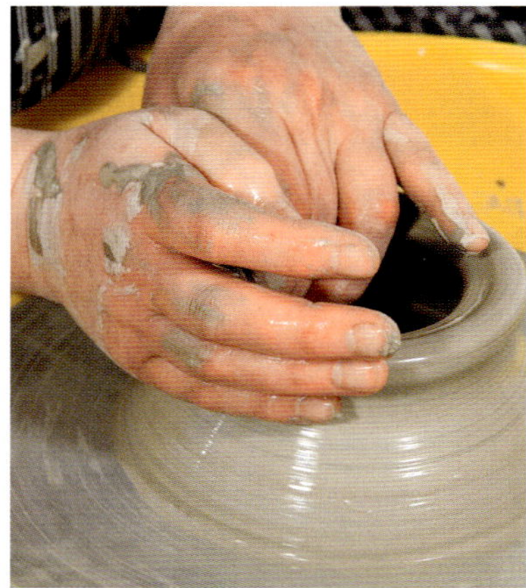

2 Legen Sie nun die rechte Hand von außen an die Form und führen Sie die Wand hoch und gleichzeitig nach innen. Dabei verhindert Ihre Rechte, dass sich der Ton nach außen verbreitert. Versuchen Sie, das Gefäß sich nach oben verjüngen zu lassen.

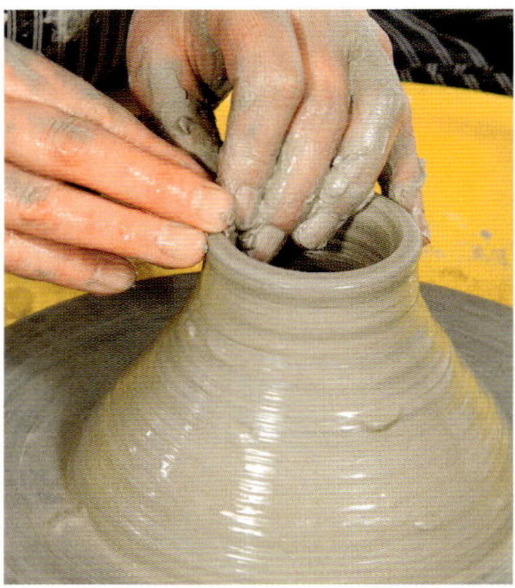

3 Nach dem ersten Hochziehen, vergewissern Sie sich, dass der obere Rand gleichmäßig verläuft. Lassen Sie ihn durch die Finger der linken Hand gleiten, während Sie mit den Fingern der rechten Hand sanften Druck ausüben. Wiederholen Sie dies nach jedem erneuten Hochziehen der Wand. Unebenheiten schneiden Sie mit einer Nadel ab.

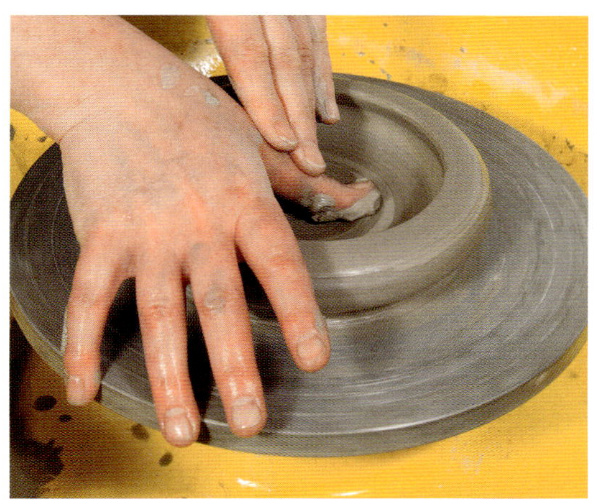

Ein stabiler Boden

Um zu verhindern, dass der Boden des Gefäßes reißt, muss er verdichtet werden, indem Sie mit dem Daumen dreimal von der Mitte nach außen darüberfahren. Sie können auch einen Fingerknöchel, einen Schwamm oder eine Niere nehmen. Mit derselben Daumenhaltung brechen Sie die Form auf, streichen seitlich über die Bodenplatte zur Wand und formen sie mit gekrümmtem Daumen.

Die Knöchelzugtechnik

Die Knöchelzugtechnik ist wichtig, um den Tonklumpen in einen Zylinder zu verwandeln.

Knöchelzugtechnik – narrensicher

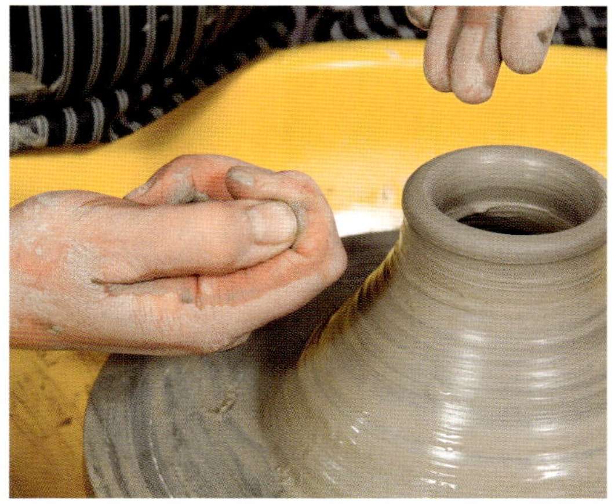

1 Verengen Sie den Zylinder leicht zum Hals hin, indem Sie mit der Stützhand Druck nach innen ausüben. Nach jedem Hochziehen verdichten Sie den Rand mit den Fingern durch Druck nach innen und unten, damit er nicht schief wird.

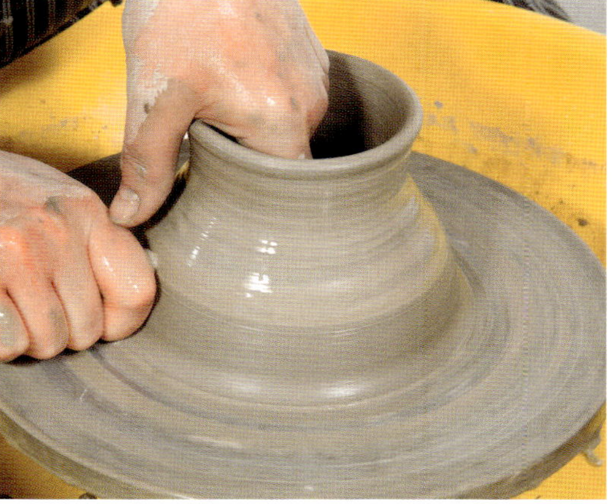

2 Legen Sie den angewinkelten rechten Zeigefinger unten an den Korpus. Die Finger der linken Hand stützen von innen, sodass der Ton zwischen ihnen gefangen ist. Der Daumen der linken Hand sollte auf den Fingern der rechten Hand liegen.

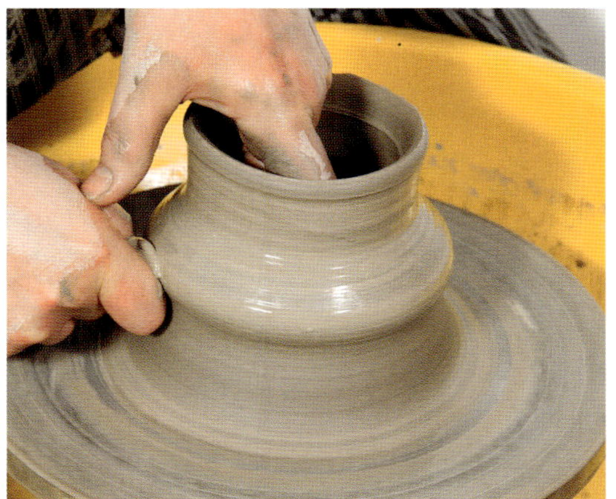

3 Ziehen Sie den Ton behutsam zu einem Zylinder hoch, ohne die Handhaltung zu verändern. Wiederholen Sie dies, bis der Zylinder die gewünschte Höhe erreicht hat.

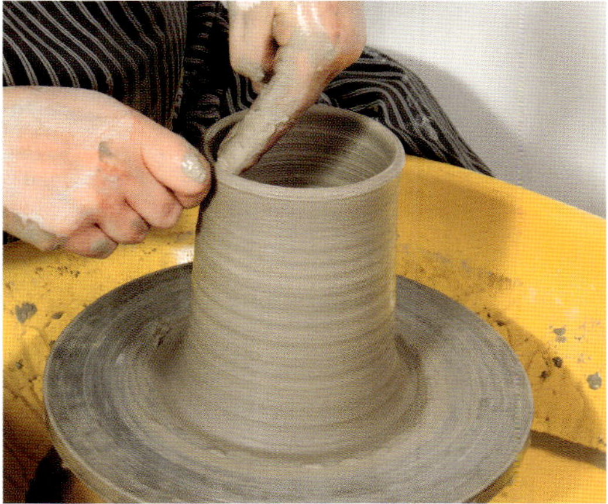

4 Wenn der Zylinder hoch genug ist, sollten Sie die Hände nicht einfach wegnehmen, sondern zum Rand ausstreichen. Wenn Sie den Knöchel zu schnell wegziehen, gerät die Form aus dem Gleichgewicht.

Knöchelzugtechnik – Variationen

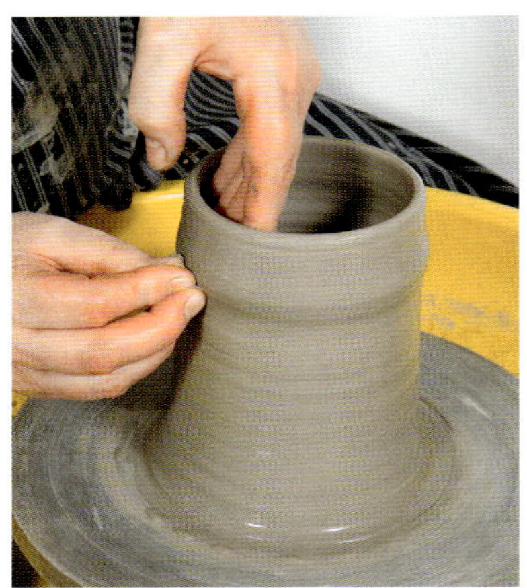

Erste Methode
Mit einer Hand innen und der anderen außen halten Sie die Tonwand zwischen den Fingerspitzen und ziehen sie hoch.

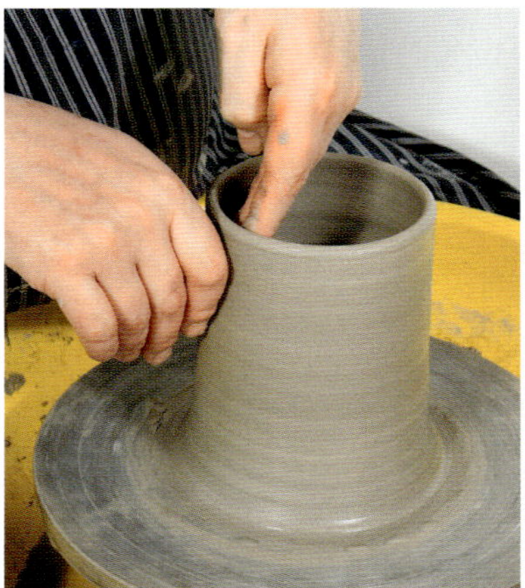

Zweite Methode
1 Legen Sie den angewinkelten rechten Zeigefinger außen, die Finger der linken Hand innen an die Form.

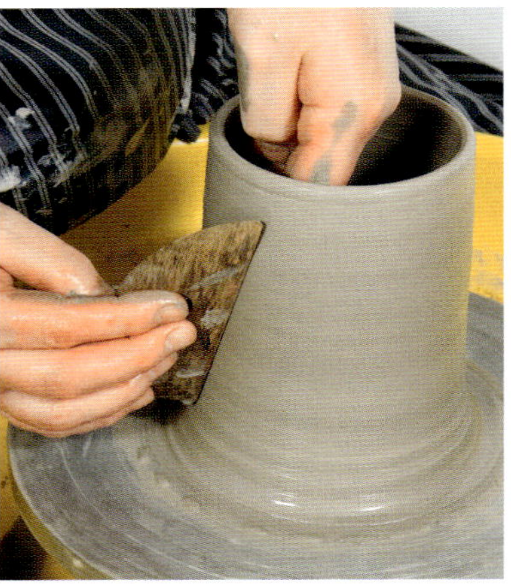

2 Glätten Sie die Außenwand des Zylinders, indem Sie statt des Knöchels eine Plastik-, Holz- oder Metallschiene nehmen. Mit etwas Übung können Sie die Wand auch auf diese Weise hochziehen.

Stressfreies Abnehmen

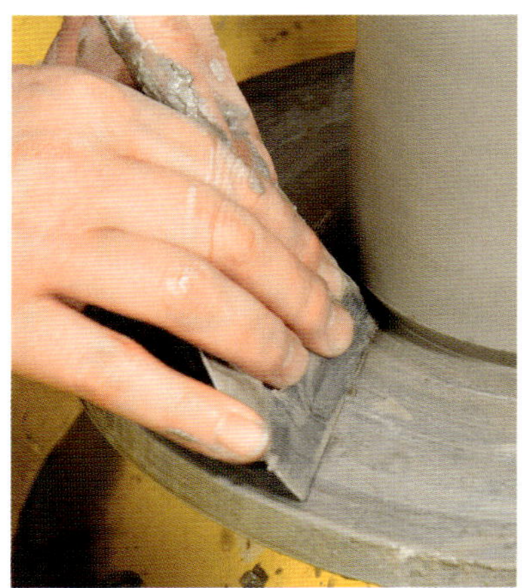

1 Entfernen Sie überschüssigen Ton vom Boden des Gefäßes, indem Sie eine Drehschiene im 45°-Winkel an Gefäß und Scheibenkopf entlangführen. Dadurch wird der abgedrehte Ton über die Schiene nach hinten geschoben. Ohne die Position der Schiene zu verändern, schrägen Sie den Boden des Gefäßes an, damit der Schneidedraht sauber unter dem Gefäß hergezogen werden kann.

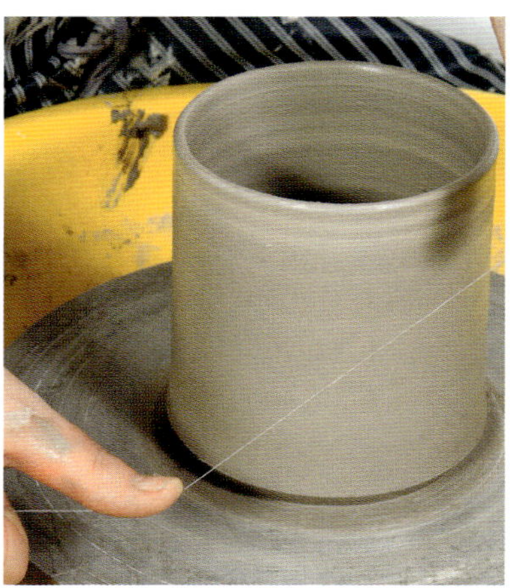

2 Vergewissern Sie sich, dass Scheibenkopf und Draht sauber sind. Spannen Sie den Draht zwischen den Händen und ziehen Sie ihn unter dem Gefäß durch.

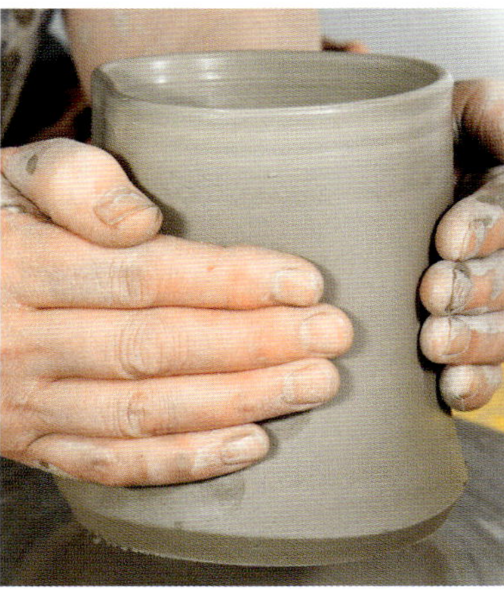

3 Legen Sie Ihre sauberen und trockenen Hände möglichst nah am Boden um das Gefäß. Heben Sie es hoch und neigen Sie es vorsichtig in Ihre Richtung. Dadurch gelangt Luft unter den Boden und der Ton löst sich leichter von der Platte. Stellen Sie das Gefäß so schnell wie möglich auf ein Brett.

Eine bauchige Vase drehen

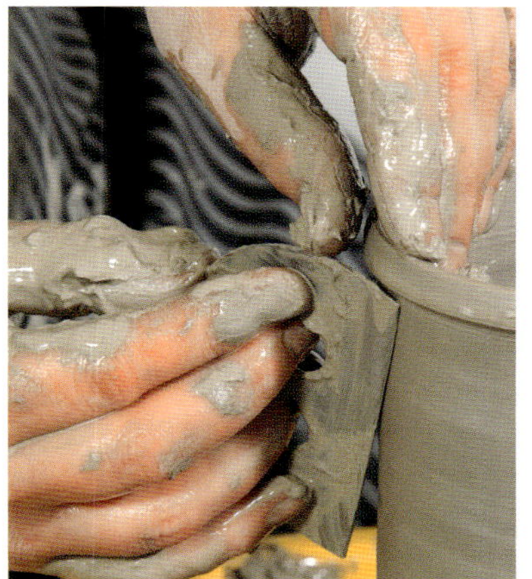

1 Drehen Sie die zylindrische Grundform und lassen Sie am Rand einen dicken Wulst stehen, um daraus einen markanten Rand oder eine Schnaupe für einen Krug zu formen, falls Sie die Form weiterentwickeln wollen.

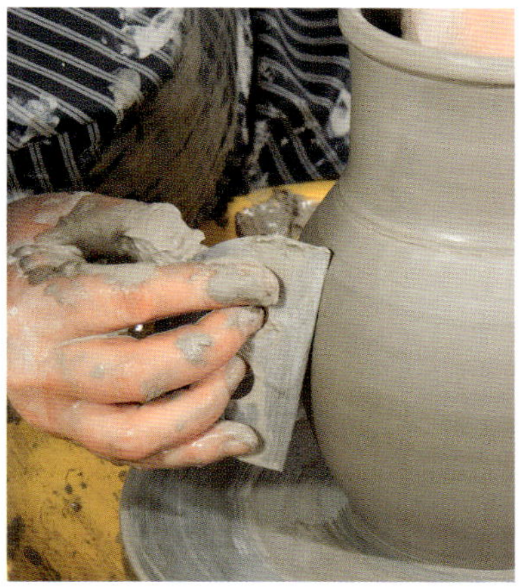

2 Drücken Sie von außen mit einer Drehschiene gegen den Korpus, um ihn zu stützen und zu glätten, während Sie den Ton von innen mit den Fingern wölben. Arbeiten Sie von unten bis zum oberen Rand des zweiten Drittels hoch.

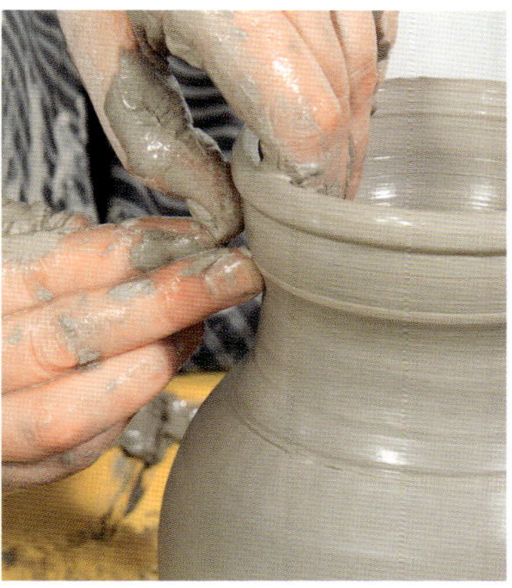

3 Vergessen Sie nicht, den Ton zwischendurch zu befeuchten.

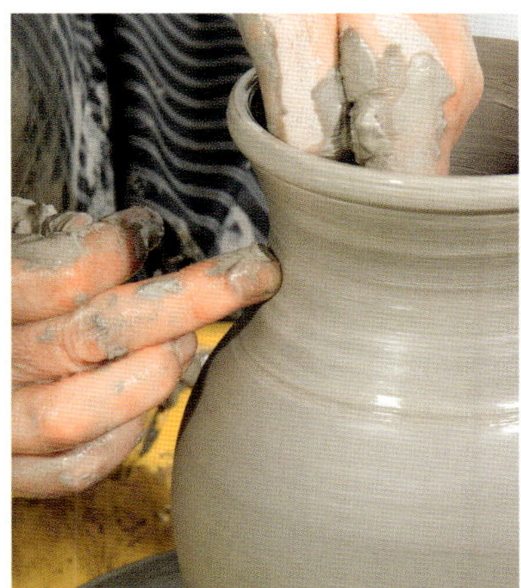

4 Formen Sie aus dem verbleibenden Drittel den Hals mit der Finger-und-Daumen-Methode (Seite 69). Um den Hals weiter zu verengen, drücken Sie von außen etwas fester beim Hochziehen. Zum Rand hin lassen Sie ihn wieder weiter werden. So bekommen Sie die Grundform für eine Vase, die Sie zu einem Krug weiterbearbeiten können (siehe Seite 69). Mit dieser Technik lassen sich aber auch Tassen und Becher fertigen.

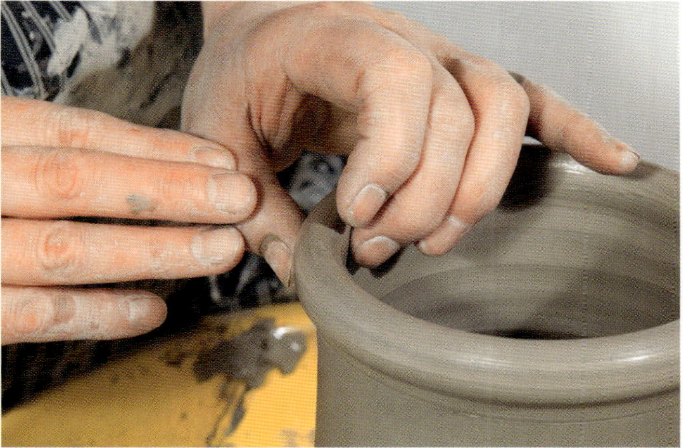

Eine Deckelauflage formen

Drehen Sie einen Zylinder mit wulstigem Rand (wie bei der Vase, siehe oben), aus dem der Deckelfalz geformt wird. Dazu legen Sie den linken Daumen von außen an den Rand, während der linke Ringfinger innen liegt. Dazwischen kann der linke Zeigefinger nun den Tonwulst zum Deckelfalz verbreitern. Mit der rechten Hand verhindern Sie, dass die linke beim Drehen abrutscht. Denken Sie daran, den Druck beider Hände nach und nach zu verringern, statt sie plötzlich zurückzuziehen, sonst verzieht sich die Form. Messen Sie dann den Falzdurchmesser, um den passenden Deckel machen zu können.

Schalen und Schüsseln drehen

Anders als bei Zylindern stehen bei Schalen und Schüsseln die innere Form und ihr Profil im Mittelpunkt. Die Außenseite wird erst später bearbeitet. Die folgenden Tipps helfen Ihnen, Schalen in jeder Größe und in unterschiedlichen Formen zu drehen.

Grundlegende Schritte

Bei Schalen und Schüsseln ist es besonders wichtig, den unteren Teil so stabil zu machen, dass er die Wand tragen kann, wenn sie sich nach außen verbreitert. Der Fußring wird zum Schluss geformt.

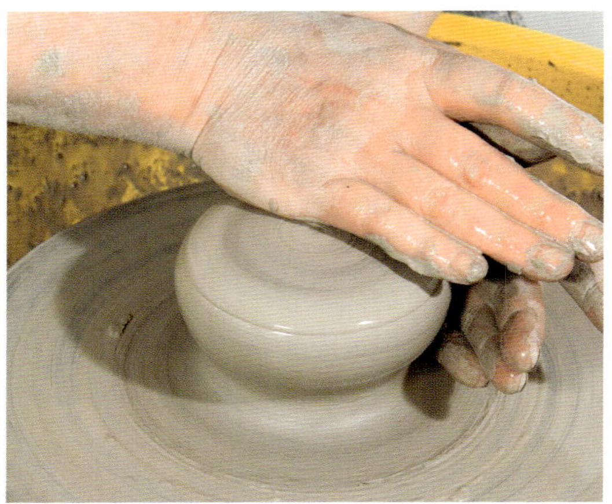

1 Zentrieren Sie den Ton in Pilzform. Dadurch können Sie mit den Fingern unter den „Hut" greifen und den Korpus hochziehen, während der untere Teil stabil genug ist, um der Wand Halt zu geben.

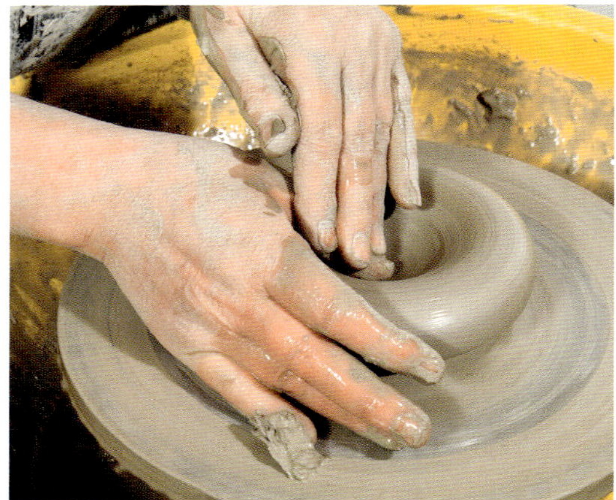

2 Brechen Sie den Ton bis zur erforderlichen Tiefe auf. Dabei bleibt am Boden eine gerundete Mulde stehen (anders als beim Zylinder, wo der Boden flach geformt wird).

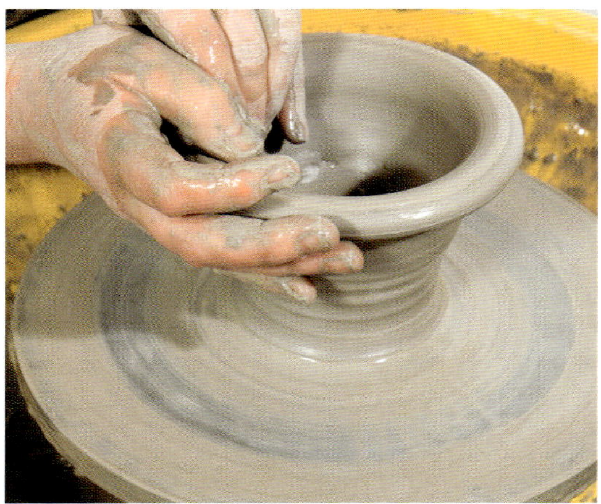

3 Ziehen Sie den Korpus mit dem Zangengriff hoch. Gehen Sie von der Mitte nach oben und leicht nach außen, sodass sich der Ton trichterförmig öffnet.

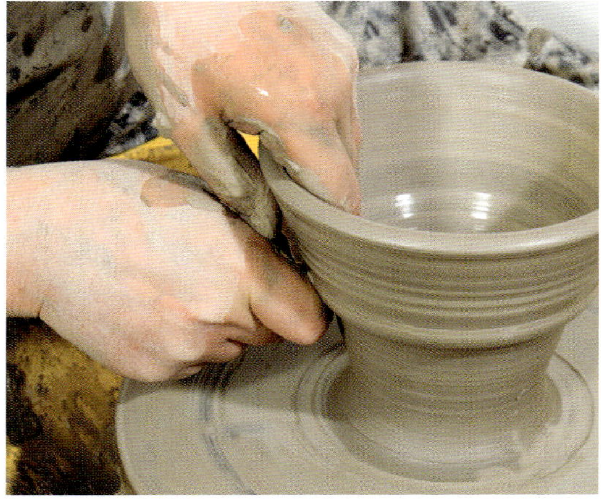

4 Formen Sie die Schüsselmündung so schnell wie möglich mit dem Knöchelzug.

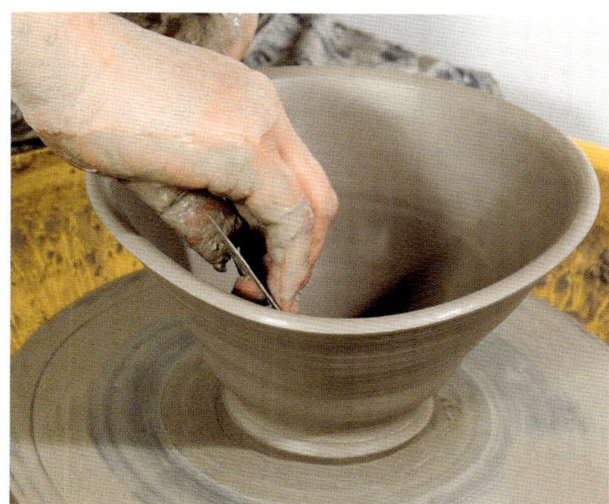

5 Drücken Sie mit den Fingern oder einer Drehschiene die Wandung behutsam nach außen, um die Wölbung des Korpus zu formen. Achtung: Wenn der Ton noch zu weich ist, sackt die Wand in sich zusammen.

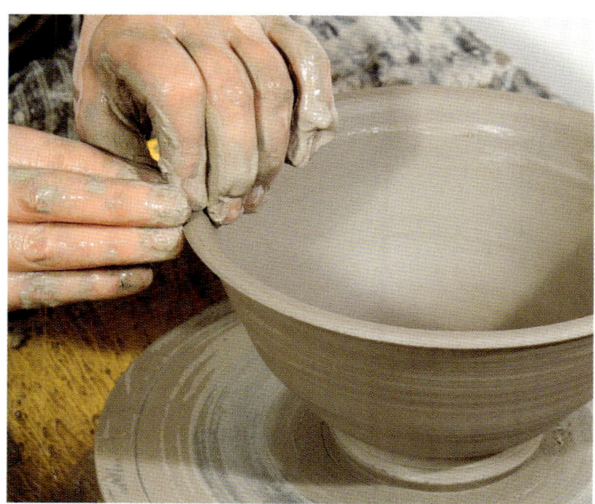

6 Säubern Sie die Außenwand der Schale mit einer Drehschiene und begradigen Sie den Rand. Reinigen Sie den Scheibenkopf und arbeiten Sie den Fuß der Schale wie beim Zylinder, bevor Sie sie von der Scheibe nehmen und auf ein Brett stellen.

Verschiedene Schalenformen

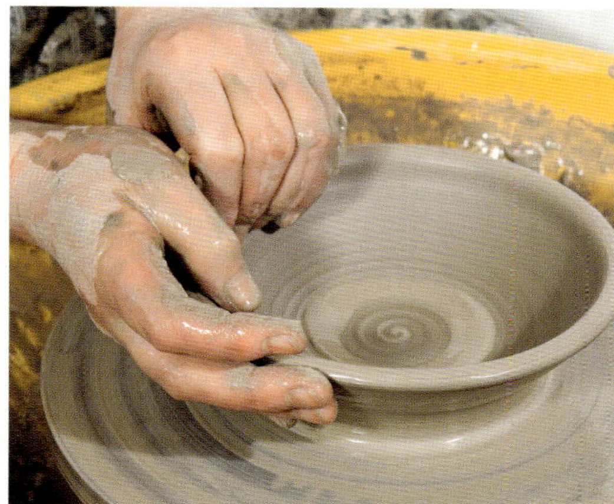

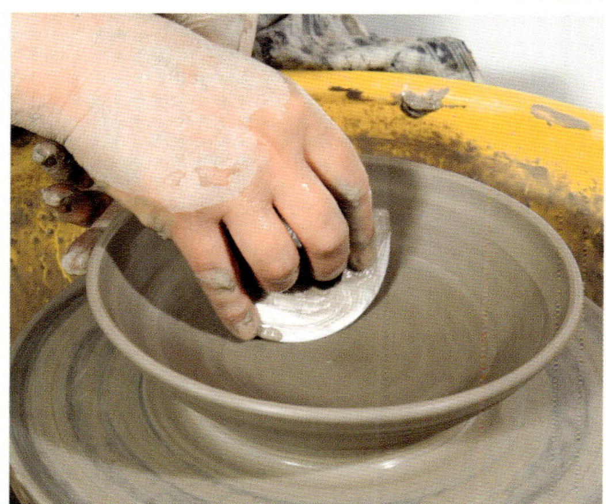

Eine offene, flache Schale

Das Prinzip ist dasselbe wie bei der Grundform, allerdings wird der Ton am Boden weiter aufgebrochen, bevor der Korpus hochgezogen wird. Der Schlüssel zum Erfolg liegt darin, den Boden stabil genug zu machen, sodass er die sich verbreiternde Wand trägt.

Schale mit Fahne

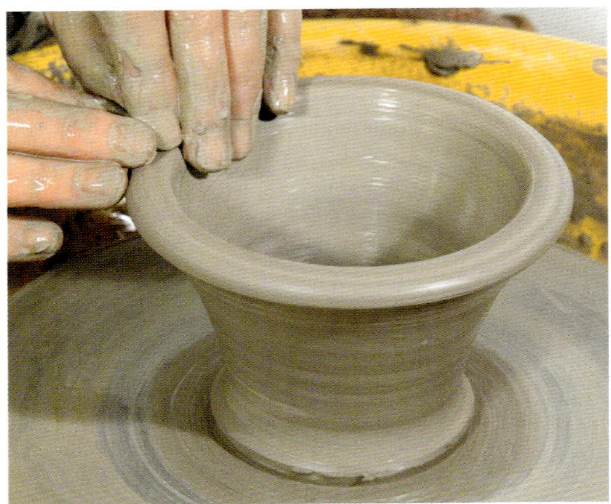

1 Wie bei der ersten Schale zentrieren Sie den Ton, brechen ihn auf und ziehen die Wand hoch, lassen aber am oberen Rand einen Tonwulst stehen.

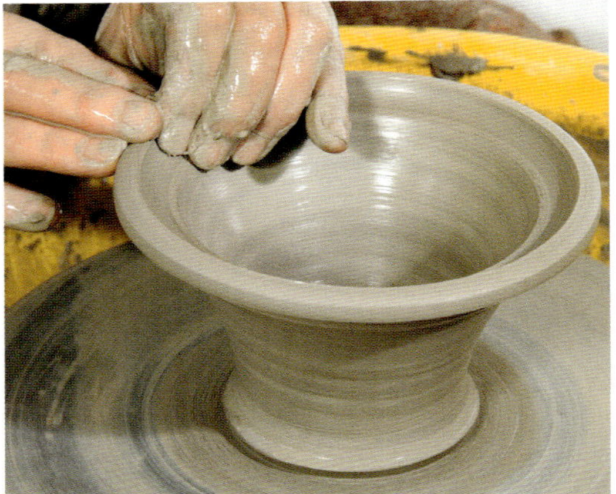

2 Ziehen Sie den Tonwulst im Zangengriff leicht schräg nach außen, achten Sie aber darauf, dass der Rand ein wenig konkav bleibt. Wenn er in diesem Stadium zu weit geöffnet wird, sackt er nach unten.

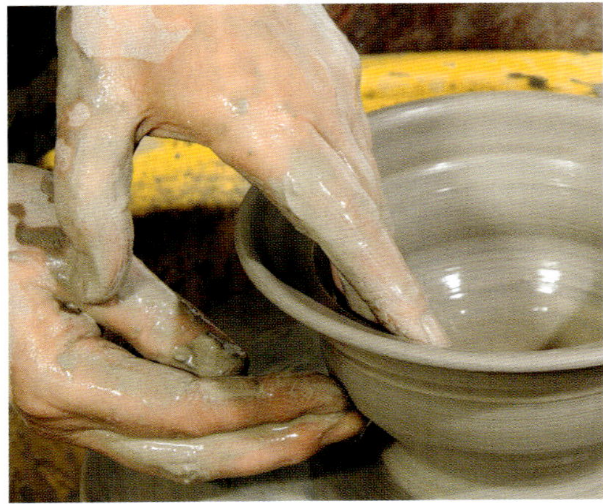

3 Wenn der Rand fertig ist, wölben Sie den Korpus der Schale.

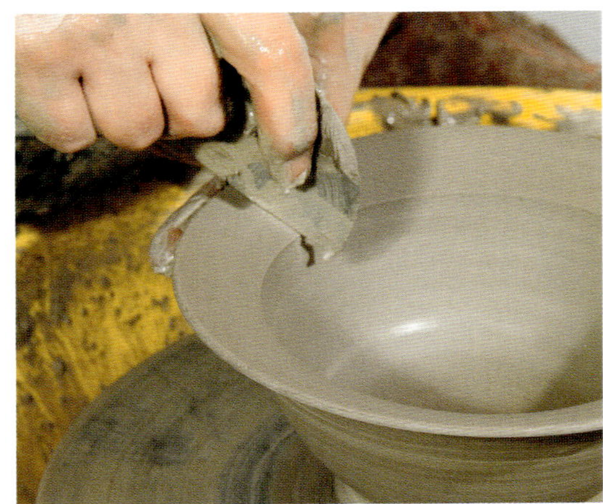

4 Bereiten Sie die Oberflächen mit einer Drehschiene oder Niere für spätere Dekore. Denken Sie daran, die Fahne von unten zu stützen, wenn Sie von oben mit der Drehschiene darüberfahren.

Teller drehen

Teller dreht man am besten auf einer Aufsatzscheibe aus Holz, damit sie nicht im nassen Zustand abgenommen werden müssen und sich möglicherweise verziehen. Bevor Sie mit dem Tellerdrehen beginnen, müssen Sie also erst einmal die Aufsatzscheibe auf dem Scheibenkopf befestigen.

Die Aufsatzscheibe befestigen

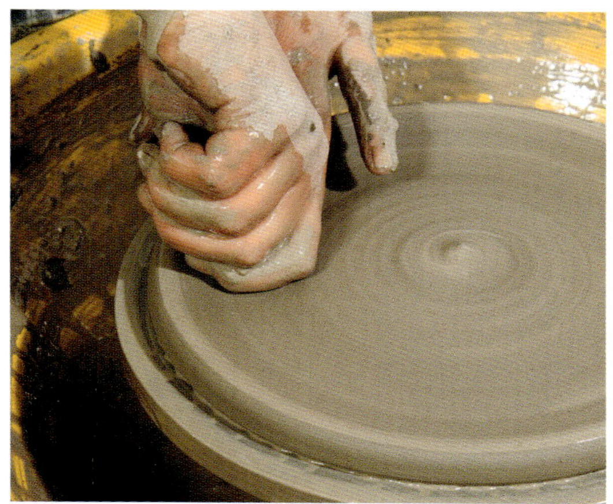

1 Drehen Sie eine runde, etwa 2 bis 2,5 cm dicke Platte aus weichem Ton, die den Scheibenkopf abdeckt. Ebnen Sie sie mit der Seite des angewinkelten Fingers oder einer Drehschiene.

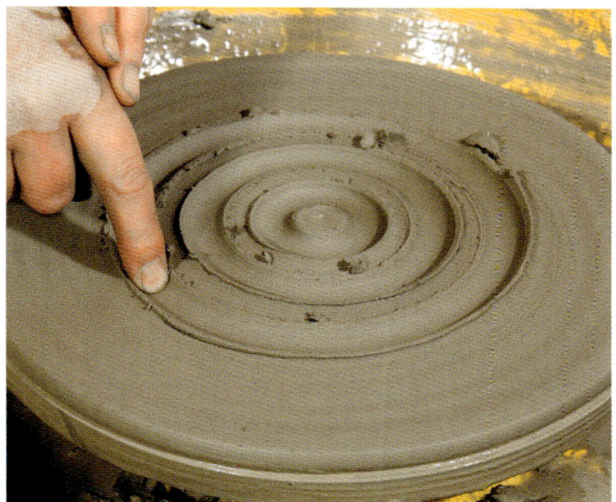

2 Machen Sie von der Mitte bis zum Rand im Abstand von etwa 2,5 cm Rillen in den Ton, entweder mit der Fingerspitze oder einem Werkzeug.

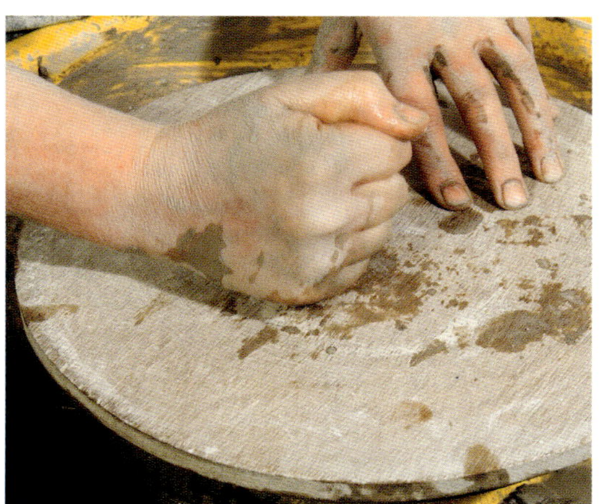

3 Weder der Ton noch die Aufsatzscheibe sollten nass sein, weil die Scheibe sonst ins Rutschen gerät. Entstauben Sie die Holzscheibe und legen Sie sie mittig auf den Ton. Schlagen Sie ein paarmal mit der Faust darauf, damit sie auf dem Ton haftet.

Die Aufsatzscheibe abnehmen

Um die Aufsatzscheibe nach dem Drehen vom Scheibenkopf zu nehmen, schieben Sie ein Töpfermesser vom Rand zwiscnen Aufsatzscheibe und Scheibenkopf und drehen es, bis sich die Holzscheibe löst. Die Tonplatte kann benutzt werden, solange sie weich genug ist.

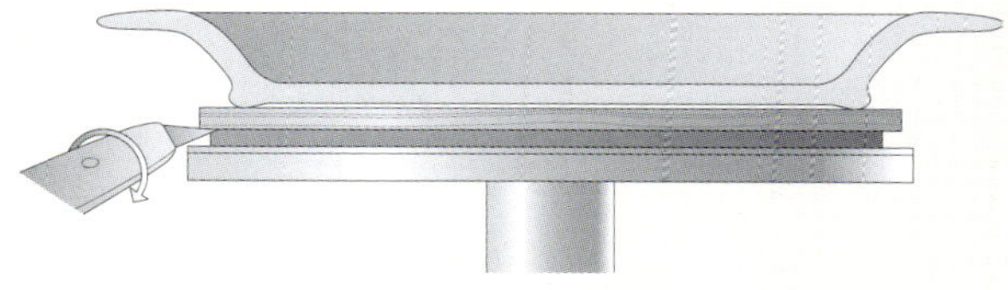

Einen Teller drehen, ohne dass er zusammenfällt

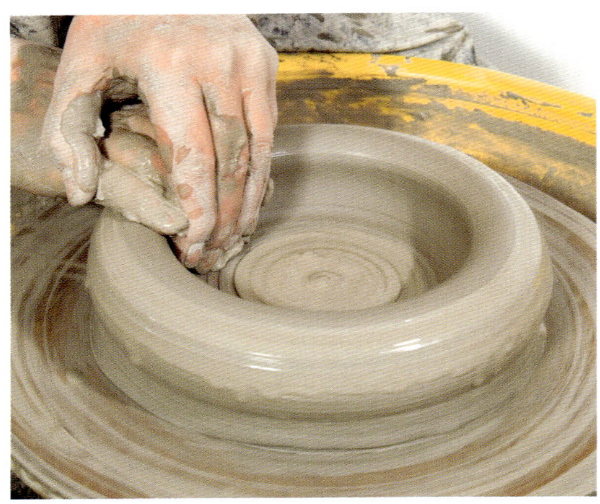

1 Für den Boden zentrieren und brechen Sie den Ton so auf wie beim Zylinder. Bei einem Speiseteller ist der Boden mit 5 bis 8 mm dick genug, um später einen Fußring abdrehen zu können. Lassen Sie am Rand einen Wulst für die Fahne stehen. Boden und Randwulst bestimmen den endgültige Durchmesser des Tellers.

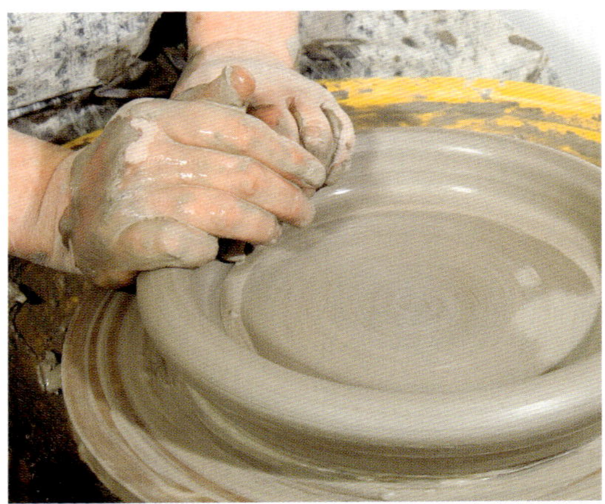

2 Verdichten Sie den Boden, damit er nicht reißt. Stabilisieren Sie den Rand, damit er rundläuft. Mit der linken Hand im Zangengriff ziehen Sie den Rand zunächst behutsam hoch. Die rechte Hand stützt die Kante von außen.

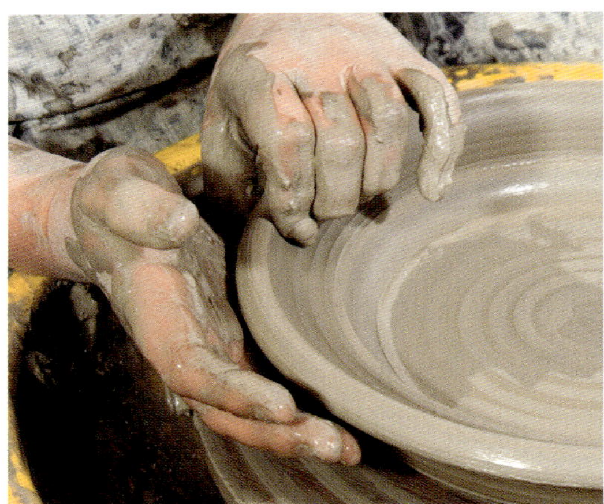

3 Wenn der hochgezogene Ton allmählich dünner wird, neigen Sie ihn vorsichtig nach außen. Es ist wichtig, dass die Oberseite des Randes – die Fahne – konkav geformt ist, um zu verhindern, dass er zusammensackt.

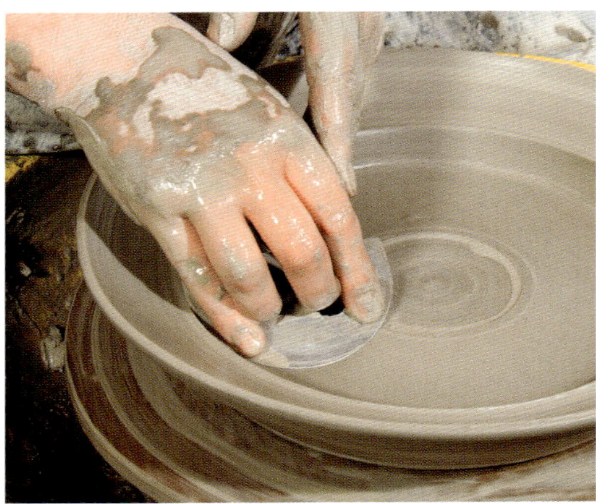

4 Mit Drehschienen und Nieren glätten Sie die Oberflächen des Tellers und verfestigen den Boden.

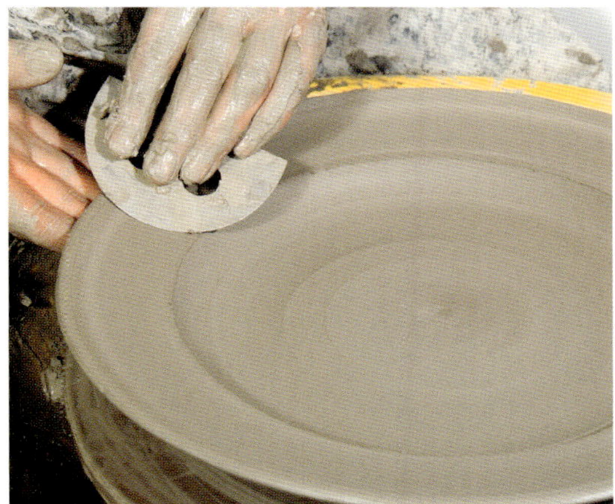

5 Bringen Sie die Fahne erst ganz zum Schluss in ihre endgültige Form, vor allem bei weichem Ton. Achten Sie aber darauf, dass Sie sie nicht zu sehr bearbeiten, weil der Ton sonst zu stark beansprucht wird und die Fahne zusammensackt.

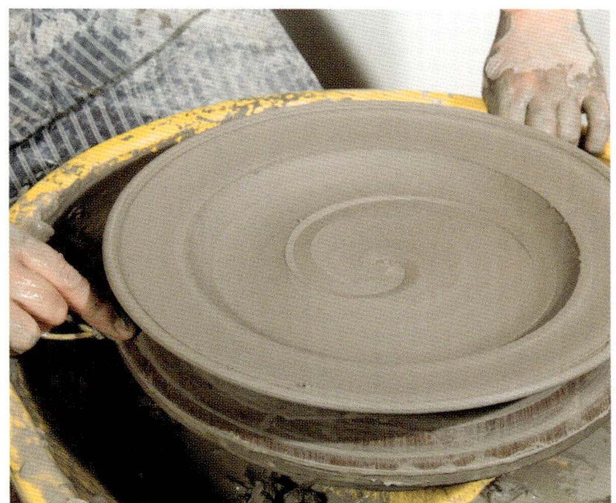

6 Fügen Sie dekorative Elemente wie Rillen oder Kringel hinzu, bevor Sie mit dem Schneidedraht unter dem Tellerboden herfahren. Nehmen Sie die Aufsatzscheibe mit dem Teller vom Scheibenkopf. Lassen Sie den Teller lederhart werden.

Deckel drehen

Der Begriff „vom Stock drehen" bezeichnet ein Verfahren, bei dem eine Reihe von Gefäßen aus einem einzigen Tonbatzen gefertigt werden. Für kleinere Teile wie Deckel ist diese Technik ideal.

Vom Stock drehen

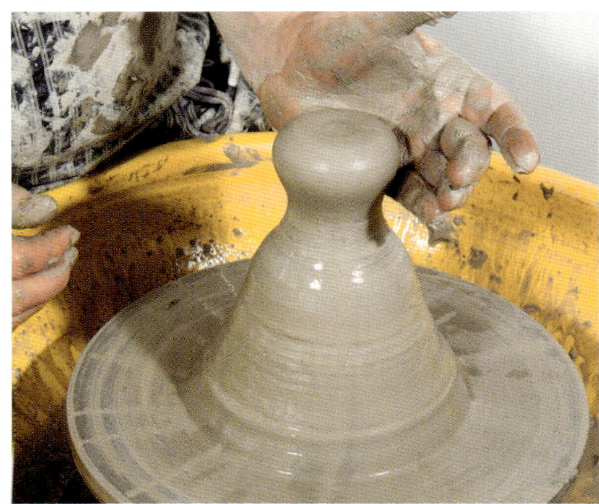

1 Zentrieren Sie einen übergroßen, kegelförmigen Tonbatzen – den „Stock" – und drehen Sie die Spitze zu einer Form wie ein Türknauf.

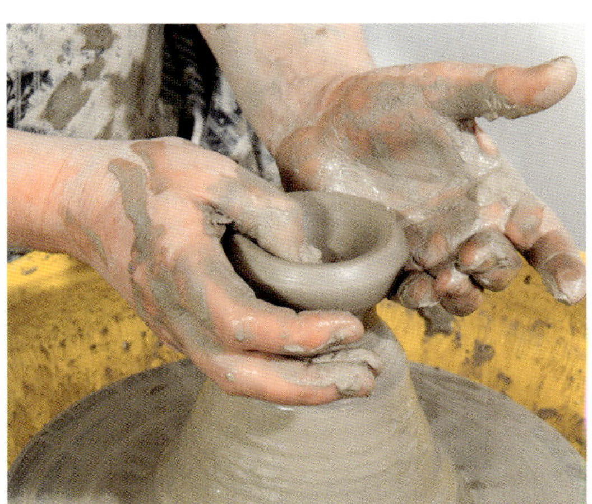

2 Drücken Sie den rechten Daumen in die Mitte des „Türknaufs", sodass ein Kringel entsteht.

Vom Stock drehen (Fortsetzung)

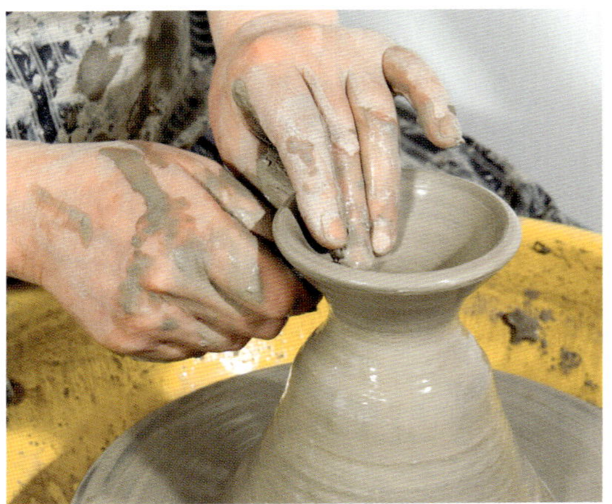

3 Brechen Sie den Ton auf und ziehen Sie ihn mit dem Knöchelzug (Seite 191-192) zu einer kleinen Schale hoch. Flachen Sie den Rand mit Daumen und Fingern oder mit einem Werkzeug ab. Dadurch verzieht sich der Deckel nicht und bekommt eine Kante, die in den Deckelfalz passt.

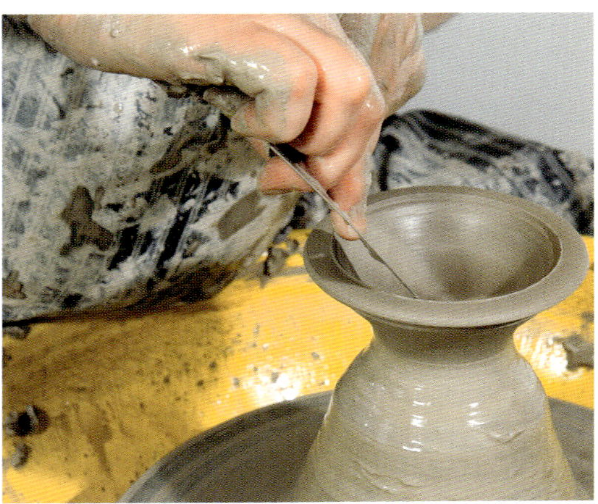

4 Tupfen Sie überschüssiges Wasser an der Innenseite mit einem Schwamm auf. Dann ziehen Sie mit einer Nadel oder der Kante einer Drehschiene eine Linie auf der Innenseite, knapp unterhalb vom Rand. Sie dient später als Markierung beim Wachsen und Glasieren.

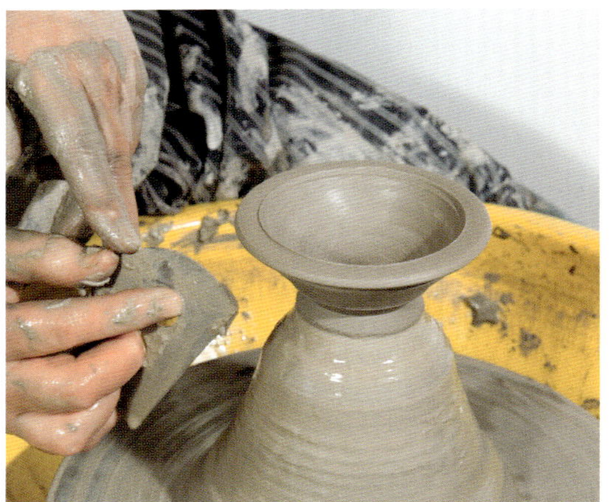

5 Schälen Sie an der Unterseite des Deckels überschüssigen Ton mit einer Drehschiene ab. Dort, wo der Deckel abgeschnitten wird, machen Sie mit der Ecke einer Drehschiene ein „V" in den Ton.

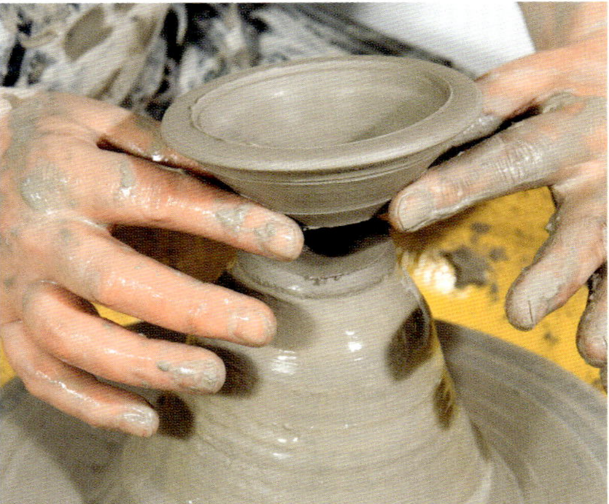

6 Schneiden Sie den Deckel mit dem Schneidedraht ab und heben Sie ihn vorsichtig auf ein Brett. Lassen Sie ihn vor der weiteren Bearbeitung lederhart werden.

Deckel mit Steckzarge drehen

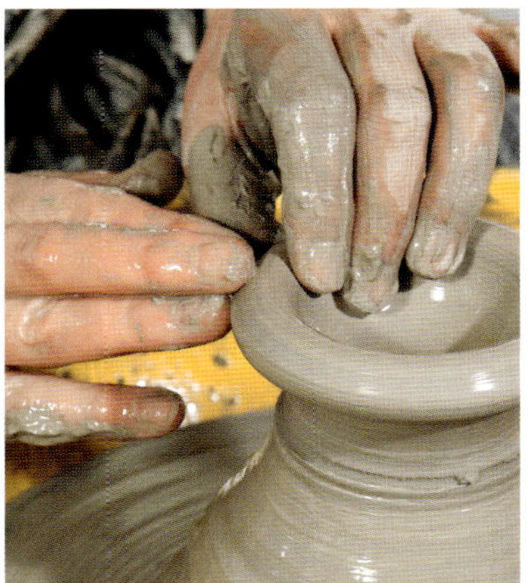

1 Drehen Sie eine kleine Schüsselform vom Stock (wie bei dem Deckel auf den Seiten 199-200). Lassen Sie am Rand einen Wulst stehen.

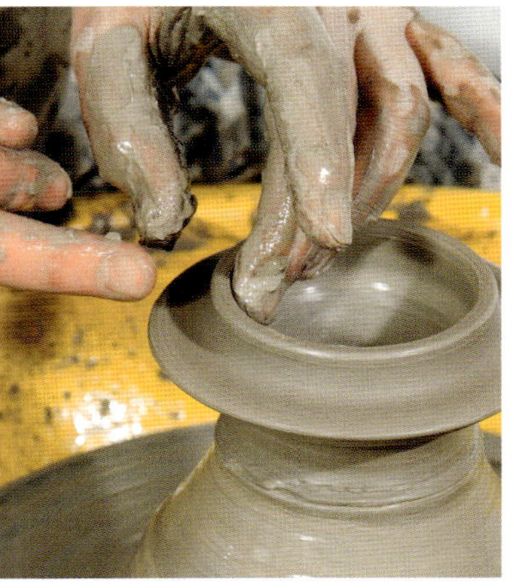

2 Teilen Sie den Wulst mit dem rechten Mittelfinger oder einem Werkzeug in zwei Teile, während die Finger der linken Hand von innen stützen. Dadurch entsteht die Steckzarge, die in die Gefäßmündung ragt (im Gegensatz zu einem Deckel, der im Deckelfalz des Korpus liegt).

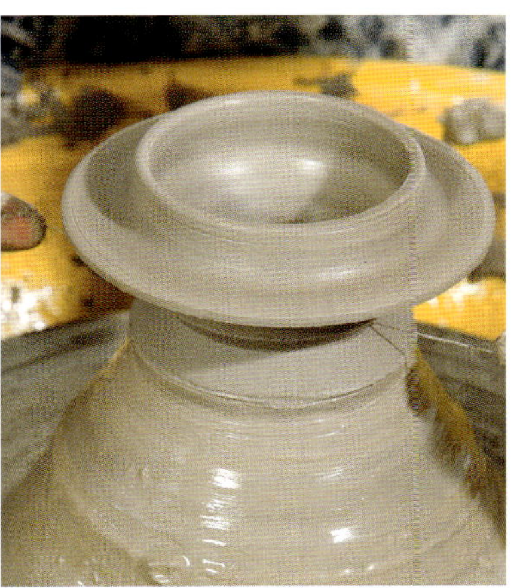

3 Arbeiten Sie die Unterseite des Deckels bei und schneiden Sie ein „V" ein. Dann schneiden Sie den Deckel ab und lassen ihn vor dem Abdrehen auf einem Brett lederhart werden.

Perfekte Passform

Setzen Sie eine Spitze eines Tastzirkels an die Randinnenkante (wo die Mündung am weitesten ist). Die zweite Spitze setzen Sie ein wenig weiter als die Innenkante des Deckelfalzes (wo die Mündung am engsten ist). Der ermittelte Abstand gibt Ihnen genug Spiel für eine gute Passform. Legen Sie den Tastzirkel in dieser Stellung beiseite, um den fertig gedrehten Deckel daran zu messen. Prüfen Sie beim Drehen immer wieder die Maße des Deckels.

Querschnitt eines Deckels mit Steckzarge

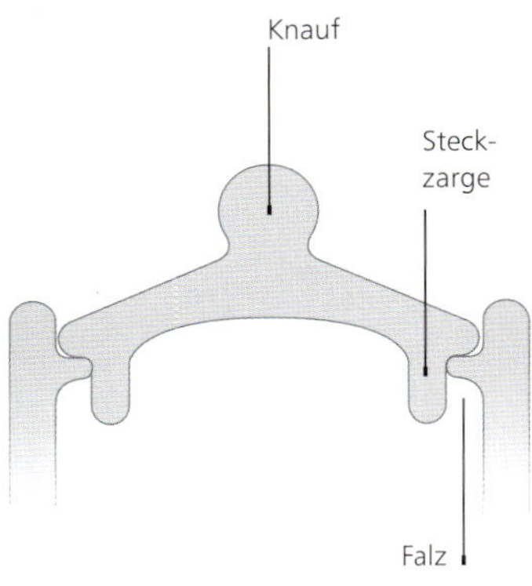

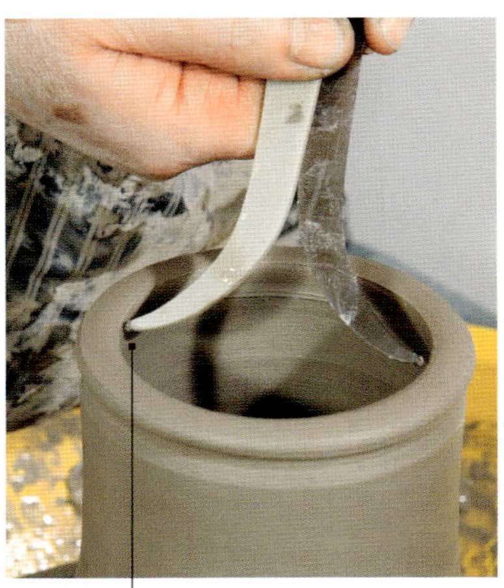

Der Innendurchmesser des Gefäßrandes entspricht dem Außendurchmesser der Steckzarge.

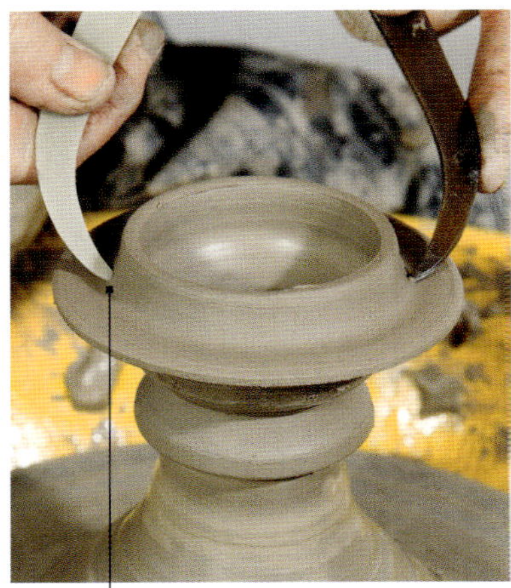

Die Steckzarge wird außen gemessen, weil sie in die Gefäßmündung passen muss.

Abdrehen

„Abdrehen" heißt, dass überschüssiger Ton von einer gedrehten Form abgeschält wird. Meist passiert das im lederharten Zustand, weil sich der Ton dann präzise bearbeiten lässt und sich die Form nicht verzieht.

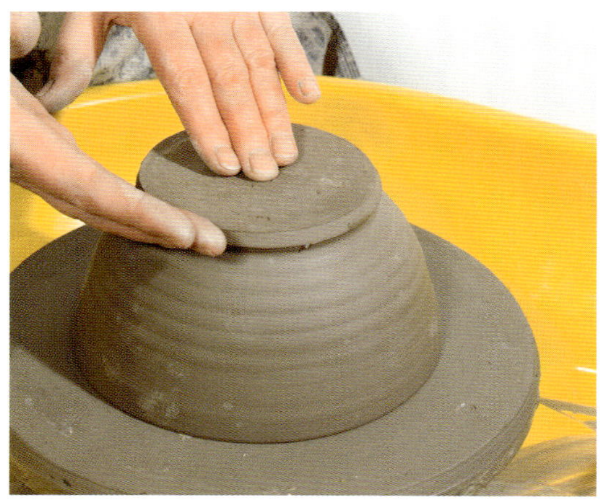

Zentrieren

Eine Gefäß zum Abdrehen direkt auf dem Scheibenkopf zu zentrieren erfordert viel Übung, doch diese Technik ist die mit Abstand beste und schnellste Methode und empfiehlt sich immer dann, wenn Sie viele Gefäße abdrehen wollen. Befeuchten Sie den Scheibenkopf und setzten Sie das Gefäß darauf. Orientieren Sie sich an den konzentrischen Linien, um das Gefäß so weit wie möglich zu zentrieren. Setzen Sie die Scheibe in Bewegung und halten Sie den Blick auf die linke Seite gerichtet. Wenn Sie eine Unregelmäßigkeit entdecken, schlagen Sie mit der Hand an die entsprechende Stelle auf der gegenüberliegenden Seite. Wiederholen Sie diesen Schritt, bis das Gefäß rund läuft.

Der richtige Zeitpunkt

Wenn ein Deckel einen gedrehten Knauf haben soll, ist der Zeitpunkt des Abdrehens von wesentlicher Bedeutung. Wenn der Ton, aus dem der Deckel gefertigt ist, zu weich ist, sackt er möglicherweise in sich zusammen. Ist er dagegen zu hart, ist es schwierig, ihn mit weicherem Ton zu verbinden. Kurz vor dem lederharten Zustand hat er die optimale Festigkeit, doch am besten experimentieren Sie, um den richtigen Moment herauszufinden.

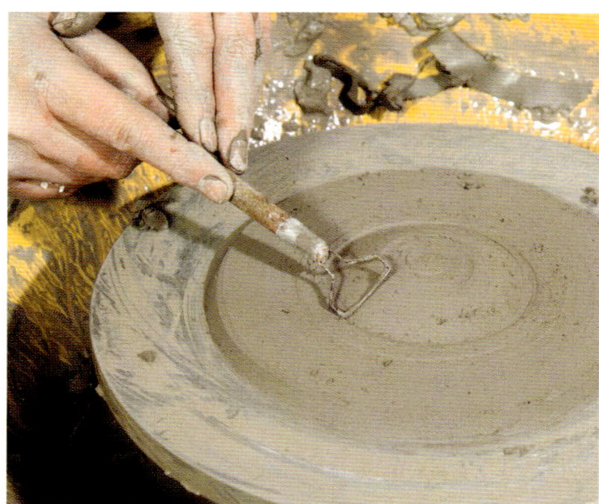

1 Wenn der Ton, aus dem der Deckel gedreht ist, noch weich ist, können Sie eine runde Tonplatte auf den Scheibenkopf legen und in der Mitte eine kleine Erhöhung aufbauen, die den Deckel beim Abdrehen von unten stützt. Dann drehen Sie den Knauf oder bringen einen Henkel an.

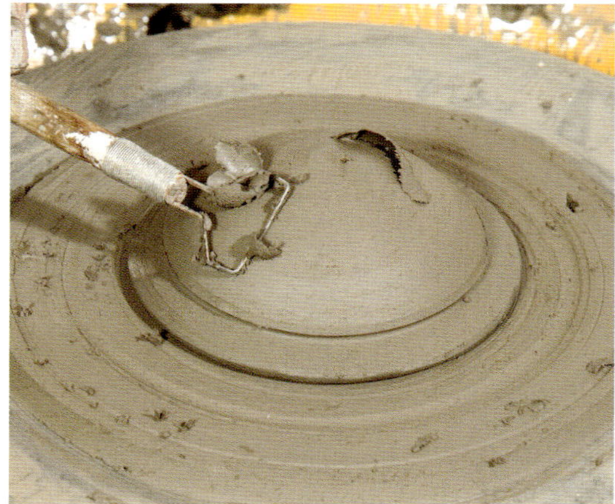

2 Zentrieren Sie den Deckel auf der Tonscheibe. Machen Sie mit einer Modellierschlinge zuerst den Deckelrand, dann schälen Sie den überschüssigen Ton ab, sodass eine Kuppelform entsteht.

Eine Schüssel abdrehen

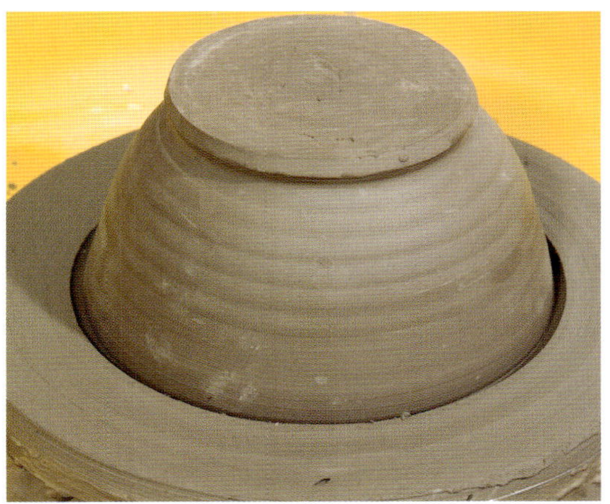

1 Bevor Sie die Schüssel positionieren, schneiden Sie eine Rille in die Tonscheibe, die dem Durchmesser der Schüsselmündung entspricht. Sie können den Schüsselrand leicht anfeuchten, damit er besser haftet.

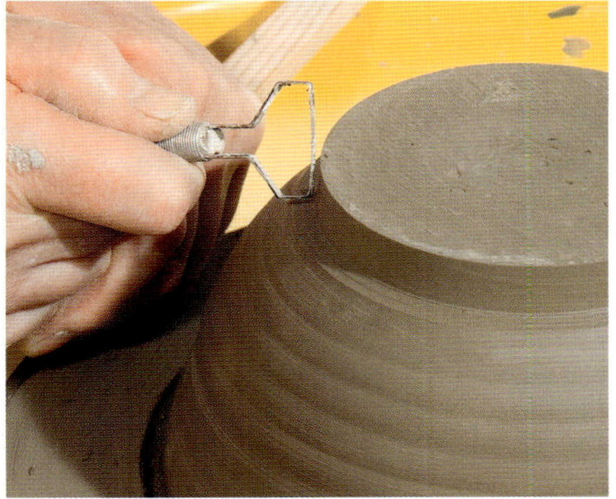

2 Mit dem ersten Schnitt begradigen Sie den Außendurchmesser der Schüssel, sodass er rundläuft, und glätten den Boden. Dann markieren Sie den Fußring mit der Kante Ihrer Modellierschlinge und nehmen den überschüssigen Ton von der Außenkante bis zur Markierung ab.

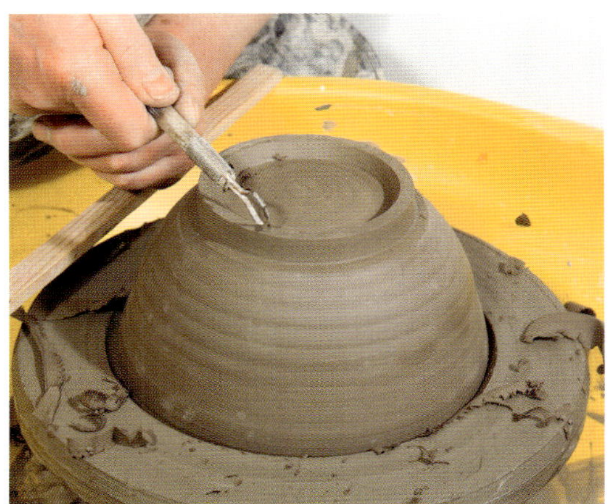

3 Um den Fußring herauszuarbeiten, drehen Sie am Boden den Ton von der Mitte bis zur Innenkante des Fußrings ab. Dabei entsteht eine leichte Wöbung: Am Fußring wird der Ton tiefer eingeschnitten als in der Mitte.

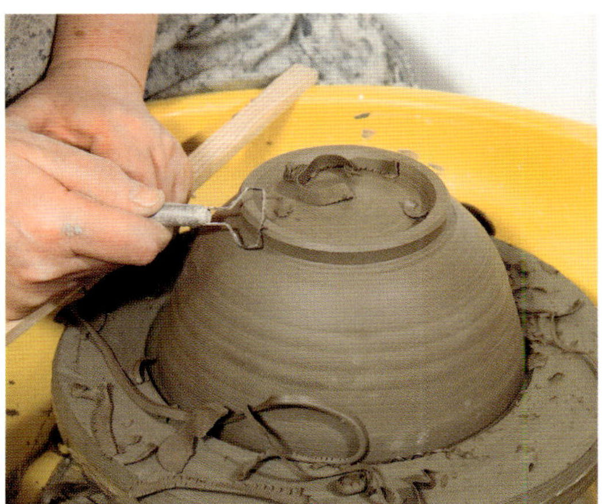

4 Wenn Sie den Fußring herausgearbeitet haben, schrägen Sie die Innen- und Außenkante des Fußrings leicht ab.

Technik: Plattentechnik

Der Begriff „Plattentechnik" erklärt sich eigentlich von selbst: Es handelt sich um ein Verfahren, um Gefäße oder andere Gegenstände aus Tonplatten herzustellen. Die Plattentechnik ist äußerst vielseitig. Sie eignet sich für Gebrauchskeramik ebenso wie für Skulpturen. Bei der Herstellung von Tonplatten gibt es mehrere Möglichkeiten. Für welche Sie sich entscheiden, hängt von Ihren persönlichen Vorlieben ab.

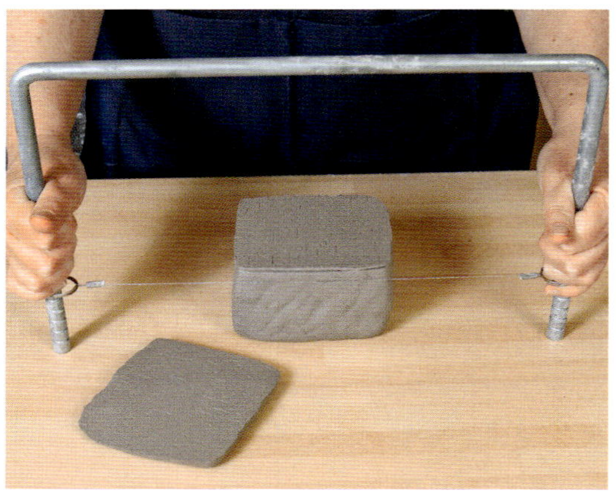

Gleichmäßige Platten zuschneiden

Mit einer Tonharfe lassen sich Tonplatten von gleicher Größe und Stärke problemlos zuschneiden. Dafür stellen Sie den Draht für jede Platte in der Lochreihe ein Loch tiefer ein. Halten Sie die Seiten der Tonharfe gut fest und drücken Sie sie kräftig auf die Arbeitsplatte, sonst hebt sich der Draht beim Schneiden und die Platte wird ungleichmäßig. Ziehen Sie den Draht von vorne nach hinten durch den Ton.
Diese Methode empfiehlt sich vor allem, wenn Sie viele gleichgroße und gleichdicke Platten für die Kachelherstellung brauchen. Vor dem Schneiden formen Sie den Ton zu einem Quader mit der gewünschten Kantenlänge, damit Sie die Platten später nicht zurechtschneiden müssen. Das Verfahren eignet sich für alle Tonsorten (bis auf Porzellan, das meist wesentlich dünner zugeschnitten wird). Leider sind die Löcher am Rand in recht großem Abstand zueinander angebracht, sodass Sie keine sehr dünnen Platten damit fertigen können.

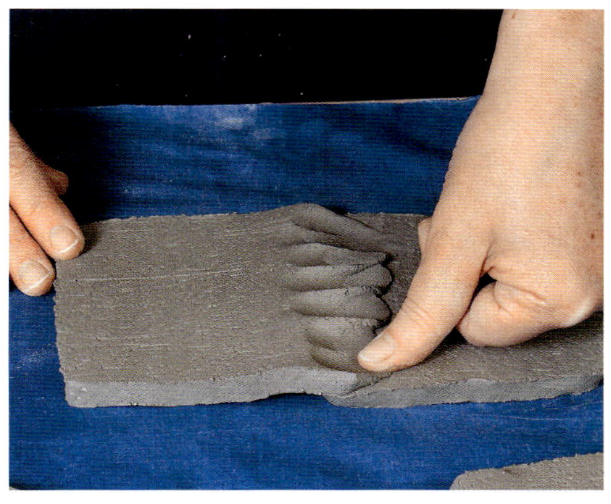

Größere Platten herstellen

Größere Platten lassen sich einfach dadurch herstellen, dass Sie mehrere kleinere Platten aneinanderfügen. Legen Sie die Kanten der Platten überlappend aufeinander und verstreichen Sie den Übergang mit dem Daumen oder Zeigefinger. Drehen Sie die neu geschaffene Platte um und bearbeiten Sie den Übergang auf der Rückseite. Glätten Sie die Platte mit einem Schaber, damit an den Nahtstellen keine Wülste stehenbleiben.

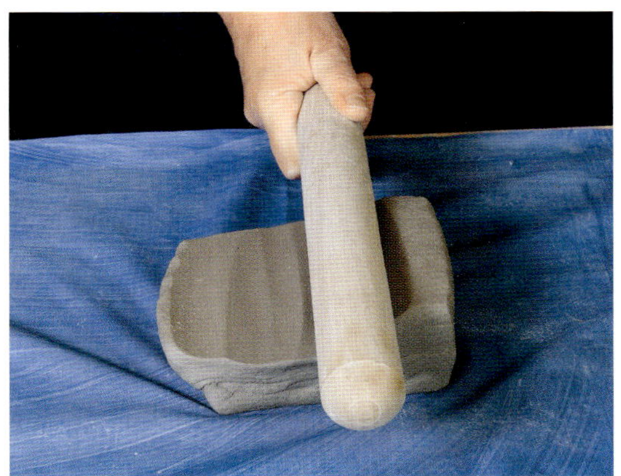

Eine Platte flachklopfen

Um einen Tonklumpen vor dem Ausrollen auf eine handhabbare Stärke zu reduzieren, schlagen Sie mit dem Wellholz oder einem dicken Rundholz gleichmäßig auf die Oberfläche. Drehen Sie den Tonklumpen um 90 Grad und wiederholen Sie die Schläge. Machen Sie damit so lange weiter, bis der Ton flach genug ist, um mit dem Wellholz bearbeitet werden zu können. Sie können auch die Hand zur Faust ballen und mit der Handkante auf den Ton schlagen, wenn Sie mit dem Wellholz nicht zurechtkommen. Wichtig ist vor allem, den Ton so gleichmäßig wie möglich flachzuklopfen, ohne deutliche Vertiefungen durch das Wellholz oder die Handkante. Dadurch könnten Schwachstellen in der Tonplatte entstehen.

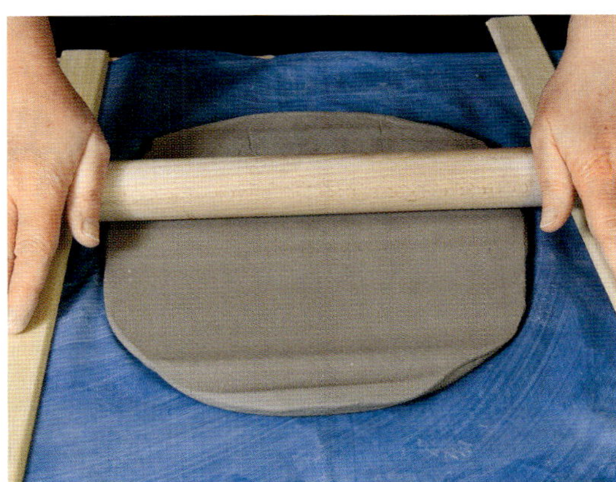

Ausrollen

Um eine Tonplatte in gleichmäßiger Stärke auszurollen, legen Sie den Ton zwischen zwei gleichhohe Holzlatten. Walzen Sie den Ton flach, bis beide Enden des Wellholzes auf den Schienen aufliegen.

Dünne, gleichmäßige Tonplatten herstellen

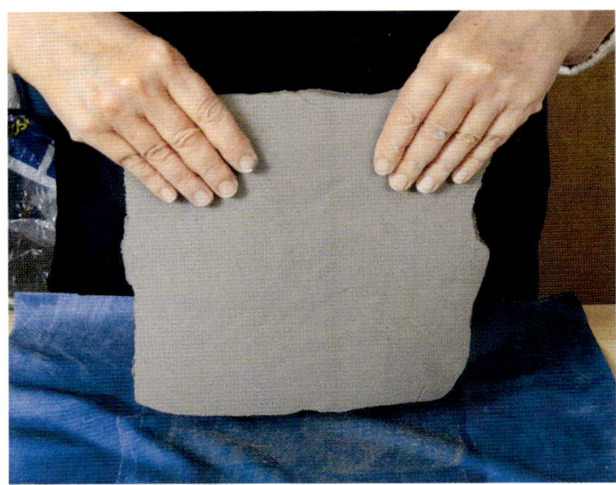

1 Diese Methode erfordert ein wenig Übung, ermöglicht es Ihnen aber, rasch dünne und gleichmäßige Tonplatten anzufertigen. Schneiden Sie ein Stück von einem Tonklumpen ab, halten Sie es mit beiden Händen in die Höhe und werfen Sie es auf die Arbeitsplatte.

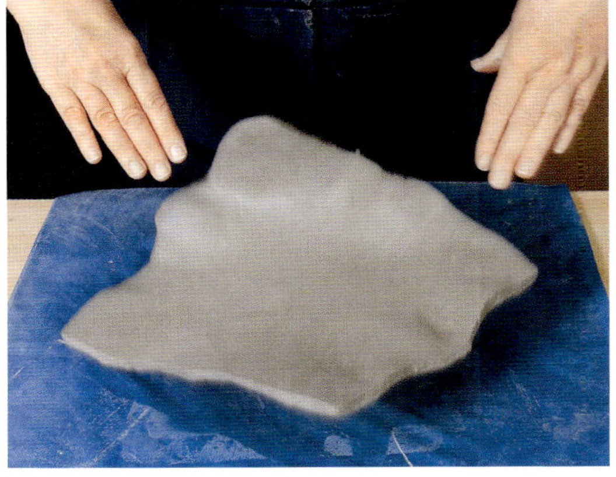

2 Heben Sie die Platte an einer anderen Kante hoch und drehen Sie sie so, dass sie mit dem nächstne Wurf auf der anderen Seite landet. Wiederholen Sie diese Schritte, bis die Platte die gewünschte Stärke hat.

Mit dieser Methode werden meist größere Platten hergestellt, daher ist sie am besten für schamottierten Ton geeignet, der eine solche Handhabung gut verträgt.

Platten ansetzen

Bevor man Tonkanten zusammenfügt, werden sie aufgeraut und mit Schlicker bestrichen. Dadurch bekommen sie die nötige Haftung. Dieses Verfahren empfiehlt sich vor allem, wenn Sie keine Spuren auf der Oberfläche hinterlassen wollen, wie Sie es beim Pinchen oder bei der Wulsttechnik tun.

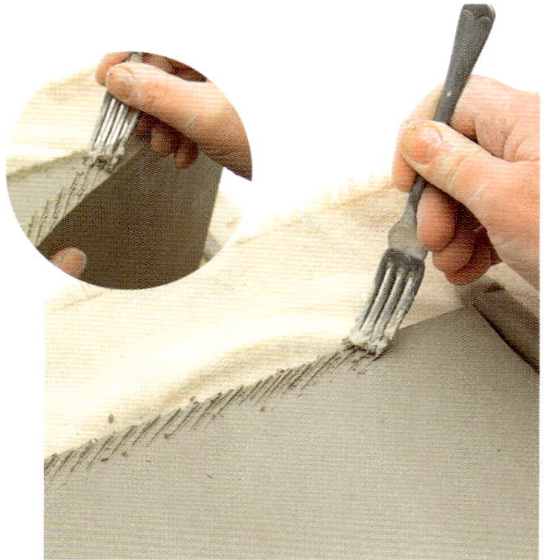

1 Rauen Sie die Kanten mit einer Gabel, Zahnbürste, Nadel, einem Messer oder einem speziellen Kratzer auf, sodass Rillen für den Schlicker entstehen. Die Rillen dürfen nicht zu tief sein, sonst können sich kleine Lufteinschlüsse bilden, die beim Brennen Probleme bereiten.

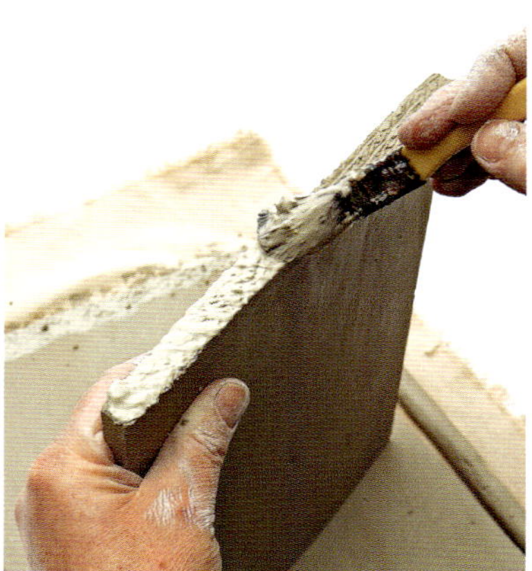

2 Nach dem Aufrauen bestreichen Sie eine oder beide Kanten mit reichlich Schlicker.

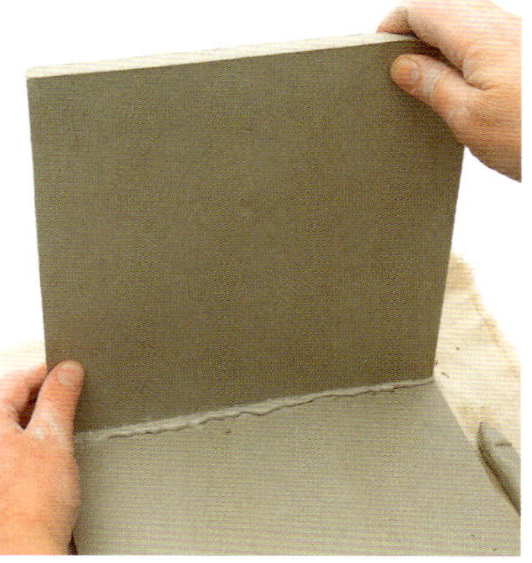

3 Drücken Sie die Ansatzkanten aufeinander und schieben Sie sie dabei ein wenig hin und her. Dadurch verbinden sie sich vollständig miteinander. Wenn Schlicker an der Naht hervorquillt, wissen Sie, dass Sie genügend Druck ausüben. Zeigt sich kein Schlicker, müssen Sie wahrscheinlich ein wenig fester drücken.

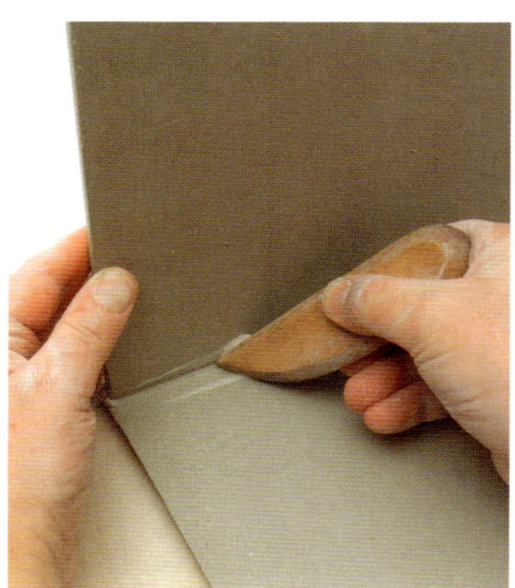

4 Entfernen Sie den ausgetretenen Schlicker mit einem Werkzeug oder einem Schwamm. Kleinere Nähte können Sie mit einem Pinsel reinigen. Durch Druck mit einem Werkzeug verfestigen Sie die Verbindung.

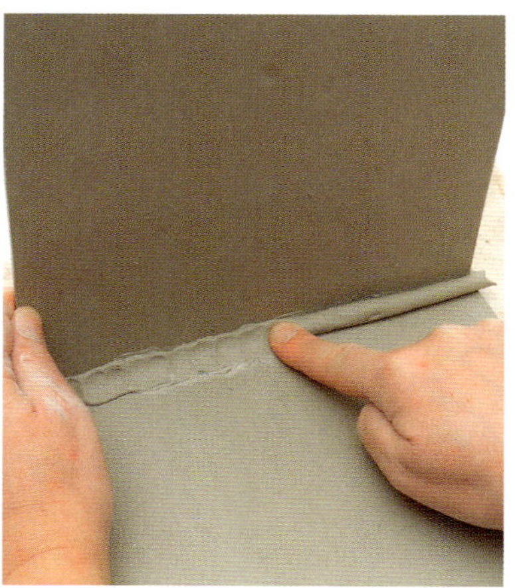

5 Bei großen Tonplatten kann es ratsam sein, einen dünnen Tonwulst als Verstärkung an die Naht zu setzen und zu verstreichen. Dabei dürfen die Tonplatten nicht zu trocken sein, sonst reißt der angesetzte Tonwulst, wenn er trocknet und sich zusammenzieht.

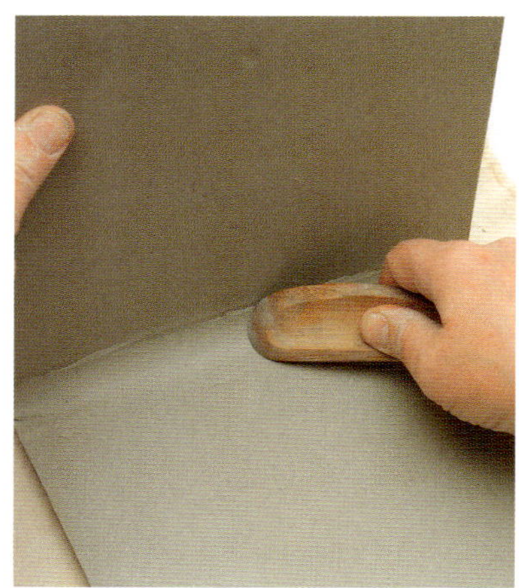

6 Bearbeiten Sie die verstärkte Naht mit einem gekrümmten oder rechtwinklig geformten Werkzeug.

Formen mit der Stoffmulde

Aus einem Stück Leinwand, das Sie an einen einfachen Rahmen oder an den Beinen eines umgedrehten Stuhls aufhängen, lässt sich blitzschnell eine Stoffmulde aufbauen. Diese Methode hat den Vorteil, dass Sie die Tonplatte von beiden Seiten bearbeiten und zu fantasievollen Wellen modellieren können.

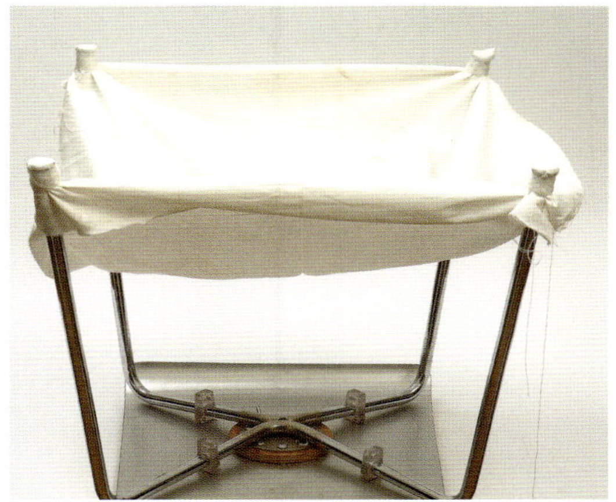

1 Befestigen Sie ein Stück Stoff an den Stuhlbeinen, sodass es locker durchhängt.

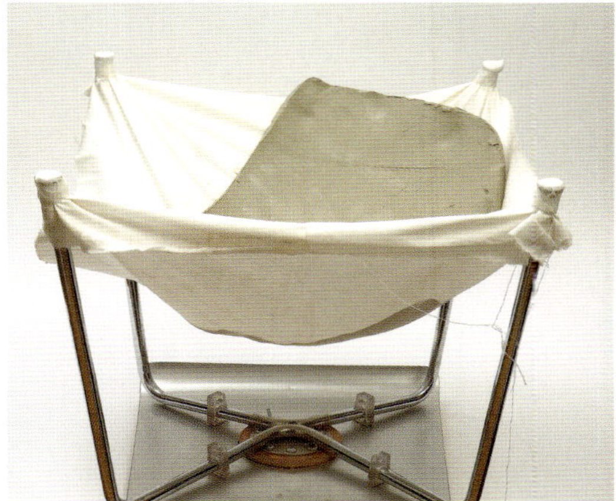

2 Legen Sie die Tonplatte in die Stoffmulde. Wenn Sie mit einer großen Tonplatte arbeiten, können Sie sie auf einem ausreichend großen Stoffstück vorbereiten und den Stoff mitsamt der Tonplatte aufhängen. So besteht nicht die Gefahr, dass der Ton beim Transfer reißt.

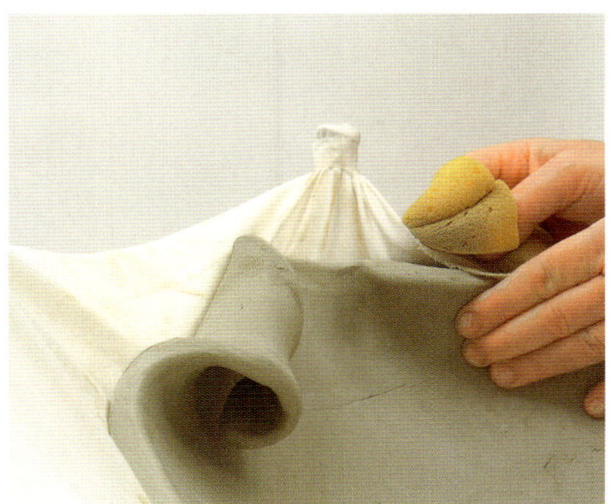

3 Zum Umformen nehmen Sie am besten einen Schwamm, damit Sie keine Fingerabdrücke auf der Oberfläche hinterlassen. An den Ecken kann die Stoffmulde so angepasst werden, dass sie die Änderungen in der Form der Tonplatte unterstützt.

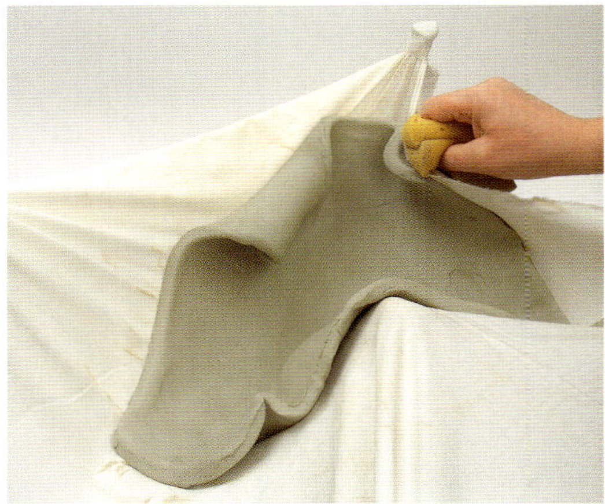

4 Bringen Sie die Tonplatte durch Druck von unten in die gewünschte Form. Stützen Sie sie mithilfe von Zeitungspapier oder Styroporblöcken und lassen Sie sie zum Trocknen in der Stoffmulde liegen.

Technik: Wulsttechnik

Um gleichmäßige Tonwülste herzustellen, braucht man ein wenig Übung. Es lohnt sich jedoch, diese Methode zu perfektionieren, bevor Sie mit dem Aufbauen beginnen. Das Schöne an Ton ist, dass man ihn immer wieder aufs neue aufbereiten kann, falls er austrocknet.

Wülste fertigen

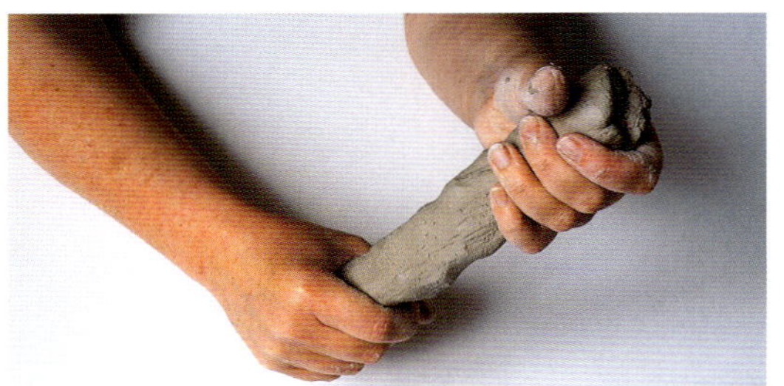

1 Formen Sie aus dem Ton einen Strang. Nehmen Sie beide Hände zuhilfe, fangen Sie in der Mitte an und arbeiten Sie sich zu den Enden vor. Je gleichmäßiger der Strang in diesem Stadium geformt ist, desto einfacher lässt er sich später rollen.

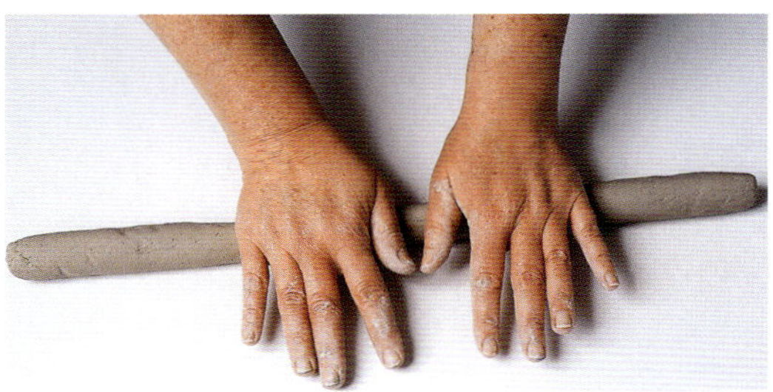

2 Wenn der Strang eine handhabbare Größe hat, rollen Sie ihn auf einem nicht saugenden Untergrund. Beim Rollen trocknet der Ton, daher darf der Untergrund ihm keine weitere Feuchtigkeit entziehen. Trockene Wülste lassen sich schlecht verarbeiten und können sich beim Brennen voneinander lösen. Rollen Sie den Tonwulst mit den Handflächen mit sanftem Druck vor und zurück, von der Mitte bis zu den Enden. Jeder Wulst sollte einen Durchmesser von etwa 13 mm haben.

Verformte Wülste, flache Wülste

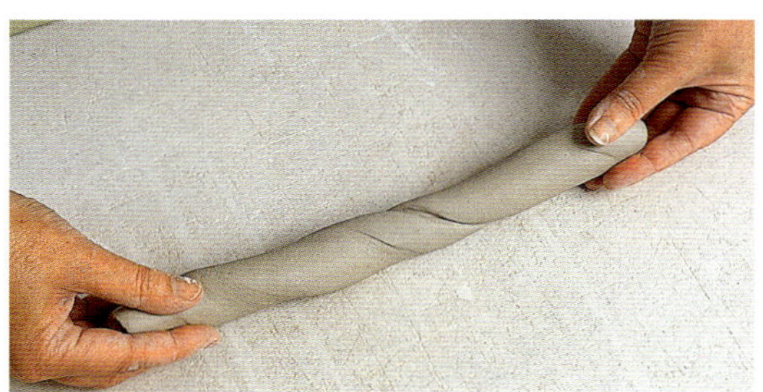

Formen Sie mit beiden Händen einen dicken Wulst. Beim Rollen arbeiten Sie mit den Handflächen in langen, fließenden Bewegungen von der Mitte bis zu den Enden. Versuchen Sie, nicht mit den Fingern zu rollen, weil der Wulst dadurch unregelmäßig wird und sich schwieriger verarbeiten lässt. Fertigen Sie einen 25 mm dicken und 30 cm langen Wulst. Wenn er beim Rollen flacher wird, können Sie die beiden Enden gegeneinander drehen, bevor Sie ihn wieder rollen und die Oberfläche glätten. Die Form des Wulstes lässt sich beliebig oft bearbeiten. Der Ton bekommt dadurch zusätzliche Stabilität.

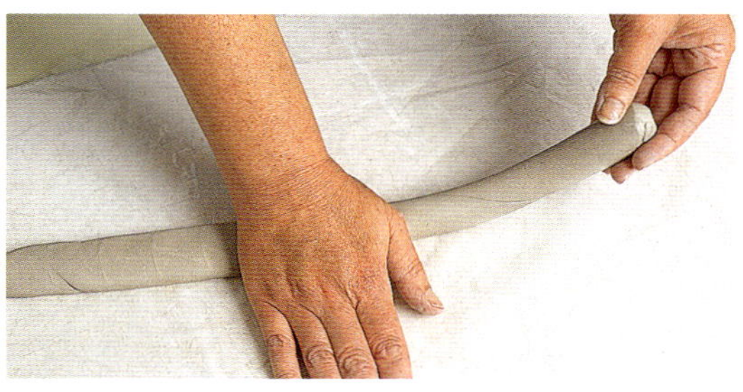

Legen Sie den Wulst auf eine Plastikfolie, heben Sie ein Ende leicht an und drücken Sie das andere Ende mit dem Handballen flach. Bearbeiten Sie den ganzen Wulst mit gleichmäßigem Druck, achten Sie aber darauf, dass er in diesem Stadium noch nicht zu flach wird. Drehen Sie den Wulst um und flachen Sie die andere Seite ab. Je nachdem, welche Form Sie damit herstellen wollen, lässt sich der Wulst zum Ende des Abflachens krümmen oder anderweitig formen.

Aus flachen Wülsten eine niedrige Basis zusammenbauen

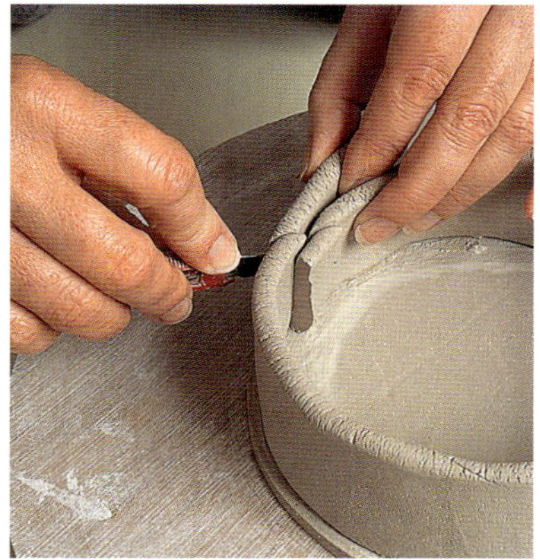

1 Bilden Sie mit dem abgeflachten Wulst eine Wand auf der Bodenplatte. Stellen Sie sie nicht direkt an die Kante, sondern ein kleines Stück nach innen versetzt. Lassen Sie die Wulstenden überlappen, schneiden Sie schräg durch die doppelte Tonschicht und entfernen Sie den überschüssigen Ton. Rauen Sie die Ansatzkanten mit einer feuchten Zahnbürste auf und fügen Sie sie aneinander, ohne die Wand zu verformen.

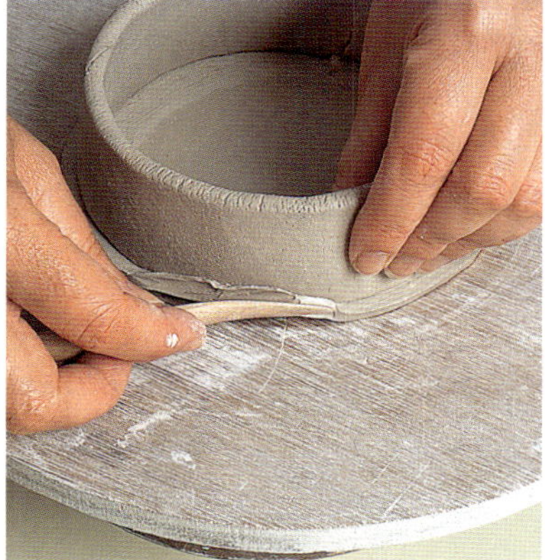

2 Stützen Sie die Wand mit einer Hand von innen, während Sie mit einem hölzernen Werkzeug den Überstand am Boden mit gleichmäßigen Bewegungen hochbiegen und mit dem Tonwulst verstreichen. Dazu stellen Sie die Scheibe, auf der Sie arbeiten, auf eine Ränderscheibe. Zum Schluss glätten Sie die Oberfläche mit einem Kratzer aus Metall oder Holz und nehmen überschüssigen Ton ab.

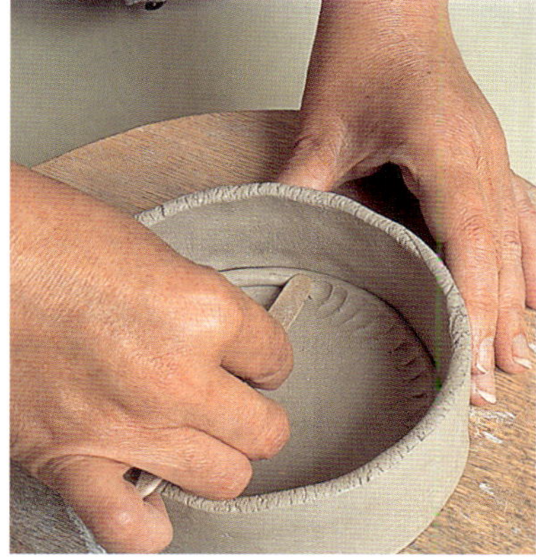

3 Fertigen Sie einen dünnen Wulst aus weichem Ton und drücken Sie ihn als Verstärkung von innen gegen die Ansatznaht. Drücken Sie ihn mit einem Werkzeug (oder einem Finger) fest an Boden und Wand. Stützen Sie die Wand dabei von außen mit einer Hand, damit sie sich nicht verformt. Versäubern Sie die Naht mit einem gerundeten Werkzeug oder einem Finger.

Aus flachen Wülsten aufbauen

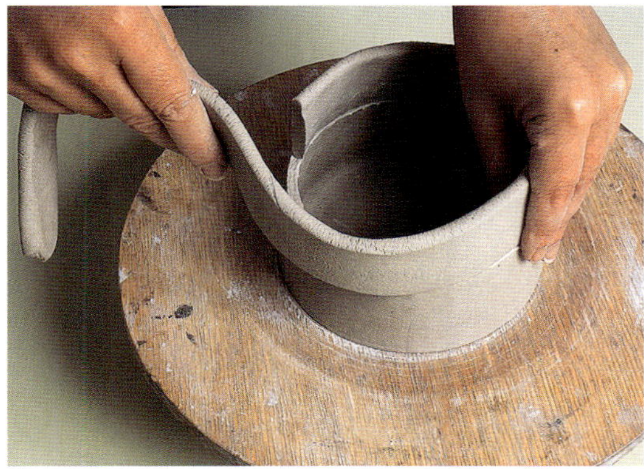

1 Flachen Sie den nächsten Wulst wie beschrieben ab. Rauen Sie die Oberkante des unteren Wandstücks mit Wasser und Zahnbürste auf, stellen Sie den neuen Wulst als weiteres Wandstück darauf und drücken Sie ihn sanft an, während Sie die Wand gleichzeitig stützen. Schneiden Sie den Wulst wie oben auf die passende Länge und fügen Sie die Schnittkanten aneinander.

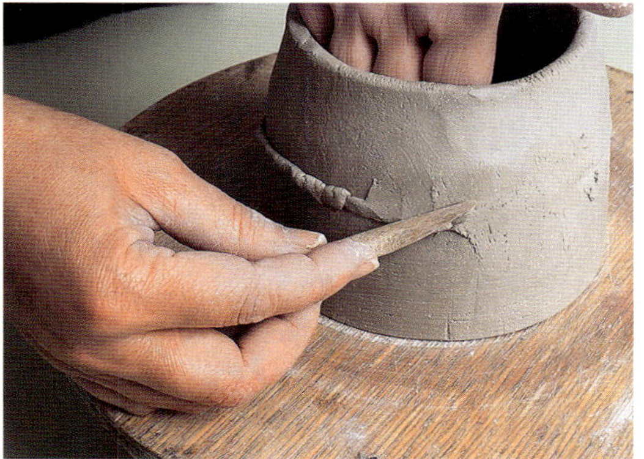

2 Wenn die Wandung die gewünschte Form hat, fertigen Sie dünne Wülste aus weichem Ton. Stützen Sie die Wand von innen, drücken Sie einen der Wülste mit dem Finger von außen auf die horizontale Ansatznaht und verputzen Sie den Ton mit einem Werkzeug. Zum Schluss glätten Sie die Oberfläche mit einer Metallniere. Wiederholen Sie diesen Schritt an der inneren Ansatznaht, während Sie die Wand von außen stützen.

Glossar: Werkzeuge

Glossar: Werkzeuge
Jede Herstellungstechnik braucht ihre speziellen Werkzeuge und Vorrichtungen, doch es gibt einige Werkzeuge, die Sie immer brauchen, egal, ob Sie drehen oder in Aufbautechnik arbeiten. Die meisten Fachgeschäfte bieten eine Auswahl an unterschiedlichen Ausführungen.

Aufsatzscheiben/Bretter
Technik: stützen bei vielen Arbeiten in der Werkstatt.
Verwendung: Auf Holzscheiben lassen sich Werke aus Ton in allen Stadien der Fertigung transportieren. Gefäße werden oft direkt auf Aufsatzscheiben gedreht, um sie ohne Verformungen beiseitestellen zu können.
Erhältlich im Fachhandel in unterschiedlichen Größen. Kann man sich im Baumarkt auch auf die gewünschte Größe zuschneiden lassen.
Auch für **Anfänger** geeignet.

Gumminieren
Technik: Glätten
Verwendung: Mit Gumminieren werden Tonoberflächen geglättet oder Tonplatten in Eindrückformen gelegt. Mit sehr weichen Gumminieren kann man auch Abziehbilder andrücken.
Erhältlich in vielen Größen und Qualitäten. Gängige Größen sind 100 x 55 x 6 mm, 122 x 57 x 6 mm und 138 x 64 x 8 mm. Unterschiedliche Hersteller bieten kleinere, größere, schwerere und flexiblere Modelle.
Auch für **Anfänger** geeignet.

Lochschneider
Technik: runde oder eckige Löcher schneiden.
Verwendung: Mit einem Lochschneider kann man Löcher in Lampenfüße, Teekannen usw. schneiden, aber auch dekorative Muster in lederharten Ton. Die Schneiden sind halbrund geformt, damit man die Tonspäne leicht entfernen kann.
Erhältlich in den Größen 3 – 13 mm (rund) und 2,4 – 6 mm (quadratisch).
Auch für **Anfänger** geeignet.

Lochverputzer
Technik: empfindliche Oberflächen säubern.
Verwendung: Mit diesen spiralförmigen Doppelbürsten lassen sich kleine Löcher und empfindliche Oberflächen an Henkeln säubern. Die längere Bürste eignet sich für größere und tiefere Öffnungen, das kürzere Ende ist ideal für Aussparungen und feine Details.
Erhältlich in einer Größe.
Auch für **Anfänger** geeignet.

Metallnieren und Ziehklingen
Technik: die Tonoberfläche abschaben und bearbeiten.
Verwendung: glätten und bearbeiten von lederhartem Ton und Gips. Werden auch zum Polieren benutzt. Nieren mit gezahntem Rand sind nützlich zum Formen und Dekorieren der Tonoberfläche. Rechteckige Ziehklingen eignen sich für winkelig angesetzte Flächen.
Erhältlich in zwei Stärken – biegsam und sehr biegsam. Nieren gibt es in den Größen 90 x 45 mm und 102 x 45 mm, rechteckige Ziehklingen sind 125 x 51 mm und gezahnte Nieren 95 x 45 mmm groß.
Auch für **Anfänger** geeignet.

Modellierschlingen
Technik: Abdrehen, Bearbeiten und Schnitzen
Verwendung: Mit den geschliffenen Stahlkanten kann man feine und mittelfeine Schnitte machen, Fußringe abdrehen, überschüssigen Ton entfernen, schnitzen und lederharten Ton dekorieren.
Erhältlich in vielen Größen und Ausführungen, mit einer oder zwei Schlingen. Besonders vielseitig einsetzbar sind Exemplare mit einer quadratischen und einer runden Schlinge.
Auch für **Anfänger** geeignet.

Palettenmesser
Technik: Schneiden, Rühren, Mischen und Schaben.
Verwendung: Dieses Allzweckmesser wird meist bei verschiedenen Dekortechniken zum Mischen und Mahlen von Farben benutzt, außerdem zum Mischen von Flüssigkeiten und Schneiden und Schaben von Ton.
Erhältlich in vielen Größen. Die Klingen haben eine Länge von 63 – 250 mm.
Auch für **Anfänger** geeignet.

Schwämme
Technik: Bearbeiten, Säubern und Dekorieren von Oberflächen.
Verwendung: Naturschwämme werden zum Verputzen und abschließenden Bearbeiten von Oberflächen, zum Abseifen beim Abformen und zum Auftragen von Glasuren verwendet. Außerdem saugen sie beim Drehen überschüssiges Wasser auf. Mit synthetischen Schwämmen werden Oberflächen gereinigt, sie eignen sich aber auch als Motivstempel für Dekore aus Engoben oder Glasuren.
Erhältlich in allen möglichen Größen und Konsistenzen. Auch zum Reinigen der Arbeitsfläche unerlässlich.
Auch für **Anfänger** geeignet.

Surformhobel
Technik: überschüssigen Ton und Gips abspanen.
Verwendung: Surformhobel sind ideal, um Ton von Oberflächen abzutragen, Ränder zu begradigen und Umrisse zu formen. Sie eignen sich auch zum Texturieren von Oberflächen. Beim Formenbau setzt man sie ein, den Gipsabguss beizuarbeiten und scharfe Kanten zu runden.
Erhältlich mit unterschiedlich geformten Blättern, z.B. rund und halbrund, je nach Oberfläche.
Auch für **Anfänger** geeignet.

Tonroller und Schienen
Technik: Plattentechnik
Verwendung: Mit dem Tonroller/Wellholz werden Platten ausgewalzt, die Schienen sorgen für eine gleichmäßige Stärke.
Erhältlich in den Längen 35,5 cm und 51 cm. Tonroller für Kinder sind nützlich für Schmuck und kleine Platten. Die Maße der Schienen richten sich nach der gewünschten Plattenstärke. Im Baumarkt finden Sie meist eine Auswahl an Querschnitten.
Auch für **Anfänger** geeignet.

Tonschneidedraht
Technik: Ton schneiden, Gefäße von der Töpferscheibe schneiden.
Verwendung: Mit einem Schneidedraht werden Tonscheiben von einem Block geschnitten, man braucht sie beim Tonschlagen und um Gefäße nach dem Drehen von der Scheibe zu schneiden.
Erhältlich in Längen von 30 – 45,7 cm mit Hartholzknebeln und unterschiedlich dicken Nylonschnüren, Stahldraht und gezwirntem Draht für Wellenmuster.
Auch für **Anfänger** geeignet.

Töpfer- und andere Messer
Technik: Schneiden und Versäubern.
Verwendung: Für Schnitte in jedem Stadium der Herstellung und zum Entgraten von gegossenen Formen. Cuttermesser sind vielseitig einsetzbar, auch bei Papierarbeiten.
Erhältlich als klassisches Töpfermesser mit einer stabilen, 54 mm langen, spitzen Klinge. Cuttermesser gibt es im Bastelladen.
Auch für **Anfänger** geeignet.

Töpfernadeln
Technik: Gefäßränder versäubern, durchstechen, Sgraffito-Technik.
Verwendung: Ideal, um die Dicke und Gleichmäßigkeit von Gefäßböden zu prüfen. Meist werden sie zum Versäubern und bei der Sgraffito-Technik verwendet, dünne Nadeln eignen sich jedoch auch, um Ränder beizuarbeiten.
Erhältlich in zwei Stärken – dick und dünn. Sind leicht selbstzumachen: Einfach eine Ahle in einen Flaschenkorken kleben.
Auch für **Anfänger** geeignet.

Drehen und abdrehen

Zum Drehen brauchen Sie nur ein paar zusätzliche Gerätschaften. Hier finden Sie darüber hinaus viele Werkzeuge, die beim Drehen, Abdrehen und Verzieren nützlich sein können, wenn Sie Erfahrungen mit der Technik gesammelt haben.

Abdrehwerkzeug mit Holzgriff
Technik: Fußringe abdrehen, Oberflächen dekorieren.
Verwendung: Diese Werkzeuge haben unterschiedlich geformte flache Stahlklingen und einen Holzgriff. Die Klingen sind mehrseitig, daher eignen sie sich zum Abdrehen verschiedener Gefäßformen.
Erhältlich in Birnenform, viereckig, dreieckig. Etwa 165 mm lang.
Für **Anfänger** und **Fortgeschrittene**.

Abdrehwerkzeug mit Metall- oder Kunststoffgriff
Technik: Standflächen von gedrehten Gefäßen abdrehen.
Verwendung: Geschliffenes Stahlband mit unterschiedlich geformten Klingen für spezielle Anwendungen. Eignen sich auch für dekorative Elemente wie Linien usw.
Erhältlich in schmal und breit mit spitzem, dreieckigem, viereckigem und gerundetem Ende. Etwa 158 mm lang.
Für **Anfänger** und **Fortgeschrittene**.

Dekorations- und Riffelkamm aus Bambus
Technik: Aufbautechnik
Verwendung: Mit den Zinken wird normalerweise die Oberfläche gedrehter Stücke texturiert und kanneliert, wenn der Ton noch relativ weich ist. Das Werkzeug kann jedoch auch bei der Aufbautechnik verwendet werden.
Erhältlich in unterschiedlichen Versionen, mit drei Zinken an einem, vier Zinken am anderen Ende. Riffelwerkzeuge haben den Rillenschneider an einem Ende und zwei Zinken am anderen.
Für **Anfänger** und **Fortgeschrittene**.

Drehschienen aus Holz
Technik: Meist beim Drehen verwendet, eignet sich aber auch für anderen Techniken.
Verwendung: Werden vorrangig beim Drehen eingesetzt, um Oberflächen zu glätten und Formen zu gestalten, sind aber auch für anderen Techniken geeignet.
Erhältlich in vielen Formen und Größen: eckig, kurvig, konvex oval, flach konkav usw.
Für **Anfänger** und **Fortgeschrittene**.

Drehstab, mit und ohne Haken
Technik: Drehen.
Verwendung: Eignen sich zum Formen und Verdichten des Tons bei enghalsigen Gefäßen, an die man mit der Hand nicht herankommt.
Erhältlich in verschiedenen Längen und Größen bis zu 30 cm.
Für **Anfänger** und **Fortgeschrittene**.

Schlagholz
Technik: Drehen und Aufbautechnik
Verwendung: Das gerundete Ende reicht durch den langen Griff an schwierige Stellen im Innern von Gefäßen. Wird zum Glätten und Formen benutzt, eignet sich aber auch zum Schneiden.
Erhältlich in einer Größe.
Für **Anfänger** und **Fortgeschrittene**.

Stielschwamm
Technik: Drehen, Schlickerguss und Versäubern
Verwendung: Beim Drehen dient der Stielschwamm dazu, überschüssiges Wasser aus dem Innern von Gefäßen aufzusaugen, die anders nicht zu erreichen sind. Beim Schlickerguss kann man damit auch Gussnähte versäubern, Unregelmäßigkeiten glätten und Ränder runden.
Erhältlich in unterschiedlichen Größen und Formen.
Für **Anfänger** und **Fortgeschrittene**.

Tastzirkel
Technik: Drehen und Messen.
Verwendung: Mit einem Tastzirkel misst man Deckel und Auflageränder von gedrehten Gefäßen, man kann sie aber immer dann einsetzen, wenn eine gute Passform nötig ist. Die Schenkel werden auf eine bestimmte Weite eingestellt und bis zum späteren Gebrauch beiseitegelegt.
Erhältlich in unterschiedlichen Größen und Materialien.
Für **Anfänger** und **Fortgeschrittene**.

Verschiedene Werkzeuge

Die meisten der hier aufgeführten Werkzeuge gehören in jede Töpferwerkstatt.

Glasursiebe
Technik: Vorbereitung von Schlicker, Glasuren, Farben.

Verwendung: Unerlässlich für die Arbeit in der Keramikwerkstatt, um bei selbstgegrabenem Ton Steine auszusieben und um Glasuren und Schlicker so zu mischen, dass die Bestandteile gut miteinander verbunden sind.
Erhältlich in unterschiedlichen Größen in Schüsselform und in flacher Form, die meist über einem Behälter benutzt werden. Die Maschenweite wird pro cm^2 gemessen.
Auch für **Anfänger** geeignet.

Glasurzange
Technik: Glasieren.
Verwendung: Mit einer Glasurzange werden Gefäße direkt in Glasur oder andere Flüssigkeiten getaucht. Sie sind meist aus Stahl gemacht und haben spitze Zinken an den Greifern, sodass die Auflagepunkte minimal sind.
Erhältlich in unterschiedlichen Größen und Ausführungen.
Auch für **Anfänger** geeignet.

Messbecher aus Plastik
Technik: Zutaten abmessen.
Verwendung: Wasser für Schlicker-, Gips-, Glasurmischungen abmessen. Sollten in verschiedenen Größen in jeder Töpferwerkstatt vorhanden sein.
Erhältlich bei Fachhändlern oder Haushaltwarenläden.
Auch für **Anfänger** geeignet.

Schüsseln, Eimer, Trichter, Schöpfkelle
Technik: Alle Arbeitsbereiche in der Werkstatt
Verwendung: Große Schüsseln eignen sich für Tauchglasuren. Eimer mit Deckel sind ideal für die Aufbewahrung von trockenen und angerührten Materialien wie Schlicker, Glasuren und Gips zum Formenbau. Mit Trichtern werden trockene wie flüssige Stoffe in Behälter gefüllt. Schöpfkellen braucht man für Pulver und andere trockene Stoffe, meist zum Abwiegen.
Erhältlich im Fachhandel und in Haushaltwarenabteilungen.
Auch für **Anfänger** geeignet.

Tonharfe
Technik: Plattentechnik
Verwendung: Mit verstellbarem Draht, mit dem man Scheiben von einem Tonblock abschneiden kann.
Erhältlich in zwei Größen: mittel (30 cm) und groß (45,7 cm), mit Ersatzdrähten.
Auch für **Anfänger** geeignet.

Waagen
Technik: Rohstoffe abwiegen
Verwendung: Ohne eine Waage kommt man im Töpferstudio nicht aus. Rohstoffe für die Gips-, Glasur- und Schlickerzubereitung müssen ebenso abgewogen werden wie Farbpigmente und Oxide, die Tonmassen hinzugefügt werden.
Erhältlich in unterschiedlichen Ausführungen: mechanische Waagen wie Triple-Beam-Waagen sind bis 0,1g genau, Gewichte lassen sich addieren. Mit einer Präzisionswaage können Farbkörper in kleinsten Mengen gewogen werden, bis zu 50 g in 1-g-Schritten.
Auch für **Anfänger** geeignet.

Sicherheit und Gesundheit
In einer Keramikwerkstatt hantieren Sie mit so vielen gefährlichen Substanzen, dass Sie auf die folgende Ausstattung nicht verzichten können.

Atemschutzmaske
Beim Hantieren mit gefährlicheren Substanzen und bei einigen Brenntechniken wie Raku.

Schürze
Schützt die Keidung vor Staub und anderen gefährlichen Materialien. Tragen Sie Nylonschürzen, die sich leicht abwischen lassen.

Schutzbrille
Beim Mahlen und Mischen bestimmter Materialien und bei der Raku-Brenntechnik.

Schutzhandschuhe
Wichtig bei Raku-Brenntechnik und beim Hantieren mit heißen Werkstücken und Ofenzubehör.

Staubfiltermaske
Wichtig beim Mischen von trockenen Stoffen wie Glasurpulvern und Gips, außerdem beim Saubermachen.

Töpferscheiben
Töpferscheiben gibt es in vielen verschiedenen Ausführungen. Das wichtigste Kriterium sollte die bequeme Bedienung sein, um die Belastung für den Rücken gering zu halten. Elektisch betriebene Modelle empfehlen sich, wenn Sie viel drehen, doch viele Keramiker ziehen eine fußbetriebene Scheibe vor.

Elektrische Töpferscheibe
Technik: Drehen.
Verwendung: Zum serienmäßigen Drehen und Abdrehen von Gebrauchsgeschirr und zum Drehen von Tonvorlagen für Gipsformen. Bei geringer Geschwindigkeit zum Bemalen von Grünware oder geschrühten Stücken mit Schlicker und Glasur geeignet.
Erhältlich als Stand- oder Tischmodell, auch als Teil einer Holzkonstruktion mit Sitz oder Standfläche.
Für **Anfänger** und **Fortgeschrittene**.

Fußbetriebene Töpferscheibe
Technik: traditionelle Form des Drehens.
Verwendung: Die Anwendungsbereiche decken sich mit denen der elektisch betriebenen Modellen. Mir dem Fuß wird ein schweres Schwungrad angetrieben, das für den nötigen Schwung sorgt, um den Ton zu zentrieren.
Erhältlich im Fachhandel als Standmodell.
Für **fortgeschrittene** und **erfahrene** Keramiker.

Ständerränderscheibe
Technik: Aufbautechnik und Dekortechniken.
Verwendung: Ständerränderscheiben aus Stahl und Aluminium sind höhenverstellbar, sodass Sie Ihre Arbeit in genau der richtigen Position betrachten können. Benutzen Sie sie so wie Ränderscheiben, die Sie auf den Tisch stellen: zum Aufbauen, Modellieren und Dekorieren.
Erhältlich im Fachhandel.
Auch für **Anfänger** geeignet.

Werkstattausrüstung

Die nachfolgend aufgelisteten Gerätschaften brauchen Sie, wenn Sie sich eine ernsthafte Töpferwerkstatt einrichten. Nicht alles müssen Sie im Fachhandel erstehen. Vieles ist in Bastelläden erhältlich, manchmal können Sie Alltagsgegenstände umrüsten.

Große Plastikbehälter
Technik: Einsumpfen und Aufbewahren von Ton.
Verwendung: Sie brauchen einen Behälter, um trockenen Ton zu sammeln, und einen weiteren, um den Ton einzusumpfen. Trennen Sie die Tonreste nach Sorten und beschriften Sie die Behälter entsprechend.
Erhältlich in unterschiedlichen Größen und Qualitäten. Am besten sind stablile Plastikbehälter mit passendem Deckel.
Auch für **Anfänger** geeignet.

Fön
Technik: Aufbautechnik
Verwendung: Besonders nützlich für die Wulsttechnik, weil der Ton vor dem Ansetzen des nächsten Wulstes angetrocknet werden kann. Auch der in Daumendrucktechnik gefertigte Boden eines Gefäßes wird auf diese Weise gefestigt, bevor der Korpus aufgebaut wird.
Erhältlich in Elektrogeschäften, obwohl Sie am besten einen alten nehmen.
Auch für **Anfänger** geeignet.

Stabiler Arbeitstisch
Technik: Vorbereitung des Ton.
Verwendung: Jede Werkstatt braucht einen stabilen Arbeitstisch. Er sollte jedoch eine leicht saugfähige Oberfläche (Holz) haben, ideal zum Schlagen und Kneten des Tons, bevor er gedreht oder aufgebaut wird.
Erhältlich in den meisten Fachgeschäften. Sie haben unterschiedliche Modelle im Sortiment, Sie können einen Arbeitstisch jedoch auch selbst bauen, indem Sie eine Bodenplatte an einem Holztisch befestigen.
Auch für **Anfänger** geeignet.

Rührwerk
Technik: Zubereitung von Glasur und Schlicker.
Verwendung: Unerlässlich für das rasche Anmischen von Glasuren und Schlicker. Am besten füllen Sie zuerst das Wasser in den Behälter, dann fügen Sie nach und nach die trockenen Substanzen hinzu, während das Rührwerk arbeitet.
Erhältlich im Fachhandel, serienmäßig mit Spritzschutz ausgestattet.
Auch für **Anfänger** geeignet.

Tonabscheider
Technik: Schutz der Kanalisation.
Verwendung: Ein Tonabscheider verhindert, dass gefährliche Substanzen in die Kanalisation gelangen, und sorgt dafür, dass Ihre Abflussrohre nicht durch Ton- Glasur- und Gipsreste verstopfen. Der Sammelbehälter wird unter dem Spülbecken angeschlossen.
Erhältlich im Fachhandel. Ideal ist ein Gerät auf einem Rollwagen.
Auch für **Anfänger** geeignet.

Schablonen und Formprofile

Diese Schablonen und Formprofile wurden bei den in diesem Buch vorgestellten Projekten verwendet. Wenn Sie sie so kopieren, wie sie hier abgebildet sind, haben Sie genau die Originalproportionen, aber Sie können natürlich auch experimentieren und die Vorlagen vergrößern oder verkleinern. Allerdings kann sich dabei die Proportion verschieben, sodass Sie sie eventuell anpassen müssen.

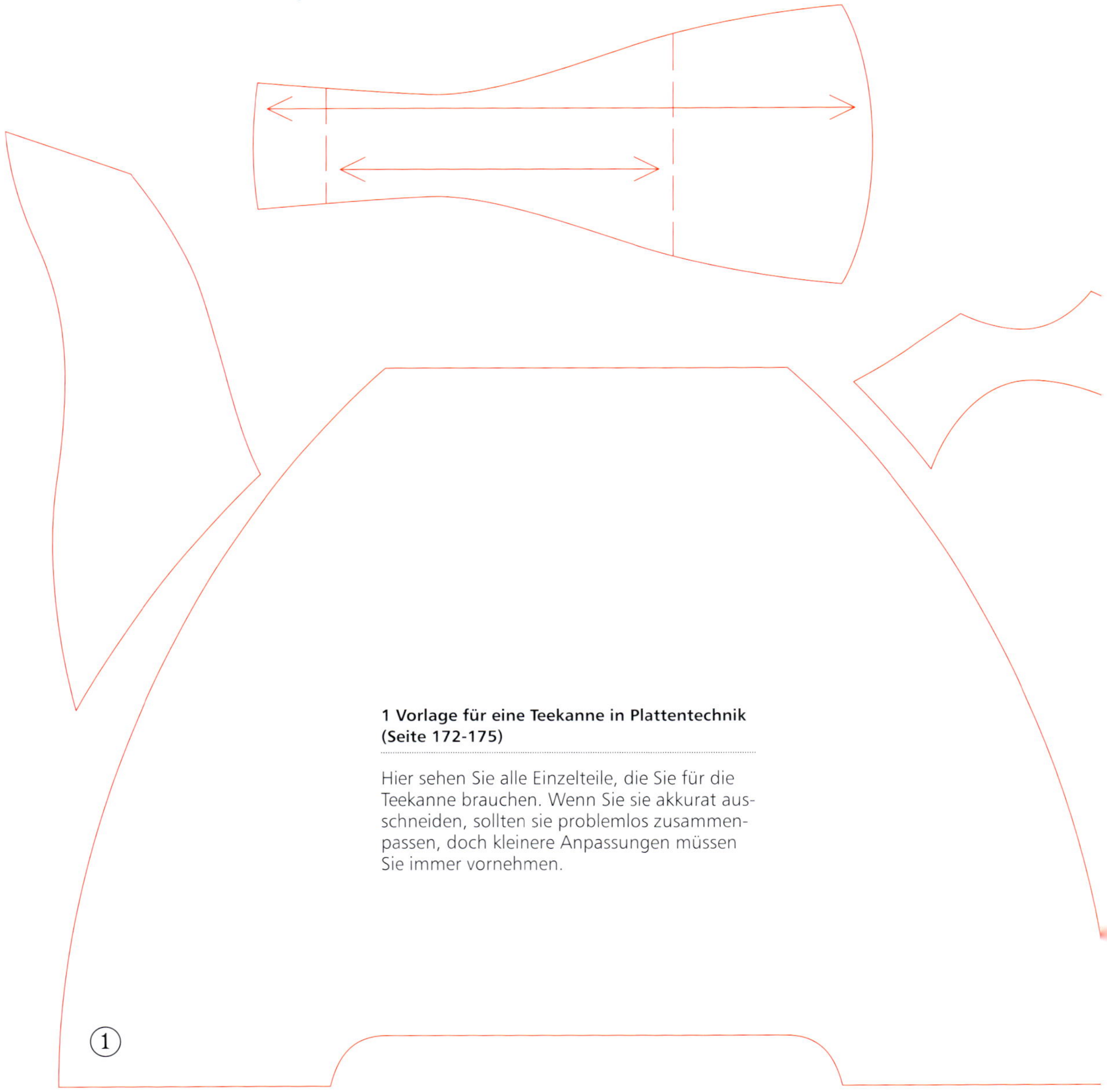

1 Vorlage für eine Teekanne in Plattentechnik (Seite 172-175)

Hier sehen Sie alle Einzelteile, die Sie für die Teekanne brauchen. Wenn Sie sie akkurat ausschneiden, sollten sie problemlos zusammenpassen, doch kleinere Anpassungen müssen Sie immer vornehmen.

(1)

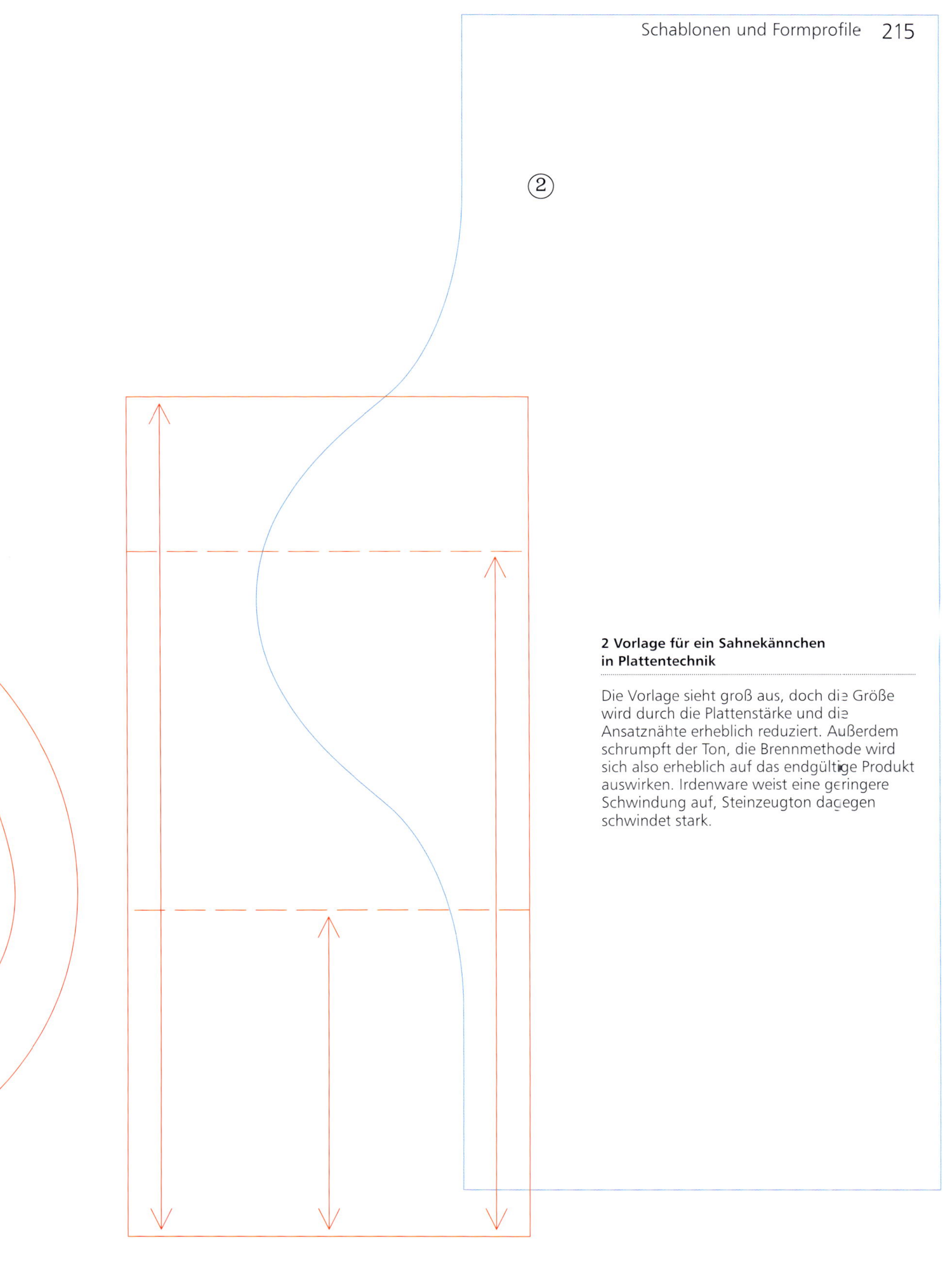

2 Vorlage für ein Sahnekännchen in Plattentechnik

Die Vorlage sieht groß aus, doch die Größe wird durch die Plattenstärke und die Ansatznähte erheblich reduziert. Außerdem schrumpft der Ton, die Brennmethode wird sich also erheblich auf das endgültige Produkt auswirken. Irdenware weist eine geringere Schwindung auf, Steinzeugton dagegen schwindet stark.

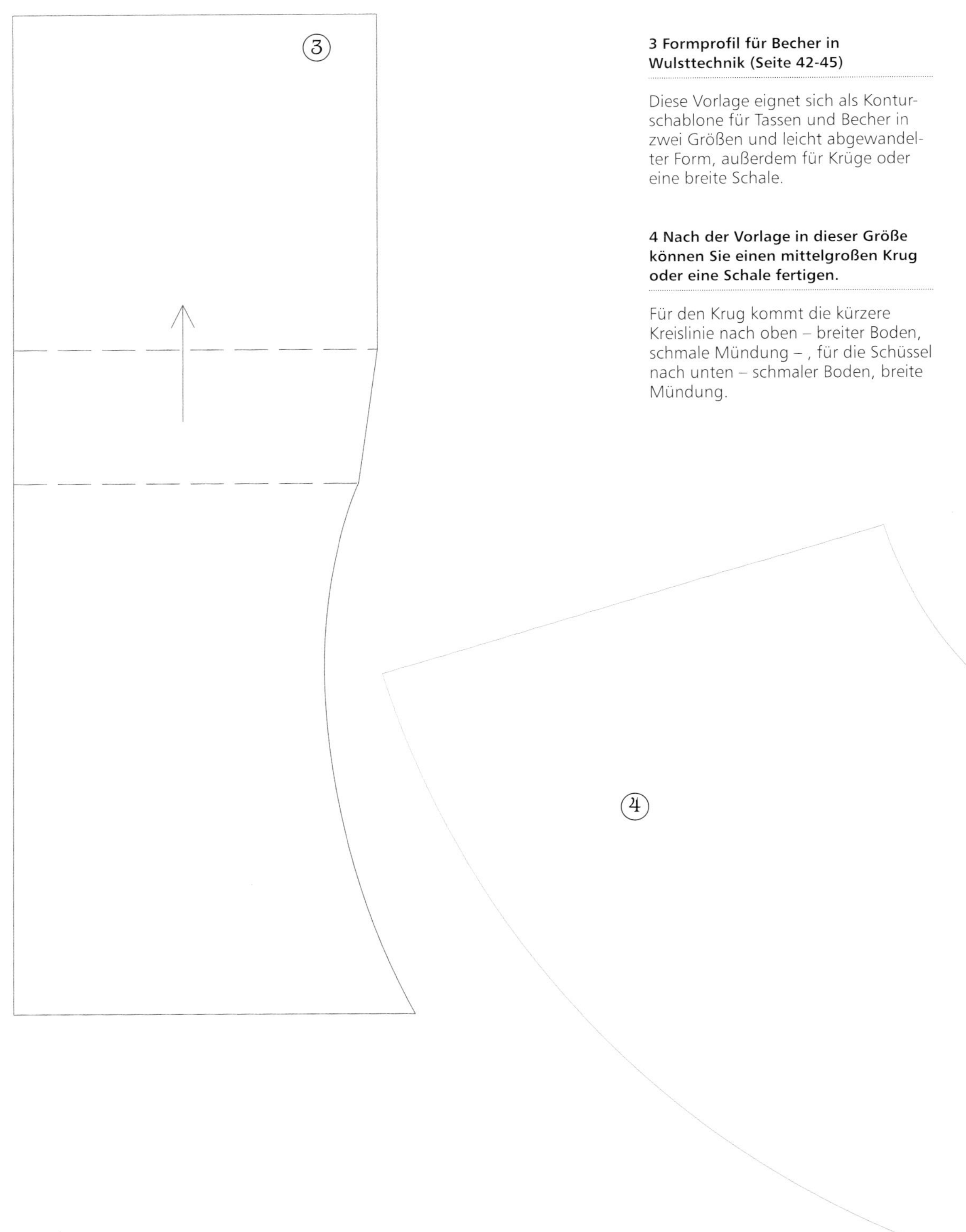

3 Formprofil für Becher in Wulsttechnik (Seite 42-45)

Diese Vorlage eignet sich als Konturschablone für Tassen und Becher in zwei Größen und leicht abgewandelter Form, außerdem für Krüge oder eine breite Schale.

4 Nach der Vorlage in dieser Größe können Sie einen mittelgroßen Krug oder eine Schale fertigen.

Für den Krug kommt die kürzere Kreislinie nach oben – breiter Boden, schmale Mündung –, für die Schüssel nach unten – schmaler Boden, breite Mündung.

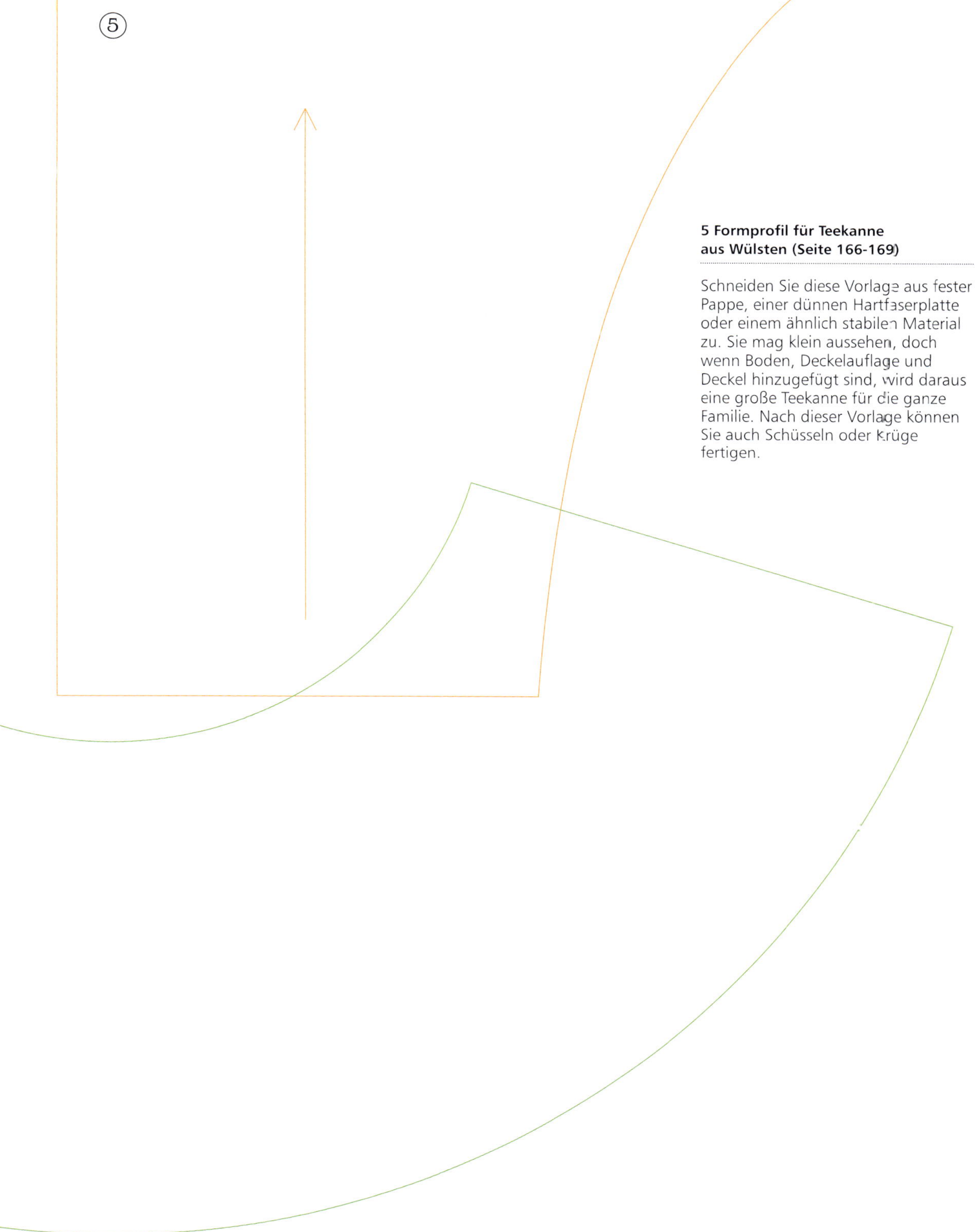

5 Formprofil für Teekanne aus Wülsten (Seite 166-169)

Schneiden Sie diese Vorlage aus fester Pappe, einer dünnen Hartfaserplatte oder einem ähnlich stabilen Material zu. Sie mag klein aussehen, doch wenn Boden, Deckelauflage und Deckel hinzugefügt sind, wird daraus eine große Teekanne für die ganze Familie. Nach dieser Vorlage können Sie auch Schüsseln oder Krüge fertigen.

Glossar

ABDREHEN/VERPUTZEN Oft werden Gefäße nach dem Drehen im lederharten Zustand kopfüber erneut auf die Töpferscheibe gestellt, um mit einem scharfkantigen Abdrehwerkzeug überschüssigen Ton abzuschälen, Details wie Fußringe herauszuarbeiten und die Form zu perfektionieren.
ASCHE Nützlich als Flußmittel für Glasuren. Meist wird Holzasche verwendet, aber auch Kohlen- und Pflanzenasche sind geeignet. Asche kann einen kleinen Siliziumgehalt haben und auf der Tonoberfläche eine einfache Glasur bilden.
BALL CLAY Helle, hochbrennende Tonsorte mit hoher Plastizität. Ist in Glasuren sowie Drehton und anderen Massen enthalten.
BENTONIT Plastischer Ton vulkanischen Ursprungs, der die Plastizität von Tonen erhöht und Glasuren als Stellmittel zugesetzt wird.
BRENNEN Unumkehrbarer Vorgang, bei dem Ton zu Keramik wird (siehe Schrühbrand). Man unterscheidet zwischen Rakubrand (um 800 °C), gefolgt von Irdenwarebrand, Steinzeugbrand und schließlich Porzellanbrand, der bis zu 1400 °C gehen kann.
BRENNKAPSEL Gefäß aus hitzebeständigem Ton. Nimmt zu brennende Werkstücke auf oder dient als Brennstütze.
COBALTOXID/KARBONAT (CoO und $CoCO_3$) Kräftig blaue Farbstoffe, oft bei antiker chinesischer Keramik zu finden, stammen ursprünglich aus Persien. Blau-weiße Dekore sind besonders weit verbreitet.
DELFTER FAYENCE Auch als Majolika bezeichnet. Zinnglasierte Irdenware, nach der holländischen Stadt Delft benannt.
DREHEN Ton wird auf einer rotierenden Töpferscheibe mithilfe der Zentrifugalkraft von Hand geformt. Töpferscheiben gibt es in unterschiedlichen Ausführungen, als fuß- oder handbetriebene oder elektrisch angetriebene Modelle. Man vermutet, dass die Drehtechnik bereits 3000 v. Chr. in Ägypten entstanden ist.
EINBRANDVERFAHREN Glasurbrand ohne vorherigen Schrühbrand. Glasur oder Pigment werden im lederharten oder trockenen Zustand aufgetragen.
EISENOXID Weit verbreitetes und vielseitiges färbendes Oxid, das in vielen Schlickern und Glasuren und oft auch in Tonmassen enthalten ist. Rotes Eisenoxid (Rost) ist am häufigsten anzutreffen, es gibt aber auch andere Farben.
ENGOBE Schlickerzubereitung mit Flussmittelzuschlag, zwischen Tonschlicker und Glasur einzuordnen.
ENTFLOCKUNG Dispergierung von Tonschlicker durch Zusatz von Elektrolyten wie Natriumsilikat oder Natriumcarbonat (oder Dispex), die das Fließverhalten verbessern und die Thixotropie mindern.
FLOCKUNG Die Zusammenballung von in Suspension gehaltenen Partikeln durch Zusatz von Elektrolyten wie Calziumchlorid, Bittersalz oder handelsübliche Glasursuspensionen, zur Herstellung der geeigneten Konsistenz für das Tauchverfahren. Die Glasur wird verdickt und es wird verhindert, dass sich Schwebeteilchen absetzen. Flockung vermindert also die Fließfähigkeit und erhöht die Thixotropie.
FLUSSMITTEL Unerlässlicher Bestandteil von Glasuren, der den Schmelzpunkt des glasbildenden Silikats senkt. Eine Reihe von Oxiden wirken als Flussmittel, jedes auf seine Weise.
FRITTE Bestandteil niedrig brennender Glasuren, der durch Erhitzen, Verschmelzen und Mahlen bestimmter Materialien entsteht. Auf diese Weise werden lösliche oder toxische Substanzen stabilisiert und sicher gemacht.
FUSIONIERT Verschmolzen, aber nicht notwendigerweise verglast.
GARBRAND Phase während des Brennvorgangs, in der eine gleichbleibende Temperatur (meist die Höchsttemperatur) beibehalten wird, sodass Glasuren zerfließen und fest werden können.
GIPS (2CaSO . H_2O) Semihydriertes Material aus Gipsgestein, dem das Wasser entzogen wurde. Wird oft im Formenbau verwendet.
GLASUR Unterkühlte glasähnliche Flüssigkeit, die mit der Oberfläche eines Gefäßes verschmolzen wird. Die chemische Zusammensetzung von Glasuren ist komplex, aber faszinierend.
HITZEBESTÄNDIGKEIT Im Zusammenhang mit Keramik: Die Fähigkeit, bei hohen Temperaturen gebrannt zu werden, ohne zu schmelzen. Ofenplatten und -stützen sind oft aus hitzbeständigem Material.
IRDENWARE Tonmasse, die bei niedriger Temperatur zwischen 1000 °C und 1180 °C gebrannt wird. Der Scherben ist nach dem Brennen porös, muss glasiert werden, um wasserdicht zu werden. Natürlich vorkommender roter Terracottaton enthält viel Eisenoxid, das als Flussmittel wirkt und daher keine hohen Temperaturen verträgt. Weißer Irdenwareton ist ein Industrieprodukt und wird meist in der Keramikindustrie verwendet.
KAOLIN (Al_2O_3. $2SiO_2.2H_2O$) Porzellanbestandteil. Primärton in seiner reinsten Form.
KARBORUNDSTEIN Harter, gebrannter Stein, mit dem raue Stellen an gebrannter Keramik abgeschliffen werden.
KEGEL/FALLKEGEL Gepresstes Glasurmaterial, dessen Zusammensetzung den Kegel bei bestimmten Temperaturen umkippen lässt. Die Kegel werden in den Brennofen gestellt und durch das Sichtloch beobachtet. An ihrem Verhalten lassen sich der Temperaturanstieg im Ofen und seine Dauer und ihre Wirkung auf Ton und Glasuren ablesen.
KUPFEROXID/KARBONAT ($CuCO_3$) Intensives Farbmittel, ergibt Grün bis Schwarz und Braun, unter bestimmten reduzierenden Bedingungen auch Blutrot.
LEDERHART Phase im Trockenprozess des Tons, in der er steif und nicht mehr formbar wird, aber immer noch feucht ist. In diesem Zustand kann er angefasst werden, ohne sich zu verformen.
MASSE Unter Keramikern der Begriff für fertige Tonmischungen, die nicht-plastische Materialien wie Schamotte und Sand enthalten können.
MEDIUM AUF WASSERBASIS Trägermaterial, das es ermöglicht, ein Pigment auf die gewünschte Weise aufzubringen. Wasserbasierte Mischungen werden zunehmend in der Keramik verwendet, weil sie leicht anzuwenden und nicht gesundheitsgefährdend sind. Ölbasierte Mischungen riechen streng und sind leicht entzündlich. Es gibt unterschiedliche Mischungen, meist auf Glyzerinbasis. Im Fachhandel wird man Sie über die Anwendung beraten.
PORZELLAN Stark verglaste weiße Masse mit einem hohen Kaolinanteil und geringer Plastizität, sodass sie nicht leicht zu verarbeiten ist. Kann bis zu Temperaturen

von 1400°C gebrannt werden. Bei dünner Wandung wird der gebrannte Scherben durchscheinend.

PYROMETER Temperaturanzeiger, der durch ein Thermoelement mit dem Brennofen verbunden ist. Es gibt analoge und digitale Modelle, wobei letztere inzwischen von vielen Keramikern bevorzugt werden.

SÄGEMEHL Wird oft als Brennstoff zum reduzierenden Brennen bei niedrigen Temperaturen verwendet.

SCHLAGEN/KNETEN Methoden der Vorbereitung des Tons, um eine homogene Konsistenz herzustellen. Dadurch werden Tonsorten mit ungleichmäßiger Textur vermischt und Lufteinschlüsse ausgetrieben. Beim Spiralkneten werden die Plättchen so angeordnet, dass sich der Ton gut drehen lässt.

SCHLICKERGUSS Der Schlicker wird aus Ton und Wasser angerührt, enthält aber auch einen Verdicker, durch den weniger Wasser zugesetzt werden muss. Die Mischung wird in eine Gipsform gegossen. Wenn sich eine festere Schicht an der Innenwand der Form gebildet hat, wird der überschüssige Schlicker ausgegossen. Die restliche Flüssigkeit wird vom Gips aufgesogen.

SCHRÜHBRAND Erster Brand bei niedriger Temperatur. Zusammen mit anderen organischen Bestandteilen wird Feuchtigkeit im Ton langsam als Dampf ausgetrieben. Aus dem Ton wird ein Scherben, der chemische Prozess ist unumkehrbar. Der Schrühbrand findet zwischen 850°C und 1000°C statt, wenn der Scherben wenig porös sein soll, sind auch höhere Temperaturen möglich. Stücke werden oft geschrüht, bevor ein Dekor aufgetragen wird.

SILICIUMOXID (SIO_2) Wesentliche glasbildende Zutat in Glasuren, auch in Ton enthalten. Es schmilzt erst bei etwa 1800°C und muss immer zusammen mit einem Flussmittel verwendet werden, das den Schmelzpunkt reduziert.

STEINZEUG Versintert bei Temperaturen über 1200 °C, wird hart, dicht und wasserdicht (hat eine Wasseraufnahme von weniger als 1 %).

TON (Al_2O_3. $2SiO_2$. $2H_2O$) Verwitterungsprodukt von Granit und Feldspäten, ein hydriertes Aluminiumsilikat. Der reinste Primärton, China Clay (Kaolin) wird dort abgebaut, wo er entstanden ist. Sekundärtone sind angeschwemmt worden, sie sind mit anderen Materialien vermischt. Durch die unterschiedlichen Anteile an Flussmittel gehören sie zu den niedrig brennenden Tonen.

TRÜBUNGSMITTEL Substanz, die eine Glasur weniger transparent macht, oft Zinnoxid, Titanoxid oder Zirkonsilikat.

VERGLASEN Vorgang, bei dem die Tonpartikel verschmelzen. Während des letzten Brennabschnitts wird der Ton dichtgebrannt, er wird hart und haltbar. Der Punkt, an dem die Verglasung einsetzt, bestimmt die Temperatur, bis zu der ein Ton gebrannt werden kann, ohne sich zu verformen. Siehe auch: *Steinzeug*.

VERSÄUBERN Bei gegossenen Stücken werden überschüssiger Ton und Gießnähte im lederharten oder trockenen Zustand mit Werkzeugen oder einem Schwamm entfernt.

Stichwortverzeichnis

Danksagung

Quarto möchte den folgenden Künstlern und Künstlerinnen und Agenturen für Abbildungen in diesem Buch danken:

Barnes, Christopher, www.morvernpottery.co.uk, S. 155mr
Bloomfield, Linda (Foto: Henry Bloomfield), www.lindabloomfield.co.uk, S. 33ml
Bond, Sally-Jo, www.sjbceramics.com, S. 125mr
Borrett, Cressida, www.cressidaborrett.co.uk, S. 98
Campana, Jeff, www.jeffcampana.com, S. 59
Cooper, Ann-Marie, www.kulshanclay.com S. 42, 136
Daniels, Michelle, www.obypottery.co.uk, S. 158
Dishaw, Dawn, www.dawndishaw.com, S. 32
Dorf, Macy, www.macydorfstoneware.com, S. 92
Greenwood, Annie, www.anniegreenwoodceramics.co.uk, S. 123
Grigone, Laima, www.laimagrigone.com, S. 66
Gulden, Tyler, www.tylergulden.com, S. 153
Hageman, Vicky, www.vickyhageman.co.uk, S. 33mr
Hayes, Todd, www.toddhayesceramics.com, S. 61ml
Jarman, Paige, www.paigejarman.com, S. 131
Lambert, Nigel, www.nigellmabertpotter.co.uk, S. 93ml
Lohrbach, Marina/Shutterstock.com, S. 25omr
Morales, Ray, www.rmpottery.com, S. 36
Mulholland, Matthew, www.manifestmeditations.com, S. 172
Neiditz, Marcy, www.marcyneiditz.com, S. 93mr
Simonini, Susan, www.susansimonini.com.au, S. 142
Svetislav1944/Shutterstock.com, S. 25mr
Taijma-Simpson, Yasuharu, www.tajaporcelain.co.uk, S. 31
Tian, Elaine, Studio Joo, www.studiojoo.com, S. 124
Van Wyk, Crystal, www.vitreouswares.com, S. 110
Vdimage/Shutterstock.com, S. 25ur
Von Krogh, Tone, www.tonevonkroghceramics.co.uk, S. 61mr
Wightman, Gemma, www.gemmawhightmanceramics.com, S. 102
Yamashita, Mayumi, www.mayumi-yamashita.com, S. 91, 155 ml

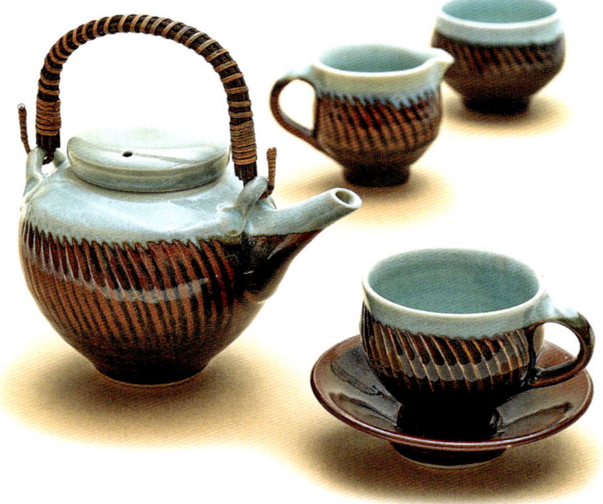

Gedrehtes Teegeschirr aus Porzellan von Margaret Frith. Perfekte Proportionen und sorgfältig durchdachte Details. Die gerillte Oberfläche hebt die Tenmoku-Glasur auf der Außenseite hervor, während die zartgrüne Seladon-Glasur die Eleganz des Tees zur Geltung bringt. Reduzierend gebrannt bei Steinzeugtemperatur.